本书为北京市教育学会"十四五"教育科研课题"教育集团背□统文化教育纵向衔接一体化的行动研究"（课题编号：SJSYB2021-007）成果集。

永续中华民族的根与魂

——幼小初中华优秀传统文化教育一体化实践研究

沈景娟　主编

群言出版社

QUNYAN PRESS

·北 京·

图书在版编目（ＣＩＰ）数据

永续中华民族的根与魂： 幼小初中华优秀传统文化教育一体化实践研究 / 沈景娟主编． -- 北京 ： 群言出版社， 2023.12
ISBN 978-7-5193-0885-8

Ⅰ．①永… Ⅱ．①沈… Ⅲ．①中华文化－教育研究 Ⅳ．①K203

中国国家版本馆CIP数据核字(2023)第253584号

责任编辑：侯　莹
封面设计：知更壹点

出版发行：群言出版社
地　　址：北京市东城区东厂胡同北巷1号（100006）
网　　址：www.qypublish.com（官网书城）
电子信箱：qunyancbs@126.com
联系电话：010-65267783　65263836
法律顾问：北京法政安邦律师事务所
经　　销：全国新华书店

印　　刷：三河市腾飞印务有限公司
版　　次：2023年12月第1版
印　　次：2023年12月第1次印刷
开　　本：787mm×1092mm　1/16
印　　张：21
字　　数：420千字
书　　号：ISBN 978-7-5193-0885-8
定　　价：98.00元

顾问指导

谢春风　石显富　李秀兰　胡光熠　李　群　武凤鸣
康爱农　王　英　任敬华　马金鹤　沈景丽　张慧军
宋　雪　张素华　石　伟　刘永奇　叶　奔　杨培源
李晓军　张　鹏　佟桂香　张艳君　娄　魁　黄晓青
邢　岩　张　岭　白雪莲

主　编

沈景娟

副主编

刘金玲　李　娜　高　悦

编委会成员

赵国芝　李　黎　隗玉洁　霍文慧
陈婷娟　刘　薇　孙爱凤　张海南
段秀娜　王钰雅　刘　晴　侯　峰
王　芳　马　辰　范　芳　王志燕
陈文鑫　武　玥　齐　璇　王道静
王　璐

主编简介

　　沈景娟，石景山区实验教育集团联合党委书记，北方工业大学附属学校书记兼心理教师。高级教师、全球职业规划师（GCDF）、国家心理咨询师（二级），北京市心理学科骨干教师，首都师范大学教育硕士。北京市性健康协会理事、北京市中小学心理健康教育名师发展研究室成员，北京工业大学教育硕士专业学位心理健康教育领域研究生兼职指导教师，石景山区未成年人心理健康辅导站特聘心理咨询师。参与编写初中、高中心理健康教研教材、教师参考书，获得第四届北京市基础教育教学成果一等奖、北京市心理健康教育名师奖，获北京市"十佳"心育工作者、北京市第三届"成均杯"十佳优秀教师、石景山区教育系统优秀党务工作者等荣誉称号，很多心理健康教育论文、课例、案例获得全国、市级奖项。

前　言

　　习近平主席在联合国教科文组织总部发表演讲时曾指出："每一种文明都延续着一个国家和民族的精神血脉"。中华优秀传统文化是中华民族的精神命脉，是涵养社会主义核心价值观的重要源泉，也是我们在世界文化激荡中站稳脚跟的坚实根基。对青少年而言，自觉接受中华优秀传统文化的熏陶，对于树立健康向上的审美观和正确的价值观，汲取中国智慧、弘扬中国精神、传播中国价值具有重要意义。

　　中华文明延续着我们国家和民族的精神血脉，既需要薪火相传、代代守护，也需要与时俱进、推陈出新。为贯彻落实国家、北京市和全区教育大会精神，有序推进石景山区实验教育集团幼小初德育一体化实践研究，应推动优秀传统文化进课堂，这是弘扬民族文化、延续民族精神、实现对学生核心素养培养的重要途径。

　　石景山区实验教育集团进行教育集团背景下幼小初中华优秀传统文化教育纵向衔接一体化的行动研究，通过研究幼儿园、小学、初中十二年的中华优秀传统文化教育的目标体系、内容体系，借助将中华优秀传统文化融入课程、学校文化、主题活动、实践活动、家校协同等方法与途径，有效开展家国情怀教育、社会关爱教育和人格修养教育。其目的在于传承发扬中华优秀传统文化，大力弘扬核心思想理念、中华传统美德、中华人文精神，旨在引导学生了解中华优秀传统文化的历史渊源、发展脉络、精神内涵，增强文化自觉和文化自信。

　　此书为北京市教育学会课题"教育集团背景下幼小初中华优秀传统文化教育纵向衔接一体化的行动研究"（课题编号：SJSYB2021-007）成果集，选取了不同学段的主题实践活动、不同学段的班会实践等。

　　积极构建中小幼一体化德育体系，是解决育人根本问题、落实立德树人根本任务、培养德智体美劳全面发展的社会主义建设者和接班人的战略选择，并通过对育人目标、内容纵向衔接体系的构建发挥教育集团在学段衔接上的优势。在具体实践中，遵循学生的年龄特点、认知水平、接受能力和教育规律，依据德育目标要求和集团办学特色，围绕中华优秀传统文化这一育人主题，搭好育人阶梯，以此探索构建目标分层递进、内容有序衔接、方法循序渐进、成效螺旋上升、办学特色鲜明的德育内容体系，开展教育实践探索，帮助学生适应下一个学段的学习生活，为学生人生幸福奠基。

沈景娟

2023 年 3 月于北京

目　录

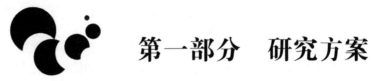

第一部分　研究方案

"教育集团背景下幼小初中华优秀传统文化教育纵向衔接一体化的行动研究"实施方案

沈景娟　张海南　范芳　隗玉洁　李娜

本文是石景山区实验教育集团申请的北京市教育学会课题"教育集团背景下幼小初中华优秀传统文化教育纵向衔接一体化的行动研究"的研究实施方案，通过将中华优秀传统文化融入课程、学校文化、主题活动、实践活动等，开展家国情怀教育、社会关爱教育和人格修养教育，以传承发展中华优秀传统文化，大力弘扬核心思想理念、中华传统美德、中华人文精神，引导学生了解中华优秀传统文化的历史渊源、发展脉络、精神内涵，增强文化自觉和文化自信。

一、研究背景

一是为永续中华民族的根与魂，坚守民族的共同理想信念，筑牢民族文化自信、价值自信的根基。

2014年3月27日，习近平主席在联合国教科文组织总部演讲时指出："每一种文明都延续着一个国家和民族的精神血脉。"精神血脉是一个国家或民族在文化精神上的生命与血脉，积淀着一个国家或民族的精神追求。传统文化中有句名言："欲流之远者，必浚其泉源"，含义就是要让泉水流得更远，必须疏通它的源泉，这贴切地形容了优秀传统文化与中华民族之间的关系，前者是后者的"根"与"魂"。2014年9月24日，习近平主席在纪念孔子诞辰2565周年国际学术研讨会上指出："优秀传统文化是一个国家、一个民族传承和发展的根本，如果丢掉了，就割断了精神命脉。"强调了优秀传统文化是我们的"根"与"魂"，已经融入我们的血脉中，不能失去传统文化，否则，就是割断了我们的精神文化命脉。

中华文化源远流长、灿烂辉煌。在5000多年文明发展中孕育的中华优秀传统文化，积淀着中华民族最深沉的精神追求，代表着中华民族独特的精神标识，是中华民族生生不息、发展壮大的丰厚滋养，是中国特色社会主义植根的文化沃土，是当代中国发展的突出优势，对延续和发展中华文明、促进人类文明进步，发挥着重要作用。

中国共产党在领导人民进行革命、建设、改革的伟大实践中，自觉肩负起传承发展中华优秀传统文化的历史责任，是中华优秀传统文化的忠实继承者、弘扬者和建设者。党的十八大以来，在以习近平同志为核心的党中央领导下，各级党委和政府更加自觉、更加主动地推动中华优秀传统文化的传承与发展，开展了一系列富有创新、富有成效的工作，有力增强了中华优秀传统文化的凝聚力、影响力、创造力。同时要看到，随着我国经济社会的深刻变革、对外开放日益扩大、互联网技术和新媒体快速发展，各种思想文化的交流、交融、交锋更加频繁，迫切需要深化对中华优秀传统文化重要性的认识，进一步增强文化自觉和文化自信；迫切需要深入挖掘中华优秀传统文化的价值内涵，进一步激发中华优秀传统文化的生机与活力；迫切需要加强政策支持，着力构建中华优秀传统文化传承发展的体系。实施中华优秀传统文化传承发展工程，是建设社会主义文化强国的重大战略任务，对于传承中华文脉、全面提升人民群众的文化素养、维护国家文化安全、增强国家文化软实力、推进国家治理体系和治理能力现代化，具有重要意义。

将习近平总书记关于"让中华民族文化基因在广大青少年心中生根发芽"的重要指示要求系统地落实、落细，为永续中华民族的根与魂，坚守民族的共同理想信念，筑牢民族文化自信、价值自信的根基，维护国家文化安全，增强国家文化软实力，打牢计在长远的基础。

把传承和弘扬中华优秀传统文化同培育和践行社会主义核心价值观统一起来，充分发挥中小学课程教材承载的中华优秀传统文化教育功能，为立德树人提供丰厚的中华优秀传统文化滋养，帮助学生扣好人生第一粒扣子。

开展中小学中华优秀传统文化教育，对于永续中华民族的根与魂，坚守中华民族的共同理想信念，筑牢民族文化自信、价值自信的根基，维护国家文化安全，增强国家文化软实力，培养青少年做堂堂正正的中国人，具有重要意义。

二是相关教育法规和教育政策对加强中华优秀传统文化教育做出明确规定。

从教育政策上来看，我国一贯重视开展中华优秀传统文化教育。1994年8月，《爱国主义教育实施纲要》明确指出了中华优秀传统文化包含的内容以及在进行党的基本路线教育过程中要贯穿并强化中华民族传统美德和优秀传统文化知识教育。2006年9月，《国家"十一五"时期文化发展规划纲要》明确要求加大中华优秀传统文化在中学语文课程中的比重，并且要推动中华优秀传统文化相关学科发展。2010年7月，《国家中长期教育改革和发展规划纲要（2010—2020年）》明确要求加强中华民族优秀文化传统教育、革命传统教育。2011年10月，《中共中央关于深化文化体制改革、推动社会主义文化大发展大繁荣若干重大问题的决定》再次提出，坚持中国特色社会主义文化发展道路，必须继承和发扬中华优秀文化传统，大力弘扬中华文化。党的十八大以来，以习近平同志为核心的党中央高度重视中华优秀传统文化教育，把"建设优秀传统文化传承体系，弘扬中华优秀传统文化"作为建设社会主义文化强国的重要战略。教育部2014年3月颁布的《完善中华优秀传统文化教育指导纲要》明确指出，要在小学阶段、初高中阶段以及大学阶段开展内容衔接、重点有序的中华优秀传统文化教育。2017年1月，中共中央办公厅、国务院办公厅印发了《关于实施中华优秀传统文化传承发展工程的意见》并发出通知，要求认真贯彻落实中华优秀传统文化传播与教育，尤其在第三部分阐述的重点任务的第九条中，提出传统文化要按照一体化、分学段、有序推进的原则，把中华优秀传统文化全方位融入思想道德教育、文化知识教育、艺术体育教育、社会实践教育各环节，贯穿于启蒙教育、基础教育、职业教育、高等教育、继续教育各领域。

2017年8月，教育部关于印发《中小学德育工作指南》的通知中指出，对中小学学生进行中华优秀传统文化教育，内容包括开展家国情怀教育、社会关爱教育和人格修养教育，传承发展中华优秀传统文化，大力弘扬核心思想理念、中华传统美德、中华人文精神，引导学生了解中华优秀传统文化的历史渊源、发展脉络、精神内涵，增强文化自觉和文化自信。2021 年 1 月，教育部印发《革命传统进中小学课程教材指南》《中华优秀传统文化进中小学课程教材指南》，给本课题提供了依据和指南。2021 年 8 月，北京市委教育工委、市教委印发《北京市大中小幼一体化德育体系建设指导纲要》。

三是培养德智体美劳全面发展的社会主义建设者和接班人的需要。

为贯彻落实国家、北京市和全区教育大会精神，依据《中小学德育工作指南》《3 ~ 6 岁儿童学习与发展指南》《中华优秀传统文化进中小学课程教材指南》《北京市大中小幼一体化德育体系建设指导纲要》《石景山区深化五育并举，提升育人质量实施方案（2019—2025 年）》等文件精神和要求，有序推进石景山区实验教育集团幼小初德育一体化实践研究。

在实践中要贯彻落实党的十九届历次全会和党的二十大精神，以习近平新时代中国特色社会主义思想为指导，贯彻党的教育方针，落实立德树人根本任务，牢记为党育人、为国育才使命，坚持育人为本、德育为先，大力促进德育工作专业化、规范化，切实提升实效性，不断完善幼小初德育工作有机衔接的长效机制，努力形成全员育人、全程育人、全方位育人的德育工作格局，培养德智体美劳全面发展的社会主义建设者和接班人。

复旦大学高国希教授在《中华优秀传统文化的现代阐释与教育路径》中指出："分学段有序推进中华优秀传统文化教育。在层次上必定是一个由浅入深、层层递进的过程……这需要一个系统的逻辑框架设计。"明确阐释了传统文化教育要依据学生的成长规律、分学段有序推进，这既指明了传统文化教育是一个系统性的教育，又提出传统文化教育要有序、衔接。

2021 年 8 月，北京市委教育工委、市教委印发《北京市大中小幼一体化德育体系建设指导纲要》（以下简称《纲要》）并指出：幼儿园阶段重在感性认知，培育真善美天性，建立初步社会认知，培养良好生活习惯。小学阶段重在启蒙道德情感，引导学生形成爱党、爱国、爱社会主义、爱人民、爱集体的情感，具有做社会主义建设者和接班人的思想意识。初中阶段重在引导学生把党、祖国、人民装在心中，强化做社会主义建设者和接班人的政治认同。高中阶段重在引导学生衷心拥护党的领导和中国特色社会主义制度，形成做社会主义建设者和接班人的责任担当。大学阶段重在引导学生矢志不渝听党话跟党走，争做社会主义合格建设者和可靠接班人。

《纲要》还指出：幼儿园大班要组织儿童了解小学生活，把爱国情感、理想信念、道德认知、良好习惯春风化雨般播入孩子的心田；小学高年级要引导学生逐步形成相对理性的情感认知，打牢理想信念和思想品德基础；初中高年级要充分利用"初升高"人生选择的契机，强化理想信念；高中毕业班要加强生涯规划教育，帮助学生确立未来目标；大学低年级要利用从学校管理向大学生自我管理过渡期，帮助学生筑牢信仰之基，明确奋斗方向。

四是教育集团德育一体化建设的需要，各学段德育做好纵向衔接是当前德育研究的重点。

石景山区实验教育集团共有 13 所学校参与课题，其中包括 1 所九年一贯制学校、2 所初中、2 所小学、4 所公办幼儿园、6 所民办幼儿园（其中 4 所参与），学段涉及幼儿园、小学、初中，学生人数共计 6006 人，其中幼儿园 1738 人、小学 3126 人、初中 1142 人。

　　所有幼儿园和中小学校都有一定的实践经验，并对从幼儿园阶段至中学阶段的学生开展传统文化教育。

　　幼小初中华优秀传统文化教育纵向衔接一体化实践研究非常必要，同时也给我们提出一些挑战，挑战就是机遇，所以我们确定这个主题进行研究。

二、核心概念界定

（一）教育集团

　　与北京市其他区县同学段一校多址的集团办学模式不同，立足于石景山区教育体量较小、教育资源相对集中的现状，石景山区集团化办学模式均为以高中学校或初中学校为核心，吸纳周边学区内小学、幼儿园共同组成纵向衔接的教育集团。

　　石景山教委要求在教育集团范围开展一体化德育建设，目的是推进集团校际学生联合培养、贯通培养等改革，探索构建目标分层递进、内容有序衔接、途径多样、载体丰富、保障有力、成效明显、特色凸显、幼小初高学段衔接的德育内容体系，形成集团特色育人模式。

（二）传统文化

　　文化是民族的血脉，是人民的精神家园。文化自信是更基本、更深层、更持久的力量。中华文化独一无二的理念、智慧、气度、神韵，增添了中国人民和中华民族内心深处的自信和自豪。

　　传统文化是一个历史范畴，"传统"一词是由"传"字和"统"字构成，"传"有"传递、传送、传授、流传"的含义，含有历史纵向性，在时间上有延续性、历时性，也指那些历史上存在、现在仍然发挥作用的东西，是历代传承具有鲜活创新性的东西。而"统"字的本义是"丝的头绪"（《淮南子·泰族训》），常指"事物之间一脉相承的连续关系"；动词常指"统领、率领""治理、管理""总括"等，具有全局性、整体性。它既体现出一种权威性，又表现出时间、空间方面的拓展性。而"传统"一词，在历史上首先是作为"帝业、学说等世代相传"，又表现为"世代相传的具有特点的风俗、道德、思想、作风、艺术、制度等社会因素"。其指的是由文明演化而汇集成的一种反映民族特质和风貌的文化，是各民族历史上各种思想文化、观念形态的总体表现。其内容当为历代存在过的种种物质的、制度的和精神的文化实体和文化意识。它是对应当代文化和外来文化的一种统称。

　　中国传统文化是指以华夏民族为主流的多元文化在长期的历史发展过程中融合、形成、发展起来，具有稳定形态的中国文化，包括思维方式、道德观念、价值取向、生活方式、风俗习惯、宗教信仰、礼仪制度、文学艺术、教育科技等诸多层面的丰富内容。它是由中国地域内的中华民族及其祖先所创造的、为中华民族世代所传承发展的、具有鲜明民族特色和地域特色的文化，历史悠久，内容博大，思想精深，内涵丰富，具有融会贯通、历久弥新等文化特质。

（三）中华优秀传统文化

中华优秀传统文化是中华民族的精神命脉和独特标识，是我们最深厚的文化软实力，也是中国特色社会主义植根的文化沃土。2014年3月教育部印发《完善中华优秀传统文化教育指导纲要》的通知，指出："加强中华优秀传统文化教育，是构建中华优秀传统文化传承体系，推动文化传承创新的重要途径。当今世界，文化在综合国力竞争中的地位和作用更加凸显，越来越成为民族凝聚力和创造力的重要源泉，博大精深的中华优秀传统文化是我们在世界文化激荡中站稳脚跟的根基。青少年学生是祖国的未来，民族的希望，加强对青少年学生的中华优秀传统文化教育，对于培养中华优秀传统文化的继承者和弘扬者，推动文化传承创新，建设社会主义先进文化具有基础作用。"

（四）中华优秀传统文化教育

2021年1月教育部印发了《中华优秀传统文化进中小学课程教材指南》，主要围绕核心思想理念、中华人文精神、中华传统美德三大主题，遴选中华优秀传统文化教育内容，并指出："（一）核心思想理念。中华民族和中国人民在修齐治平、尊时守位、知常达变、开物成务、建功立业过程中培育和形成了基本思想理念，如革故鼎新、与时俱进的思想，脚踏实地、实事求是的思想，惠民利民、安民富民的思想，道法自然、天人合一的思想等。传承发展中华优秀传统文化，就要大力弘扬讲仁爱、重民本、守诚信、崇正义、尚和合、求大同等核心思想理念。（二）中华人文精神。中华优秀传统文化积淀着多样、珍贵的精神财富，如求同存异、和而不同的处世方法，文以载道、以文化人的教化思想，形神兼备、情景交融的美学追求，俭约自守、中和泰和的生活理念等。传承发展中华优秀传统文化，就要大力弘扬有利于促进社会和谐、鼓励人们向上向善的思想文化内容。（三）中华传统美德。中华优秀传统文化蕴含着丰富的道德理念和规范，如天下兴亡、匹夫有责的担当意识，精忠报国、振兴中华的爱国情怀，崇德向善、见贤思齐的社会风尚，孝悌忠信、礼义廉耻的荣辱观念等。传承发展中华优秀传统文化，就要大力弘扬自强不息、敬业乐群、扶危济困、见义勇为、孝老爱亲等中华传统美德。"

在这里我们把中华传统教育界定为中华传统美德的涵养，即中华优秀传统文化蕴含着丰富的道德理念和规范，如天下兴亡、匹夫有责的担当意识，精忠报国、振兴中华的爱国情怀，崇德向善、见贤思齐的社会风尚，孝悌忠信、礼义廉耻的荣辱观念等。传承发展中华优秀传统文化，就要大力弘扬自强不息、敬业乐群、扶危济困、见义勇为、孝老爱亲等中华传统美德。

（五）纵向衔接

纵向衔接是指以初中学校为核心，吸纳周边学区内小学、幼儿园共同组成纵向衔接的教育集团。立足纵向衔接、横向协同，构建新时代大中小幼学校德育体系。这是两个维度，具体涉及目标体系、内容体系、方法体系、途径体系、评价体系、队伍体系、资源体系、家庭社会教育大德育体系、一体化德育机制体系等一体化问题。

（六）一体化研究

在这里是指一体化德育研究。北京市学校德育研究会副会长兼秘书长，北京教育科学研究院德育研究中心主任、研究员谢春风认为，"积极构建大中小幼一体化德育体系，是解决育人根本问题、落实立德树人根本任务、培养德智体美劳全面发展的社会主义建设者和接班人的战略选择"。

《中国德育》杂志社发展中心主任赵广忠谈到德育一体化应该有以下五个维度：一是学段的一体化，就是我们大家都知道的"大中小幼"学段衔接教育一体化；二是内容的一体化，德智体美劳五育并举、相互融合教育一体化；三是机制的一体化，我们的家校社共育，协同育人机制的一体化；四是规律的一体化，就是要符合学生的认识规律和成长规律的一体化；五是目标的一体化，是指学生从道德认知到道德行为转化的培育养成，希望解决学生真正能够做到知行合一的问题。

三、研究目标与内容

（一）研究目标

中华优秀传统文化通过融入课程、学校文化、主题活动、实践活动、家校协同等途径，开展家国情怀教育、社会关爱教育和人格修养教育，传承发展中华优秀传统文化，大力弘扬核心思想理念、中华传统美德、中华人文精神，引导学生了解中华优秀传统文化的历史渊源、发展脉络、精神内涵，增强文化自觉和文化自信。

中华优秀传统文化在中小学课程教材中的育人立意更加精准鲜明，布局安排更加系统完整，内容更加科学合理，呈现方式更加丰富生动。课程教材在厚植中华文化底蕴、涵养家国情怀、增强社会关爱、提升人格修养、铸牢中华民族共同体意识等方面的育人功能显著增强，学生文化自信更加坚定。

（二）研究内容的总体框架

研究内容从《中华优秀传统文化进中小学课程教材指南》中规定的内容入手，旨在让学生在不同年龄阶段学习不同的内容。各类学校选取其中一个或者几个点入手。幼儿园、中小学课程教材主要围绕核心思想理念、中华人文精神、中华传统美德三大主题，遴选中华优秀传统文化教育内容，侧重中华传统美德培养。

研究重点：

幼儿园、小学、初中十二年中华优秀传统文化教育的目标体系；

幼儿园、小学、初中十二年中华优秀传统文化教育的内容体系；

幼儿园、小学、初中十二年中华优秀传统文化教育的方法、途径体系。

各阶段具体研究内容：

幼儿园阶段 以节日教育为切入点、以多元课程的建构与实施为途径，培育幼儿对传统文化的兴趣与热爱。以健康、语言、社会、科学、艺术五大领域课程为基本载体，以主题活动、实践活动、亲子活动等多种活动形式为依托，使幼儿了解传统节日的由来、习俗、蕴含的情感内涵以及传统美德，促进幼儿在人际交往、社会适应等方面的发展。

小学阶段 以培育学生对中华优秀传统文化的亲切感和感受力为重点，由启蒙教育入手，介绍中华民族重要的历史人物、传统节日、节气与风俗、发明发现、特色技艺等，使学生初步了解中华优秀传统文化的源远流长、丰富多彩，培养学习兴趣。通过设计识字写字、诵读诗文、听闻典故、亲近先贤、关注习俗等学习活动设计，引导学生在日常生活中增进对中华文化的认识，养成孝老敬亲、礼貌待人、勤俭节约、吃苦耐劳、言行一致等传统美德，体认中华优秀传统文化，培养对国家、民族的感情。

初中阶段　以增强学生对中华优秀传统文化的理解力为重点，比较系统地介绍我国各族人民创造灿烂文化的历史及伟大成就，引导学生进一步认识中华优秀传统文化的博大精深、悠久历史及其对世界的意义，提高对中华优秀传统文化的认同度。通过设计临摹名家书法、阅读经典文献、了解历史线索、欣赏传统艺术、参与礼仪活动等学习活动设计，引导学生践行中华传统美德，初步体会道法自然、天人合一、修齐治平、革故鼎新、实事求是等中华核心思想理念和人文精神，尊重各民族传统习俗，珍视各民族共同创造的中华优秀文明成果，进一步增强中华民族的归属感和自豪感。

（三）研究假设

目标明确，培养的方法途径有效，教师更有情怀，学生能弘扬传统美德，并且能够落实到行动中，从内容上根植于心，外化于行。

（四）创新点

积极构建大中小幼一体化德育体系，是解决育人根本问题、落实立德树人根本任务、培养德智体美劳全面发展的社会主义建设者和接班人的战略选择。发挥教育集团在学段衔接上的优势，遵循学生的年龄特点、认知水平、接受能力和教育规律，依据德育目标要求和集团办学特色，围绕中华优秀传统文化这一育人主题，搭好育人阶梯，探索构建目标分层递进、内容有序衔接、方法循序渐进、成效螺旋上升、办学特色鲜明的德育内容体系。开展教育实践探索，帮助学生适应下一个学段的学习生活，为学生人生幸福奠基。

四、研究方法与技术路线

（一）研究方法

文献研究　查阅与课题相关的文献资料，通过对资料的搜集、整理、加工，对课题有一定客观认识，明确研究的背景和意义，界定好关键词。

行动研究　把行动过程与研究过程结合起来，积极实践，主动反思，解决研究过程中的实际问题。采用科研人员、教师、行政领导三结合的行动研究方式。

个案研究　主要是通过对典型内容设计、典型主题活动实践研究，选取大量有意义、有价值的教学设计、主题实践活动、方案的设计，形成有推广价值的设计和做法。

本课题采用的研究程序如下：计划→行动→观察→反思，具体包括发现问题→调查研究→重新确认问题→制订行动计划→实施计划→观察收集数据→反思与评价效果→撰写行动研究报告（其间过程有循环反复，是交替进行的）。

（二）技术路线

技术路线如图 1-1 所示。

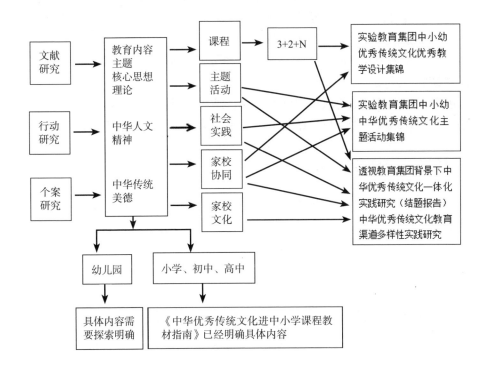

图 1-1　技术路线

五、研究计划

第一阶段：开展文献研究，查找资料。（2021 年 3 月—2021 年 10 月）

①申请立项，研究文献。

②撰写开题报告，召开开题论证会。

③集团内各学校明确研究的重点，确定子课题。

④梳理出研究目标和重要研究点。

⑤确定传统节日的研究点。

第二阶段：实施研究，进行交流。（2021 年 11 月—2022 年 12 月）

①各学校根据自身情况确定实施途径。

②进一步在课程、主题活动等方面实施。

③各学校根据实施情况，进行研讨、总结。

④进一步改进、实施。

⑤各学校负责人组织实施。

第三阶段：完善研究，进行互动。（2023 年 1 月—2023 年 3 月）

①搜集初步成果，各校进行成果交流。

②完善中期报告，进行中期汇报。

③征集主题班会、教学设计、主题活动、教育案例。

④推广初步成果，在各校观摩。

⑤进一步征集案例、论文，结集成册。

第四阶段：总结经验，进行结题。（2023 年 4 月—2023 年 10 月）

①总结经验，开展交流。

②在前期征集的基础上再次征集优秀作品，结集成册。

③书写与整理结题报告，做好结题准备。上交结题报告，并组织结题。

六、预期研究成果

①课题研究报告：透视教育集团背景下中华优秀传统文化一体化实践研究。

②其他成果：教育集团背景下幼小初中华优秀传统文化教育纵向衔接一体化的行动研究成果集（论著）。

在二十四节气体验教育中涵养中华传统美德的实践研究
——石景山区实验幼儿园一体化德育实施方案

刘金玲　王钰雅

在石景山区幼小初高一体化德育实践研究示范区建设的推动下，在石景山区实验教育集团"教育集团背景下幼小初中华优秀传统文化教育纵向衔接一体化的行动研究"课题的带领下，实验幼儿园结合园所发展及实际情况将研究的方向确定为"在二十四节气体验教育中涵养中华传统美德的实践研究"。

一、指导思想

以贯彻落实《中共中央、国务院关于进一步加强和改进未成年人思想道德建设的若干意见》为中心，以《中小学德育工作指南》和《3～6 岁儿童学习与发展指南》为指导，依据幼儿身心发展规律，使幼儿在形式多样的游戏体验活动中受到潜移默化的熏陶、感染，汲取中华传统美德的精华，受益终身。

二、目标

（一）工作目标

利用节气文化中的各种教育契机，支持幼儿通过直接感知、实际操作和亲身体验的方式，初步理解二十四节气与自己生活的关系，初步感受中华传统文化深厚的底蕴和神奇，潜移默化地渗透中华传统美德，继承和弘扬中华传统文化，让优秀的传统文化一脉相传。

（二）幼儿发展目标

1. 总目标

幼儿在亲身体验中初步感知中华传统文化中的二十四节气，萌发对传统文化的热爱，初步理解中华传统美德的含义。

2. 具体目标

（1）了解和体验二十四节气民俗活动，感知其中蕴含的勤劳、节俭、勇敢、诚信等传统美德。

（2）认识二十四节气的特点，对四季更迭及世界非物质文化遗产二十四节气产生兴趣。

（3）学习二十四节气的知识，让幼儿了解四季植物的生长情况和动物的活动情况。

三、具体内容

二十四节气活动涉及幼儿园五大领域，引导幼儿在体验春种、夏长、秋收、冬藏的自然教育过程中，在参与与之相对应的民俗活动、传统节日教育活动的过程中，初步学习人与自然和谐相处、勤劳动手、自强不息、爱惜粮食、孝老爱亲等中华传统美德。

幼儿园同小学一样是从秋季开始每一学年度的学习的，因此我们也按照季节的规律把课程划分为春、夏、秋、冬四个活动主题，每个主题内则包含当季的六个节气以及相关的传统节日文化民俗，深度挖掘二十四节气传统文化的教育内涵和教育价值，探索将二十四节气融入幼儿园课程的内容与教学方法，构建自然理念下传统文化园本课程，体现中华传统美德，从而使幼儿萌发初步的道德情感。

四、实施方法

3～6岁幼儿的学习是以直接经验为基础，在游戏和日常生活中进行的。因此，传统文化下的二十四节气活动遵循"激发情感—主动发现—经验拓展—涵养美德"的活动路径，不断拓展幼儿的经验，让幼儿在自然中感受天然的美好，体验中华传统文化的魅力，在认识自我、尊重自然、了解社会的过程中获得全面发展。

（一）生活感知，激发情感

幼儿的日常生活是课程实施的重要途径。在日常生活中幼儿观察、探究周围的事物，与同伴进行交往，获得直接的感性经验。因此，教师要根据幼儿的日常生活来实施课程内容，用贴近幼儿生活的语言，引导幼儿探究节气现象，获得感官体验，体验节气文化的美好和趣味。

（二）游戏体验，主动发现

在实施本课程时，教师要尊重幼儿在游戏中学习的特点，利用二十四节气丰富的民俗文化内容来支持幼儿的游戏活动，让幼儿在充满趣味的游戏活动中获得自主发展。

（三）教学突破，经验拓展

通过"游戏情境化""目标引导化""互动合作化"的教育策略，充分调动幼儿的学习动机，有效将传统美德教育目标转化为幼儿的学习需求，激发幼儿的学习兴趣，实现涵养幼儿良好品德的目的。

（四）环境渗透，涵养美德

师幼共同创设动态变化的节气文化环境，使布置环境的过程成为幼儿主动感知传统文化精髓、树立正确价值观念、养成良好行为习惯的过程，更好地达到涵养中华传统美德的目的。

五、实施途径

（一）营造节气文化氛围，优化德育环境

利用楼道、走廊等空间，创设二十四节气传统文化氛围，"田园风""中国风"的设计从感官上带给幼儿刺激，从情绪上带给幼儿愉悦，使其成为园所一道亮丽的风景。并且利用现代信息技术设备，向幼儿介绍节气的传统文化、习俗、古诗词等，将环境变成可视听的学习资源，使幼儿受到潜移默化的熏陶。除了营造节气文化氛围之外，还要将良好的习惯渗透在环境当中，如楼道里不乱跑、不随地扔垃圾、排好队慢慢走等，将好的行为春风细雨般地播撒进幼儿的心田。

（二）在一日生活中渗透传统美德教育

一日生活皆课程，从入园到离园，将德育内容渗透在各个生活环节。例如：早入园时，开展"阳光礼仪星"活动；晨间活动时，开展"播报小明星"活动；等等。鼓励幼儿从小接触礼仪性规范，做力所能及的事情，如照顾花花草草、帮助小朋友捋捋袖子、做游戏时帮忙整理玩具等。在日常活动中培养幼儿愿意为大家服务的意识，初步形成责任意识；使幼儿形成热爱劳动、尊重他人劳动成果的美好品德。

（三）在领域活动中强化传统美德教育

1. 社会领域活动

围绕爱国爱家的美德目标，从幼儿身边熟悉的事物入手，通过具有代表性的民俗风情和文物建筑，如四大发明、紫禁城、长城、节气、传统节日习俗等，增强幼儿的国家认同感和民族自豪感。

开展感受二十四节气习俗的社会领域活动，利用各种丰富多彩的游戏活动，引导幼儿切身感受二十四节气。例如，春分"放风筝""竖蛋"，芒种"打泥巴仗"，立夏"斗蛋"，等等。

2.语言领域活动

通过诵读有关节气的诗歌、童谣，听读与节气相关的民俗传说、民间故事、童话故事等，引导幼儿在日常生活中增进对节气风俗习惯、中国传统节日的认识，感受孝老敬亲、吃苦耐劳、言行一致等传统美德，初步建立礼貌待人、勤俭节约的行为认知。

例如，通过阅读图画书，如《二十四节气旅行绘本》《这就是二十四节气》等开展节气教育活动；通过"清明前后，种瓜点豆""立春早，收成好""立春雨水到，早起晚睡觉"等歌谣、谚语、诗词等，帮助幼儿了解节气物候知识，积累生活经验。

3.健康领域活动

通过开展不同年龄段幼儿民族民间传统体育活动，如抽陀螺、跳房子、踢毽子、滚铁环、抖空竹、舞龙、舞狮、荡秋千、踩高跷、武术、跳绳等，引导幼儿发展体能，体验运动乐趣，初步激发对中华传统体育文化热爱的情感。

开展节气饮食教育活动，体验二十四节气的饮食习俗，如立春吃春饼、夏至吃凉面、立秋吃桃子、冬至吃饺子等，促进幼儿养成健康的饮食行为，增强继承中华传统饮食文化的意识。

4.科学领域活动

通过在园内开展顺应节气、时令的自然教育实践体验活动，帮助幼儿认识人与自然的关系，认识各种自然事物是互相联系的，认识节气对农业的重要性，培养初步的环境保护意识。

例如，在小菜园开展种植活动，亲身体验播种的快乐；观察记录农作物的生长过程，感知植物发芽、开花、结果的规律，感受节气给人们生活带来的好处；观察记录冬天水的结冰与解冻、夏天下雨的自然现象等，体验人与环境、动植物相互依存、和谐共生的关系。

5.艺术领域活动

利用歌舞、绘画、书法、剪纸、雕刻、制作等多种表现形式表达对二十四节气及相关传统节日的理解，在传统文化的浸润中培养幼儿的传统美德。例如，引导幼儿欣赏和感受吴藕汀先生创作的《廿四节候图》，丰富幼儿的美感体验，进行侧面的节气教育等。

（四）调动家园社区资源，拓展德育途径

形成幼儿园、家庭、社会全方位、立体化、开放式的德育工作体系，重视家长参与的力量，注重整合社会德育资源。重要的节气、节日之时，提前向家长推送计划，鼓励家长在家与幼儿一起了解节气的风俗习惯，并利用家园社区资源积极参与体验活动。

六、过程步骤

第一阶段：初步探索阶段。（2021年9月—2021年12月）

（1）开展园本教研活动，深度挖掘二十四节气传统文化的教育内涵和教育价值。

（2）选定实验班级，重要节气进行初步实践活动，初步探索将二十四节气融入幼儿园课程的内容与教学方法。

第二阶段：深入实践阶段。（2022 年 1 月—2022 年 12 月）

（1）利用一年的时间，完善二十四节气文化教育的内容。

（2）改进实践过程中的内容和方法，深入探索不同节气的教育方式和内容，渗透传统美德教育。

第三阶段：总结提升阶段。（2023 年 1 月—2023 年 6 月）

（1）继续探索二十四节气在幼儿园课程中的运用，完善传统文化课程内容。

（2）梳理总结研究成果，利用案例集等形式推广研究经验。

七、预期成果

（1）形成"在二十四节气体验教育中涵养中华传统美德的实践研究"的研究报告。

（2）梳理传统文化之二十四节气的教育价值经验。

（3）制作幼儿园中华传统美德养成教育活动案例集。

采撷中国传统文化，浸润幼儿多彩童年
——中华优秀传统文化节日课程建设方案

北京市石景山区八角幼儿园　刘薇

一、课程指导思想

2014 年 3 月 27 日，习近平主席在联合国教科文组织总部演讲时指出："每一种文明都延续着一个国家和民族的精神血脉。"为贯彻落实国家、北京市和全区教育大会精神，依据《中小学德育工作指南》《3～6 岁儿童学习与发展指南》《中华优秀传统文化进中小学课程教材指南》《北京市大中小幼一体化德育体系建设指导纲要》《石景山区深化五育并举，提升育人质量实施方案（2019—2025 年）》等文件精神和要求，依托石景山区实验教育集团幼小初德育一体化实践研究，我园在石景山区实验教育集团幼小初中华优秀传统文化教育纵向衔接一体化的行动研究背景下，为传承和发扬中华优秀传统文化，培养幼儿良好的道德情操和品质，设计和实施中华优秀传统文化节日课程。

通过直接感知、亲身体验、实际操作，深入探索将中华优秀传统文化中的节日课程融入幼儿的教育中，让他们更好地理解和接受传统文化，让幼儿更深刻地体会它们的历史渊源、精神内涵，从而有效地提高幼儿的人格素质和社会融合能力。

二、课程目标

（1）传承发展中华优秀传统文化旨在以中华优良的传统文化为基础，大力弘扬社会主义核心价值观、美德和人文精神。

（2）通过中华优秀传统文化节日课程的实施，提升教师建构课程的能力，构建幼儿园德育课程。

（3）通过开设中华优秀传统文化节日课程，让孩子们深入探索、领会传统文化的精髓，深刻领悟传统节日的起源、礼仪、精神内涵，并培养孩子们的良好品行，从而促进他们的社会交往能力和适应能力的发展。

三、课程类型

（一）共同性课程

以"生活""运动""游戏""学习"为课程基本活动，渗透五大领域内容，在实施节日课程时，关注幼儿的兴趣需要以及经验的获得，使幼儿真正成为活动的主体。

（二）选择性课程

通过对春节、清明节、端午节、中秋节、重阳节五大节日的深入了解，并结合不同年龄段的孩子的需求，精心挑选合适的节日活动，让幼儿能够更加深刻地感受节日的魅力。

四、课程结构

课程内容：春节、清明节、端午节、中秋节、重阳节体验探索中国人的节庆文化。

课程途径：环境创设、主题活动、区域游戏、一日渗透、小组活动、家园活动、参与社区活动。

课程评价：

（1）幼儿本领域发展评价。

（2）教师日常观察评价。

（3）家长主动参与评价。

五、课程内容

（1）深入开展各节气的主题活动。

（2）结合五大领域落实各节日节气教育目标。

（3）创设凸显节日节气特色的物质环境和精神环境，为幼儿营造宽松的氛围，提供充分体验和感知的条件和机会。

（4）依据主题活动内容，渗透家园共育，鼓励家长参与并对活动进行反馈，明确教育目的。

六、课程实施

（1）课程内容价值与分析：在前期准备中，教师依据五大节日主题，寻找课程资源，对每个节日课程进行价值分析，深度剖析和挖掘课程的核心价值，设计活动。

（2）课程实施过程审议：定期对课程的理念、内容、组织形式等进行深入的审核，以确保其能够有效地落实，并且能够提出新颖的思路和策略。

（3）课程评价与调整：通过问卷调查、幼儿发展评价、日常观察分析、课程实施效果进行讨论与总结，适时提出意见和建议，对课程实施中的问题进行改善和调整。

七、具体实施途径

（1）依据每个节日的特点，创设凸显传统文化元素的环境。可以利用节日特有的色彩、花纹、图案、主要标志性事物等，设计整体环境的风格，使幼儿感受每个节日不同的文化氛围与魅力，发挥环境育人的作用。

（2）依据幼儿的年龄特点、节日主题活动内容，开展适宜的课程故事活动和实践活动，逐渐增加难度和深度。例如重阳节，小班重在了解九月初九是重阳节，以及重阳节要做的事；中班重在萌发敬老爱老的意识；大班重在知道敬老爱老的意义以及在生活中坚持敬老爱老的行为，养成习惯。

（3）注重游戏的教育价值，提供丰富可感知的材料，运用多感官充分感知与体验，感受传统节日的习俗与内涵。

（4）发挥家园共育协同作用，迁移幼儿园传统文化课程经验，落实家庭教育指导，探索每个节日独特的传统文化活动内容和形式，将传统文化精神延伸至家庭中。

（5）做好课程评价，运用幼幼评价、家幼评价、师幼评价、家园评价的方式，对主题活动实践效果和幼儿发展进行评价，有利于课程的改进和完善。

八、课程预期成果

通过一校一案、主题活动、实践活动的方式，梳理课程实施过程，形成园本课程成果及案例集。

九、课程评价

（1）依据园所情况，全园或部分班级实施中华优秀传统文化节日课程，根据实施方案开展相应的活动。各班确定班级主题，在实施过程中不断地修正、调整、丰富，最后将实施主题制作成 PPT 进行全体交流。

（2）评价侧重于交流活动、发现亮点，体现幼儿在课程实施中的主体地位，并引导幼儿反思。

（3）评估课程的目标和实施情况是非常重要的，因为它们决定了课程的成功与否。为了更好地评估课程的质量，我们将尤为关注课程的内容。

建构传统节日课程：让孩子在传统文化中浸润成长

——八角北路幼儿园中华优秀传统文化节日课程建设方案

隗玉洁

一、课程指导思想

中华文化源远流长、灿烂辉煌，是中华民族生生不息、发展壮大的丰厚滋养。开展传统文化课程有利于促进幼儿对传统文化的了解，培养幼儿对传统文化的亲切感，促进幼儿在艺术、科学、社会、语言、健康等各领域的发展，激发幼儿的爱国情感。

二、课程目标

（1）通过生活中的多元化传统节日活动，让幼儿感受传统文化的丰富多彩，重在体验情感内涵，分享乐趣，接受优秀传统文化的滋养，逐步将传统节日活动中的文化内涵转化为情感认同和行为习惯，以培育幼儿初步的文化认同感和自信心。

（2）通过传统文化的课程建设，提高幼儿园园本课程的建构能力，为教师发展专业能力赋能。

三、课程内容

以五大传统节日中蕴含的习俗、故事、美德、节日饮食、服饰、艺术、礼仪、传统科技、传统游戏等为载体，创设节日特色凸显的物质环境，根据不同年龄段幼儿的学习方式与身心特点开展丰富的实践活动。

四、课程实施

（一）基于幼儿的年龄特点构建课程体系

课程的构建核心是目标和内容的建构。如何基于幼儿的发展需要、身心发展特点、学习方式等不同维度进行构建是课程建构的关键环节。在传统节日课程构建的过程中，我园主要有以下几点实践经验。

1. 基于幼儿的身心特点设计课程目标

不同年龄段幼儿的生活经验、思维特点不同，因此，在制定目标时要综合考虑幼儿的已有经验与年龄差异，合理设置目标。

其一，基于幼儿的生活范围与生活经验设定课程目标。在生活范围、生活经验上，小班幼儿以家庭为主；中班幼儿可以关注到熟悉的社会环境，如家庭所在的社区；大班幼儿可以关注到国家和社会生活。因此，在制定目标的时候，要关注幼儿的生活范围与生活经验。比如，在制定端午节饮食相关活动目标时，小班幼儿重点在于品尝粽子，知道吃粽子是端午节的重要习俗；中班幼儿品尝粽子的同时，知道常见的粽子馅；大班幼儿通过参与相关活动，联系生活经验，了解南北方粽子在制作、馅料上的差异。

其二，基于不同年龄段幼儿身体发展的特点设定课程目标。在身体发展上，小班幼儿大肌肉动作较小肌肉动作发展快，身体的协调能力较弱。中班幼儿小肌肉动作发展迅猛，身体的协调能力逐渐发展，但不足以支撑同伴之间的合作游戏。大班的幼儿动作发展已达到一定水平，身体的协调性能够支持同伴之间的合作游戏。因此，在设定相关活动目标时要关注不同年龄段幼儿身体发展的特点。例如，在进行舞龙游戏时，小班幼儿以手持、单个的舞龙道具为主；中班幼儿可以跟随教师舞动绣球的变化调整自己的动作；大班幼儿则可以通过几人一起舞动一条龙，同时根据他人舞动绣球的变化调整动作。

其三，基于幼儿的思维发展水平设定课程目标。在思维发展上，小班幼儿以直觉行动思维为主，中班幼儿以形象思维为主，大班幼儿的抽象思维进一步发展，不同的思维发展水平也影响目标的制定。比如，在传统的陀螺游戏中，小班幼儿可以选择易于操作的陀螺，体验陀螺游戏的快乐；中班幼儿发现和寻找不同的陀螺，通过陀螺游戏观察陀螺运动的轨迹、讨论让陀螺旋转时间更长的方法等进行初步的探究活动；大班幼儿通过自己收集多种材料制作陀螺，发现确定中心点的方法，总结两翅、三翅、四翅陀螺在制作过程中重量、长度等方面的规律等。

2. 基于幼儿的学习特点规划学习内容

不同的传统节日蕴含着不同的文化内涵，在设置传统节日课程的内容时，既要充分挖掘传统节日中蕴含的教育契机，又要根据不同年龄段幼儿的学习特点筛选课程内容。

首先，要充分挖掘传统节日中蕴含的教育契机。在建构传统节日课程的过程中，要充分关注传统节日中包含的学习内容与学习契机。主要包括传统节日习俗、传统节日故事、传统节日中蕴含的美德、传统节日饮食、传统服饰、传统艺术、传统礼仪、传统科技、传统游戏等。以春节为例，我们罗列了习俗、故事、美德、饮食、服饰、艺术、礼仪、科技、游戏九方面内容，每方面又包括若干具体内容，如在习俗方面，春节就包括守岁、贴春联、贴门神、拜年等习俗，见表1-1。

表1-1　以春节为例的节日课程内容

节日课程内容	春节
习俗	守岁、贴春联、贴门神、贴挂彩、张灯结彩、拜年、吃团圆饭、祭祀祖先
故事	《打败年兽》《春联和门神》《争花治天下》

续表

节日课程内容	春节
美德	仁爱孝悌、谦和好礼
饮食	年夜饭、饺子
服饰	汉族传统服饰
艺术	剪窗花、挂彩、绘制年画、传统图腾、纹样
礼仪	新年拜贺、待客之理
科技	印刷术
游戏	陀螺、舞龙、舞狮、踩高跷

其次，要根据不同年龄段幼儿的学习特点筛选课程内容。在充分挖掘传统节日教育内容的基础上，根据不同年龄段幼儿的年龄特点进行筛选和梳理，建构出适合幼儿的传统文化课程内容。通过梳理不同年龄段幼儿的课程内容，找出主要规律，即小班以感受节日气氛、品尝传统饮食为主；中班以感受传统节日习俗、节日故事、传统艺术、传统礼仪、传统游戏为主；大班以探究传统节日习俗背后的文化内涵为主。同样以春节为例，对春节中蕴含的教育内容进行归纳，见表1-2。

表1-2　春节中蕴含的教育内容

节日课程内容	各班的春节活动内容		
	小班	中班	大班
习俗	拜年、吃团圆饭	贴春联、贴门神、拜年、吃团圆饭	守岁、贴春联、贴门神、贴挂彩、张灯结彩、拜年、吃团圆饭、祭祀祖先
故事	《打败年兽》	《春联和门神》	《争花治天下》
美德	谦和好礼	仁爱孝悌、谦和好礼	仁爱孝悌、谦和好礼
饮食	饺子	年夜饭、饺子	年夜饭、饺子
礼仪	新年拜贺	新年拜贺、待客之理	新年拜贺、待客之理
游戏	陀螺	陀螺、舞龙、舞狮	陀螺、舞龙、舞狮、踩高跷
服饰		汉族传统服饰	汉族传统服饰
艺术		剪窗花、传统纹样	剪窗花、挂彩、绘制年画、传统图腾、传统纹样
科技			印刷术

（二）基于幼儿的学习方式选择课程实施途径

1. 基于不同年龄段幼儿的不同学习方式选择有效的实施途径

幼儿园阶段幼儿是通过直接感知、实际操作、亲身体验来获取经验的，但是不同年龄段幼儿的学习方式也不尽相同。尊重幼儿的学习方式，选择有效的实施途径是保证课程实施效果的重要一环。

其一，针对小班，在一日生活中进行游戏化渗透。教师要以游戏化的方式实施课堂教育，激发幼儿的潜能，让幼儿在没有负担和压力的情况下完成学习活动。比如：幼儿通过手指谣诵唱节日儿歌；通过"大鞭炮"的游戏了解春节放鞭炮的习俗；利用角色头饰、手偶道具等讲述《打败年兽》的故事；在区域中提供多种彩泥、包饺子器、擀面杖、砧板等材料，为幼儿开展角色游戏、重现生活经验做好材料的支持；等等，让小班幼儿在游戏中进行操作和感知。

其二，针对中班，在区域游戏中丰富经验。中班幼儿的学习方式是目标化的活动区，因此，除了集体教育活动之外，可以将许多内容拓展到活动区中，通过幼儿自主选择和探究进行学习。如在表演区投放传统剧目的道具，让幼儿进行游戏与模仿；在美工区投放绘画材料学习绘画传统图腾与纹样；在科学区投放不同的陀螺、颜料等材料，引导幼儿观察陀螺的运动轨迹，发现不同材质、重量、大小的陀螺运动轨迹的异同等等。

其三，针对大班，以合作化共同学习的方式建构新经验。大班幼儿根据兴趣组成学习共同体，有计划地开展分工合作，完成学习和探究。比如幼儿搭建天坛的游戏，幼儿通过收集传统建筑资料共享有关传统建筑的特征，通过集体讨论制订搭建计划，合作分工完成搭建。再如在表演区，幼儿可以进行传统曲目、剧目的表演游戏，当出现服装、道具等不足的情况时，支持幼儿自制道具，在这样的过程中就形成了幼儿对传统服饰、图样等学习、拓展的过程。

2. 拓宽学习场域，增强学习效能感

除了日常班级活动，幼儿园也可以根据自身的条件为幼儿提供更多样的方式，拓宽学习场域。

可以在墙面上布置有关五大传统节日的墙饰，通过创设真实的情境，在呈现各个节日的主要风俗和特征的同时，让幼儿感知节日的轮替和周而复始，激发幼儿参与传统节日活动的愿望。以春节为例，教师设计、制作中国传统样式的房屋模型，为幼儿的学习创设情境，幼儿在房屋上制作春联、挂彩等显示节日主要特征的装饰，透过敞开的门可以看到幼儿用彩泥制作的围坐在丰盛年夜饭的一家人。同时，生成幼儿录制的关于春节的故事的二维码，贴在这个区域之中，使幼儿可以在区域活动时间用班级的平板电脑扫码收听。在这个区域中，我们还将幼儿园举行的如舞龙、包饺子等活动的照片布置其中，帮助幼儿了解不同节日的主要习俗；将幼儿关于春节的绘画作品结集成册，展示在区域之中。真实的情景、幼儿的参与构成了环境育人的氛围，激发了幼儿参与传统节日活动的愿望，更在各种活动中进一步加深了幼儿对传统节日以及传统节日蕴含的文化内涵的理解。

可以利用走廊为幼儿设置艺术长廊，设置乐剪胡同、乐画胡同、乐染胡同和乐陶胡同，将绘画、剪纸、扎染、刺绣、泥工等活动蕴含其中。同时，提供丰富的材料支持幼儿在自选游戏活动时间选择、操作。比如：提供白色半袖、方巾供幼儿开展扎染活动；教师制作

老鼠嫁女的场景，支持幼儿将老鼠嫁女的故事用剪纸的形式制作出来并进行展示……同时，帮助幼儿录制"带你玩转艺术长廊"的音频，生成二维码，幼儿同样可以用平板电脑扫描后听不同区域的游戏内容、操作方法等。在不同的场域下进行传统艺术活动，能够在提升幼儿的艺术素养的同时增强幼儿对传统文化的了解，培养幼儿对传统文化的亲切感。

五、课程预期成果

通过教育实践及成果梳理，形成较为系统的园本课程案例集及相关研究成果。

六、课程评价

（一）多途径、多主体开展课程评价

选用管理者、教师、家长三位一体的评价主体，对幼儿园课程进行评价。管理者在对课程建构的过程中，就"课程的建构是否建立在对幼儿发展现状、兴趣和需要等的充分了解的基础上，教育活动内容是否注意幼儿发展的基础性、科学性，是否能够满足幼儿探索与创造性发展的需求"等几方面利用听课、研课等途径进行评价。在课程的实施上，教师围绕"教育计划的制订是否与教育目标一致，教育形式、方式、策略是否能调动幼儿学习的积极性，教育过程是否能为幼儿提供有益的学习经验和探索、创造的机会，是否符合其发展需要，教育内容要求能否兼顾群体需要及个体差异，教师的指导是否有利于幼儿主动、有效地学习"等主要问题，并根据幼儿的表现进行评价。家长应积极参与幼儿园的教育活动和家长会议，与教师密切合作，共同关注幼儿的学习和成长。

（二）关注幼儿的发展过程，实施个性化评价

课程的评价除了课程本身，幼儿作为评价的对象也是必不可少、非常重要的。结合我园进行的评价活动，幼儿的评价需要重点关注两点：一是评价手段要鲜活多样，二是关注持续的评价过程。

1. 鲜活多样的评价手段

多样化的评价手段有利于激发幼儿参与评价的兴趣，在评价的过程中养成良好的行为习惯。可以利用小组评价、个人评价、即时交互式评价、代币制评价等多种评价手段进行评价，这样的评价方式巧妙地利用幼儿的年龄特点，既符合幼儿的兴趣，又符合幼儿的发展需要。例如，为了培养幼儿节约粮食的意识，教师设置了"光盘行动"的评价墙，在每位幼儿头像下面安装一个按钮灯，当幼儿光盘后就可以自己点亮自己的灯。通过这样的评价方式，每位幼儿都积极参与其中，班级幼儿浪费食物的现象明显减少，节约粮食的意识不断地固化在幼儿的行为之中。大班幼儿集体意识逐渐萌芽，教师通过支持幼儿自由结组、自己命名等方式帮助幼儿建立小组，制作不同评价项目的贴纸，当这一组幼儿在评价项目上表现优秀时，这一组幼儿便可以在他们组的评价墙上贴上贴纸，这样的评价方式巧妙地利用幼儿的年龄特点，既符合幼儿的兴趣，也符合幼儿的发展需要。多样化、符合幼儿年龄特点的评价方式可以激发幼儿参与活动的兴趣，有利于培养幼儿良好的品质和习惯。

2. 持续的评价过程

持续的评价过程对于幼儿的成长非常重要，尤其是在文明礼仪、习惯培养方面，因此，评价需要可持续的机制。根据评价内容和幼儿的年龄特点，评价可以分为即时评价、周评价、月评价及学期评价。我园的文明礼仪评价就是基于这样的思路开展的。在每天入园的时段，当来园的幼儿与教师互相鞠躬问好时，教师会奖励幼儿一个小贴纸，幼儿可以将这枚贴纸贴到园所"文明礼仪"评价墙上自己班级的区域，年级组长每个月会统计文明礼仪墙上各班贴纸的数量，评出每个月的"文明之星"班级。同时，综合幼儿个人表现评出每学期的"文明礼仪小标兵"。这样的评价机制实现了持续评价的可能，为幼儿的持续发展蓄力。

学科育人融情，课程育人润德，文化育人铸魂
——落实《中小学德育工作指南》实施方案

石景山区实验小学　范芳

为深入贯彻习近平总书记关于教育的重要论述，全面贯彻党的教育方针，落实立德树人根本任务，北京市石景山区实验小学以社会主义核心价值观教育为引领，以《中小学德育工作指南》为依托，秉持"在继承发展的基础上，尊重个体，张扬个性，追求卓越"的教育信念，以"育全扬长，和谐发展"为办学理念，实施"扬长教育"，以"实践惟新，验辨明达"为育人目标，以"扬长成就更好的自己"为办学目标，构建多元多维课程，拥有优良师资，传承中华传统文化，展现深厚文化底蕴。学校开展项目学习，探索"问题、合作、合适"新课堂模式，实践信息技术与教育教学深入融合，实现以"生"为本，培养学生的核心素养，根植红色基因，铸就少年中国魂。

一、背景分析

石景山区实验小学位于石景山区中部，1988 年建校，于 1990 年更名为北京市石景山区实验小学。

随着办学理念的不断提升、办学规模的发展壮大，2003 年石景山区实验小学与石景山区科艺实验学校合并，目前学校已由最初的小区配套学校，发展成为占地 1.5 万平方米、建有 2 座独立教学楼、拥有 38 个教学班、近百名教师、1400 余名学生的区规模校。

二、办学理念：育全扬长，和谐发展

"育全扬长，和谐发展"的意思是：培养学生的多元能力，全面提升竞争力，塑造健全人格，突显特长激活力。扬长教育是从"道人之长，愈道愈长"的教育原理以及"多元

智能"理论出发，发现并挖掘个体的积极因素和独特优势，通过期待、激励、训练使个体隐藏的潜能随时处于喷发状态，并将在此基础上形成的良好心态逐渐迁移到其他方面，以扬长促进其和谐发展，以扬长促进其探索创新。

三、德育工作目标

石景山区实验小学在"长善救失，格物致知"核心价值观的引领下，以"学科育人融情，课程育人润德，文化育人铸魂"为目标。成立以校长为组长的学校德育工作领导小组，确保学校德育工作有计划、有目标、有措施、有实效。以"扬长教育"理念为指导，通过开展校园节日活动，培养学生的综合素质。加强德育队伍建设，优化育人环境，发挥全体教职工的育人作用，做到为人师表，教书育人，管理育人，服务育人，环境育人，在实践中不断创造学校德育工作的新经验、新途径。

四、德育工作内容

（一）明确工作目标及思路，形成全员育人模式

在德育工作中做到：德育管理制度化，日常管理精细化，德育管理自主化，形成从校委会到各处室，从少先队、年级组到班主任，从科任教师到学生的全员管理模式，形成分层管理、分级落实的工作模式。通过集中学习和集体培训等方式，帮助全体教职工领会文件精神，强化德育工作意识与责任，形成积极主动的全员育人格局，并能按照指南要求开展好德育教育和实践。

（二）健全德育管理规章制度，强化全程育人机制

1. 规范制度，强化管理

学校在开展工作时要贯彻落实《中小学德育工作指南》，制定、修改、完善《实验小学正、副班主任职责》《实验小学生日常行为规范》《实验小学成长卡颁发制度》《实验小学班主任工作手册》等规章制度，从而明确分工，为履行职责提供依据和保障，同时加大各部门的管理力度。通过德育处进行督导检查，按时公布结果等一系列措施，形成德育管理制度化、规范化，为有效开展德育工作提供强有力的保障。

加强师资队伍学习，深入学习《中小学德育工作指南》，牢固树立"课程育人，文化育人，活动育人，实践育人，管理育人，协同育人"观念，增强每一位教师的责任感、使命感，规范制度，强化管理。

2. 召开例会，引领实践

定期召开班主任例会，加强班主任之间优秀管理经验和管理案例的交流，在学习、交流和思考中博采众长，积累经验，更新观念，引领实践。鼓励人人都做智慧型的班主任，推荐优秀班主任交流自己的管理经验和做法，鼓励班主任勤写德育随笔，把自己与学生、家长的故事及时记录下来，加以总结。

3. 开展班会、队会课程，统筹安排

学校把每周的班会、队会课程作为德育教育阵地，每学期学校德育处统一制定每一节班会、队会主题。表1-3是班会、队会课程安排。

表 1-3　班会、队会课程安排

周次	主题	形式
1	安全教育一	入校如何做好自我防护
2	光盘行动	开展光盘行动，通过拍照、绘制小报等形式进行活动记录
3	冬奥倒计时启动	班级内设置倒计时角，并开启每日播报
4	抗疫精神教育	组织学习习近平总书记关于疫情防控的重要讲话精神，讲述抗疫故事，分享交流对抗击疫情的感受和理解
5	安全教育二	心理健康安全教育
6	我和祖国共成长	组织观看《国家相册》纪录片、制作小报或是宣传画
7	生命教育	结合《生命教育》读本交流感受
8	走进新时代 从小学用典	组织学生在家登陆人民日报少年客户端App、国家中小学网络云平台，参与阅读《走进新时代》和《从小学用典》专栏文章。各班组织开展阅读学习、分享交流活动
9	劳动教育一	在校、在家劳动技能展示与比拼
10	传承红色基因	弘扬红船精神、井冈山精神、长征精神、延安精神、西柏坡精神、沂蒙精神等革命精神，引导学生铭记革命历史，通过观看红色影片，了解红色历史
11	劳动教育二	在校、在家劳动技能展示与比拼
12	中华优秀传统文化传承活动	开展诵读，讲好人文历史、民俗历史、红色经典历史故事
13	爱国教育	祖国辉煌成就介绍与展示
14	学雷锋志愿服务活动	引导学生感知雷锋、学做雷锋，参与各类志愿服务活动
15	爱党教育	党史介绍
16	习爷爷在忙什么	以学习贯彻落实习近平总书记贺信精神和第八次全国少代会精神为主要内容，开展学习活动
17	爱家乡	介绍家乡美景、美食及各种特色
18	红领巾心向党	读党史、听党歌
19	爱班集体	团结友爱、共建和谐班级
20	榜样的力量——实小最美少年	各班通过宣讲，选出实小最美少年，树立身边榜样

（三）开展丰富多彩的活动，落实全方位育人策略

1. 书香浸润 润物无声

为了营造良好的读书氛围，培养学生的综合素养，结合学校实际，制定切实可行的活动方案和工作要求，从以下两方面入手。

（1）进行古诗传唱，陶冶情操

为了传承传统文化精神，我校开展了古诗传唱活动。由舞蹈教师根据古诗词的内容和曲调编出韵律操，每天学生一边听音乐跳广播体操，一边熟记古诗词；每个月每个年级学唱两首古诗，并在学期末进行年级、校级的合唱比赛；组织学校合唱团的学生参加北京电视台的"古诗传唱展播"活动。

（2）开展主题演讲，锻炼能力

为培养学生的综合素养，每周一升旗仪式由各班级轮流负责进行主持，从形式到内容，都由学生自主编排，在这个过程中培养学生"敢开口、想开口、能开口"的能力。这项活动的开展既锻炼了学生的表演能力，又提高了学生的组织能力。

通过开展一系列的活动，既培养了学生的综合能力，也有效地为小组合作的课堂改革奠定能力基础，更为重要的是营造了浓厚的文化氛围，达到文化育人的成效，真正做到"润物无声"。

2. 主题活动 激发潜能

实验小学以扬长教育为特色，为学生搭设了各种展示平台。每一个主题月的活动，都会呈现出踊跃报名的现象，学生根据自己的特长，在这个舞台上大显身手，增强自信，不断拓展自己的兴趣爱好。表 1-4 为八大主题月的活动。

表 1-4　八大主题月的活动

时间	主题	内容
三月	华彩音乐节	通过歌曲、舞蹈、器乐演奏等形式展示学生的音乐才华
四月	缤纷书画节	是小书法家、小画家、手工制作小能手一展技能的舞台
五月	头脑奥运节	学生在思维活动、数独游戏、围棋大赛等活动中比拼聪明才智
六月	星星火炬节	是每年一届少代会召开的时间，从代表的推选、提案的征集到标兵的评选无不体现着民主，在这个过程中，学生更加深刻地体验到了自己是主人，自己的组织要自己建，自己的活动要自己搞
九月	激情体育节	是学生释放激情、赛场拼搏的时刻，各种体育竞赛、游戏活动不仅愉悦学生的身心，更重要的是让学生树立强身健体、主动锻炼的意识
十月	创新科技节	是学生最欢乐的时刻，科普知识竞赛、实验活动探秘、环保技能比拼、装置艺术创新等活动等待着每个学生的参与
十一月	快乐读书节	朗诵、演讲、读书心得交流会帮助学生品味古今经典、传承民族文化
十二月	super 英语节	通过英文歌曲、儿歌、故事、舞台剧、写作、演讲等，激发学生学习英语的兴趣，展示英语学习成果

3. 社团活动 精彩纷呈

实验小学十分关注学生的全面成长，将社团活动作为挖掘学生潜能、展示学生特长的扬长舞台。自2018年9月起，学校在整体课程架构的基础上将社团课程纳入学校德育课程，以艺术、科技、体能三条主线开展，将传统文化、非遗文化、冬奥知识等内容有机整合，陆续开展了冬奥双语小导游社团、传统技艺毛猴社团、传统体育滚铁环社团等。

（1）借助传统文化浸润心灵。学校把戏剧作为培养师生综合素养的切入点和立德树人的有效渠道，通过京剧课程"校内＋校外"的形式，让学生学习京剧历史、行当、服装以及戏曲故事等知识，让实小的学生能够了解传统文化，学习传统文化，从而热爱传统文化，让师生通过学习戏剧来体验人生、认识社会、培养人文情怀。

（2）非遗赋能，传承活化。文化遗产是社会发展进步的载体，它凝结了民族智慧，体现着民族精神。非物质文化遗产是人类智慧的结晶，是人类永恒的精神家园。非遗进校园活动在我校如火如荼地开展着。自2019年11月起，学校36个班开设了36个非遗项目，学生经历了了解、熟悉、掌握、绘制的过程，各显妙招，制作出一件件精美的作品。学生在非遗文化的熏陶中学习优秀传统文化，担当起传承和发扬中华文化的使命。

4. 致敬英烈 革命教育

革命传统教育要从娃娃抓起，既注重知识灌输，又加强情感培育，使红色基因渗入血液，浸入心扉！

（1）为先烈站岗，继承革命传统。从2018年开始，学校把八宝山革命公墓作为少先队员的革命教育基地，成为中华人民共和国成立以来第一批在北京市八宝山革命公墓守护先烈的少年先锋岗，在北京市及全国引起了强烈的反响。每年清明节期间，学校在北京市八宝山革命公墓举行以"我为先烈来站岗——致敬先烈，仰望崇高"为主题的少年先锋岗系列活动。少先队员们积极响应、踊跃参加。

（2）听英雄故事，传承红色基因。为了深入开展革命传统教育，学校多次邀请崔建东（部队退休大校）为少先队员做红色教育的专题讲座。并开展听英雄事迹、讲红色故事、画红色小报等系列活动，力图使每一位少先队员都能知历史，敬先烈。

（四）创建家校共育平台，营造社会育人氛围

1. 成立班级、校级家庭教育委员会

教育的最大合力就是家校协同。开学伊始，学校通过"自愿报名、班级推荐"的形式产生班级、校级两级家庭教育委员会。每班五名家庭教育委员会委员，一名校级家庭教育委员会委员。引导家长积极参与学校管理，让家长走进学校。校级家庭教育委员会成员，要积极参与学校发展规划、校服征订、营养餐质量监督等重大学校事件的意见反馈和监督工作，以确保学生的合法权益和安全。

2. 开展家长大讲堂活动

学校与家庭教育相结合，聘请家长讲职业特点和劳动意义。同时进行劳动教育实践，制定劳动教育年级目标，开展各年级家庭劳动培养，组织劳动技能大赛，让学生学会自我管理，懂得劳动最光荣、劳动创造生活的道理。涌现出的班级学生志愿者，可以参与各项志愿服务，学会担当，懂得奉献。

通过家长大讲堂活动，更多的家长主动配合学校抓养成教育、社会实践活动和安全教育等，通过齐抓共管，优化了育人环境，保证学生健康、安全、快乐地成长。学校、家庭、社会三者融为一体，相互沟通，相互促进，共同提高，达到协作育人的最终目的。

（五）创建良好育人环境，营造文化育人氛围

良好的环境是培养学生健康心灵的必要条件。走进校园，优秀学生的照片在宣传栏中展示，时刻提醒学生：榜样就在我们身边，只要努力就有成功的机会，也会拥有同样的光荣。教学楼的墙壁上，各种富含哲理、催人向上的标语随处可见。教室里关于文明礼仪教育和落实新的《中小学生守则》的宣传展板，生动形象，悬挂于教室的醒目位置，构成"德育长廊"。餐厅里到处都有节约的提示语，提醒学生厉行节约，珍惜劳动果实，不忘勤俭自强的传统美德。

专业教室外的走廊，布置上传统文化的展览，悬挂着冬奥会的吉祥物；操场四周的围墙贴着冬奥会的体育项目浮雕；校园西侧的小院围墙上展示着各民族的服饰和体育项目；南小院种着各种中草药……

五、实施途径

按照《中小学德育工作指南》的要求，德育工作应以课程育人、文化育人、活动育人、实践育人、管理育人为主要途径。学校结合学生的年龄特征，将各类途径进行整合，形成丰富多元的实施途径。下面重点介绍课程育人、文化育人、活动育人、实践育人。

（一）课程育人

1. 夯实学科德育主渠道，全学科育人融情

习近平总书记在 2018 年全国教育大会上指出："教育引导学生培育和践行社会主义核心价值观，踏踏实实修好品德，成为有大爱大德大情怀的人。"学校以《北京市义务教育阶段小学学科德育指导纲要》为引领，制定了《石景山区实验小学各学科德育实施方案》。从"大引领"到"细实施"，使德育成为贯穿学科和整个教学工作的灵魂。

（1）落实各学科育人功能，教书育人并举。

落实学科德育的育人功能，实现知识学习、能力发展与道德智慧生成的有机统一，运用学科间互通，实现教书与育人的和谐统一。

其一，变学科德育渗透为学科知识与德育共生。对照课标、研究教材、挖掘资源、寻找育点，以此在学生的感动点、醒悟点、分歧点、困惑点、矛盾点上创设情境，促进道德品质的生成，实现学科知识与道德智慧的并举共生。

其二，变文本德育传导为动态德育情感体验。教师利用学科资源，将其转化为生活情境，让学生置身其中体验、感悟、内化、提升。

（2）注重各学科内涵交融，传道授业并进。

一方面是学科内外整合——课堂内外相呼应，一以贯之。以《道德与法治》中"四大发明的贡献"为源头，与学校科技节实践活动相连接，让学生感受中华文明，萌发民族自豪感。学生通过参与实践活动，逐步养成勤于观察、善于思考、勇于创新的能力。

另一方面是学科之间融合——学科彼此相交融，相得益彰。比如围绕北京文化开展的多学科融合：道德与法治课探究与学习《中华老字号》，让学生领悟以诚信为本的优良品德；语文课走进老舍茶馆进行戏剧表演，让学生品味京味语言；科学课通过研究北京四合院中的科学问题，让学生学会智慧生活；音乐课以国粹京剧演绎，传承中华戏剧文化；美术课制作京味毛猴，让学生体味劳动人民的智慧，增强民族自信。树立"一科一课"皆德育、"一言一行"均育德的意识，发挥学科的德育功能，落实育人目标，让学生在获取知识、发展能力的同时，受到生动而自然的道德品德教育，收到"春风化雨，润物无声"的效果。

2. 根植于价值观的顶层设计，课程育人润德

依据中国学生发展核心素养，学校以"全科育人"为核心，以"全员育人"为宗旨，在空间上突出了全域育人，在时间上倡导全程育人，实现个体成长与生命形态的三个层面：自然生命层面，体现动，遵循自然规律，在运动、劳动中培养健全的自然人；社会生命层面，突出联，在交往合作、创造中与他人横向联系，做健全的社会人；精神生命层面，紧抓扎根、修为，与事物纵向联系，成为健全的精神人，以生命自觉提升个体成长的格局，未来成为社会建设的栋梁之材。学校以"育全扬长，和谐发展"的理念，构建"扬长课程"体系，形成了"人文与社会""科技与创新""艺术与审美""健康与修养"四大课程领域，将不同领域课程分为"基础类课程""拓展类课程""实践类课程"三大课程类别。

四大课程领域突显育人方向，"人文与社会"力求用中华传统美德和世界精粹的文化滋养人；"科技与创新"培养探索精神和实践能力，力求用人类智慧的火花和科学的思想点燃人；"艺术与审美"强调提高学生的审美品位，力求用多元文化的魅力和艺术的熏陶感染人；"健康与修养"强调学生的身心健康，力求用健康的体魄、阳光的心态和高尚的修养塑造人。

三大课程类别突显育人层次，"基础类课程"重在挖潜能、注德育人，学生在国家课程的滋养中润德无声；"拓展类课程"关注需求与发展，重在展示个性、融德育人，学生在多彩的校本文化的培育中育德无声；"实践类课程"关注探索与实践，重在促创新、修德养人，学生在研究与实践中激发无穷智慧。

（二）文化育人

开发资源，形成学校文化，融合学校、家庭、社会三维能量，在文化中浸润学生的人生。

1. 开发学校资源，以节日课程为主线，传承中华文化

学校以"校园八大节日"为课程资源，盘活校内实践形式，用节日文化哺育爱国、爱家、爱校情怀，让学生在节日的熏陶中成长。"快乐读书节"牵手美文，帮助学生树立爱国志向；"缤纷书画节"描绘世代相传的家史风貌，书写浩然正气的家风品格；"激情体育节"磨炼意志，力争赢，更学会有尊严地输；"星星火炬节"召开少代会，共同商议汇集提案，培育爱校实小少年。

2. 挖掘家长资源，在劳动中学会担当，懂得奉献

学校通过家校携手，共同采取育人行动，启动扬长家长大讲堂，以多彩方式挖掘蕴含在家长中的学科资源与课程资源，以此拓展课程宽度。

3. 优化社会资源，滋养红色基因，铸就少年中国魂

学校充分利用中小学生社会大课堂实践基地、博物馆、科技馆、展览馆、纪念馆等社会资源，让学生在做中学、在学中悟、在悟中思、思而行。学校与八宝山烈士陵园共同开发"我为英烈守忠魂"实践课程，讲红色硅谷的故事，为英雄站岗，做红色接班人，让红色基因融入学生的血液，成为新时代的中国少年。

（三）活动育人

党的十八大以来，习近平总书记在不同场合都曾深情讲述中国共产党人的先进事迹和宝贵精神。一百多年来，我们党从弱小逐步发展壮大，在腥风血雨中能够一次次绝境重生，在攻坚克难中能够走向胜利，就在于共产党员有着为中国人民谋幸福、为中华民族谋复兴、为共产主义奋斗终身的理想信念。

（1）2021年7月正值中国共产党成立100周年之际，学校开展了"一颗红心永向党，红色基因代代传"的系列活动，在活动中学生初步了解了党的建立，了解了党在百年风雨历程中出现的一个又一个英雄。通过多种途径激发学生对党的热爱，并把爱党落实到行动中。

（2）学校多次邀请崔建东（部队退休大校）为少先队员做红色教育的专题讲座，使学生受益匪浅。清明节期间，在北京市八宝山革命公墓举行以"我为先烈来站岗——致敬先烈，仰望崇高"为主题的少年先锋岗系列活动，北京市石景山实验小学的少先队员积极响应、踊跃参加。

（3）学校设立了八大主题月活动（见表1-4），为学生搭建了展示的舞台。

（四）实践育人

《求是》杂志中指出："培养什么人，是教育的首要问题。我国是中国共产党领导的社会主义国家，这就决定了我们的教育必须把培养社会主义建设者和接班人作为根本任务，培养一代又一代拥护中国共产党领导和我国社会主义制度、立志为中国特色社会主义奋斗终身的有用人才。""有用人才""时代新人"的一个重要特征，就是具备劳动的素质，能够弘扬劳动精神、崇尚劳动、懂得劳动最光荣，能够辛勤劳动、诚实劳动、创造性劳动。

为提升学生的劳动实践能力，学校举办讲座《我的背包我做主》，教给学生怎样有序地整理自己的书包、学习用品等。经过细心调研，精心安排，学校以学期为周期，以年级为单位开展"争当生活小达人"的劳动分级赛。分年级竞赛目标如下：一年级穿衣服、整理书包；二年级系鞋带、系红领巾；三年级叠衣服及整理；四年级缝钉纽扣；五年级包书皮；六年级做家常菜。活动中学生提前练习，奋力参与，用自己的实际行动展示劳动技能，使全校学生通过系列活动树立了"自己事情自己做，劳动最光荣"的意识。

根据教育部《中小学德育工作指南》实施要求，学校坚持"育人为本，德育为先"的德育工作方针，不断提升德育工作的针对性、实效性和长效性，推动德育工作全面开展，努力提高学生的思想道德水平，为学生成人、成才奠定坚实的基础，促进学生全面发展，培养有理想、有道德、有文化、有纪律的一代新人。

以立德为根本，树新时代少年魂

北京市石景山区第二实验学校小学部　王芳

一、背景分析

北京市石景山区第二实验学校小学部最早名为北京市石景山区八角第二小学，先后与石景山区老山小学、老山第二小学合并，于 2005 年更名为北京市石景山区第二实验小学，2021 年 9 月与石景山区实验中学分校合并为一所九年一贯制学校，正式更名为北京市石景山区第二实验学校。经过几次合校、更名，学校融入了多所校园的文化与特色，成为一所具有传统文化底蕴的新学校。

学校位于石景山区老山西街，与区政府一街之隔，地处石景山区文化、经济中心，学校南临西长安街延长线，北临 2008 年奥运会小轮车比赛场馆，交通便利。

二、办学理念

学校一直以来都秉承着严谨治学、规范办学、特色兴校的办学思想，坚持以质量促发展、以特色促创新、走内涵发展之路，办人民满意学校的宗旨。学校秉承发现教育理念，积极引导师生发现阳光、发现美好，发展特长，以促进学生幸福成长和终身发展为目标，努力创新，扎实实践，使学生每一天都有收获，每一天都经历着成长。

三、德育工作目标

《中小学德育工作指南》中指出德育总体目标是：培养学生爱党爱国爱人民，增强国家意识和社会责任意识，教育学生理解、认同和拥护国家政治制度，了解中华优秀传统文化和革命文化、社会主义先进文化，增强中国特色社会主义道路自信、理论自信、制度自信、文化自信，引导学生准确理解和把握社会主义核心价值观的深刻内涵和实践要求，养成良好的政治素质、道德品质、法治意识和行为习惯，形成积极健康的人格和良好的心理品质，促进学生核心素养的提升和全面发展，为学生一生成长奠定坚实的思想基础。

根据以上目标和学生的实际情况，学校制定了本校德育工作目标。学校的德育工作以立德树人为根本任务，围绕这一任务，通过课程育人、文化育人、活动育人、实践育人、管理育人、协同育人这六大育人基本途径（见图 1-2），努力实现学校的教育理念，从多方面发现每个学生身上的闪光之处，在工作中努力挖掘学生的潜力，力求使每一个学生在学校中都能展现出自己的优势，并针对这一优势加以引导，使其得到进一步发展，从而实现总体育人目标，培养自信、自强、自立的小学生。

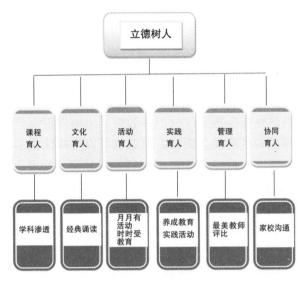

图 1-2　学校德育工作

四、德育工作内容

（一）理想信念教育

理想信念是人生的精神支柱和精神动力，理想信念教育是通过教育活动使学生逐步形成理想信念并能为之奋斗拼搏，促使小学生实现健康成长的教育。为此，学校德育工作积极落实理想信念教育，引导小学生树立高尚的、长远的理想，并能约束自己的行为、发展自己的特长，让他们的人生变得光彩夺目。

1. 通过主题班会渗透理想信念

主题班会是组织集体性教育活动的基本形式，是通过师生双方和谐沟通与人文对话去传递信息、表达情感的关键活动，在理想信念教育活动中起着重要作用。学校利用每周班队会时间，按照相应的主题内容，围绕树立理想信念的目标，结合班级学生的实际情况组织开展主题班会实践活动，使学生了解什么是理想信念，帮助学生从小树立理想信念。

2. 通过实践活动激发理想信念

实践活动是小学阶段必不可少的一种学习方式，是落实教育任务的基本形式之一。实践活动以学生的自主体验、实践操作为基本形式，可以更加直接地丰富学生的成长经历，促使学生主动思考人生、探寻成长的价值。学校抓住实践活动特有的优势，通过学生主动参与的形式，来帮助学生寻找梦想，结合学生的实践体验来培养他们的理想信念意识，以便切实优化学生的自我发展意识。

例如，为了帮助学生寻找自己的梦想，学校组织学生参观职业体验活动馆。职业体验活动馆里资源丰富，可以满足大部分学生的体验需求，学生可以亲身体验自己感兴趣的职业。有的学生很崇拜警察，他们在职业体验活动馆穿上了警察制服，了解了要想成为一名优秀的警察需付出努力；有的学生很崇拜医护人员，通过职业体验了解了医护人员的工作状态，深知医护工作的辛苦……通过实践活动，学生明白了，要选择自己感兴趣的工作，而要实现自己的理想，就需要不断地奋斗、拼搏，让自己的人生绽放出光芒。

3. 通过发现教育坚定理想信念

在多元智能理论中已有结果证明，小学生的智能优势是不同的，所以他们会在不同的区域表现出个人的优势，而这本身可帮助学生树立远大的理想信念，也有利于做到因材施教。虽然人们常说理想是高于现实的，但是如果学生可以根据自己的优势来树立个人理想，那么实现个人理想的可能性会更高，而这就可以直接优化学生的意志品质，使其拼尽全力实现自己的理想。对此，学校提出了"发现教育"的理念，教师从赏识教育的角度发现学生的闪光点，帮助学生找到自己的优势，以便从多元角度出发引导学生树立正确的理想信念。

在组织理想信念教育的活动中，学校和教师不会用统一的标准去评价学生，而是认真分析学生的特长，欣赏学生、尊重学生，让学生能够切实实现在鼓励中健康成长。例如，有的学生可能学习成绩不够理想，但是在运动方面很有天赋，耐力强、动作敏捷，所以教师就重点关注学生的运动能力，鼓励他加入学校运动队，帮助他发展运动特长；有的学生很有文艺天赋，在绘画方面有突出优势，时常表现出良好的色彩感受、造型创作能力等，教师便鼓励学生发展其绘画特长，参与学校美术社团，使其尽情地展现自己的绘画能力……

总而言之，在小学学校教育活动中，实施理想信念教育是为了进一步增强学生的学习意识，可以让学生受益一生。

（二）社会主义核心价值观教育

小学生的人生观和价值观可塑性较强，为了更好地对他们进行社会主义核心价值观的培养和践行，学校坚持提高思想认识、加强组织领导、广泛宣传，努力下功夫、求实效。

1. 明确目标，回归本质

学生是祖国和民族的希望，是社会主义事业的接班人。从对小学生的培养教育来看，价值观培养是适应青少年身心发展的特点、培养全面发展的接班人的需要，是进行社会主义精神文明建设的重要条件，是学校发展全面教育的基本组成部分。作为教育工作者，要正确认识当前小学生思维活跃、个性张扬的现状，要从小抓起，从思想品德教育抓起，从社会主义核心价值观培养抓起。具体来讲，就是要切实回归到陶行知先生倡导的生活教育理念上来，让我们的培育工作真正源于学生生活，真实面对学生，面对学生的生活，尊重学生的身心发展规律，了解学生因社会生活变化而带来的道德认知和人生观、价值观变化的需求，让培育工作真正契合学生的内在动机与需要。要关注学生的生活，重视社会生活环境及其变化对学生人生观、价值观产生的影响，从学生的生活实际出发，有针对性地进行培育工作。

在实际工作中，我们可以按照"生活教育"的理念，在教育方法、评价方式等方面进行全面而有效的改革，遵循学生人生观、价值观形成与发展的规律，积极开展教学方式的研究，突出实践与体验，强调由内到外的内化与生成，通过道德践行促进学生人生观、价值观的形成与发展。

2. 活跃教育课堂，拓宽培育渠道

社会主义核心价值体系四个层面的基本内容十分丰富，社会主义核心价值观"24个字"的内涵也极其深刻。为了取得良好的培养、教育效果，一方面，学校继续重视课堂教学，课堂教学始终是培育工作的基础，对小学生培育社会主义核心价值观意义重大。在教学过程中，我们借鉴、吸纳优秀的传统教学方式，不断创新教学手段和授课方式，抛弃说教式、灌输式教学，让学生在体验式、分享式学习中了解社会主义核心价值体系的基本内容，掌握社会主义核心价值观的丰富内涵。另一方面，学校着手开展丰富多彩的课外实践活动，让学生在课外活动和实践锻炼中增长见识、磨砺品质、提升素质，加强对学生的爱国主义教育、人生观教育、社会公德教育、集体主义教育、革命传统教育、荣辱观教育、劳动观教育、自觉守纪教育和法治教育等，全面增强培育工作的说服力和感染力，教育学生砥砺品格、磨炼意志、树立正确的理想信念，着力培育学生积极向上的人生观、价值观。

（三）中华优秀传统文化教育

中国有五千多年的光辉历史，对小学生开展中华优秀传统文化教育，关系着祖国未来传统文化的继承与发展。学校将创设优秀传统文化教育的浓郁氛围，使学生接受优秀传统文化教育作为德育工作的重要内容之一。学校近年来开展的优秀传统文化教育工作，主要从以下几方面着手。

1. 营造浓郁氛围，教育润物无声

校园文化是一所学校的精神所在，能够起到熏陶和感染学生的作用。学校一直以来努力构建以传统文化为主的学校文化氛围，让学生时时处处感受到传统文化的熏陶。

（1）校园文化环境。由于校园面积有限，学校利用一切可以利用的空间营造传统文化氛围。校园四周的文化墙上绘制了二十四孝的故事，使学生在操场上休息、游戏时就能了解孝悌故事；读书长廊是学生最喜欢的地方，每天午休时学生拿着各种书籍，坐在长廊里与囊萤映雪的孙康、车胤，与头悬梁、锥刺股的孙敬、苏秦一起遨游在书籍的海洋中；楼道内悬挂了唐宋八大家，以及孙思邈、祖冲之等人的简介，无不让学生为我国的历史成就感到自豪。漫步校园如同徜徉在历史的长河中，处处都能感受到伟大祖先创造的灿烂文化。

（2）班级文化环境。学校将圣贤智慧、经典名著、传统节日文化等与班级文化建设有机融合，营造了富有特色的班级文化氛围。班级中，各种展示栏里学生的剪纸、书法、绘画作品随处可见，让学生随时随地能真切地体会到传统文化的感染力。

（3）精神文化环境。在不断实践的基础上，学校形成了符合学生实际，富有学校特色的校训"诚实守信文明健美，勤学善思博学成才"，这里面蕴含着诚实、守信、文明、勤学、善思等祖国的优秀传统，是对中华民族传统美德的传承，寄托着学校和教师对于学生的殷切期望，也更加深入地诠释了传统文化在现代教育中的新内涵。

2. 躬身教育实践，影响潜移默化

小学阶段的学生心地单纯，比起中学生少了一些升学的压力，此时多背诵一些传统经典、多了解一些历史先贤、多学习一些贤者风范，将会收获到一笔宝贵的财富，为今后的学习和工作打下基础，也为中华民族的伟大复兴播下希望的种子。

教师是学生的引路人，要让传统文化走进学生的心灵，首先要让传统文化走进教师的心田。学校注重引领教师了解和学习中国传统文化知识，做传承传统文化的引路人。每学期学校都会给教师布置阅读书目，年轻教师在阅读书籍后用钢笔书写出心得，这不仅提高了思想认识，还练习了书法，提升了基本功，可谓一举多得。

此外，学校重视学科渗透，将诵读活动引入课堂。除了开设专门的阅读课，学校还在每天下午利用一部分时间作为专门的阅读时间，师生一起阅读中华优秀传统文化作品，感受中华语言的魅力，培养对阅读的兴趣。通过重温中华文化，师生不断汲取民族精神的丰富营养，为终身发展奠定了基础。

3. 开展实践活动，育人始于经典

学校积极探索学科教学与传统文化教育相结合的方法途径，要求全体教师发挥自身优势，根据学科特点，挖掘学科课程中的传统文化元素，提高学生对传统文化的认同感和学习兴趣。

在传统节日来临之际，各科教师结合本学科特点，自主开发资源，引领学生了解传统节日，了解中华文化传统。例如，端午节前夕，信息课上学生搜集了有关端午节的资料；语文教师组织大家召开端午诗会；数学教师引导学生计算出龙舟的行进速度；劳动课上，学生学会了包粽子。学校还将大家亲手包的粽子煮熟品尝分享，粽子的样子也许不那么漂亮，但学生在活动中了解了端午节这一中国传统节日，也学会了一项新技能，嘴里、心里都是甜甜的。

4. 与养成教育结合，让习惯生根开花

中华优秀经典中有很多内容对于我们的学习、生活以及习惯的养成等方面具有指导意义，经久不衰。如《论语》中有孝悌、诚信等方面的内容，这些内容与学校的养成教育内容不谋而合。在日常的课堂教学或在平时的教育中，教师经常把与中华传统文化相关的内容穿插其中，使经典活学活用，使经典从古代来到了今天，走到了学生的身边，走进了学生的心里，变成了学生自觉的行为习惯，进而体现在他们的言行举止之中……

总之，中华传统文化博大精深、源远流长，它就像一座巨大的宝库，我们要从小学教育入手，使学生受到感染和熏陶，将中华传统文化传承下去并使之发扬光大。

（四）生态文明教育

多年来，学校积极普及生态文明知识，倡导生态文明理念，努力提高师生的生态文明意识，尊重自然，保护环境，形成了崇尚生态文明的良好风尚，生态文明教育深入人心。

1. 将生态文明教育与学科教育相融合

学校每学期会组织生态保护专题讲座，使全体学生接受生态教育，讲座中既有相关理论知识的讲解，也有动手实践的内容，同时还将宣传教育和各科课程学习内容进行融合，在学科中渗透生态环保知识、培养环境意识，提高生态保护能力。

在此基础上，各班积极开展生态环保主题研究性学习，在教师辅导的基础上，进行小组合作探究，通过学生自主设计规划、搜集整理信息、亲自动手实践、走出校门探寻、上网浏览查阅资料、得出相关结论，在整个学习过程中，学生的独立思考能力、与人合作能力、搜集和整理信息能力、社会实践能力都得到了很大的提高。

2. 通过班队活动开展生态文明教育

小学班队会是对学生进行教育的一个重要途径，是落实学校生态文明教育的重要举措与载体。学校德育处协同大队部一起，引领各班级、中队将生态文明教育作为一项重要工作，开展丰富多彩的主题教育，通过升旗仪式、队会、板报、红领巾广播站等形式，组织开展国旗下演讲、实践活动报告会、保护环境绘画、手抄报作品竞赛、主题中队会观摩、板报竞赛等活动，给绿色生态文明教育工作注入活力。每学年学校还会根据各年级学生的年龄特点与一系列重大活动相结合，紧跟形势，抓住热点，通过专题教育，使学生从中学到保护环境的有关知识。学校利用世界日、环境日、地球日、无烟日等契机，组织学生走进社区，组织清理白色垃圾、宣传环保知识等。在日常教育中，学校会组织学生植树、扫除等活动，净化、绿化校园，让学生在各项环保活动中感受环保的重要性，从中受到教育。

3. 在社会实践活动中开展生态文明教育

对学生的生态文明教育最终要体现到社会实践中去，在教育和活动中，培养学生良好的社会责任感，激发学生热爱祖国、热爱生命、保护环境的情感。走出校园，走入社会，充分利用学校及周围社区的自然环境、社会环境这个大课堂，使学生将在校所学知识运用到实际生活中，真正由理论转化为自身的素养。

（五）心理健康教育

教育的目的是培养德智体美劳全面发展的建设者和接班人，使其身心得到健康发展。开展心理健康教育工作是实施素质教育的一项重要内容。小学生心理健康教育，要面向全体学生，旨在全面促进小学生的心理健康，提高小学生的心理素质。

1. 组织开展团体心理辅导活动

根据学校心理教师人员紧张的实际情况，学校开展以班级、年级为单位的团体心理辅导，通过形式多样、生动有趣的团体活动，促使个体在交往中观察、学习、体验，认识自我、探索自我、改善与他人的关系，增强学生的沟通能力，提升团队凝聚力和执行力，使学生学会跟他人协作并给予有力的支持，体验被人支持和支持别人的幸福。

2. 有针对性地进行个别心理辅导

学校每学期对班主任进行心理健康相关知识培训，教师在日常教育教学中对学生进行排查，对于有心理辅导需求的学生，班主任与学校心理教师联系，相互配合、重点关注，针对他们表现出来的心理方面的问题，及时进行心理疏导，力争使每个学生成为处事乐观、态度积极、能适应环境、心理健康的学生。

3. 开展心理健康教育进家庭活动

学校对心理健康方面表现出有辅导需求的学生进行建档立卡，学校德育处、班主任、心理教师协同做好学生的家访工作，取得家长的支持与配合。

4. 依托区级资源平台，助力学生心理健康

学校学生数量逐年增加，而心理教师数量不足，很难满足学生的需求。学校依托上一级心理咨询辅导平台，对于有心理疏导需要的学生和家长，由心理教师和班主任教师结合具体情况，推介到区级心理辅导站，由区级心理专家为学生进行疏导，保证学生的心理问题及时得到疏解。

五、实施途径

（一）课程育人——将育人工作融入课程中

1. 全员德育，在各学科课程中渗透育人工作

学校重视教师在课程中的育人功能，在教师培训中，始终强调全员德育，人人都是德育工作者。在教学中，无论哪个学科的教师，都会结合自己所教学科的内容及特点，对学生进行与德育相关的主题教育，组织相关活动，努力在日常教学中落实育人目标。例如，在语文教学中，教师引导学生学习爱国诗人的作品，了解诗人事迹，激发学生的爱国情感；在道德与法治课上，学习遵守社会公德的内容，教师号召大家遵守规则，教育学生争做文明小公民；在科学课上，在做完实验后，教师告诉学生，科学家就是有了这种科学严谨的态度，通过坚持不懈地努力，才能有所发现的；在体育课上，学生学会了遇到困难要勇于克服……各个学科中都渗透了德育教育，使学生在每一天、每一节课的学习中除了收获知识，也能形成良好的道德品质。

2. 抓住合适时机，开展节日文化课程，传承优秀传统

节日文化课程是我校校园文化中的一项重要内容，也是我校的一项特色课程。每到清明节、端午节、中秋节都会开设节日文化课程，教师和学生一起研究节日习俗，了解中华悠久历史；一起动手包粽子、做月饼，体会劳动的快乐；一起朗诵诗歌，体会古人的家国情怀……这些活动寓教于乐，学生在参与的过程中受到了教育，在活动中传承中华文化。

3. 构建学校德育课程体系，开展品德教育

学校德育内容除了在各学科教学中进行渗透外，还应该具有一个完整的课程体系，使学生在六年的小学生活中逐步形成良好的品质。学校注重对德育课程体系的建设，结合每个大小节日，梳理出德育大课表，从中筛选出可以对学生进行教育的内容，再对这些内容进行深入挖掘，使内涵不断丰富，之后通过不同的形式，引导学生参与其中，使学生在活动中获得体验，受到思想教育。

此外，学校德育与少先队、道德与法治课相结合，深挖道德与法治课程中的传统美德教育内容，并申报了市级相关课题，立足于以科研促进德育课程体系的形成，更好地开展学校的德育工作。

（二）文化育人——浸润学生的心灵

1. 加强校园文化建设，创设良好的环境

中华传统文化是中华民族的瑰宝，传统文化所散发的魅力吸引着一代代中国人，校园

建设中不能缺少传统文化的传承教育。学校重视中华传统文化教育，图书馆前的书香长廊、操场上的文化墙、教学楼的楼道墙……学校中随处可见传统文化的宣传，使学生无论在校园的哪个角落都能浸润在经典文化氛围中，受到传统文化的熏陶。

2. 组织经典诵读，传承传统文化

学校的经典诵读是一直坚持的一项深受学生和家长喜爱的活动。学生每天利用早读、午自习以及回家后的时间进行中华经典诵读，在读经典的过程中学习做人做事的道理，也学习古人的聪明才智。学校不仅对学生进行传统文化的传承教育，也号召家长参与其中，由家长和孩子一起诵读经典，共同感受传统文化的魅力，使传统文化更好地发扬光大。

（三）活动育人——在体验中深化品德教育

活动是德育教育中必不可少的形式。学校根据学生的年龄特点，多渠道、多层面、全方位地对学生进行各种教育，并寓教育于活动之中。学校每月都会开展不同的主题教育，学生在月月有活动、时时受教育的环境中，从心底里树立正确的道德观念。

新春佳节到来之际，学校组织学生剪窗花、贴春联、包饺子、拜新年……学生充分感受传统文化的魅力。学雷锋月，学校将"关爱特殊伙伴做新时代小雷锋"的活动作为巩固学生养成良好行为习惯的一种实践形式，带领学生走进培智学校，为特殊学生送上心爱的图书及精彩的表演，通过简单的互动拉近彼此间的距离，让他们学会关心、爱护身边的特殊朋友。这不仅是品德形成的一部分，同时更是丰富和发展新时代雷锋精神内涵的一种形式，对弘扬和培育团结精神，传播红色正能量起到了促进作用。儿童节，师生在共同欢庆"六一"的同时，学校组织大家一起观看爱国儿童影片，《闪闪的红星》《小兵张嘎》《报童》……一部部影片让大家重温了革命历史，牢记我们今天的美好生活来之不易，更加激发了学生爱党爱国的情怀，大家度过了一个有意义、值得回味的"六一"儿童节。

每个月、每个节日都是开展教育活动的契机，学校抓住这一契机，通过组织生动精彩的活动，使学生在快乐中体会精神，在活动中形成品质。

（四）实践育人——提高工作实效

1. 注重学生的养成教育

每个学年，学校都会紧抓学生的养成教育，从每一天入手，以"红领巾志愿服务岗"为监督，加强对学生的日常行为管理。以各班常规评比为抓手，培养学生讲卫生、爱学习、懂文明、勤锻炼、守秩序的良好习惯，提高他们进行自我教育、自我管理的能力，培养良好的行为规范，让保持校园整洁和有序成为学生的自觉行为。学校利用早读、广播、班会等对学生进行爱国教育、爱校教育，营造良好的校园氛围，为进一步提升养成教育的成效创造条件。

2. 开展多样的德育实践活动，拓宽教育的主渠道

（1）以班级建设活动为载体，开展德育活动

班级是学生学习、成长、成才的主要活动场所，是学生塑造良好品德、提升文明修养的主要基地。一直以来，学校要求各班认真上好班会课，做到班会具有针对性、教育性、实效性。

（2）美化班级环境

用美好的环境激发学生求知的欲望，让班级的每一面墙壁都活起来，都成为学生展示自我的一面镜子。各班根据班级实际，积极组织学生参与班级环境布置，设置"卫生角""图

书角""学习园地"等，具有很好的成效。

（3）开展各种社团活动，丰富学生的业余生活

学校根据实际情况，积极开展各类社团，舞蹈、围棋、篮球、计算机、诵读、魔方……通过各种活动培养学生的综合能力，丰富学生的业余生活，为学生提高自身素质打下坚实的基础。

（五）管理育人——提升师生德育素养

1. 健全组织机构

学校德育管理，需要有一个健全的组织机构。学校建立了校、处、班三级管理网络，明确德育管理的职责。由校长牵头，德育主任、大队辅导员、年级组长组成德育领导小组，由道德与法治课教师和班主任组成核心团队，从组织结构上保证了学校德育工作的实施，同时学校还制定了一系列的检查评比制度，确保德育工作的规范、有序开展。

2. 重视班主任队伍建设

学校从学习抓起，多途径、多渠道提高全体教职工的理论水平。学期初，开展"班主任工作论坛"，让优秀班主任走上台，交流自己工作中的经验；结合工作情况，定期召开班主任工作会，强调工作中出现的问题、布置相关工作；每周进行德育小结，同时下发给每一位班主任及任课教师，在小结中既有对工作整体完成情况的梳理，也有对工作中的典型事迹与不足的分析，提醒教师在后续的工作中不断改进提升。

3. 做"最美园丁"，树立师表形象

学校邀请首都师范大学的教授，为教师做关于师德、教师礼仪等方面的讲座，从理论上帮助教师进行提升。同时还结合学校精神文明建设活动，号召教师在校园中做最美园丁，即教师要心灵美，热爱学生；要仪表美，文雅庄重；要语言美，言传身教；要行为美，为人师表。教师要努力做到学生心目中"学高为师，身正为范"的"最美园丁"。

（六）协同育人——助力德育工作开展

教育不仅仅是学校的责任，更是家庭、社会的责任，只有学校、家庭、社会形成合力，才能真正做好育人工作。学校在不断强化学生的养成教育中，特别注重发挥多渠道的教育作用，在充分发挥"三结合"教育网络功能的基础上，不断规范学生的养成教育，拓宽教育渠道，开展有的放矢的教育。

1. 通过代表，顺畅家校沟通

家长委员会是学校和家庭之间的"联络员"。为了沟通学校教育和家庭教育，及时发扬学生的优点，补全不足，及时反映多数家长的意见与呼声，可以说，家长委员会在家长与学校之间架起了一座通往学生成功彼岸的桥梁。为把家校共育工作落到实处，每学期各班至少召开一次家长委员会会议，学期末开展校级家长委员会座谈会，认真听取家长的反馈意见，并及时整改学校管理和教学工作。

2. 家长会改革，加强针对性指导

一年级学生刚入学，家长、学生对学校的一切都是陌生的，为使学生尽快适应学习生活，从小养成良好的生活习惯、学习习惯，在九月份一开学，学校面向一年级家长开课。

从作息时间、课程安排讲起，到如何注意培养学生的习惯，帮助家长和学生顺利度过入学紧张期。针对六年级学生面临升入初中的压力，学校单独对六年级学生家长开课，家长会内容有作业展览、家长介绍、亲子交流经验、学生介绍学习方法、学生展示特长、心理教师支招等，内容丰富，缓解了学生小升初的焦虑情绪。

3. 开发家长资源，形成有益补充

本学年，学校开发了又一新资源——开设"家长讲堂"。学校尝试在各班中征集愿意参与"家长讲堂"的家长志愿者，家长报名踊跃。这些家长涉及各个工作领域，有专门从事环保工作的家长，想给学生讲讲垃圾回收再利用的过程，帮助学生做好垃圾分类；有从事体育文化交流工作的家长，想组织冬奥运动进校园体验活动，让学生了解更多冬奥知识、喜欢冬奥运动；有从事医疗卫生工作的家长，想给学生讲解有关传染病防治的日常做法，保障学生的健康；还有从事人力资源管理方面工作的家长，想帮学生从小树立目标，做好未来职业规划……这些丰富的家长资源补充到学校教育工作中，使师生都开阔了眼界，也为家庭、学校、社会结合工作打下了良好的基础。

4. 利用社会资源，开阔学生的眼界

学校利用与社会机构合作的机会，将校外资源补充到学校教育中。每学期，学校都会邀请专业机构开设丰富多彩的社团活动，为学生提供更多更优质的资源，帮助他们全面发展。学生的参与积极性非常高，每次课后都会拿着自己的作品展示给家长看。每个学期，学校还会带领学生走进社会资源单位，这也是学生最快乐的时光。学生走出校门，到实地去探索发现，不断拓宽知识面。

六、支持保障

（一）加强组织领导，完善制度，建立健全保障机制

1. 重视对德育工作的领导

学校成立以校长任组长的德育工作领导小组，认真贯彻执行党和国家的教育方针和有关德育工作的政策法规，每学期召开德育工作研讨会，调查研究学生的思想品德状况，制定工作措施。学校各部门把德育工作贯穿在各项活动的过程之中，落实在教学、管理、后勤服务等各个环节上。各部门积极配合学校德育工作，建立校长—中层机构（德育处、教学处、总务处等）—班主任的三级管理体制。

2. 建立健全德育工作的督导评估机制和奖励表彰制度

学校对德育工作开展和内容落实情况进行专项检查，重点是德育工作开展情况、班队建设、班风建设、学生道德品质及行为规范和精神风貌、师德素养等几个方面。学校每年评选校、区级德育先进工作者并给予表彰奖励，纳入教师年度工作考核，同时建立和完善优秀学生评选制度，予以表彰奖励。

（二）加强德育队伍建设，提升教师业务素质和职业道德修养

学校建立了一支素质较高的德育骨干队伍，坚持选拔、使用、管理、培训、提高相结

合的原则，不断优化结构，提高队伍素质，增强教师严于律己、无私奉献的师德意识。教师率先垂范，以身作则，起到了榜样示范作用，用高尚的人格魅力感染学生。

（三）努力保障经费，顺利开展德育活动

学校上下对于德育工作高度重视，在每年年初经费预算中，提前预留出德育活动经费，对于开展德育活动所必需的费用全力给予保证。正是由于对德育工作的高度重视，才使得学校的德育活动能够顺利开展，使学生的思想道德水平不断提高。

（四）开发新资源，拓展德育活动

由于学校的场地有限，德育活动的开展受到一定的限制。学校对于这一情况，积极想办法，寻求多方面的帮助，开发新资源，助力德育活动的进行。对于常规德育活动，学校利用校园内一切可以利用的场地，保证德育优先。对于校内无法解决的场地问题，学校经过协商，取得了相邻单位、社区的帮助，走出校园，借助校外资源，取得了良好的效果。

七、特色实践做法

学校面积较小，随着近年来学生数量的不断增加，组织活动受到越来越大的限制，但这并没有影响学校德育活动的开展。面对困难，学校积极想办法，努力克服，寻找解决方案。作为市级足球示范校，活动开展多年。学生通过此项运动，在各方面都有所受益，足球社团也成为学校德育活动的一项重要组成部分。学校重视足球运动，每个学期的校园足球联赛是必不可少的，也是学生所期待的。在训练中，社团的教师和学生付出了很大努力。由于学校没有室内场馆，遇到雨雪天气，学生就在楼道内进行体能训练；操场场地有限，当操场被占用时，教师就带领学生在操场边练习传球……

总之，学校在落实《中小学德育工作指南》的过程中，为了能更好地使学生形成积极健康的人格和良好的心理品质，促进学生核心素养的提升和全面发展，为学生一生成长奠定坚实的思想基础，始终坚持以德树人、为德育工作的根本，不断总结经验、改进做法，努力让学生真正做到学有所获，成为新时代的合格少年。

在幸福中成长和发展
——北京市石景山区第二实验学校德育工作方案

北京市石景山区第二实验学校中学部　李黎

北京市石景山区第二实验学校中学部始建于 1955 年，有教师 54 名，中青年教师占约 60%，老师们年富力强，教育教学经验丰富，对学生的教育能力强，与学生能建立起良好的师生关系。

该学校中学部约有 150 名学生，80% 来自有对口直升资格的小学，20% 为派位过来的借读生。学生中家庭离异的有 15% 左右，行为习惯需要矫正的有 50% 左右。有一半左右

的孩子在小初过渡阶段适应能力不强，随着初中学习科目的增多、学习内容的加深，显得有些手足无措。多数学生在阅读能力、计算能力、综合能力方面较差，自我管理能力、自控力不强。90%的学生能够遵守校规校纪，有良好的师生关系、同学关系。

目前家长大多数为八零后独生子女，自我意识比较强。父母对孩子有一定的培养目标，对学校的发展建设有要求。家长的教育方法需要随着孩子的成长与时俱进，在与孩子的沟通方式上需要随着孩子年龄的变化而变化。

学校的德育目标在确定上有些理想化，忽略了层次性的目标设置。

学校严格贯彻党的教育方针政策，抓好思想教育；以立德树人、促进学生的个性发展为培养目标，始终与社会主义办学方向保持一致；在实际工作中牢记"培养什么人、怎样培养人、为谁培养人"这一根本问题，帮助学生系好人生第一粒扣子。学校注重把握未成年人的身心成长规律、认知规律，引导学生沿着正确的方向发展。学生通过参与特色德育课程、系列主题活动、实践活动，社团活动等，多层次、多维度地发展自我。

一、指导思想

在习近平新时代中国特色社会主义思想的指导下，全面贯彻党的二十大报告中关于教育的方针政策，坚持以育人为本，立德树人，大力培育和践行社会主义核心价值观，以培养学生良好的思想品德和健全人格为根本，以促进学生形成良好行为习惯为重点，坚持教育与劳动、社会实践相结合，坚持学校教育与家庭教育、社会教育相结合。大力促进德育工作专业化、规范化、系统化，努力形成全员育人、全程育人、全方位育人的德育工作格局。将学生的个性发展作为一切工作的出发点和落脚点，努力构建德、智、体、美、劳全面发展的教育体系，为学生的个性发展、幸福成长奠定坚实的基础。

二、实施目标

（一）学校总目标

北京市石景山区第二实验学校以"可持续发展教育""绿色教育""立德树人"理念为引领，尊重人的生命发展规律，全面了解学生的教育背景、家庭状况，努力把学生培养成阳光健康、学有专长、懂得尊重、幸福快乐的学生群体。

（二）年级分目标

1. 初一年级德育目标

初步建立班集体，在活动中增强班集体的凝聚力，明确班级培养目标，树立良好的班风。在班级建设过程中学生能够感受到来自老师的关心、关爱，体会到师生之间相处的快乐。讲文明有礼貌，遵守社会公德，初步形成良好的个人道德品质。初步形成热爱劳动的习惯，逐步做到生活自理。初步形成爱惜时间、自觉学习、按时完成学习任务的习惯。

2. 初二年级德育目标

生活在集体中，有归属感，热爱集体，对集体有较强的责任心和义务感，具有集体主义思想；能够主动关心他人，包容他人，能够控制好自己的情绪，积极参加学校的公益劳动，珍惜劳动成果。

3. 初三年级德育目标

有集体主义思想，个人利益服从于集体利益。有明确的奋斗目标，有不竭的学习动力，能自律、自主地进行自我管理。对人真诚、热情、诚实、善良，乐于助人，能向周围的人传递正能量，让别人感受到自己的温暖与力量，带给别人快乐。具有社会主义的道德观念，自觉遵守社会公德，具有良好的个人道德品质和良好的劳动习惯。

三、实施内容

（一）理想信念教育

理想信念是教育工作的关键与核心。利用重要纪念日普及党史、国史；利用班会课、德育大讲堂深入学习习近平总书记系列重要讲话精神；利用爱国主义教育基地、名人故居、博物馆等社会大课堂资源引导学生深入了解改革开放史，继承革命传统，传承红色基因，使其深刻领会实现中华民族伟大复兴是中华民族近代以来最伟大的梦想，培养学生对党的政治认同、情感认同和价值认同，让理想信念教育入耳、入脑、入心，上升到对教育内容的真懂、真信、真行，实现教育效果最大化。

（二）社会主义核心价值观教育

把社会主义核心价值观融入教育过程中，实现社会主义核心价值观教育进课堂、进教材、进头脑，做到内化于心、外化于行。深入开展爱国主义教育、国情教育、国家安全教育、民族团结教育、法治教育、诚信教育、文明礼仪教育，增强学生的政治认同感，实现情感层面的感化。

（三）中华优秀传统文化教育

将家国情怀教育、人格修养教育与人文历史有机结合，弘扬中华优秀传统文化，传承中华传统美德，引导学生了解中华优秀传统文化的历史渊源、发展脉络、精神内涵。广泛开展"家风家训"教育，围绕传统节日开展主题教育，组织学生观看系列纪录片，从多角度、多方位了解国家发展的历程，培养他们的爱国主义情怀。

（四）生态文明教育

开展基本国情教育，帮助学生了解祖国的地理风貌，开展节约粮食、水、电等活动，推动垃圾分类，倡导绿色消费，引导学生树立尊重自然、顺应自然、保护自然的发展理念，养成勤俭节约、低碳环保、自觉劳动的生活习惯，形成文明健康的生活方式。

（五）心理健康教育

结合创建"心理健康教育特色学校"等契机，推动学校心理健康教育的专业化发展，充分发挥心理教师的作用，入学时进行全员筛查，关注重点人群。在学生成长的关键时期，关注每个学生的心理健康，为学生提供考前心理辅导、学业指导等。

四、实施途径

（一）课程育人

1. 德育课程——思想政治课

充分发挥课堂教学的主渠道作用，严格落实德育课程。学校明确指出，思政课是开展青少年思想政治教育的主阵地，要严格执行教育大纲的要求，开足开齐思政课，专时专用。初一年级每周 2 课时，初二年级每周 3 课时，初三年级每周 3 课时。充分利用时政媒体资源，精心设计教学内容，优化教学方法，提升学生的道德认知，注重学生的情感体验和道德实践。同时学校要抓好思政课教师的队伍建设，给老师们订阅报纸、杂志，引导老师们关注时政要闻，努力提高自身的思想觉悟以及政治敏感度。

2. 课程德育

学校的其他课程依然是落实德育目标的重要资源，实现从"德育课程"到"课程德育"的转变，构建课堂新模式，保留各学科的基本特征，将中小学德育内容与学科教学目标进行有机整合，有效利用教材及课程资源，挖掘课程思想内涵，充分强化各学科核心素养与德育目标的契合，坚持知识性与价值性相统一、显性教育与隐性教育相统一，注重学科间的相互渗透、有机融合。让学生在润物细无声中形成正确的人生观、价值观，树立创新、求真求实的思想品质；指导学生在生活中、实践中对所学知识加以运用，体现知识的价值。

3. 特色校本课程

学校根据学生的特点、成长规律，开展了许多学生喜欢的特色课程。为让学生能够尽快适应初中的学习生活、掌握正确的学习方法，学校开设了入学教育课程。为让学生养成劳动习惯，学校开设了劳动教育课程。学校利用属地资源，开设了石榴课程，让学生深入研究与石榴相关的内容。课程育人的实施途径见表 1-5。

表 1-5　课程育人的实施途径

		课程主题	课程内容	课程目标
课程育人	德育课程	思想政治课	成长的节拍、友谊的天空、师生情谊、生命的思考、青春时光、做情绪的主人、在集体中成长、走进法治天地	立德树人，提高道德修养，培育爱国情怀，增强法治意识，增强政治认同，培根铸魂
			走进社会生活、遵守社会规则、勇担社会责任、维护国家利益、坚持宪法至上、理解权利及义务、人民当家作主、崇尚法治精神	
			富强与创新、民主与法治、文明与家园、和谐与梦想、我们共同的世界、世界舞台上的中国、走向未来的少年	
	课程德育	各个学科	语文、数学、英语、地理、历史、生物、物理、化学、美术、音乐、体育、信息技术、劳技等，按照教学大纲、课程标准，传授知识与技能	掌握学科知识，提升运用知识的技能

课程育人	特色校本课程	入学教育课程	学校的校史	了解新学校的发展历程，了解中学生活的管理制度
			在校一日常规	
			学习校规校纪	
			中学各学科学习方法	
			坐、立、行等相关军训科目训练 参观学校各个公共场所	
		劳动教育课程	劳动的意义、价值	在劳动过程中运用学科知识，进行技巧性劳动、智慧性劳动，提高效率，节省体力
			如何进行劳动	
			学校劳动	
			家务劳动（食育教育）	
			农业实践	
			劳动技巧（物理、化学知识与生活实践相结合）	
		石榴课程	了解有关石榴的历史	开阔眼界，体现知识的价值，提升学生的人文素养、审美情趣、生活品质
			赏析有关石榴的诗词	
			了解石榴的营养价值及其果实的构成	
			美术课画石榴	
			劳技课捏石榴	
			摄影选修课照石榴	

（二）文化育人

依据学校办学理念，并结合文明校园创建活动，因地制宜地开展校园文化建设。

1.优美的成长环境

校园的西侧，种有紫藤萝，夏天在浓密的树荫下，可以看到学生读书的身影，可以听到学生爽朗的笑声。校园的南面是冬奥会各种运动项目的彩绘，在绿油油的足球场、标准的篮球场上可以看到学生挥汗如雨的身影。校园的北侧有石榴、海棠、玉兰、榆叶梅等树木，不同时节开着五颜六色的花，陪着孩子们度过春夏秋冬，见证着孩子们的成长，树下的草坪里有两组石刻，学校的校训显而易见，提醒孩子们做阳光健康、学有专长、勇于担当的学生。

2. 丰富的走廊文化

教学楼内精心打造校园的"幸福"文化，一层的走廊是学校课程理念的展示，其余三层的走廊是对课程理念落实途径的展示，以丰富的图片诠释如何在阅读中育人、在实践中育人、在仪式中育人。

3. 幸福班级的建立

每个教室都有经过学生集体讨论产生的班徽、班训、班规等。班级环境布设备有特点，彰显班级的特色，后面的板报内容与学生的思想动态相关，内容丰富，字迹工整；壁报上面张贴着孩子们的优秀作业、优秀作品等内容，每个班级都形成了争创"幸福班级"的良好风气。每周四是学校德育大课堂的固定时间，在短短的二十分钟里，小小演说者会讲传统节日的由来、讲纪念日的教育意义等。表 1-6 为文化育人的实施途径。

表 1-6 文化育人的实施途径

		具体内容	达成效果
文化育人	优美的成长环境	高大的白杨树、稳重的梧桐树、紫叶李、西府海棠、石榴树、杏树，应接不暇，绿树成荫，小草茵茵	学校干净整洁，环境幽雅，校训醒目富有情趣
		木质廊庭等休闲场所，适于阅读、聊天、休息	
		石刻上有校训、培养目标、办学理念等	
文化育人	丰富的走廊文化	学校的课程体系、学校活动的具体内容	通过清晰明了的课程体系，明确培养目标、育人途径
		年级宣传板展示年级文化、学生的优秀作品	明确不同年级的不同培养目标
	幸福班级的建立	班级窗台上摆放有盆栽绿植	美化环境，培养学生的责任心
		墙壁上有班级公约、班训、班徽等的解读	增强班级凝聚力，鼓励学生积极向上
		板报内容涉及时事新闻、国家大事、交通安全提示等	了解、关心国家大事，树立正确的人生观、价值观

（三）活动育人

要精心设计并组织开展主题明确、内容丰富、形式多样、吸引力强的教育活动，以鲜明正确的价值导向引导学生，以积极向上的力量激励学生，促使学生形成良好的思想品德和行为习惯。

1. 开展节日、纪念日活动

学校开展节日、纪念日活动，以培育和践行社会主义核心价值观为核心，以传承中华优秀传统文化为载体，让学生了解节日起源、节日文化，挖掘节日的精神内涵。学校以纪念日为契机，开展与之相关的活动，让学生心存善念，乐于助人；学会保护环境，绿色生活；学会拒绝诱惑，健康生活。

2. 开展仪式教育活动

在特定的日子，学校应开展仪式教育。每周一举行升旗仪式，让学生在庄严肃穆的氛围下看国旗冉冉升起，在洪亮高亢的国歌声中体会作为中国人的自豪。在距中考百天时举行中考百日誓师会，提升学生自信心，形成自我期待。

3. 开展校园节活动

学校根据学生的心理特点，以体育节、科技节、读书节等校园节为契机，给学生搭建展示平台，使其强健体魄、提高审美情趣、开拓思维、提升人文素养。

4. 开展主题活动

学校开展丰富多彩、寓教于乐的主题活动。组织系列观影活动，让学生了解中国的历史文化、人文古迹，深切感受在党的领导下国家发生的翻天覆地的变化，进而坚定跟党走的决心。为迎接北京冬奥会的举办，我们组织了冰雪系列活动，热情迎冬奥。我们讲党的百年发展史，感受只有共产党才能救中国。

表1-7为活动育人的实施途径。

表1-7 活动育人的实施途径

	活动范畴	活动主题	活动内容	活动意图
活动育人	节日活动	传承春节文化	举办"年味"活动，了解年的传说、发展历史及各地过年的风俗习惯	了解、弘扬传统文化，继承中华传统美德，培养学生的家国情怀、民族自豪感，提升其文化修养
		过中秋佳节，扬中华美德	赏析诗词，品尝月饼，设计月饼图案，给家人写祝福卡	
活动育人	纪念日活动	妇女节活动	给妈妈、女老师送温暖	感恩他人，体谅他人
		教师节	感谢老师，送上祝福	尊师重教，感念师恩
		国家公祭日	讲解公祭日的缘由、含义	和平年代，不忘国耻
	仪式教育活动	升旗仪式	了解国旗的构成、含义	培养爱国情怀
		入团仪式	加入团组织	严格要求自己
		初三百日誓师	回顾初中生活，老师、家长寄语	鼓劲加油，提升自信心

活动育人	校园节活动	体育节	篮球比赛、跳长绳比赛、多人接力赛、趣味运动会	培养运动习惯，增强班级凝聚力
		科技节	科技小达人演讲比赛、科技小制作比赛	提升语言表达能力、动手能力，培养想象力、创造力
		读书节	读书推介会、读书研讨会	培养读书习惯
	主题活动	建党百年主题活动	了解党史、学习优秀党员的事迹	爱党、敬党，永远跟党走，树立正确的人生观、价值观
		冬奥宣传活动	冬奥历史、冬奥项目、冬奥人物、冬奥礼仪	了解冬奥相关知识，当好东道主
		系列观影活动	《最美中国色》《国家相册》《国家宝藏》《坐着高铁看中国》	了解国家历史、饮食文化及祖国的大好河山，培养爱国情怀

（四）实践育人

学校要开展有益于学生身心发展的实践活动，不断增强学生的社会责任感、创新精神和实践能力，鼓励学生广泛参与各种实践活动。

1. 开展各类主题实践活动

学校以北京市的"七个一活动"为切入点，认真组织好社会大课堂综合实践活动，让学生们带着任务单走进不同场所，开展不同主题的社会实践活动。利用好爱国主义教育基地、公益性文化设施，开展革命传统实践活动、中华优秀传统文化实践活动、安全教育实践活动、健康教育实践活动、保护环境活动。利用学校周边资源，开展生命教育活动，让学生去医院看望患病儿童，去社区养老院看望孤寡老人。在社会实践中坚定学生们的信仰、磨练学生们意志品质，提高其人际交往能力，不断增强其社会责任感。

2. 开展劳动教育实践活动

为增强学生的自理、自立能力，学校应开展形式多样的劳动教育，让孩子们养成爱劳动的习惯、形成劳动最光荣的意识，引导学生在成长过程中理解辛勤劳动的重要性。劳动教育从做好班级卫生开始，鼓励学生积极参与家务劳动，培养"小主人"的家庭意识，使其体会父母的辛劳。学校的东门外还有"开心农场"试验田，在这片土地上孩子们可以翻地、播种、除草、除虫、浇水、收割，孩子们通过种植了解了二十四节气，认识了不少农作物，收获了自己的劳动果实，体会到了劳动者的不易。

3. 开展志愿服务活动

学校与社区取得联系，创造机会，让学生走出校园参加社区活动，如垃圾分类宣传、节水节电宣传、捡拾白色垃圾、擦拭楼道栏杆等。表1-8为实践育人的实施途径。

表1-8　实践育人的实施途径

活动范畴	实践主题	实践内容	实践意图
实践育人	关爱老人 奉献爱心	去社区养老院看望老人	帮助他人,增强社会责任感
	班级日常值日 我的地盘我做主	扫地、擦地等	做班级小主人,培养责任感
	家务劳动 小鬼当家	扫地、洗碗、归置自己的房间、做简单的饭菜	提高生活能力,感受父母的辛苦,建立良好的亲子关系
	农业实践 开心农场	翻土、播种、除草、收割	认识农作物、学会播种农作物
	志愿服务 社区是我家,人人都爱它	在社区捡拾白色垃圾、烟头,擦宣传栏、楼梯扶手	提升公德素养

（五）管理育人

要积极推进学校治理现代化,提高学校管理水平,将德育工作的要求贯穿在学校管理制度的每一个细节中。学校要有完善的管理制度、明确的岗位职责,加强师德师风建设,细化学生行为规范,关爱特殊群体。

1. 校级管理

学校领导者要有亲和力,有积极阳光的心态、宽广的胸怀,能用欣赏的眼光发现每个人的闪光点,用赞美的语言去鼓励每个人。校长牵头,干部配合,共同研讨学校的发展规划,根据学校发展水平制定管理制度,如考勤制度、请假制度、请假流程等。加强师德师风建设,明确底线要求,创设"全员育人"的氛围,让学校老师树立"人人都是德育工作者"意识,产生极大的责任感、认同感和归属感。学校倡导领导干部争做领头羊,在各自分管的部门里八仙过海各显其能;学校倡导党员是旗帜,在他们的带领下,全员用先进的思想武装头脑;学校倡导教师们为人师表,做好学生的引路人。

2. 教师队伍建设

在教师队伍的培养上,有思考、有目标、有计划,形成系列化、科学化、人文化的培训模式,在培训主题的引领下,每个学期期末以论坛分享、案例交流形式进行展示,强调内涵提升、全面成长。表1-9为管理育人的实施途径。

表 1-9　管理育人的实施途径

	管理范畴	管理内容	管理意图
管理育人	相关制度	校级制度的制定和实施	只有有章可循，才能很好地管理
		年级管理约定	
		班级管理公约	
	岗位责任	教职工育人职责	分工明确，各负其责，完成各育人任务
		德育处工作职责	
		年级组长工作职责	
		班主任工作职责	
	学生行为规范	《学校校规校纪》	了解校园行为规范，约束自身行为，养成良好习惯
		《学校生活一日常规》	
	特殊群体	家庭社会经济背景特殊群体	了解情况，提供帮助
		存在自身障碍的群体	
	表彰奖励	先进工作者	树立榜样，明确方向
		优秀党员	
		师德标兵	
		优秀班主任	

（六）协同育人

建设学校、家庭、社会"三结合"教育体系，积极争取家庭、社会共同参与并支持学校的德育工作。

引导家长注重家庭教育、家风建设，营造积极向上的家庭氛围，关注孩子的心理成长，掌握良好的教育方法。引导家长积极参与学校管理，让家长走进学校、走进课堂、参与活动，了解学生在校的学习生活，合力促进学生发展。积极建设"小手拉大手，文明齐步走'六个一'"教育体系，不断引导家长关注学校发展。

学校积极和社区取得联系，借助社区资源，拓宽学生成长途径，可以聘请辖区的科技工作者、专家学者开展科普活动；借助学校公众号、网络平台传播学校育人理念及途径，不断拓宽家校互动的渠道。改善学校的外部教育生态环境，助力学生健康成长，形成家长放心、教师舒心、学生开心的"三心格局"。表 1-10 为协同育人的实施途径。

表1-10 协同育人的实施途径

协同主体	活动主题	活动内容	活动意图
家庭、学校协同	家长会	了解班级情况和课程的难易程度，了解孩子的学习进程、在校情况	家长与学校携手并进，为学生的发展助力
	家校个别沟通	教师与个别家长沟通，提醒家长注意相应问题	家校共同努力，共促孩子成长
	学校开放日活动	听课、参加学校组织的活动	了解老师，了解课堂，了解孩子，了解学校，建立互信，携手共育学生
学校、社会协同	社区工作者参加学校活动	参加开学典礼、民警进学校	加强联系，走进学校，了解学校
	为学校学生提供实践机会	去社区参加义务劳动、帮助社区贫困家庭	为社区做贡献

五、保障措施

（一）思想保障

提高教职工主动参与学校德育管理的主人翁意识，发动和组织全校教职工认真讨论《中小学德育工作指南》实施方案，统一思想，扎实落实，深入推进。

（二）组织保障

学校成立领导小组，负责《中小学德育工作指南》的宣传、具体实施。校长担任组长，德育主任具体抓落实。

（三）资源保障

精心编制实施学校德育工作的经费预算，合理安排年度预算，高效使用资金，提供德育工作必需的场所、设施，配齐相应的设备等。积极建设校园绿色网络，开发德育网络资源，强化现代技术的保障作用，通过大数据，提升学校管理水平。

（四）评估保障

改变德育工作由班主任独自承担的局面，发挥学科教师及家长的德育力量，形成教育合力。优化德育教师队伍结构，完善教师德育工作评估、监督、考核体系，每年评选区级、校级先进工作者、优秀党员、师德标兵、优秀班主任等活动，让模范代表引领教师成长。规范化实施学生综合素质评价，开展学生品德评价，建立学生综合素质档案，做好学生成长记录，反映学生实际成长状况，体现教师的辛苦付出。

六、学校特色

学生入学后通过对学生家庭的了解，发现独生子女家庭居多，这些独生子女的生活能力、动手能力较差，责任意识不强，基于此我们从培养学生的劳动习惯入手。

首先，通过班会、校会，让学生在思想上对劳动有新的认识，牢记劳动创造了人类，劳动是财富的源泉，也是幸福的源泉，劳动是光荣的，每个人都要尊重劳动者，慢慢形成我要参与劳动的意识。在学科实践中把学科知识与劳动实践紧密结合，让学生在劳动中进行实际运用，体现知识的实用价值。

其次，学生要参与班级劳动。班主任每天安排好值日活动，责任到人。要求地面干净、整洁，无污迹；讲台、书架上的物品摆放有序；教室后面的柜子上、黑板槽里无灰尘；前后门玻璃无印迹；学生书桌里的书本收拾整齐；废弃物放在垃圾筐里，并及时倾倒。班主任要及时检查，准确评价，确保在创建优美学习环境的同时让学生树立我是班级小主人、我爱劳动的意识。

再次，德育处要组织学生定期进行劳动活动。楼内擦门窗；楼外擦凉亭、捡废纸，给花草、树木浇水。对于日常劳动表现优异的学生，可以优先参与摘石榴、分石榴的活动，让学生体会丰收的喜悦。

最后，让家长对劳动教育的认知与学校保持高度统一。以往家长在家庭教育中更重视学生的学业成绩、人格培养，忽视劳动教育，这使很多学生缺乏生活能力，很难体会父母操持家务、养家糊口的辛劳。德育处应通过家长讲堂、家长会等加强对劳动教育的宣传，引导、倡议学生在家要参加劳动实践，承担相应的家务劳动。每个假期我们都要给学生布置几项劳动实践的作业，比如：学会使用洗衣机、学会包饺子、做几道简单的菜等。

利用社区，扩大劳动教育的范畴。我们学校位于石景山区的小区里，是社区中的一员，与社区居民共生。每学期我们都会组织学生到社区进行志愿服务活动。比如：在社区进行节水、节电、垃圾分类的宣传活动；为社区捡拾垃圾、擦拭宣传栏等。在活动过程中学生产生了"我是社区人，社区是我家，我为社区服务"的思想，培养了主人翁责任感。

由于我校在劳动教育方面有深入的思考，有新颖的方法，有完善的评价体系，并且取得了突出成绩，石景山区教育委员会让我们学校承担了石景山区《七年级暑假生活实践手册》《八年级寒假生活实践手册》的编撰工作，我们历经两年的梳理、研讨、整理、打磨，最后形成了系统化的劳动实践课程，供石景山区所有初中学生使用。

下面就是我们劳动教育课程的缩略版。

表 1-11　劳动教育课程的缩略版

	课程理念	课程范畴	课程目标	课程内容	学生收获
劳动教育课程	坚持"五育并举"的育人导向，注重将培养劳动观念、劳动能力、劳动习惯、劳动精神贯穿课程各要素和实施全过程；课程内容选择应坚持因地制宜，倡导丰富多彩的实践活动方式，强调学生直接体验和亲身参与，注重手脑并用、知行合一，倡导"做中学""学中做"，引导学生成为有理想、有本领、有担当的时代新人	对劳动的认识	1.形成基本的劳动意识，树立正确的劳动观念 2.逐步养成劳动习惯，培育积极的劳动精神	1.劳动的意义、价值 2.劳动的方法 3.学科知识与劳动技巧结合，智慧劳动	1.重新认识劳动 2.尊重普通劳动者 3.掌握一定的劳动方法
		班级劳动	1.提升动手能力，生活有秩序 2.增强主人翁责任感	1.打扫教室 2.整理自己的书桌及书桌里的物品 3.整理自己的小柜子	1.教室干净整洁，感受为班集体出力的快乐 2.个人物品规整有序，养成良好的生活习惯
		学校劳动	1.培养爱校情怀 2.培养集体责任感	1.擦墙壁、玻璃、楼道栏杆 2.捡拾白色垃圾，为树木、花草浇水	1.拥有良好的学习环境，心情舒畅 2.感受劳动的快乐
		家务劳动	1.提升生活自理能力，养成良好的卫生习惯 2.感受父母的不易，建立和谐的亲子关系 3.培养家庭责任感	1.整理自己的房间 2.参加家务劳动，如扫地、洗碗、做饭等。	1.生活自理能力增强，掌握一定的劳动技能 2.关心父母，理解父母
		社区劳动	1.学生与社区建立密切联系 2.树立服务意识，培养社会责任感	1.做社区志愿者 2.做社区劳动者，捡拾白色垃圾、烟头，擦宣传栏	1.提升社会公德，不人为制造垃圾 2.感受劳动后的喜悦
		开心农场	1.了解二十四节气与农业生产的关系 2.认识农作物，掌握种植方法 3.体会农业劳动的不易，学会珍惜粮食	1.学习二十四节气的具体内容与农业生产的联系 2.学会翻土、播种、除草、收割	1.体会传统文化的博大精深 2.体会收获农作物的快乐 3.在生活中学会珍惜粮食

为学生搭建自主成长的舞台
——北方工业大学附属学校德育工作方案

北方工业大学附属学校　李娜　孙爱凤

为深入贯彻落实习近平总书记关于教育的重要论述，全面贯彻党的教育方针，落实立德树人根本任务，加强和改进中小学德育工作，深入实施《中小学德育工作指南》（以下简称《指南》），切实将党和国家关于中小学德育工作的要求落细、落小、落实，着力构建方向正确、内容完善、学段衔接、载体丰富、常态开展的德育工作体系，大力促进德育工作专业化、规范化、实效化，努力形成全员育人、全过程育人、全方位育人的德育工作格局。北方工业大学附属学校学生成长中心结合学校实际，积极探索、构建学校德育工作的一体化系统和长效机制并制定此方案。

一、背景分析

北方工业大学附属学校是一所九年一贯制学校，位于石景山区八角北路52号和53号，成立于2016年，由三所学校整合而成，分为三个校区。北方工业大学附属学校在成立之初，提出了"优势成长教育"的学校文化定位，形成了"以优势成就个性，让成长创造价值"的办学理念。在办学实践中，通过一系列特色的学校文化活动和德育活动，逐渐形成了"以唤醒、引导、激励的理念从教，以敬业、专业、乐业的情怀为师"的教师行为文化和"自信、自主、自立"的学生行为文化。学校注重文化育人，学生、家长积极参与校园文化建设。校园环境的包容、厚重与豁达，传达着办学理念，凸显了办学特色，促进学校个性和学生个性的形成与发展。

二、办学理念

融合学校发展以来的办学特色和历史文化，将学校的育人目标定位为：致力于让每个孩子都拥有自己成长的故事。他们能够在合作中学会自我管理、自主规划、主动成长，既能对时代和社会有高度认同，又能承担起国家发展的个体使命。

学校深入推进落实立德树人要求，实现铸魂育人任务，始终坚持以创新谋发展，德育工作凸显学生作为活动组织者和参与者的主体地位。学校教育的核心是为每名学生搭建自我成长的平台，注重从源头上激发与培养学生自我管理、自主规划和主动成长的内驱力，这种内驱力既指向兴趣，又指向使命感与责任感这种长久的动力。

三、德育工作目标

基于《指南》、学校办学思想和育人目标，学校始终以"引导学生将个体发展与国家社会发展相融合"为基本价值取向，将"立德树人"作为学生发展指导的出发点和归宿，围绕理想信念、传统文化、学业发展、生活规划、身心健康五个领域的学生成长内容，通过全员、全程、全方位的学生成长指导，促进学生全面、自主、有个性的发展。

学校德育工作紧紧围绕"育人目标"展开，并根据各年级特点，进行细化和梳理，注重年级衔接、螺旋上升，促进学生全面发展，见表1-12。

表1-12 北方工业大学附属学校九年一贯制德育目标体系

年级	理想信念	传统文化	学业发展	生活习惯	身心健康
1～2	爱祖国、爱党、爱人民；志愿加入中国少年先锋队	通过识字写字、诵读诗文、听闻典故、亲近先贤、关注习俗	在活动中激发学习兴趣，具备简单进行学习规划的意识	遵守行为规范和礼仪常规；自己的事情自己做；热爱集体，遵守纪律	了解小学部的心理健康服务；保持好奇心；能与老师、同伴保持交往；积极参与体育锻炼
3～4	爱祖国、爱党、爱人民；崇敬英雄和模范；具备集体荣誉感	介绍中华民族重要历史人物、传统节日、节气与风俗、发明发现、特色技艺等	课前做好准备，上课认真听讲，细心观察，勇于提问，按要求独立完成作业；掌握有效的学习方法，有一定自主阅读能力	遵守行为规范和礼仪常规；具有问题意识；能独立思考、独立判断；具有一定的动手实践能力，主动学习劳动技能等	遇到情绪和心理问题能够和老师及同伴倾诉；能够参与学校组织的体育活动
5～6	将个人梦融入中国梦；积极参与少先队活动，做表率	在日常生活中增进对中华文化的认识，养成孝老敬亲、礼貌待人、勤俭节约、吃苦耐劳、言行一致等传统美德	学习目标明确，态度端正，计划性强；能够独立思考，善于提问；爱好广泛，乐于科学探索，积极发表见解	做事有计划、讲效率；具有生活自理能力；乐于承担，初步具有自主劳动的意识和能力；积极参加志愿服务和卫生劳动	学会控制自己的行为，养成良好的规范；能够参与学校组织的体育活动

年级	理想信念	传统文化	学业发展	生活习惯	身心健康
7	政治启蒙教育；生态文明意识；志愿服务意识	介绍我国各族人民创造灿烂文化的历史及伟大成就，提高对中华优秀传统文化的认同度	适应初中阶段的学习，正确看待学习的意义；具备自主进行学习规划的能力	遵守行为规范和礼仪常规；参与集体劳动；勤俭节约，珍惜他人的劳动成果	融入新环境，与同学融洽相处；了解中学部的心理健康服务；乐于参与体育锻炼
8	志愿加入中国共青团；具备一定的规则意识和法律素养；树立远大的理想	阅读经典文献、了解历史线索、欣赏传统艺术、参与礼仪活动等，引导学生践行中华传统美德	激发持续性的学习动机；在自主学习方面，能够做好规划，提升效率	有效管理时间；培养信息选择能力；参与公益劳动，培养吃苦耐劳的品质	悦纳体貌改变，尊重差异；能够调控情绪，与他人有效沟通；能够自主地开展体育锻炼
9	坚定爱国主义理想信念；理性看待个人与集体的关系；遵守公德，严于律己	初步体会道法自然、革故鼎新、实事求是等中华核心思想理念和人文精神；尊重各民族传统习俗，进一步增强对中华民族的归属感和自豪感	正确看待学习与未来发展；学习规划性强，有实施，有重点；培养终身学习的意识	关心国内外大事；培养欣赏美的能力，提升审美情趣	掌握疏解不良情绪的方法，保持心态乐观；提升抗压能力，培养坚强品质；体育锻炼有目标

四、德育工作内容

学校以五大德育内容（理想信念教育、社会主义核心价值观教育、中华优秀传统文化教育、生态文明教育、心理健康教育）为核心，通过六大育人途径（课程育人、文化育人、活动育人、实践育人、管理育人、协同育人），弘扬以爱国主义为核心的民族精神和以改革创新为核心的时代精神，全面开展"立德树人"的育人工作。结合学校的实际，统筹设计九年一贯制德育工作体系，见表1-13。

表 1-13　北方工业大学附属学校九年一贯制德育工作体系

德育内容	育人途径					
	课程育人	文化育人	活动育人	实践育人	管理育人	协同育人
理想信念教育	①国家课程；②其他课程，如升旗仪式等	校园环境：图书馆、团队活动室、"我爱北工附"标志性景观、社会主义核心价值观、文明校园张贴、国旗、板报、橱窗、遇见校园人物宣传阵地、学校育人目标	①节日/纪念日：国庆节、儿童节、五四青年节；仪式：开学/毕业典礼；②经典活动：百日誓师、草坪音乐会、十四岁集体生日	①主题实践：少年踏春行、安全主题教育等；②科考研学：综合实践课程；③志愿服务：红色教育基地讲解员	①管理制度：学生自主管理制度、班级文化建设；②岗位职责：全员、全过程、全要素育人；③学生行为规范	①开学典礼；开学第一课；②团队课程
社会主义核心价值观教育	①国家课程；②其他课程，如升旗仪式等	①文化氛围：芽豆文学社校园期刊、喵视觉校园文创产品设计工作室、服饰社、放大精彩视频社、班级书香阅读角、校园阅读书吧；②网络建设：学校公众号	①节日/纪念日：劳动节、雷锋日、建党/建军、公祭日、中国航天日仪式、开学/毕业典礼、十四岁集体生日；②经典活动：少年演说家	①主题实践：入学教育、社会实践；②科考研学：综合实践课程；③志愿服务：慰问演出、青海玉树手拉手活动	①管理制度：校规校纪；②岗位职责：全员、全过程、全要素育人；③学生行为规范	社区活动、讲座
中华优秀传统文化教育	①书香阅读课程；②智力提升课程；③国家课程；④文化课程	"北工附的日子"学生公众号（国旗下演讲、活动发布、禁毒、心理健康、文明校园、绿色校园、传统文化知识竞赛）	①节日/纪念日：春节、元宵节、清明节、中秋节、端午节、教师节、重阳节；②校园赛事：读书节、戏剧节；③经典活动：清明诗径	①主题实践：社会实践；②科考研学：综合实践课程	学生行为规范	名家讲座

德育内容	育人途径					
	课程育人	文化育人	活动育人	实践育人	管理育人	协同育人
生态文明教育	①国家课程；②其他课程，如创新人才培养实践课程	"北工附的日子"学生公众号（国旗下演讲、活动发布、禁毒、心理健康、文明校园、绿色校园、传统文化知识竞赛）	①节日／纪念日：植树节、劳动节、世界地球日；②校园赛事：科技节；③经典活动：白河野营、银杏叶邂逅书法、变废为宝、跳蚤市场	①主题实践：学农；②科考研学：综合实践课程；③劳动实践：小学"半亩园"、中学"乐活星球"、班级劳动种植园、中草药种植园	学生行为规范	志愿服务，走近大学课程
心理健康教育	①国家课程；②生涯规划课程		①节日／纪念日：心理健康日、爱国卫生运动；②校园赛事：体育节、艺术节；③经典活动：武术少年大比拼、俱乐部翻斗乐	①主题实践：特殊儿童学校参观及公益服务；②科考研学：综合实践课程	①管理制度：防止学生欺凌和暴力；②岗位职责：全员、全过程、全要素育人，关爱特殊群体	①家庭：家长会、家委会、家长沙龙、家长学校；②社会：公益活动

五、实施途径

依据《指南》要求，结合自身实际，学校以六大育人实施途径为抓手，构建"北方工业大学附属学校九年一贯制德育"体系，形成特色德育品牌，在落实立德树人的根本任务中发挥着重要作用。

（一）课程育人

课程是人才培养的核心载体，是学校育人的主渠道，是国家意志在教育领域的直接体现，在立德树人中发挥着关键作用。我校充分发挥课堂教学的主渠道作用，着力建构多元课程体系，将中小学德育内容细化落实到各学科课程的教学目标之中，融入渗透到教育教学全过程，在"德智体美劳"五育领域全面落实立德树人根本任务。

1. 系统化的德育课程，落实立德树人根本任务

学校坚持将班会、校会和国旗下演讲作为必修课程列入课表，专时专用。从 2010 年开始将校会以主题板块的形式设计，从"教师论道""学生视野""校园导航""时政热点""主题班会""书画艺术""文化之旅"等多个方面不断丰富完善，给学生更多的视角，让他们倾听不同的声音。校会形式的改革，特别是"学生视野"的切入，为学生搭建了参与学校德育课程建设的平台，大大激发了他们的热情，提高了德育的实效性。班会结合社会时政和班级建设的实际，形成系列的主题班会模式，通过不同的主题深入落实德育目标，实现育人功能。

将国旗下演讲课程化、精品化，是学校打造精品德育课程的一大尝试。国旗下演讲作为学生爱国教育的一个重要平台，通过"国旗""国歌""国徽""国防""国家纪念日""国家大事件"等与国家相关、与民族相连的主题，利用国旗下的庄严仪式，通过仪式感的营造、系列化的主题演讲，培养家国情怀和民族自豪感，强化"以天下为己任"的价值导向。

2. 重视思政课程的育人价值

学校定期开展班主任培训和周例会，成立青年班主任成长工作坊，邀请专家进校园开展班主任培训讲座，提升队伍素质。学校要优化德育工作机制，统筹共青团、少先队组织协同作用，强化对少年儿童的政治启蒙和价值观塑造，落实共青团"一心双环"工作机制。团队定期召开主题班队会和支部活动，并依据学校特色和学生个性积极开展节日、纪念日主题活动和仪式教育活动，积极开展红领巾奖章评价激励，着力打造主持天团、喵视觉设计工作室等经典学生社团。

青少年阶段是人生"拔节孕穗期"，要扣好人生第一粒扣子，尤其需要精心引导和积极培育。道德与法治教育基于社会发展和学生成长的需要，以正确的政治思想、道德规范和法治观念对学生进行循序渐进的系统化教育，在道德教育中发挥法治对道德的促进作用，在法治教育中发挥道德对法治的滋养作用，使道德教育与法治教育相辅相成、相得益彰，培养学生成为担当民族复兴大任的时代新人。思政课是落实立德树人根本任务的关键课程，道德与法治课程是义务教育阶段的思政课，旨在提升学生的思想政治素质、道德修养、法治素养和人格修养等，增强学生做中国人的志气、骨气、底气，为培养以实现中华民族伟大复兴为己任的有理想、有本领、有担当的时代新人打下牢固的思想根基。课程具有政治性、思想性和综合性、实践性。

学校领导要充分重视思政课程的建设，注重加强管理，强化队伍，指导教研组及任课教师充分发挥主动创造性，构建学科课程体系；注重加强研究，聚焦课标，准确把握思政课的育人导向和教学要求，切实保障思政课的课程落实和教学质量，通过高质量的思政课，真正回答好"培养什么人、怎样培养人、为谁培养人"这一根本问题。

3. 构建生涯和职业体验课程

学校要构建中小有机衔接、内涵丰富、科学适切的生涯教育内容体系；形成以学生发展需求为导向，形式多样、注重体验、讲求实效的生涯教育服务体系；建立学校、家庭、社会三位一体，资源配置多元、管理机制完备、评价激励有力的生涯教育保障体系，增强中小学生生涯规划的意识与能力，培养自尊自信、积极向上的个性品质，促进学生的健康成长与终身发展。

学校依托北京市地方课程"生涯规划",结合学校实际,整合心理学专业知识和学校品牌职业体验活动,创新构建"北方工业大学附属学校生涯规划教育校本课程"。该课程的构建,不仅体现了新课程改革的需要,更有利于在校本框架下,让授课教师突破传统地方课程模式;同时以更贴近学生生活的活动,提高学生的课堂体验性,提升课程的育人价值。

生涯教育的目标定位为:帮助学生树立主动发展的观念,掌握生涯规划的知识、技能,确立生涯发展目标,进行生涯决策,寻求最佳生涯发展路径的专门性的、有计划的教育活动。通过生涯教育,学生形成积极的人生理想,建立学校学习与未来发展的内在联系,建立终身学习、终身发展的观念,从而更好地发挥个人潜能,服务社会,实现人生的价值。

4. 探索故宫课程的校本化实施

深挖学科素养和德育功能,结合首都历史文化优势,将故宫青少年博物馆在线教育资源平台作为学校课程的有效补充,研究并开发依托故宫文化的校本课程,通过课堂教学、学科活动、课后服务、项目式学习等形式对学生进行基于传统文化和故宫文化的研究性学习能力的训练,构建"必修+选修+学生社团"的故宫文化"互联网+"德育课程。

(二)文化育人

1. 设计传统节日、二十四节气课程,弘扬中华优秀传统文化

节日节气和农耕文明一脉相承,作为民族文化符号和文化记忆,其凝聚着人们的精神追求和生活向往,是传承民族精神的一种重要形式,也是民族文化中最有生命力和最活跃的部分。我们的节日既是一种休憩,同时也是一种感知自然、感恩自然的传统文化,更是一个生命的觉知。我们从春节、清明节、端午节、中秋节、重阳节、二十四节气中体验探索中国人的节庆文化、节气文化,在德育主题教育、德育实践活动、主题班会等探索实践的过程之中,对学生的心灵予以涵养,实现学生对传统文化的认知、认同、理解与践行。通过将"农耕时代、感恩自然、生命活力、人间亲情、生活理想、人间愿望、审美追求"等核心要义融入其中,实现对中华优秀传统文化的弘扬。

小学阶段以培育学生对中华优秀传统文化的亲切感和感受力为重点,由启蒙教育入手,介绍中华民族重要的历史人物、传统节日、节气与风俗、发明发现、特色技艺等,使学生初步了解中华优秀传统文化的源远流长、丰富多彩,培养学习兴趣。通过识字写字、诵读诗文、听闻典故、亲近先贤、关注习俗等学习活动设计,引导学生在日常生活中增进对中华文化的认识,养成孝老敬亲、礼貌待人、勤俭节约、吃苦耐劳、言行一致等传统美德,体认中华优秀传统文化,培养对国家、民族的感情。

初中阶段以增强学生对中华优秀传统文化的理解力为重点,比较系统地介绍我国各族人民创造灿烂文化的历史及伟大成就,引导学生进一步认识中华优秀传统文化的博大精深、悠久历史及其对世界的意义,提高对中华优秀传统文化的认同度。通过临摹名家书法、阅读经典文献、了解历史线索、欣赏传统艺术、参与礼仪活动等学习活动设计,引导学生践行中华传统美德,初步体会道法自然、天人合一、修齐治平、革故鼎新、实事求是等中华核心思想理念和人文精神,尊重各民族传统习俗,珍视各民族共同创造的中华优秀文明成果,进一步增强中华民族归属感和自豪感。

2. 开展北方工业大学附属学校全员演讲，用文化浸润心灵

每学年举办"少年演说家"全员演讲活动，通过班级、年级和校级的逐层展示评选，每位学生参与其中，展示风采。演讲内容丰富新颖，文化思想领域全面铺开，或贴合时代，或弘扬文化，或激荡人生；既有热情的感召，又有理性的思考。学生的思考深度、文采逻辑和自信风采在一次次的锻炼中得到提升。

全员演讲使每一位学生能够主动、独立思考，用心发现身边感兴趣的有意义的话题，用文字表达自己的情感与思想内涵，用语言展示自己的魅力与个性，在班级或学校的舞台上激发自信与激情，培育正确的社会主义核心价值观和高尚的家国情怀，实现全员文化育人。

3. 设计视觉形象标识，实现文化认同

标识是学校品牌形象的重要内容，是价值取向的艺术化表达，学校已建立规范系统的视觉形象识别系统，凸显文化特色，达成文化共识。

要持续更新、拓展校园文化特色。学校喵视觉设计工作室致力于学校的文创产品设计，它成立于2021年，是北方工业大学附属学校最具有影响力的学生社团之一。一大批有创意、爱设计的同学，他们为学校的各类学生活动提供平面海报设计，设计与制作学校的文创产品，将学校文化和学生喜爱的设计元素和创意巧思相结合，进一步丰富校园文化标识。在这里学生不仅仅是北方工业大学附属学校的视觉缔造者，更是最具潜力的设计师。

4. 营造常态化阅读氛围，打造高品质阅读文化

学校力争让每个学生都能形成厚重的阅读积淀，提升学生的人文素养。因此学校从营造良好的阅读环境开始，改建班级图书角，丰富图书角图书种类，助力培养学生的阅读兴趣和阅读习惯。学校全学科教师共同进行阅读书目的推荐和完善，形成了北方工业大学附属学校"阅读人生——1～9年级图书推荐暨班级图书推荐书目"。学校还开展丰富多彩的书香阅读活动，如读书节启动、阅读研究交流会、阅读笔记进校史、阅读之星评比、亲子阅读沙龙等，同时将阅读课程校本化，1～5年级每周开设一节阅读课。

5. 建设网络文化

学校重视校园网络文化建设，设计交互式校园门户网站，从学校概况、新闻中心、党建工会、课程教学、学生成长、家校共育、后期安全七大方面宣传学校办学特色和校园文化内涵。借助北方工业大学附属学校微信公众号、"北工附的日子"学生公众号及时发布学校的热点事件和学生活动，拓展学校宣传。

学校的芽豆文学社是一个传播校园文化、倡导读书风尚，营造人文氛围，提升文学素养，发现和培养文学人才的舞台。不同学段的学生可以在这里激扬文字，分享成长感悟，为丰富的学校生活留下许多美好的记忆。"芽豆"取种子和萌芽之意，种子的萌发是靠着顽强的生命力和对阳光的渴求，深扎根系而后破土而出，努力向上生长，展现出超越一切的力量。文学社致力于将感受校园文化、热爱读书的种子从小植根于同学们心灵的深处，生根、发芽、开花、结果。

6. 打造班级文化

在起始年级开展入学教育，让学生了解校园文化，在此基础上，通过一次次班会和活

动，打造班训、班徽、班级制度、班级公约、年级原创歌曲等，全方位打造班级名片。其中，班级、年级的改编或原创歌曲深受同学们的喜爱。无论是2020届八年级3班为抗击疫情创作的班级原创歌曲《日出时刻》、2021届学生自编自导自演的《北工附的日子》MV，还是2022届六年级学生填词的歌曲《回首与奔赴》等，都取得了广泛的关注度和美誉度，这已成为北方工业大学附属学校文化育人的新路径。

学生成长的背后是班主任教师的专业指导与领航。学校通过市区骨干班主任引领、班主任师徒结对、青年班主任工作坊等形式，为班主任搭建成长的平台。学校着重探索以班级文化的打造凸显班主任带班理念和育人风格，以班干部的培养带动班集体的自主管理，不断提升学生的领导力，展现学生主体价值。一个个优秀的班集体在班级文化建设的带动下蓬勃发展，一个个优秀的学子在班集体中自主健康成长。

（三）活动育人

学校精心设计、组织开展主题明确、内容丰富、形式多样、吸引力强的教育活动，以鲜明正确的价值导向引导学生，以积极向上的力量激励学生，促进学生形成良好的思想品德和行为习惯。

1. 经典活动

中小学德育部门与年级组、班主任，以培养学生核心素养为核心，以厚植家国情怀、涵养传统文化、开阔国际视野、激发学生自信、培养自主成长为目标，共同策划实施全员参与、人人提升的中小学九年一贯制系列经典活动。如中学部少年踏春行、大学课程、职业生涯体验、十四岁生日等，小学部惊蛰出洞、银杏叶邂逅书法、武术少年大比拼等。一方面通过活动育人，培育学生的集体主义、进取精神；另一方面也融入适度的浪漫色彩，让学生感受自然与时令，对升入新年级有持续的新期待，见表1-14。

表1-14 北方工业大学附属学校九年一贯制经典活动

特点	目标	年级	关键词	活动名称
全员参与，人人提升	厚植家国情怀、涵养传统文化、开阔国际视野、激发学生自信、培养自主成长	一年级	仪式与习惯	课后安排小助手展示会、少先队入队
		二年级	诗意与自然	惊蛰出洞、银杏叶邂逅书法
		三年级	阅读与创意	读书交流会、变废为宝
		四年级	体育与活力	武术少年大比拼、俱乐部翻斗乐
		五年级	传统与公益	清明诗径、跳蚤市场
		六年级	个性与特长	草坪音乐节、少年演说家
		七年级	开拓与视野	少年踏春行、白河野营
		八年级	世界与自信	十四岁生日、大学课程、职业生涯体验
		九年级	执着与梦想	百日誓师、毕业歌会

2. 团队活动

少先队扎实推进分批入队、红领巾奖章评选等工作；借助国旗下讲话、红领巾广播站、红领巾监督岗等为队员锻炼搭建平台。围绕重大节日、纪念日，开展学雷锋志愿服务、争做新时代好队员、石景山档案馆"档案话百年"等丰富多彩的少先队活动。团委围绕"一心双环"开展工作，定期组织学习、召开大会，团员发展规范有序。

3. 学生社团及校园赛事

中小学社团群英荟萃，令人神往，有流行乐队、合唱、舞蹈、健美操、拉丁舞、武术、棒垒球、田径、篮球、足球、喵视觉设计工作室、芽豆文学社、放大精彩视频社、科技创新人才、机器人、STEM 创客、3D 打印等社团。志趣相合的同学们在一起做喜欢的事，丰富了校园生活。

学校充分利用校内外资源，通过开展课外活动课程和发挥校内教师专业特长开展丰富的社团活动，1～9 年级共开设体育、艺术、科技课外活动课程 73 个，确保每位学生掌握至少两项艺术特长。除此之外，学校设有管乐队、合唱队、男子舞团、武术队、足球队、啦啦操队等校级社团共 9 个。每年学校依托艺术节、体育节、戏剧节、科技节等为学生搭建大显身手的舞台，充分展现他们的运动技能和艺术特长。

（四）实践育人

1. 社会实践活动

学校充分利用社会实践活动作为学生与社会的桥梁，为学生打开视野，培养学生的创新精神和实践能力。学校走进社会大课堂资源单位，利用爱国主义教育基地、公益性文化设施、各类校外活动场所、专题教育社会实践基地等资源，开展不同主题的实践活动。2020—2021 学年，学校开展爱国主义教育课程"飞越中国八角游乐园主题实践""永定河定向越野挑战赛"等活动，拓宽学生的视野，丰富学校拓展课程，落实实践育人。

2. 项目式学习及科考研学

为拓宽培养创新人才的途径，深化教育改革，中小学积极进行项目式学习和科考研学。

小学部低年级与北京师范大学崔光佐教授研究团队合作进行智力提升课程的实践，以数学为载体，着力培养学生自主探究的学习方式，系统提升学生的生活思维品质。小学中高年级围绕故宫文化、劳动等内容，开展跨学科的项目式学习，激发学生的探究合作意识，完善文化品格，培养问题解决能力和语言表达能力。通过传统文化与现代媒介互鉴，培养民族情感，增强文化自信。

中学部与中国科学院合作开展科技系列课程，组织学生赴青岛、武汉、云南等地开展科考研学，深度挖掘学生的潜能，打造特色科学领域课程，将学校科技教育需求与国家高端科技资源和科技教育转化相结合。通过动手实践、成果汇报和答辩等形式，把科学精神、科学方法与参与科学实践、学习科学知识相结合，提高青少年学生的综合科学素养。

3. 劳动实践

落实"双减"政策，聚焦五育并举，为学生搭建自我成长的平台，结合学校的办学理念和育人目标，形成学校特色课程——九年一贯制劳动教育课程。该课程力争通过对学生的劳动教育，使学生树立正确的劳动观念，培养劳动能力，养成良好的劳动习惯和劳动品质。按照不同年级段设立课程目标，课程内容分为日常生活劳动、生产劳动、服务型劳动，同时按照学生的年龄特点开设特色课程，如种植、木工、刺绣、沙盘制作、地毯编织、冷餐拼盘等。

4. 志愿服务

学校成立北工附学生志愿服务队，全员注册成为志愿者，积极开展各项校内外的志愿服务活动。每学期学生全员开展校园服务，如图书分类、捡拾垃圾等。学校在举办各项活动时也会招募公益志愿者，如中考志愿者、活动礼仪等。团委、少先队也会积极组织团员和队员，深入周边的街道、社区、新时代文明中心、敬老院等地开展志愿服务活动，营造热心公益、奉献服务等良好的校园文明风尚。

（五）管理育人

学校本着"管理即服务"的理念，积极推进学校治理现代化，改进管理方式，提高学校的管理水平，创设良好的育人氛围，将中小学德育工作的要求贯穿于学校管理制度的每一个细节之中，形成德育工作机制。

1. 队伍建设

学校重视德育队伍建设，形成党组织主导、校长负责、群团组织参与、家庭社会联动的德育工作机制。中小学学生成长中心负责学校的德育工作，下设团委、医务室、心理咨询室，联合教导员团队统筹学校的品德、心理、学业、生涯、学习生活五大方面指导。一至九年级设置年级主任，进行学生的教育教学管理。

2. 学生行为评价

学校注重学生的自我教育，让心中的道德律彰显高尚的力量。校学生会根据《中小学生守则（2015年修订）》和《中学生日常行为规范》，设计《学生成长指导手册》，既包括"我在北工附的N件事""校园一日生活"等清新可人文艺范儿的校园生活图鉴，也包含校规校纪等常规要求，以帮助学生明确"黄线""红线"等不能触碰的警戒线。

各班制订班级文明公约，有各具特色的班名、内涵丰富的班徽、独具匠心的班旗，构建分层递进、螺旋上升的德育目标体系；考前引导学生签署"诚信考试承诺书"；设立道德风尚奖，让每个学生都有出彩的机会，用身边的事教育身边的人，同伴引领成长。

3. 民主议事会

学校尊重学生的民主权利，引导学生自主管理和理性参与。学校定期召开学代会、团代会、少代会，由各班民主选举出学生代表参会，为学校发展建言献策、撰写提案。民主议事会积极发挥学生参与学校民主管理的作用，认真收集并听取学生对学校教育教学改革、课堂管理、评价方法、后勤管理等方方面面的意见、建议及解决方案。

4. 校长午餐会

学校通过校长午餐会，在轻松融洽的氛围中，建立学生和校长沟通的平台。每班学生代表自愿参加，通过与校长面对面沟通和交流，可以就学校教育教学、学生活动、后勤保障、校园建设等方面建言献策。校学生会就学生提出的问题联系学校相关部门及时解决，对当下不能解决的做出解释，高效、及时地反馈给学生。

（六）协同育人

1. 建立沟通机制促进家校共育

建立教师家长协会，形成"学校、家庭、社会"三位一体的教育体系。健全家长委员会（以下简称"家委会"）三级管理模式即学校家委会、年级家委会、班级家委会，建立家委会选拔任用、工作内容、工作程序和管理监督四个科学机制。家委会代表家长行使知情权、监督权、参与权和评议权，有效地促进家校沟通，避免了教育管理的疏漏和脱节，为学校教育工作注入"新鲜血液"，为教育的科学发展增添持久活力。同时组织家委会开展教育培训和交流研讨活动，发挥家长优势，使家长定期走进学校，了解学校的教育教学工作计划、学校资源配置情况、教育督导评估结果，参与学校重大事项管理和决策，就学校管理制度等方面的情况提出意见。

2. 家长、学校达成育人共识

每学期学校召开各年级家长会，统一传达学校办学理念、育人目标和"双减"背景下的教育策略。学校引入、整合专家资源，构建 1～9 年级 18 个学期的"家长学校"主题讲座，开展序列化家庭教育培训，形成学校特色的家长课程体系。同时，拓宽家委会的功能，举办不同主题的家长沙龙活动，做出"指向效率，兼顾需求"的调整，通过调查问卷摸清家长的关注点，设置规定时长环节，采取分组研讨形式，提高家长的参与度、交流频次和沟通实效。

3. 学长团助力学生成长

学生成长中心联合团委、少先队打造北工附学长团，实行"毕业生带初中""初中带小学"的大带小模式，参与、协助组织学校的各项活动，如入队仪式、百日誓师、中考送考等。学长学姐们也可以利用北方青春励志讲堂及微信公众号专栏等方式，就学业规划、经验分享、学法辅导等方面的内容与学弟学妹们进行切磋和交流，为他们提供必要的帮助和支持。

六、支持保障

（一）思想保障

组织德育领导小组、班主任、任课教师、全体教职员工认真学习领会《指南》的精神，统一认识，积极落实，深入推进，形成"人人都是教育工作者"的大德育格局。

（二）组织保障

学校成立落实《指南》实施方案领导小组，负责《指南》的宣传、学习和实施、检查、评价。校长担任组长，具体抓落实。

（三）资源保障

精心编制实施学校德育工作的经费预算，合理安排年度预算，高效使用资金，提供德育工作必需的场所、设施，配齐相应的教学仪器设备等。积极建设校园绿色网络，开发德育网络资源，加快信息化推进，强化现代技术的保障作用，通过大数据技术，提升学校的管理水平。

（四）评估保障

发挥学科教师及家长的德育力量，形成教育合力。优化德育队伍结构，完善教师德育工作评估、监督、考核体系。规范化实施学生综合素质评价，认真开展学生的品德评价，纳入综合素质评价体系，建立学生综合素质档案，做好学生的成长记录，反映学生成长的实际状况，为评优评先提供重要的评价依据。

七、特色实践做法

（一）重构德育生态

德育处更名为"学生成长中心"，确定"六自主"学生成长模式，从规划时间、手机管理、上交作业、自主阅读、高效学习、身体锻炼六个方面培养学生的自主规划意识和自我管理能力。

（二）凸显全员理念

关注每一名学生的成长，德育活动的设计体现"全员参与、人人提升"的特点，如开展"少年演说家"全员演讲比赛、"主持人天团"全校选拔活动，策划组织"银杏叶邂逅书法"（小学）和"留住秋天"（中学）活动，注重眼保健操的过程性督查工作。

（三）激发学生自信

国旗下讲话升格为"国旗下演讲"；为激发学生自我管理的内驱力，设计班级货币，激励学生努力赚取货币；增加学生议事会、社团联合会等学生组织，学生成长中心指导学生创办"北工附的日子"微信公众号；每周三举行校长午餐会。学生在组织活动、讨论事务中实现自主成长。

（四）培养任务管理意识

设计印发小学部"课后安排小助手"，指导学生对回家后的学习、读书、练琴等任务进行安排；中学部对应设计"学习任务手账"，指导学生精准安排学科作业，培养任务统筹力和时间观念，提高写作业的效率。

（五）积极拓展资源

与故宫博物院、北京大学、北方工业大学、中关村科技园区、部队、法院、文化馆、青少年活动中心等主动联系，与河北两所学校建立友好合作，构建以学校为中心、以社会资源为拓展的实践课程，开阔学生的全球视野。积极探索生涯教育课程规划，构建以职业认知（小学）、生涯规划（中学）为主要目标的，将课程和实践相结合的生涯发展体系。

积极构建真正能满足学生成长，教师发展、学校发展的北方工业大学附属学校九年一贯制德育体系，使每一个学生都能够找到自己的发展点，促进学生的全面发展。

打造"无边界教育生态"，培养"志趣"大实验少年

石景山区实验中学　赵国芝　张海南

一、办学理念——"承实验精神，集教育大成，得人生志趣"

多年来，学校以"承实验精神，集教育大成，得人生志趣"为办学理念，以"铸魂，筑基，助梦"为办学宗旨，以创设"无边界教育生态"的学校，培养学生的"志趣发展"。

无边界教育生态是站在学校发展的角度，践行实验集团"穿越三边界"的发展理念，即突破学段边界，实现"幼—小—初"一体化培养；突破学校边界，实现"家—校—社"协同育人；突破视野边界，实现"大学—区域—学校"合作办学。

志趣发展是站在学生成长的角度，围绕情怀、志向、兴趣精心设计课程和活动，让志向为志趣发展提供源源不绝的内生动力。

二、培养"立德""立学""立志"志趣少年的德育工作目标体系

学校将德育总目标定位为以大立德，即从思想道德和人文情感入手，引导学生弘扬爱国主义精神；以实立学，即从学习品质和文化视野入手，激发学生广泛的兴趣；以严立志，即从人生理想和意志品质入手，帮助学生形成正确的自我认知，培养健康的人格、正确的价值观。

结合"志趣教育"，学校提出了三个培养维度："立德""立学""立志"，即培养核心素养包括学会明辨，学会担当（立德）；学会探究，学会创新（立学）；学会自主，学会自信（立志）。

基于"立德""立学""立志"三个培养维度，在学生全面发展的基础上，力求进一步促进学生个性发展和社会性发展，进而形成初中三年一以贯之，年级间各有侧重的德育工作目标体系。

三、"五位一体"的德育工作内容体系

我们对学校的德育课程进行了优化升级，见表1-15。

表 1-15 "五位一体"的德育工作内容体系

分类	年级		
	七年级	八年级	九年级
理想信念教育	了解祖国的历史文化、革命传统，进行爱国主义教育、积极向上的生活理想教育、时事教育、团前教育	了解中国史，介绍伟人、名人、英雄模范人物的事迹；进行现实国情教育、时事教育	进行基本国情和中国特色社会主义理论体系的教育、时事政策教育；树立正确的人生观，把理想与现实相结合
核心价值观教育	热爱科学，学会学习，培养良好的学习习惯；热爱劳动，珍惜劳动成果；进行校规、校纪、校训的爱校教育，《中学生守则》《中学生日常行为规范》教育，知法守法教育	热爱科学，学会学习；珍惜劳动成果，培养良好的劳动习惯；遵守校纪和校规；知法守法，运用法律武器自我保护；继续进行《中学生守则》《中学生日常行为规范》教育	爱科学，会学习，会思考，做合格的毕业生；了解劳动者素质的要求，培养职业道德意识；正确认识自由和纪律的关系，自觉遵守纪律；学会依法保护自我
优秀传统文化教育	为集体服务、维护集体荣誉；尊重他人、孝敬父母	正确处理自我与他人、个人与集体的关系；抵御不良思想的影响	培养责任心和义务感；尊敬老师，文明离校
生态文明教育	保护环境	热爱自然、尊重社会、关心周边环境	培养环保意识
心理健康教育	学会文明交往，学会自我约束和自我控制	进行青春期心理卫生和生理卫生的教育，学会在集体中相互关心、相互爱护和相互帮助	树立正确的友谊观，处理好青春期与异性的交往；认识自我，学会自立，不怕困难和挫折

四、"五育并举"的实施途径

（一）开启"志趣"人生的金钥匙——课程育人

2010 年以来，学校围绕办学理念，构建以国家、地方、校本为载体的三级课程体系——金钥匙课程体系。该体系中，国家课程是抓手，地方课程做延伸，校本课程求拓展。学校在国家课程层面求"实"，夯实学生全面个性发展的根本基础；在地方课程层面求"用"，引领学生立足家乡，关注社会；在校本课程方面求"拓展"，开设生涯规划类等六大系列数十门校本课程。

1. 基础类课程

基础类课程主要是指执行国家课程标准的语文、数学、道德与法治等十二门基础性课程。

2. 拓展类课程

拓展类课程是指各种校本课程，以及部分资源引进课程。初一年级开设的校本课程有沙盘游戏、科学探案、陶艺、动画英语、文物模型制作、悦读新闻、走进博物馆、中华传统文化等。初二年级开设的校本课程有美食地理、中华传统文化、热爱数学、太阳能DIY、神奇的生物世界、油画、模拟法庭、动漫图像原理、科技与生活、微电影制作、环保创意、服装搭配技巧、动感韵律操等。

3. 研究类课程

研究类课程主要为主题研究和假期外出考察，如百名校友进校园、百名同窗上讲台、百名专家进校园、百名家长进校园、百名教师上讲坛（"五百工程"）等。

另外，学校开展的生涯教育课程——"寻找你的生命色彩——生涯规划"以自我觉察、生涯觉察及生涯抉择三大板块为主要探索领域，以心理课程、学科渗透课程及各项活动为主要途径，协助学生了解自己的兴趣、性格及能力，为未来规划职业生涯做适度的准备。

（二）润物无声 文化育人

1. 寓意智慧和成功的"金钥匙"教学楼——物质文化

实验中学教学楼从空中俯瞰像一把钥匙，寓意学校将会成为帮助学生打开智慧和成功之门的金钥匙；教学楼自东向西，分别是三、四、五层，寓意实验学子要一步一个脚印地登上成功的顶峰；正六边形的教室寓意实验学子要采撷百花之蜜，酿造幸福人生。

2. 汇聚"实验"精神——精神文化

学校的校园文化定位是"志趣教育"。

学校的校训是"端实做人，百验求知"，体现学校多年来传承发扬的优良传统。

学校的校风体现在实验中学"志趣教育"的文化方面，需要人人具有"求真务实"的精神和作风，具有"求索致远"的情怀和意志。

（三）生动有趣 活动育人

基于学校德育工作内容，我们进行了系列的、逻辑递进的活动设计，主要分为如下几个方面。

1. "立志少年"系列主题活动——理想信念教育

七年级开展"欢迎走进'大实验'"入学教育等。八年级组织社会调查进行国情教育，参观中华航天博物馆等。九年级开展时事教育，参观伟人纪念馆等；参观人才市场，树立正确的择业观。

2. "立德少年"系列主题活动——核心价值观教育

七年级参观首都博物馆等，增长人文知识；聘请校外法治校长，对学生进行法治教育；

开展"知法、守法，用法律武器保护自己"的主题班会。八年级以"十四岁青春生日"为主题组织演讲比赛，定期组织法律知识讲座进行法律教育。九年级进行学科竞赛，召开"在比较中认识自己"主题班会，召开"面对家长的期望值""成长勿忘父母恩"等主题班会。

3."立德少年"系列主题活动——优秀传统文化教育

七年级到社区敬老院进行服务活动。八年级开展正确处理自我与他人、个人与集体的教育。九年级开展"师爱无疆伴你远行"的感恩母校、文明离校活动。

4."立学少年"系列主题活动——生态文明教育

七年级参加社区公益劳动、环保小卫士活动。八年级开展学雷锋义务劳动；召开环保主题班会。九年级召开养成健康生活方式的主题班会。

5."立志少年"系列主题活动——心理健康教育

七年级开展心理咨询活动，及时向老师咨询；结交"知己益友"，向朋友倾诉。八年级进行青春期心理卫生和生理专题教育；召开"男生女生节"的主题班会。九年级进行中考应试心理教育，并且通过"加强自立能力及战胜挫折的勇气"的主题班会，使学生能正确对待自己，增强勇于战胜困难的能力与信心。

（四）有声有色　实践育人

学校的综合实践活动包含社会大课堂、学科实践活动、科技节、艺术节、体育节等综合性的学生活动，以及国家和地方规定的各种主题教育，如社会综合实践、社区服务、专题教育等。

1. 社会大课堂

将社会大课堂分为走出去和请进来两类。其中，"走出去"的课程分为参观体验类、社区服务类、比赛类；"请进来"的课程分为邀请专家走进校园和邀请社会单位和公益组织走进校园两类。

2. 学科实践活动及社会综合实践

各学科均拿出不低于10%的学时开设学科实践活动，例如：走进故宫探寻中华传统文化课程，主要融合政治、历史、地理、语文、英语等学科；走进科技馆课程，主要融合物理、化学、生物等学科。

（五）科学规范　管理育人

1. 扎实落实德育为先的教育理念

多年来学校坚持育人为本，德育为先，把德育工作纳入学校工作的重要日程，成立以王英校长为首的德育工作领导小组。

2. 健全德育管理网络

学校党组织不断加强对德育工作的领导，建立校长全面负责学校德育工作的管理体制，建立六条线的德育管理网络，即党支部—共青团、少先队、工会，校行政会—德育处—年级组—班主任，校务会—教学处—科任教师，校行政会—总务处—服务人员，学生会—学生干部—学生，学校—社会—家庭。

3. 德育研究

学校配备专职人员具体负责，确保研究课题切实有效。

4. 制度保障

学校首先修订了各处室岗位责任制，形成了规范师生日常生活的《实验中学一日生活规范》，其次修订了《实验中学校规校纪》，从制度上规范学生的行为。各项制度的实施和落实，保障了学校各项常规工作有条不紊地进行，推动了学校发展。

五、"三位一体" 协同育人

学校采取以学校教育为主体，以家庭教育为基础，以社会教育为依托的学校、家庭、社区三结合的教育网络大平台。

（一）构建"三位一体"教育机制

成立家长学校委员会，校长为主任、优秀家长为委员。家庭德育建立了以家长委员会为核心、以家长学校和学校为依托的家庭德育网络机制；社区德育建立了以街道为核心，派出所、街道团委、居委会等社会团体密切配合的社区德育网络机制。

学校与各德育基地建立了相互间的会议制度、联系制度。举办"家长学校"，定期召开家长会；学校充分利用区级法治副校长资源，定期到学校进行法治讲解和宣传；组织学生主动参加社区组织的各种教育宣传活动，为社区提供力所能及的人力、物力和场地支援；继续通过校园"开放日"等活动，促进学校、家庭、社区的沟通与合作。

（二）共建"三位一体"活动平台

办好家长学校，发挥家长在德育中的作用。开好家长会，达成家校教育共识。充分发挥家长委员会的作用，学校组织家长委员会成员参与学校的教育管理，鼓励他们向学校提出建设性的意见。

（三）主动融入社区，搭建青少年教育互动平台

学校主动带领学生走进社区参与志愿服务活动。同时，社区也积极支持和参与学校教育，每学年开学典礼都有社区领导走进校园，如在 2022 年冬奥年，八角社区李美红书记作为冬奥火炬手为学生带来了精彩的开学第一课。

六、特色实践做法——探索中华传统美德幼小初德育一体化初中阶段实施框架

（一）工作目标

培养学生热爱祖国、热爱人民，增强民族自信的家国情怀；引导学生关爱社会、孝老爱亲、尊重自然、保护自然；引导学生提升个人修养，养成遵纪守法、明辨是非的良好品质。

（二）主要内容

中华传统美德归纳起来其核心内容主要是仁、义、礼、智、信五大要素。

我们将中华传统美德教育内容分为三个维度，即家国情怀、社会关爱、个人修养。从三个维度出发，将其分解为六德、十二目，六德即国家情怀、家庭美德、社会公德、自然关怀、个人品格和个人规范；十二目即热爱祖国、民族自信、孝老爱亲、勤劳俭朴、心存善念、理解他人、尊重自然、保护自然、坚韧豁达、明礼诚信、遵纪守法、明辨是非，如图1-3所示。

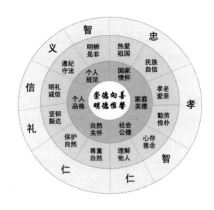

与社会主义核心价值观整合

国家情怀	富强、文明
家庭美德	
社会公德	自由、平等
自然关怀	
个人品格	敬业、诚信
个人规范	公正、法治

图1-3　中华传统美德教育内容

（三）实施途径

1. 探索形成"3+6+5"中华传统美德教育模式

"3"指家国情怀、社会关爱、个人修养。"6"是指"国家情怀、家庭美德、社会公德、自然关怀、个人品格、个人规范"六类教育内容。"5"是指五结合教育形式，即与学科教学相结合、与主题教育相结合、与社会实践相结合、与校园文化相结合、与评价方式相结合，如图1-4所示。

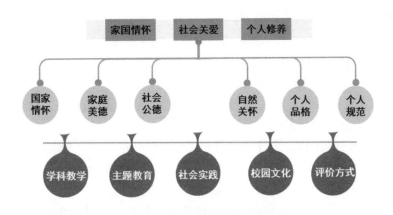

图1-4　中华传统美德教育模式

"3"——三个维度。学校将《中小学德育工作指南》中的三个维度列为学校传统美德教育的三个维度，通过家国情怀教育、社会关爱教育、人格修养教育，引导学生传承发展中华优秀传统文化，弘扬核心思想理念、中华传统美德、中华人文精神，增强青少年文化自觉和文化自信。

"6"——六类教育内容。在"3"维度的基础上，结合中华传统美德的仁、义、礼、智、信的核心内容以及社会主义核心价值观的价值要求，秉持时代性（适合时代需求）、适切性（符合学习者道德发展水平）的原则，将三个维度分解为六类教育内容。

"5"——五结合教育形式。（1）与学科教学相结合。学校将中华传统美德教育融入学科教学活动中，深入挖掘学科课程中的中华传统美德元素，有意识地引导学生树立正确的世界观、人生观和价值观。（2）与主题教育相结合。主题教育是学校教育活动的重要形式，学校精心设计贴近学生实际，贴近学生生活的主题活动，如通过读书、征文活动、演讲比赛、传统文化周、主题班会、讲座等形式，或结合不同节日，如父亲节、母亲节、中秋节、国庆节、劳动节等节日，让学生感悟中华传统美德，培养学生积极健康的人格和优良的品德。（3）与社会实践相结合。社会大课堂是学校开展传统美德教育的重要依托，学校充分利用北京市各类社会大课堂资源单位，结合初中学农实践活动，带领学生通过走进博物馆等公共文化参观场所，通过参观、实践，让学生在丰富的社会实践活动中理解和践行中华传统美德。同时，学校还引导学生参与道德实践活动，让学生通过公益宣传、爱心帮扶、敬老助残、环境保护等形式与社会接轨，在实践中培养学生的社会责任感和公益道德之心。（4）与校园文化相结合。学校充分发挥校园文化的育人功能，通过文化墙面布置等图像化传播的形式，营造浓厚的文化氛围。在班级文化方面，通过创作"班歌""班训"和编写"班级座右铭"等班级活动，引导学生学会共融、学会关爱，以实际行动积极构建和谐的班集体。（5）与评价方式相结合。学校通过对学生在中华传统美德教育活动中的学习效果和实践效果进行评价，引导学生自觉运用道德规范约束自己，使道德认知得以提高。在评价机制上，将学校的三好学生、优秀学生干部、全优生、进步生等相结合；在评价方式上，可以与"学生综合社会实践手册"相结合；在评价主体上，可以将自主评价、家长评价、班级评价、学校评价、家庭评价和社区评价相结合，引导学生主动参与，注重过程，知行合一，做真诚的道德践行者。

2. 整合师资，建立传统美德教育团队

传统美德教育融入学校教育工作的方方面面，建立一支专兼职教师相结合的教师团队是开展传统美德教育的重要人力资源保障。

高度重视，建立领导团队。该项工作是《中小学德育工作指南》的重要内容之一，学校对此项工作高度重视，形成了一支以校长、书记为组长，以副校长为副组长，以处室主任及年级组长为组员的领导团队。

整合资源，建立师资团队。基于中华传统美德教育在学校教育教学过程中的丰富载体，学校将在多方整合、精心培育的基础上，组建一支专业的教师团队。此外，定期组织开展中华传统美德专题培训，增强教师的育德意识及育德能力，引导教师以德立身、以德立学、以德施教、以德育德，做有理想信念、有道德情操、有扎实学识、有仁爱之心的好老师。

德育工作对于学生而言是一场温暖的春风，也许在我们不经意的关怀里，就能感化一颗冰冷的心灵。让我们带着阳光一路前行，在学生的心里种下阳光的种子！

第二部分 幼小初中华传统文化系列主题班会实践案例

清明前后，种瓜点豆

【设计者单位及姓名】

北京市石景山区八角北路幼儿园　李烨

【现状分析】

对于4～5岁中班幼儿来说，应开展丰富有趣的节日活动，使其乐于参加有关该节日的活动。通过开展北京冬奥会相关活动，在了解开幕式倒计时时，幼儿知道倒计时中二十四节气有"清明"，由此对节气产生了极大的兴趣。提到清明节幼儿能够说出古诗《清明》，但是对于清明节的意义并不了解，不知道什么是清明节。为此，我们通过丰富多彩的活动，让幼儿了解清明节的意义、由来及风俗习惯。

设计意图：清明节是我国四大传统节日之一，还是一个"生机勃勃的节日"。这时我们既要缅怀已逝生命，还要激发现有生命。这个时期冬去春来、万物复苏，迎接大自然的生机。在古代有"插柳留春"的习俗，同样还流传着一句谚语"清明前后，种瓜点豆"。清明一到，气温升高，雨量增多，正是春耕春种的大好时节。从文化传承的角度来看，清明节的教育活动有益于让幼儿了解中华民族的传统风俗，同时，为幼儿提供参加种植活动的机会，体验照料植物的方法，感知植物的生长变化，初步懂得爱护植物，并感受中国独有的文化情怀。春天对于幼儿来说是个很有意思的季节，小种子费尽千辛万苦从土里钻出来，让幼儿感知生命的顽强和生生不息。它们不畏严寒，迎着春风，跳起欢乐的舞蹈。我们抓住这一社会性的教育契机，根据幼儿的需要，和幼儿一起开展此次活动。

【班会对象】

中班幼儿

【班会目标】

1. 了解清明节气特点及人们要做的一些事情。
2. 理解谚语"清明前后，种瓜点豆"。

【班会准备】

1. 经验准备：有照顾植物的简单经验。

2.材料准备：春天农事活动图片，种植步骤示意图，花盆、种子、小铲子、小水壶，种植卡签等。

【班会过程】

环节一：通过谈话方式，激发幼儿兴趣，引出活动主题。

教师指导语：现在是什么季节？天气怎么样？在这样温暖的季节里我们会迎来一个美好的节日。

环节二：了解清明节种瓜点豆的习俗。

1.观看农民在地里播种的图片，理解"清明前后，种瓜点豆"这一谚语。

2.幼儿分组讨论照顾植物的方法，激发幼儿动手种植的兴趣。

3.幼儿了解种植植物的步骤，并和教师一起进行种植活动。

4.分小组进行种植活动，教师巡回指导，幼儿将泡好的种子放进装满泥土的花盆中，并给植物浇水。

环节三：请幼儿自主选择合适的地方放置自己的小花盆，鼓励幼儿细心照顾小种子，观察并记录它的生长情况。

【班会延伸】

1.利用班级中的各类物品对植物进行测量，感知植物的变化。

2.在自然角，用自己的方式（图画或符号）记录植物每天的生长变化。

3.利用出门踏青的机会，观察大自然中植物的生长变化，进行户外写生活动。

【班会反思】

我国传统的清明节有着悠久的历史，同时清明也是一个非常重要的节气。清明一到，气温逐步升高，正是春耕春种的大好节气。清明节也同样具有丰富的文化内涵，蕴含了古人的智慧，让幼儿逐步了解清明的文化习俗，从中感受到中华民族文化的魅力与丰富内涵，激发幼儿对祖国的热爱之情。

活动中，幼儿了解了清明节农事活动的习俗，并对种植活动表现出较高的积极性。在观看农民伯伯种植图片时，幼儿积极发言，表达出也要像农民伯伯一样去种植和照料小种子的愿望。通过活动让幼儿知道哪些植物的最佳种植时间在清明前后，感知体验了"清明前后，种瓜点豆"谚语的含义，更加激发了幼儿对种植的强烈意愿。

活动充分理解和尊重幼儿乐于探索，乐于参加劳动，乐于亲近大自然的现实需求，不仅满足了幼儿的好奇心和探究欲望，还有助于培养幼儿良好的劳动习惯。活动中以师幼讨论的形式，根据幼儿已有的生活经验和幼儿共同总结出种植的方法及种子生长所需的基本条件，最后让幼儿亲手实践，感受种植的快乐和农民伯伯种植的智慧，生发尊重劳动者、珍惜劳动成果的情感。

清明时节

【设计者单位及姓名】

北京市石景山区八角幼儿园　牛彦琪

【现状分析】

"清明节"这个传统节日对于幼儿并不是一个陌生的话题，在小班和中班年龄段时我们就开展过相关活动。在活动中，幼儿知道清明节是一个对中国人而言有着特殊意义的传统节日，但是对于清明节的意义、习俗并没有更加深入了解。随着时间的推移，升入大班的幼儿更加注重对事物进行探究，总会多问几个"为什么"。在北京冬奥会的开幕式上，倒计时短片吸引了幼儿的兴趣，他们通过短片知道了二十四节气。正值桃花初绽、杨柳青青的四月，一时间"清明节"登上了热点话题的榜首。

设计意图：清明时节冬去春来、万物复苏，是人们出门踏青、春游的好时候，所以也叫踏青节。从文化传承的角度来看，清明节的教育活动有益于让幼儿了解中华民族的传统风俗，了解多种缅怀逝去亲人的方式，并在踏青类的活动中感受中国独有的文化情怀。我们通过丰富多彩的形式，让幼儿了解清明节的意义、由来及风俗习惯，初步了解寄托怀念的方式。

【班会对象】

大班幼儿

【班会目标】

1. 知道清明节是中国的传统节日，增强对民族精神和中华优秀传统文化的认同感。
2. 初步体验怀念祖先、怀念革命烈士的情感。

【班会准备】

1. 经验准备：了解过清明节踏青等简单的习俗，会使用剪刀。
2. 材料准备：动画《清明节的来历》、课件《人民英雄纪念碑》。

【班会过程】

环节一：《清明节的来历》。

1. 教师和幼儿一起开展谈话活动，通过谈话，引出活动主题内容，了解幼儿清明节的前期经验。

2. 教师声情并茂地讲述故事《清明节的来历》，引导幼儿初步了解清明节是为了纪念谁，为什么要纪念他。

3. 播放动画短片，引导幼儿观看动画《清明节的来历》，加深理解活动的内容，理解"感恩"的含义。

4. 播放清明节时人民英雄纪念碑献花的图片，引导幼儿了解老一辈革命烈士的光荣事迹。

环节二：《歌唱二小放牛郎》。

1. 师幼共同回忆故事《放牛娃王二小》，调动幼儿参与活动的兴趣。

提问：你们还记得王二小吗？他是做什么的？敌人抓住他逼他做了什么？王二小是怎么做的？

2. 欣赏歌曲《歌唱二小放牛郎》。

提问：你们听完这首歌后，想一想歌曲中唱了哪些事情？请你把这些图片按照歌曲唱的情节顺序排一排。

幼儿分组边听歌曲边排序，以此了解歌曲的内容。

情节顺序：二小放牛—鬼子扫荡—鬼子迷路—二小带路—杀害二小—护民牺牲—歌颂二小。

3. 共同学唱歌曲《歌唱二小放牛郎》。

教师引导幼儿将自己的感受表达出来。

提问：这首歌唱的是小英雄王二小的事迹，你觉得王二小是个怎样的孩子？王二小牺牲了，你想对他说些什么？这首歌告诉了你什么道理？

环节三：《菊花表我心》。

1. 美工区提前布置菊花实物展台以及菊花绘画作品图片，供幼儿欣赏。通过欣赏各种菊花，幼儿知道清明节扫墓用菊花去祭拜祖先。

教师：白菊花的花语为悼念与追思，白菊花有高洁、高贵的意思。黄菊花有清静安宁的意思，也有思念、离别之意。因此，在清明时节，人们常用这两种菊花祭奠逝去的人。

2. 欣赏菊花范例，探索制作方法。

幼儿将剪好的长短不一的纸条，围绕一个中心点十字交叉粘贴在一起，再用铅笔将纸条前端卷一卷，贴好花心进行装饰。

3. 幼儿制作菊花，教师巡回指导，鼓励幼儿大胆地参与制作，体验成功。

4. 向革命先烈献花。

教师在屏幕中播放革命先烈的照片，引导幼儿将制作的菊花献给最敬仰的革命者，表达崇敬之情。

【班会延伸】

1. 开展家园共育活动，幼儿和爸爸妈妈一起寻找、认识更多的中国英雄，萌发对英雄的崇敬之情。

2. 在图书区提供更多小英雄的革命故事图书，一起缅怀小英雄，懂得珍惜革命前辈留给我们的幸福生活，为感知清明节祭奠习俗打下基础。

3. 开展亲子放风筝活动，感受清明放风筝的习俗。

【班会反思】

清明节是中国传统节日，在此时期开展清明节主题教育，能够帮助幼儿更好地了解节日习俗，感受传统文化。此次班会活动，从清明时节的祭祀习俗入手，通过倾听故事《清明节的来历》，让幼儿知道了清明节是为了纪念介子推，从而了解清明节就是为了纪念逝去的人。在谈论感恩的时候幼儿能够说出感恩就是要感谢别人。为了增强幼儿缅怀先烈的爱国情感，我们通过歌曲《歌唱二小放牛郎》，了解革命人物王二小的事迹，大大激发了幼儿的爱国情感，幼儿也纷纷表达出聆听歌曲后的真实感受。为了给幼儿表达想法的机会，更深入地了解祭祀的习俗，结合从古至今人们对祭祀的理解，明白祭祀所使用的花朵的寓意。与此同时，我们一起手工制作了菊花，将花朵献给了英雄，也通过这次活动萌发了幼儿对英雄的崇敬之情。并通过游戏和家园共育活动，让幼儿认识更多的中国英雄。通过一系列的活动，幼儿了解了传统节日的丰富内涵，同时也感受了中华民族博大精深的历史文化，熟悉了节日渊源。

"粽"情端午，浓情蜜意

【设计者单位及姓名】

北京市石景山区八角幼儿园　　贺梦瑜

【年级】

幼儿园中班

【现状分析】

《3～6岁儿童学习与发展指南》中提出：家庭、幼儿园和社会应共同努力，为幼儿创设温暖、关爱、平等的家庭和集体生活氛围，使幼儿在良好的社会环境及文化熏陶中学会遵守规则，形成基本的认同感和归属感。幼儿的学习具有典型的具体形象性和情境性，中班幼儿能够感受、体验集体生活的乐趣，积极愉快地参与各项活动，乐意与人交往、合作和分享，在活动中乐于探索，遇到问题能够在同伴或教师的帮助下尝试解决问题。端午节注入了爱国主义精神，反映了民众自古以来的国家意识和民族意识，有着独特的吃粽子、赛龙舟、佩香囊等民族习俗活动，对于中班的幼儿也仅限于了解过吃粽子的习俗，其他习俗了解得还不是很深入和全面。

设计意图：端午节是我国四大传统节日之一，是称呼和习俗最多的传统节日，也是中国首个入选世界非物质文化遗产的节日。于是教师从幼儿生活入手，深入挖掘端午节中的元素，通过感知体验式学习了解端午节的来历与习俗，感受端午节的节日氛围与文化内涵，继承和弘扬中华优秀传统文化。本次活动的开展一是为了幼儿能够调动多重感官，通过"看一看""说一说""尝一尝""做一做"等形式体验中华传统节日端午节，感受传统节日的文化魅力，从而使幼儿萌发爱国的情感。二是希望能够通过家园互动的形式，开启亲子时光，增进亲子关系，家幼共同深入了解端午节的习俗与文化，丰富端午节的认知经验。同时拓展指导家庭教育服务的内容，健全家庭教育工作机制，有效推动幼儿园教育和家庭教育的有机结合，形成一体化育人共同体，从而落实立德树人根本任务，构建德智体美劳全面培养的教育体系。

【班会对象】

中班幼儿。

【班会目标】

1.了解端午节的起源及文化习俗，感受端午节的文化魅力。

2.能够积极参与收集、交流、制作等活动，用多种形式表达自己对节日的感受和对他人的祝福。

3.增进亲子关系，提高家庭教育质量。

【班会准备】

1.经验准备：对端午节有简单的了解；知道包粽子需要的材料。

2.材料准备：有关端午节的绘本故事；手机平板等电子设备；不同馅料的粽子，包粽子的材料、步骤图和视频。

【班会过程】

随着端午节的来临，生活中处处充满了粽香，由此也吸引了幼儿的兴趣。为什么要吃粽子？端午节是如何来的呢？古人是如何过端午节的呢？带着这些问题，幼儿开启了端午探秘之旅。

环节一：浓情探秘知端午。

1.阅读绘本故事，了解端午节的来历。

教师将多个有关端午节绘本故事的二维码呈现在大屏幕中，幼儿选择自己喜欢或感兴趣的故事扫码观看。

2. 分组讨论端午习俗，追溯习俗由来。

阅读完绘本后，分组讨论端午节有哪些习俗，这些习俗是怎么来的？请幼儿借助思维导图的方式，用简单的图画或者符号将端午节的习俗记录下来，并分享讨论成果。

3. 教师小结，引出班会主题——"粽子"。

端午节是中国的传统节日，每年农历五月初五为端午节。公元前278年，爱国诗人屈原于五月初五投江自尽。岸上的渔夫和百姓为了不让江里的鱼虾啃食他的躯体，纷纷用竹筒装米、鸡蛋投入江中，使屈原免遭伤害。随着时间的推移，端午节就有了包粽子、吃粽子的习俗。

环节二：巧手制作品"粽"香。

1. 尝一尝美味的粽子，说一说制作材料。

幼儿品尝准备好的不同馅料（红豆、蜜枣、蛋黄、腊肉）的粽子，说一说它们分别是什么味道的，制作粽子都需要哪些材料（粽子叶、糯米、线绳、剪刀等）。

2. 学一学包粽子的方法。

教师播放包粽子的视频，对于包粽子中的难点进行现场演示。

（1）粽叶怎么折？拿一张粽叶，从中间位置交叉弯曲卷成漏斗形。

（2）什么时候放馅料？糯米放到漏斗一半位置左右的时候放入馅料。

（3）如何包成三角形？漏斗挤成三角形，粽叶依次压下盖住漏斗，两片粽叶向一边折叠，将多余的粽叶反复折叠，直到没有多余的粽叶。

（4）怎样才能不漏米？将粽叶完全包裹住糯米，线绳多缠绕几圈，可以和同组的小伙伴相互帮助。

3. 一起动手包粽子。

每组一份包粽子的材料（糯米泡发、粽叶泡煮）、步骤图和视频，幼儿尝试包粽子，体验包粽子的快乐，教师巡回指导。

环节三："粽"情端午送祝福。

端午到，粽子香。片片粽叶包裹的不只是美味佳肴，更是对美好生活的祈愿。趁着食堂老师帮我们将包好的粽子煮熟的时间，一起诵读端午节童谣。将制作好的美味粽子与祝福一并送给小伙伴。

1. 诵读端午童谣。

教师与幼儿共同诵读童谣《端午节》——"五月五，是端午，小朋友们来跳舞。包粽子，划龙舟，高高兴兴过端午。"

2. 分享美味送祝福。

带着美味香甜的粽子与小班的弟弟妹妹、大班的哥哥姐姐分享，并将"平安喜乐""端午安康"等美好祝福送给他们，共同体会端午节吃粽子习俗的寓意。

【班会延伸】

1. 在班级群发布"童言稚语话端午""多彩民俗承端午""悦享安康戏端午"三个端午活动征集令，家长和幼儿通过线上参与，一起聊一聊端午节的故事、说一说端午节的儿歌，记录家庭过端午节时的温情瞬间（如包粽子、挂艾叶、编五彩绳），感受节日的热闹氛围。

2. 制作端午活动集锦美篇，分享给家长和幼儿，并为他们颁发"端午文化传承小达人"电子奖章。

【班会反思】

中华优秀传统文化的传承不是灌输和说教，而是要让幼儿在他们感兴趣的活动中充分感知和体验，从而逐渐形成文化认同，萌发爱国情感。此次端午节活动，教师挖掘端午节中"粽子"的元素，通过"粽子"激发幼儿了解端午节的兴趣，共同收集制作粽子的材料，让幼儿与教师、同伴共同探索包粽子的方法，并将制作好的美味粽子与祝福分享给他人。本次活动以"粽子"以点带面唤醒幼儿对端午节的认识，探寻关于端午节的文化魅力，让中华优秀传统文化的种子播撒进每个幼儿的心中，生根发芽，悠久传承。

与此同时，本次活动尝试探索家园互动新机制，在班会延伸活动中以"云"互动的方式，为幼儿和家长创设了一种蕴含历史文化与传统的游戏"情境"，为家长提供一个提高亲子陪伴质量的互动契机。从征集到分享丰富多彩的幼儿活动，教师看到了幼儿在幼儿园时很难呈现的精彩时刻，由此更加肯定了家庭教育是教育中不可缺少的一环。

一起赛龙舟

【设计者单位及姓名】

北京市石景山区八角北路幼儿园　刘珺

【现状分析】

本年龄段幼儿活动的自主性和主动性有了明显的提高，幼儿的艺术创作欲望比较强烈，能用多种方式表达自己的想法，会使用简单的工具和辅助材料塑造作品的细节部分，塑造人物的主要特征和动作，表现出简单的情节等。在做游戏的过程中，幼儿有着积极的求知探索态度，合作意识逐渐增强，同伴相互之间可以很好地分工、合作、协商、学习、讨论问题、解决问题等，共同完成各项活动任务，体验成功的快乐和满足。

设计意图：农历五月初五是我们中华民族的传统节日——端午节，过端午节是我国两千多年来的传统习俗。端午节期间，幼儿在网络、电视上看到了很多关于赛龙舟的信息，因此，龙舟的话题成为班上近期的热点。教师及时抓住了这次活动的时机，在今年的端午节主题活动中，设计了更多艺术领域的活动，以此来鼓励幼儿用心去体验我国传统节日中蕴含的文化意义，既锻炼和发展了幼儿的动手能力，又增进了幼儿对中华传统文化的了解，让幼儿在熟悉赛龙舟的基础上大胆合作，一起运用泥工的艺术形式，表现赛龙舟的场景，激发幼儿关注中华传统民间活动、热爱祖国家乡的美好情感。

【班会对象】

大班幼儿

【班会目标】

1.知道端午节是中华民族的传统节日，对中华传统文化感兴趣，能产生初步的民族自豪感。

2.能与同伴一起用超轻黏土等材料，创意制作赛龙舟泥工作品，感受节日的快乐氛围。

【班会准备】

经验准备：幼儿知道端午节有赛龙舟的传统习俗。

材料准备：超轻黏土、泥工工具、垫板、剪刀、软铁丝、废旧纸板等。

【班会过程】

环节一：通过《屈原的故事》，感受节日气氛。

1.教师讲述《屈原的故事》，介绍端午节的来历。

2.幼儿观看端午节赛龙舟的比赛视频，感受赛龙舟紧张、欢快的气氛。

（1）提问：龙舟分为几部分？龙头在哪里？龙身、龙尾是什么样子的？龙身上有什么特别的地方？划龙舟的人表情是什么样的？他们划龙舟时都做了哪些动作？

（2）幼儿分组讨论、回答。

环节二：以游戏的形式制作赛龙舟泥工作品。

1.玩赛龙舟的游戏。

（1）将幼儿分为六组，后面的幼儿双手搭在前面幼儿的肩上，听到口令后，大家一起蹲着向前走，"龙舟"不能断开。

（2）请幼儿分享玩赛龙舟游戏的感受。

2.出示超轻黏土等泥工材料，鼓励幼儿进行小组合作，大胆运用泥工的表现形式，制作赛龙舟的比赛场景。

（1）鼓励幼儿自选搭档，共同商讨、合作装饰制作赛龙舟的泥工作品。

（2）提问：你想跟谁合作？想用哪些材料？谁负责做什么？

3.幼儿分组制作，教师巡视给予适当的指导与提示。

环节三：展示作品。

1.展示各组制作的赛龙舟泥工作品，进行分享介绍与点评。

2.将各组的作品展示在班级美工区。

【班会延伸】

1.在美工区，继续运用多种材料制作赛龙舟的泥工作品，通过布置赛龙舟背景、观众等装饰内容，丰富泥工作品。

2.鼓励幼儿根据制作好的赛龙舟泥工作品，大胆创编讲述赛龙舟的故事。

【班会反思】

大班幼儿对于泥工活动有着一定的基础，在分组合作制作龙舟的过程中，幼儿能够通过讨论，进行简单的分工：有做龙舟的、有做划龙舟的人的、有做鼓和鼓槌的……最后幼儿一起将做好的作品组合在一起，表现出了赛龙舟的比赛场景。在作品完成后的点评环节，幼儿发现了问题，指出没有表现出人物比赛时的紧张、激动的面部表情、动作等。教师可以在幼儿制作过程中，通过简单的提问，引导幼儿注意到这个问题，从而制作出更加生动的人物模型。

八月十五真有趣

【设计者单位及姓名】

北京市石景山区八角北路幼儿园　杨童

【现状分析】

每年农历八月十五是传统的中秋佳节，作为中华传统节日的中秋节有其浑厚的人文底蕴，蕴含着"阖家欢乐共赏月"的欢聚景象。在祖辈眼里，中秋节就是"共享天伦""团团圆圆"的代名词，而对于幼儿而言，他们对中秋的认知还比较浅显，中秋节无非是香香甜甜的月饼，对其深刻的内涵则知之甚少。中秋佳节这个涵盖着极其强烈教育价值的节日，为我们提供了很好的教育契机。

设计意图：《幼儿园工作规程》中指出："萌发幼儿爱祖国、爱家乡、爱集体、爱劳动、爱科学的情感……"为了引导幼儿更好地了解中秋佳节的来历、风俗习惯，我们可以通过中秋活动，让幼儿齐聚在一起，欢度中秋节，引导幼儿感受其中蕴含的优良传统和民族文化，共同分享节日的快乐，感受节日的氛围，由此加深幼儿对中华民俗文化的认识，让幼儿接受优秀传统文化的熏陶。

【班会对象】

中班幼儿

【班会目标】

1.知道"八月十五"中秋节是我国的传统节日，初步了解中秋节的来历和相关习俗，并通过制作月饼感受节日氛围。

2.喜欢过中秋节，体验与教师、同伴共同过节的快乐。

【班会准备】

课件、制作月饼的工具、音乐《爷爷为我打月饼》。

【班会过程】

环节一：通过猜关于月亮的谜语，激发幼儿参与活动的兴趣。

提问："有时挂在树梢，有时挂在山腰，有时像个圆盘，有时像条小船"，猜一猜是什么？我们马上要过一个和月亮有关的节日，你们知道是什么节日吗？

环节二：通过谈话活动分享过节经历，简单了解中秋节的习俗。

1. 鼓励幼儿根据已有经验自由大胆地讲述自己的想法。

小结：人们关于中秋节的来历有很多美好的想象，一代一代传了下来。古代的人们将一年分为四个季节，八月正好是秋季中的一个月叫"仲月"，即农历八月十五是这个月中间的一天，所以把这一天叫"中秋节"。

2. 简单了解月饼的意义，感知月圆人圆的寓意。

中秋节为什么吃月饼、为什么人们要把月饼做成圆形的呢？重点引导幼儿感受月圆与团圆的关系，月圆人圆又表示圆满之意。

3. 教师示范制作月饼的方法步骤，请幼儿仔细观看：先取一小块面团，在手中搓圆并按扁—中间包上豆沙馅后继续揉圆—用模具轻轻按压—成型。

环节三：请幼儿亲自动手制作月饼，体验中秋节的习俗。

1. 播放月饼制作步骤图，教师随机指导。

重点指导幼儿馅料要完全包裹在面皮里，取月饼时要注意轻轻取下，避免变形。

2. 师幼共同将自己亲手制作的月饼送到食堂进行烤制，期待品尝美味。

【班会延伸】

1. 师幼一起品尝自己制作的月饼，感受与教师、同伴共同过节的快乐。

2. 表演区进行歌唱或者打击乐表演《爷爷为我打月饼》。

【班会反思】

这次庆中秋活动，给幼儿留下了美好的回忆。中秋节是我国四大传统节日之一，象征着中华民族对团圆的美好生活的向往。通过这次集体活动，幼儿不仅了解了有关中秋节的一些知识，也对中国这一传统佳节及传统文化有了更深层次的了解。在和幼儿做月饼的环节中，从刚开始的面团到最后变成样式不同的月饼，幼儿很感兴趣，积极参与，很好地学习到了月饼制作的方法。

在等候烤制的时间里，大家兴奋地分享着自己的制作体验，分享着对中秋节习俗的了解，以及大家共庆中秋时能够吃到自己做的月饼的喜悦心情。经过这个活动，幼儿对中秋的了解更加深刻，也懂得了中秋这个节日是团圆的日子，成为幼儿心中一个特别的节日。

之后教师也会给幼儿讲述中秋小故事，并继续和幼儿探索中秋节的文化，感受其中蕴含的优良传统和民族文化，共同分享节日的快乐。

爱润童心

【设计者单位及姓名】

北京市石景山区八角幼儿园　齐璇

【现状分析】

农历九月初九日，为传统的重阳节。由于九月九日，日月并阳，两九相重，故而叫重阳，也叫重九。古人认为这是个值得庆贺的吉利日子，从很早就开始过此节日。重阳节是弘扬中华民族敬老爱幼优良传统的重要节日。小班时，幼儿初入幼儿园，班级开展过重阳节活动。幼儿只是知道中国传统节日中有重阳节，简单地了解了重阳节的来历，但是该如何尊敬老人，尊敬老人应该怎么做，幼儿还缺乏相关经验，对于重阳节的习俗，幼儿也是知之甚少。

中班再次开展了重阳节活动，活动更加丰富，内容也更加全面。通过实际感知、亲身体验，幼儿能够在深入了解中国传统节日的同时，更能将敬老爱老的意识内化于心、外化于行，在幼儿心中种下尊敬老人的种子。

设计意图："爱润童心"主题活动以培育幼儿对传统文化的兴趣，帮助幼儿了解传统节日的由来、习俗、蕴含的情感内涵以及传统美德，以促进幼儿在人际交往、社会适应等方面的发展为核心价值，在九月九重阳节来临之际，为了弘扬中华民族尊老、爱老、敬老的美德，我们与孩子共启敬爱之心，共做爱老之事。在主题活动开展的过程中，幼儿通过了解老人、采访老人、体验老人的辛苦等一系列的活动，从内心萌发尊老、爱老、敬老的情感，并在日常生活中做到关心尊重老人。

【班会对象】

中班幼儿

【班会目标】

1. 愿意用自己的方式关心、尊重老人，萌发爱老、敬老的情感。
2. 能够用数字、图画或其他符号记录自己的敬老计划表。
3. 敢于当众讲话，能清楚地进行自我表达。
4. 喜欢用颜色、捏泥、手工制作等形式表现菊花的形态。
5. 遇到困难和不开心的事情时，不向身边的老人乱发脾气。

【班会准备】

1. 经验准备：了解重阳节的习俗、喜欢和身边的老人一起相处、能用简单的符号绘画、能表达出自己的想法。

2. 材料准备：画笔、空白表格、绘本故事《我的爷爷奶奶》、敬老图片、胶棒、超轻黏土。

【班会过程】

环节一：爱满重阳。

1. 以谈话引出幼儿想要了解老人的兴趣。

话题：什么是老人？怎么样陪老人过一个开心的节日呢？

2. 阅读绘本故事，了解重阳节的来历与习俗。

利用多媒体课件《重阳节》与幼儿一起阅读绘本故事，了解重阳习俗。

环节二：爱在身边。

1. "我的初次采访"——爷爷奶奶知多少。

根据幼儿提出的问题进行投票，选出票数最多的四个采访内容。通过采访活动，幼儿带着愉悦的情绪，获得了了解爷爷奶奶相关问题的答案。

2. 小小分享会。

以集中分享、小组分享、与同伴分享、与老师分享等多种形式充分表达，来熟悉爷爷奶奶的事情。

环节三：敬老、爱老从我做起。

1. 第二次采访活动——爷爷奶奶的本领。

了解自己的爷爷奶奶年轻时的工作，知道老人年轻时的工作也是伟大和辛苦的，虽然爷爷奶奶现在老了，但是他们是值得我们尊敬的人。

2. 我们的快乐回忆。

用绘画的形式呈现出幼儿与老人在一起的快乐回忆，并为身边老人做一件力所能及的事等。

3. 孝心宝贝的打卡计划。

方式一：在空白表格的相应位置画上自己要打卡的内容，根据商量的时间，以 7 天为一阶段。

方式二：教师也为小朋友准备一些图片，可以选择将图片张贴在表格中，按照自己喜欢的方式进行打卡。

【班会延伸】

1. 美工区活动：欣赏、绘画、创作菊花。

2. 益智区活动：自制敬老、爱老的游戏棋。

3. 角色区活动：打造稻香村重阳糕饼铺。

【班会反思】

在开展班会活动的过程中，幼儿通过观察了解老人、采访老人、体验老人的辛苦等一系列的活动，进而从内心萌发敬老、爱老的情感，并在日常生活中做到关心尊重老人。从采访到分享再到改造角色区，教师发现幼儿兴趣高涨，提出一个个问题，并在教师的支持下去解决问题，同时也在一系列活动中挖掘到了幼儿的兴趣和学习品质。

活动开展一段时间后，教师陆续收到家长发来的信息，家长反映孩子在这段时间变化很大，对爷爷奶奶说话的语气变得温和了，每次跟大人说话都会称呼"您"，有的小朋友每天吃完晚饭后主动帮助家里人收拾碗筷。有的家长说道，孩子现在每天都会给姥姥打电话聊一聊幼儿园开心的事情，对待老人特别暖心。还有的家长反映，作为双职工家长平日都没有时间带孩子，都是奶奶带，幼儿园开展的这个活动很有教育意义，这段时间里孩子受益匪浅。

浓浓敬老情，暖暖爱老心

【设计者单位及姓名】

北京市石景山区八角北路幼儿园　于凤杰

【现状分析】

基于小班、中班的学习生活，幼儿对重阳节有了初步的了解，知道重阳节是农历九月初九，是家中长辈的节日，应用力所能及的方式向长辈表达节日的祝福。进入大班后，幼儿共情的能力不断提升，逐渐能够关注到他人的情绪和需要；做了好事或取得了成功后还想做得更好；更加愿意参加探究活动，尤其是愿意动手进行实验，善于观察和比较，有初步的探究能力；喜欢谈论感兴趣的话题，能用比较完整的话讲述自己的所见所闻，表达自己的感受和发现；喜欢参与艺术活动，能大胆表达自己的想法和创造，动手能力比较强。

设计意图：重阳节俗称老人节，是中华民族几千年来尊老爱老优秀传统美德的具体体现，是幼儿敬老爱老教育的重要契机；《3～6岁儿童学习与发展指南》和《幼儿园教育指导纲要》中也对关爱父母长辈做出了明确要求；同时，实验集团及我园均开展了关于传统节日课程建构课题的实践研究工作。在课题研究理念的引领下，我园以传承和弘扬传统文化的发展理念为基准，增强幼儿对传统节日文化的亲切感，实现育人教育价值，从而助推中华优秀传统文化中蕴含的民族精神的赓续传承。

基于此，借由重阳节的教育契机设计本次活动，从幼儿的经验视角出发，带领幼儿一起探寻传统节日的文化内涵，为幼儿创设体验的环境与氛围，引导幼儿通过亲身体验以及合作学习的方式进行感知、体会、学习，萌发幼儿敬老爱老的情感。

【班会对象】

大班幼儿

【班会目标】

1. 在体验中感知人变老后在生活中的不便。
2. 在体验的基础上萌发幼儿帮助老人的情感和愿望。
3. 知道帮助老人的多种方法。

【班会准备】

1. 经验准备：幼儿已通过前期积累，了解了重阳节是我国的传统节日之一，搜集了关于重阳节的习俗。
2. 材料准备：人从小变老的视频、表格、沙袋、书包、眼镜、绘画纸、彩笔等。

【班会过程】

环节一：初步感知，丰富经验。

1. 播放视频，引发幼儿讨论。

播放人从出生到变老的变化，用视频的形式直观了解人随时间流逝而变老的过程。

2. 教师小结：每个人都是会随着时间的流逝变老的，当人变老后脸上会长出皱纹，头发会变白，腿脚会变得不灵活，耳朵会听不清声音，背也会不再挺拔……

环节二：自主体验，萌发情感。

1. 鼓励幼儿结合自己的想法，大胆寻找班中可用的材料进行装扮，体验人变老后身体上发生的变化。

提问：请你们说说怎么才能让我们的腿变沉，身体没劲，眼睛看不清呢？

引导幼儿说出体验所需的材料和方法。

2. 支持幼儿根据自己感兴趣的体验内容进行分组，开展体验活动。

请幼儿选择自己感兴趣的体验内容装扮自己，进行体验，并把体验感受记录在小组的讨论单上。

3. 分享体验感受，激发幼儿的情感。

提问：你体验的是什么样的老人？在体验的过程中你有什么样的感受？通过这样的体验活动你有什么想法？

通过教师"这是爷爷奶奶、姥姥姥爷在日常生活中每天都要面对的困难啊"的话语引发幼儿的共情，支持幼儿表达感想。

环节三：分组交流，行动转化。

1. 讨论帮助老人的方法。

（1）支持幼儿分组讨论，用简单的图画快速记录自己想到的好方法。

（2）教师巡回参与小组活动，倾听幼儿间讨论的内容，支持幼儿运用已有经验进一步丰富想法。

2.结合讨论单中收集的好方法，相互交流分享。

（1）请每组幼儿分别分享自己组的讨论结果。

（2）教师在表格中进行记录。

3.教师小结：今天小朋友们都"当"了一次老人，大家都觉得当人变老后生活中有很多不便和困难，并且讨论了帮助长辈的好方法，希望小朋友们在生活中能够努力帮助长辈，让他们生活得更快乐、更幸福。

【班会延伸】

1.设置"爱老小明星"墙饰，鼓励幼儿分享帮助长辈的照片并贴在墙饰中。

2.在图书区投放场景图片，引发幼儿讨论。

【班会反思】

本次活动过程气氛轻松，幼儿参与积极，较好地完成了活动目标。

反思一：尊重幼儿的学习特点与方式开展活动。

《3～6岁儿童学习与发展指南》中明确指出要最大限度地支持和满足幼儿通过直接感知、实际操作和亲身体验获取经验的需要。在本次活动中，教师为幼儿创设体验的条件，让幼儿通过体验人变老后带来的不便，获得直接经验，为实现活动目标奠定基础。同时，在活动中，利用分组讨论、合作学习的方式，支持幼儿更充分地表达自己的想法，在分享个体经验的同时完成小组内幼儿经验共享的目标。

反思二：巧用共情获得情感认同。

本次活动的难点是在体验的基础上萌发幼儿帮助长辈的情感和愿望。为了帮助幼儿在情感上认同长辈，教师在体验的基础上利用提问引导幼儿梳理体验过程中获得的感性经验，并将自身的经验与长辈的日常生活建立联系，使幼儿产生共情，从而突破情感认同这个难点。

反思三：传统节日与真实生活碰撞，激发幼儿在生活中践行传统美德。

活动源于幼儿的生活，又反馈到生活中去，活动过程中幼儿主动了解中国传统节日重阳节的习俗与内涵，在体验到老人的不便后有了更深的感受，开始主动关心身边的老人。

敬老孝亲，从点滴做起

【设计者单位及姓名】

北京市石景山区实验小学　张志坤

【年级】

五年级

【背景依据】

小学高年级学生情感更丰富，他们能逐渐意识到自己的情感表现。在道德情感方面，学生主要以具体的社会道德行为规范为依据，同时也开始出现内化的抽象道德观念作为依据的道德判断。

本班学生出生在 21 世纪初，祖国繁荣昌盛。大多数学生为独生子女，他们从一出生就享受着家中所有亲人的关爱。部分学生把亲人这种关爱当成理所当然，但却不懂得怎样回报这份爱，怎样表达对别人的关爱。而五年级学生，年龄在 10 岁左右，他们的自我意识正处于形成期，他们能认识和掌握一定的道理观念，有自己独立的见解，但是他们的见解易受外界影响。

自学生入学以来，通过学校每年开展的"重阳节——敬老孝亲"系列主题教育，他们逐步具备了敬老孝亲的意识，知道作为学生、作为子女，应该尊敬、孝顺长辈，但是具体应该怎样做才是尊敬、孝顺，学生缺少深入的认知，更缺少实际行动的落实。经过前期问卷调查，我班知道要尊敬孝顺老人的占 100%，仅是知道要尊敬孝顺老人，但是没有落实到实际行动中的占 78%，而既知道要尊敬孝顺老人，又能落实到行动中的仅占 22%。

为此，召开本节班会，进一步激发学生敬老孝亲的意识，并能够自觉自愿地用自己的实际行动表达自己对长辈的关爱之情，能够把这种敬老孝亲的传统美德发扬传承下去。

【设计思想】

一是《北京市中小学养成教育三年行动计划（2017—2019 年）》。

《北京市中小学养成教育三年行动计划（2017—2019 年）》全面落实立德树人根本任务，以社会主义核心价值观教育为引领，以弘扬中华优秀传统美德为重点，遵循教育规律和人才成长规律，整体谋划，统筹推进中小学养成教育，促进学生全面发展和终身发展。养成教育是培养学生良好行为习惯的教育，是全面实施素质教育的必然要求，是培育和践行社会主义核心价值观的重要内容，是学生品德形成和终身发展的奠基工程。

今年国庆假期，又逢重阳节，在这个举国欢庆的日子里，大家探亲访友、合家团聚，以此为契机，让学生了解中国传统节日——重阳节的意义，进一步培养学生敬老孝亲的传统美德。

二是《北京市中小学生日常行为规范（2016 年修订）》。

《北京市中小学生日常行为规范（2016 年修订）》第七条——孝敬父母。体谅父母辛劳，关心父母健康，积极承担力所能及的家务劳动。听从父母的教导，主动与父母交流，礼貌回答问话。外出和回到家时主动与家人打招呼。

三是国学经典《弟子规》。

总叙："弟子规，圣人训，首孝悌，次谨信。"其中首位就是孝。

四是主体教育理论。

在教育活动中，学生是正在成长着的主体，有一定的主体性。只有发挥学生的主体性，才能培养主体性强的人，最终实现每个人全面、自由、充分地发展。

本节班会中，通过榜样讲述、现身说法、情景剧表演、重温《弟子规》、小组讨论等活动，充分发挥学生的主体性，使敬老孝亲的意识内化于心，外化于行。

【班会目标】

1. 通过小组合作分享课下搜集的关于重阳节的资料，进一步了解重阳节的意义，感受敬老孝亲的传统美德。

2. 通过小组讨论、倾听老人心声、榜样讲述等形式，激发学生从小敬老孝亲的情感。

3. 通过情景剧表演、重温《弟子规》、写下承诺书并宣读承诺的活动，让这种传统美德在学生心中生根发芽，主动把敬老孝亲的传统美德落实到自己的日常行动中，并将这种美德发扬传承。

【班会准备】

教师准备：

1. 国庆节假期布置重阳节的主题教育任务。

2. 准备与主题班会相关的 PPT 及视频、音频资料。

学生准备：

1. 查找关于重阳节的资料。

2. 收集家人、朋友、自己敬老孝亲的故事。

【班会过程】

一、谈话导入，话重阳敬老

（一）教师导入

教师提问：在刚刚度过的国庆节假期里还有一个属于我们中国老人的节日，你知道是什么节日吗？（引出重阳节）

（二）小组汇报

汇报的内容：重阳节的来历、风俗、古诗。

小结：通过同学们的分享，我们对重阳节有了更多的了解。重阳节已有两千多年的历史。1989年，我国把每年农历的九月初九日定为老人节，传统与现代巧妙地结合，成为尊老、敬老、爱老、助老的节日。2013 年 7 月 1 日实施的《中华人民共和国老年人权益保障法》明确规定，每年农历九月初九为老年节。今天我们就以"敬老孝亲，从点滴做起"为主题，召开一节主题班会。

设计意图：重阳节是我们中国人的传统节日，也称为老人节，利用国庆节假期让同学们分组搜集关于重阳节的资料，然后课上分享，再通过教师小结，让学生感受到敬老孝亲是中华民族的传统美德。

二、交流分享，议敬老孝亲

（一）活动回顾

教师提问：这次重阳节学校开展了敬老孝亲的活动，我们一起回顾一下，看看那天我们为老人做了什么？（出示学生参加活动的照片）

（二）交流分享

过渡：老人虽然年龄大了，但是他们依然无怨无悔地为家人付出，不仅照顾爸爸妈妈，还关爱你们的成长，那么你们有没有了解过老人，他们到底需要我们做些什么呢？

1. 小组讨论，自由分享。

过渡：课下教师对一些老人做了采访，教师把他们的话做了整理，下面让我们来听一听老人的心声。

2. 播放录音。

问：听了老人的诉说，你们现在有什么感受？

3. 指名发言。

预设 1：感觉老人需要的真的很简单。

预设 2：感觉老人需要最多的就是我们的陪伴和理解。

预设 3：觉得只要我们尊敬他们，老人就很满足。

……

过渡：老人付出的很多，但是需要的却是这么简单。我们一起来看看身边的榜样，他们是怎样孝敬老人的。

4. 播放视频。

设计意图：通过之前学校开展的活动，以及学生的亲自讲述，他们都知道应该敬老孝亲，敬老孝亲是我们中华民族的传统美德。在班会上，借助倾听老人的心声，见证爸爸妈妈的行动，再结合自己的生活实际，让学生深刻感受到敬老孝亲并不难，激发学生从平时的点点滴滴小事做起、敬老孝亲的情感。

三、畅谈感受，践实际行动

过渡：刚才我们看了爸爸妈妈的做法，更倾听了老人自己内心的真实感受，那么作为新时代的少年，我们应该怎样落实到自己的实际行动中呢？让我们来看看这几位同学是怎样做的。

（一）情景剧表演

（表演内容略）

教师提问：看了他们的表演，你认为他们哪些做法体现了敬老孝亲？

预设1：他能够把自己快乐的事情和老人及时分享。

预设2：他吃饭的时候主动给老人盛饭、夹菜。

预设3：在老人批评他们的时候，他们没有立刻反驳、发脾气，而是等老人说完以后再和老人耐心解释。

……

小结：同学们，通过学习交流，我们发现敬老孝亲其实并不难，就是从我们身边的点滴小事做起。你们还记得《弟子规》中对"孝"是怎么阐述的吗？让我们一起再来重温一下。

（二）朗诵《弟子规》片段

集体朗诵《弟子规》片段，重温经典。

过渡："应勿缓，行勿懒"是孝；"须敬听，须顺承"是孝；"出必告，反必面"是孝。在家里，我们可以为老人做些力所能及的事，让老人开心。那我们对待其他老人、长辈时能做什么呢？

（三）写下承诺书

在教师的引导下，学生在承诺书上写下承诺。

（四）宣读承诺

学生一齐宣读承诺。

设计意图： 敬老孝亲是中华民族的传统美德，需要每个人继承和发扬。通过情景剧表演，重温《弟子规》，感受孝始于古，流传至今，让学生把敬老孝亲这颗种子深深地埋在心中；写下并宣读承诺书，将敬老孝亲这种美德落实到实际行动中。

四、拓展延伸，传敬老美德

（一）教师总结

同学们，中华民族有一种美德叫"孝"，古人有云"百善孝为先"，一切事情从孝开始。孝顺长辈并不是要求我们去为他们做什么轰轰烈烈的大事，我们可以从身边的小事做起，从点滴做起，一句问候、一句祝福、一次陪伴、一个微笑都会给他带来满满的幸福感。

（二）拓展延伸

同学们，让我们行动起来，敬老孝亲，从点滴做起，用我们的实际行动去温暖身边的长辈、老人，捕捉他们最幸福的瞬间。我们在下周班会上进行展示，并讲述相片背后的幸福故事，然后把照片在班级展示栏里进行展示。

设计意图： 通过让学生用镜头记录与老人在一起的幸福瞬间，分享相片背后的幸福故事，并在班级宣传栏里展示，激励学生把敬老孝亲这一传统美德落实到实际行动中，并把它发扬传承下去。

【班会延伸】

1. 依照自己的承诺尊老敬老。
2. 用手中的相机记录老人最幸福的瞬间。
3. 下周班会课上进行展示交流，讲述相片背后的幸福故事。
4. 在班级宣传栏中展示幸福时光。

【班会评价与反思】

班会评价：

1. 践行承诺评价表。

时间 \ 地点	自我评价			教师评价
	在家	在学校	在社区	每周总评
第一周	☆ ☆ ☆	☆ ☆ ☆	☆ ☆ ☆	☆ ☆ ☆
第二周	☆ ☆ ☆	☆ ☆ ☆	☆ ☆ ☆	☆ ☆ ☆
第三周	☆ ☆ ☆	☆ ☆ ☆	☆ ☆ ☆	☆ ☆ ☆
第四周	☆ ☆ ☆	☆ ☆ ☆	☆ ☆ ☆	☆ ☆ ☆

2. 小组搜集资料并展示汇报。

教师根据学生的表现，及时进行评价。

班会反思：

反思一：依托学情定目标。

敬老孝亲的教育虽然一直在开展，但是并没有深入学生心中，他们对于回报亲人的关爱，表达对别人的关爱知道得很有限。本次班会从学生的起点出发，依据他们的年龄特点及现实情况而设计，通过查找资料、看视频、听录音、交流讨论等渠道，引发学生心灵的触动，激发学生敬老孝亲的意识，深刻地领悟到敬老孝亲是中华民族的传统美德，作为新时代的少年，要责无旁贷地把这种美德传承发扬下去。

反思二：现身说法促践行。

老人与孩子是隔辈人，他们之间的代沟是客观存在的。在老人无私的关爱和照顾下，孩子们很少有机会、有时间去了解老人需要什么。在班会上，让学生亲耳听到老人简单的需求，见证父母孝敬老人的举动，更贴近学生，更能唤起他们心底那份纯真的爱，从而将这颗敬老孝亲的种子埋在他们心中，督促他们把这种美德落实到自己的实际行动中。

反思三：知行结合显实效。

将认识与实践相统一，重在实践，重在行动。这也是德育目的性的要求。本次班会，通过看视频、听录音、演情景剧、交流讨论等活动，学生更加深刻地认识到敬老孝亲是传统美德，我们每个人都应该从自己做起，从身边的点滴小事做起，尊老、敬老、爱老、助老，用自己的实际行动把这种美德传承下去。

【附录】

1. 文字、图片等资料。

（1）学生搜集重阳节的文字资料。

（2）各种展示汇报的录音、视频、图片。

2. 捕捉最幸福的瞬间。

3. 承诺书。

承诺书

　　敬老孝亲是我们中华民族的传统美德，让我们从小做起，把这种美德传承下去！

我承诺：

在家里：＿＿＿＿＿＿＿＿＿＿＿＿＿＿

＿＿＿＿＿＿＿＿＿＿＿＿＿＿＿＿＿＿＿＿

在学校：＿＿＿＿＿＿＿＿＿＿＿＿＿＿

＿＿＿＿＿＿＿＿＿＿＿＿＿＿＿＿＿＿＿＿

在社区：＿＿＿＿＿＿＿＿＿＿＿＿＿＿

＿＿＿＿＿＿＿＿＿＿＿＿＿＿＿＿＿＿＿＿

承诺人签名：＿＿＿＿＿＿＿＿

欢声"孝"语，一探究"敬"

【设计者单位及姓名】

北京市石景山区第二实验学校　陈旋子

【年级】

三年级

【背景依据】

本班一共 29 名学生。男生 16 人，女生 13 人。

在幼儿园阶段，学生已经对重阳节有了初步的了解，知道重阳节是农历九月初九，是老人的节日，可以为家中老人捶捶背、揉揉肩，以这种方式表达对老人的尊敬。

现在学生升到三年级，这既是小学阶段的过渡年级，又是学生跨入中高年级的起始年级，还是学生养成学习习惯和学习态度，从可塑性强逐渐转向定性的重要过渡阶段。

升入小学高年级，会以提高学生对中华优秀传统文化的感受力为重点，开展认知教育，让学生知道重要传统节日的文化内涵。

到了初中，则以增强学生对中华优秀传统文化的理解力为重点，提高其对中华优秀传统文化的认同度。

【设计思想】

《北京市大中小幼一体化德育体系建设指导纲要》中明确指出：尊重不同学段学生思想认知规律，把握各学段目标的差异性。幼儿园阶段正在开展活动性学习，注重示范引导。小学阶段正在开展启蒙性学习，运用环境熏陶、表扬惩戒、说服教育等方法，让小学生心中有榜样。初中阶段正在开展体验性学习，整体构建德育活动课程，全面提升核心素养。

【班会目标】

1. 通过搜集资料，重现班级学生孝敬老人的行动照片，唤起学生孝敬老人的思想意识。
2. 通过播放榜样人物的视频和学生自导自演的情景剧，激发学生主动孝敬老人的热情。
3. 懂得陪伴和倾听也是孝敬老人的一种方式。

【班会准备】

教师准备：

1. 了解学情：课前通过采访的形式对学生进行有关孝的调查。

2. 搜集素材：搜集有关孝的图片和视频。

3. 设计班会：整理本节班会所需要的文本、课件等。

学生准备：

1. 完成采访。

2. 搜集、查阅古代、现代对于重阳节和孝顺的定义。

【班会过程】

一、点明主题

图片导入：

教师出示二年级时举行"重阳敬老传承美德"主题教育的公众号照片，让学生介绍照片中当时的情景。

问题预设：

1. 这是我当时在给爷爷捶肩，这是我当时在给奶奶洗脚……

2. 我经常做这些事情，我就是当时摆拍的，我偶尔做这些事情……

宣布班会正式开始。

教师导语：通过和大家的沟通，我们今天就一起来探一探什么是孝敬？如何表达孝敬？所以今天我们召开一次关于孝敬的主题班会。现在老师宣布：三年级4班欢声"孝"语，一探究"敬"主题班会现在开始。

设计意图：点明主题，让学生明白本节班会的内容。

二、认识重阳

通过学生班会前搜集的各种关于重阳节的资料，让学生讲一讲何为重阳，重阳节都有哪些习俗。

预设：

1. 我知道重阳节是每年的农历九月初九。

2. 我知道重阳节的时候有登高的习俗。

3. 我知道重阳节是孝敬老人的节日。

教师小结：同学们在幼儿园和一二年级的时候都对重阳节有了初步的认知，了解了重阳节的一些基本信息。刚才有同学也提到重阳节是敬老孝亲的节日，那我们现在已经是三年级的学生了，大家知道重阳节为什么是我国的传统节日吗？

设计意图：充分调动学生的探究兴趣，以学生为主导，让学生自己讲述班会前资料搜集的结果。

三、重阳记忆

教师导语：大家都知道，百善孝为先，从古至今孝敬都是我们中华民族的传统美德。

活动一：讲故事导入，激发兴趣。

教师讲故事——汉文帝《亲尝汤药》。

设计意图：通过讲古代故事，以时间为线索，使学生了解孝敬是中华民族的传统美德，从古时候就有，以及古人对于孝敬的理解和表达。

活动二：嵌入古文。

《孝经》中《孝治章第八》有言："明王之以孝治天下也。"

《弟子规》有言："亲有疾，药先尝；昼夜侍，不离床。"

设计意图：突出主题中的"孝"，用"孝"语、用探"敬"来达成学生的认同、认知、理解和践行。在将历史故事推送给学生时，还要让学生感受到历史的可信度，使学生在历史的纵深之中感受这个浅显故事的真实性。

教师导语：通过以上的分享，我们知道治理天下，立德是根本，孝是德之本。随着我们文明古国的发展，前人在践行着孝，那么现代社会的人是否依然在感受着，在践行着呢？

四、重阳行动

（播放一段《感动中国》中关于孝敬的短片，播放内容略。）

教师导语：短片中的主人公在家庭生活条件如此艰苦的情况下，自己既要学习，又要打工挣钱照顾瘫痪的母亲。我们生活在优越的环境中，你感受到了什么？

预设：

1.我感受到了主人公没有因为妈妈身体残疾了就嫌弃妈妈，反而更孝顺了。

2.我感受到了主人公尽心尽力地孝顺母亲，我也觉得我应该为自己的妈妈做点什么。

设计意图：以时间为线索，证明如今的人们同样把孝敬这种美德一代代传承下去。

五、重阳觉知

活动一：播放学生自导自演的情景剧。

教师导语：通过观看短片，你觉得哪些做法是孝敬的表现？

预设：

1.陪爷爷奶奶看会儿电视。

2.陪老人聊聊天，不让他们那么孤单。

教师导语：通过观看短片，你觉得剧中同学的哪些做法是孝敬的表现？

古语云："树欲静而风不止，子欲孝而亲不待。"时间流逝得很快，我们的爸爸妈妈、爷爷奶奶当年还是青春年少，如今已是花甲之年。他们为了抚养子女，花去了半生的时间和精力。他们陪伴着儿孙长大，我们也要陪伴着他们安度晚年。

设计意图：通过观看情景剧，使学生明白陪伴其实也是孝敬的一种表达方式。

活动二：小组讨论并汇报。

通过这节班会的探讨，你认为孝敬的方式有哪些？

问题预设：

1. 陪老人在公园或者小区里散散步。

2. 帮助老人做力所能及的事情。

3. 爷爷奶奶跟我们说话的时候我们要认真、耐心地倾听。

4. 在自己力所能及的情况下帮助老人完成一个小小的心愿。

设计意图：使学生通过讨论，知道孝敬不仅体现为给父母长辈端茶倒水、洗脚捶背，还可以是一种无声的陪伴。例如，放下手机，陪老人去散散步、聊聊天，和老人讲话时要有耐心，不要不耐烦……

【班会延伸】

教师导语：今年的重阳节你打算怎么做呢？

活动：重阳节献礼——爱心卡。从现在开始，每天为身边的长辈做一件小事，并把做的事写在小爱心上，点亮它（涂色）。在重阳节那天把所有点亮的小爱心贴到大爱心卡上，将满满的心意送给家里的长辈！

设计意图：通过多种活动，学生认识到了孝敬可以有多种表现方式，自此学生明白了如何做一个孝敬的好孩子。

【班会评价与反思】

1. 通过此次班会的探讨，学生更深层次地了解孝敬的内涵和表达方式，并在生活当中付诸实际行动。在学校教师也会不断地给学生渗透传统美德。

2. 呼吁家长也能够在家以自身的行为正向引导和教育孩子，使得传统美德能够代代相传，从而也能达到家校共育的目的。

3. 本次主题班会采用了直观生动且有趣的现代化教学手段，通过讲小故事、观看视频、表演情景剧，把生活中发生的事情搬到了课堂上，激发了学生的学习兴趣，体现了以学生为主体、教师为主导的课堂。本节班会设计的环节可以达到预期的教育效果。

话中秋，传经典

【设计者单位及姓名】

石景山区第二实验学校　　尹婉菁

【年级】

五年级

【背景依据】

本次活动的主题是"话中秋，传经典"，对于中秋文化又了解多少呢？在活动开始之前，通过对学生进行问卷调查和访谈，发现喜欢儿童节和圣诞节的学生人数更多，而他们了解中国传统节日的主要方式是看电视和听父母朋友的讲述。对于中秋节这个中国传统节日学生的认识比较单一，大部分学生想到的关键词是团圆、嫦娥、月饼、赏月等，个别同学能够对中秋节有深入的认识，他们能够结合自己读过的一些文章，查阅到的一些资料，谈自己对于中秋节以及传统文化的认识，但是达到这个能力水平的学生比较少。

同时，在问卷和访谈中，"关于中秋节，你还想知道些什么？"这个问题，大部分学生都回答"我想知道中秋节起源于什么时候""我想知道除了中国以外，还有哪些地方也有类似的习俗和节日""我想知道为什么我们国家现在非常重视传统节日和文化传承"……这些问题，通过本次活动可以解决一部分，但是大部分还需要学生在课下继续探索。

【设计思想】

教育部颁布了《中小学开展弘扬和培育民族精神教育实施纲要》，要求继承和发扬中华民族的优秀文化传统。"引导和帮助学生了解民族文化"是重点教育内容之一。基于学生对于传统文化方面的缺失，本次活动我们决定以"话中秋，传经典"为主题，从教师前期调研，学生研讨确定研究问题和方向，学生搜集中秋节的历史传说、各地习俗、经典著作等方面展开中华传统节日文化研究。希望通过各种活动任务，让学生了解中华传统文化，体会中秋节蕴含的中国传统文化内涵。

我国的传统节日多种多样，其中一些节日体现了各民族的民俗民风，各民族不同的文化组成了我国丰富多彩的文化。独具特色的少数民族文化有其特有的底蕴，也是中华文明的重要传承。因此，我们以一些比较"冷门"的传统节日为契机与学生共同开启探寻中国传统节日文化之旅，在一步步地探寻中使学生表现出浓厚的兴趣。

【班会目标】

1. 学生通过自主活动，探究中秋节的历史来源以及各民族的风俗习惯，形成对中华传统文化的正面认识

2. 通过询问亲友、网上查阅资料、阅读相关图书等方式搜集与中秋节相关的习俗。

3. 学生体验诗词带来的快乐，激发对中秋文化的兴趣，弘扬民族精神，传承中华民族传统文化。

【班会准备】

教师准备：

1. 了解学情：活动开始，提问学生最喜欢的节日，知道关于中秋节的什么知识，提起中秋节能想起哪些关键词，还知道哪些传统节日等问题，前测学生对于中秋节和中华民族传统节日的了解。

2. 搜集资料，制作 PPT。

3. 指导学生：帮助学生确定研究主题和方向。

学生准备：

1. 学生以小组为单位，组员写出自己感兴趣的问题交给组长，通过小组讨论选出 3～4 个感兴趣的问题，确定一个合适的题目，作为研究主题。

确定的研究内容为：

（1）中秋节的历史传说。

（2）中秋节的各地习俗。

（3）有关中秋节的经典著作。

（4）制作中秋贺卡。

2. 各小组自主选出感兴趣的主题，确定组长、小组名称及口号。分别确立四个小组，四个小组为中秋传说组、中秋习俗组、中秋作品组、制作贺卡寄语组。

【班会过程】

一、走进中秋，话说中秋

（一）探寻中秋节历史传说

1. 教师导入：课前，我们开展了关于中秋节的研究活动，在确立主题后，我们分成四

个小组进行了活动。这节课让我们继续走进中秋，浅谈中秋文化。下面首先有请中秋传说组进行汇报。

2.学生汇报：中秋传说组汇报。

3.其他小组的学生补充反馈。

（二）了解中秋节习俗

1.教师提问：关于中秋节的历史传说，各地中秋节的习俗又是怎样的呢？哪个组愿意给我们介绍介绍。

2.学生汇报：中秋习俗组汇报。

3.教师提问：听完他们的介绍，请同学说一说你的家乡有哪些习俗呢？

4.师生交流、总结：中秋节的习俗很多，形式也各不相同，但都寄托着人们对生活无限的热爱和对美好生活的向往。

（三）讲述中秋节故事

1.教师提问：古代人们中秋节赏月逛花灯、祭祖祭月思亲人。有关中秋节的经典著作，你知道多少？请中秋作品组带我们共同领略文字里的中秋。

2.师生分享交流。

3.教师展示：听完故事，我们来欣赏如诗如画的中秋景色。教师播放 PPT。

4.学生欣赏。

5.教师提问：我们共同观赏了中秋佳节的景象，下面请同学们说一说自己的感受。

设计意图：培养学生的合作能力、表达能力。

二、诗情中秋，品读中秋

教师导入：我国古代的诗人、文学家都在中秋节到来之际，将自己的感受通过诗、词等形式表达出来。今天我们也来当一当小诗人，下面让我们一起看图猜诗吟诵吧。

（一）依据图片吟诗

（诵读有关中秋节的诗句，诵读内容略。）

（二）品读苏轼所作的《水调歌头》

《水调歌头》的内容如下：

丙辰中秋，欢饮达旦。大醉，作此篇，兼怀子由。

明月几时有，把酒问青天。

不知天上宫阙，今夕是何年。

我欲乘风归去，又恐琼楼玉宇，高处不胜寒。

起舞弄清影，何似在人间。

转朱阁，低绮户，照无眠。

不应有恨，何事长向别时圆？

人有悲欢离合，月有阴晴圆缺，此事古难全。

但愿人长久，千里共婵娟。

设计意图：学生在理解中品读诗句，感受古人对于中秋节的情感，体会在历史长河中中秋节为人们和社会带来祝福和团圆的美好含义。学生通过学习和朗读古诗文，能够做到身临其境，加深对传统文化的理解。

三、共品月饼，寄语中秋

1. 教师导入："但愿人长久，千里共婵娟。"中秋节——团圆的节日，娱乐的节日，秋实的节日。在这美好团圆的中秋节日，人们围坐在一起共度美好的时光，共尝美味的月饼。请大家也拿出自己准备好的月饼，分享给身边的小伙伴，让我们共品这份香甜，感受团圆的喜悦吧！

2. 学生分享月饼，互相交流。

3. 学生绘制贺卡。

4. 学生上台展示。

四、班会结束

教师总结：一首首颂中秋的诗歌在教室里回荡，一张张图文并茂的中秋贺卡展现在同学们面前，一块块香甜的月饼供大家品尝……希望这次班会结束后，大家能够将中秋节的知识讲给更多的家人朋友，在传递祝福的同时发扬中华民族的优秀文化传统。

【班会延伸】

学生在活动结束后向家长送出自己的贺卡，表达祝福。同时完成教师课后布置的任务：学生可以独立进行设想，也可以集思广益，找到伙伴共同讨论，根据本次活动了解到的相关知识，设计一个新颖而有意义的中秋节。

【班会评价与反思】

本次活动旨在培养学生的自主学习能力，以最直接的方式加深学生对于中华民族的热爱，从而实现幼小初中华优秀传统文化教育一体化实践研究的基本目标。在活动过程中，教师鼓励学生亲力亲为，有意识地培养他们的自主搜集与处理信息的能力、团队合作能力、实践能力、规划时间的能力。通过这次活动，学生体会到了自主获取知识的快乐，提升了自信心。

过一个有意义的中秋节

【设计者单位及姓名】

北京市石景山区第二实验学校　刘丽春

【年级】

二年级

【背景依据】

中秋节是我国重要的传统节日，通过在班级内谈话了解到，学生目前对于中秋节的了解只停留在中秋节要吃月饼，对于它的来历以及习俗都不太了解。针对这种现象，我们决定开展以"过一个有意义的中秋节"为主题的班会，达到学生对于中秋的来历和不同地区的特色习俗有深入了解的活动目标，促进学生对传统文化的理解，增强民族自豪感。

【设计思想】

《完善中华优秀传统文化教育指导纲要》明确指出我们须依据不同的学习阶段有序地进行中华优秀传统文化的教授。对小学的初级阶段而言，主要目标是培育孩子们对我国优秀传统文化的深深热爱，实行基础导向教育。我们要激发他们对中华优秀传统文化的喜爱之情，确保他们对我国主要的传统节日有所了解，同时让他们深知自己是中华民族的一分子。

通过用不同形式的情境创设，使学生了解中秋节是中华民族的传统节日，进一步提高学生了解中秋节知识的兴趣，更重要的是知道中秋节包含的重大意义。

【班会目标】

1. 了解传统中秋节的来历。
2. 了解不同地区特色的中秋节习俗，感受中秋节带来的幸福与快乐。
3. 课后学生都愿意过一个快乐又有意义的中秋节。

【班会准备】

教师准备：月饼、《嫦娥奔月》PPT。
学生准备：有关中秋节的资料。

【班会过程】

一、班会开始

教师导入：大家看到桌面上摆着的月饼都很开心，今天就让我们带着好心情开始班会，我宣布"过一个有意义的中秋节"主题班会现在开始。

二、中秋节的来历和习俗

（一）说一说收集到的有关中秋节的内容

1.学生发言：

生1：我了解到中秋节是八月十五日。

生2：我知道中秋节全家团圆吃月饼。

生3：我知道中秋节的月亮特别圆。

2.教师总结：同学们的描述非常准确，中秋时分明月当空，象征着家庭和乐，因此，有的人把它称为团圆节。中秋节的起源可以追溯到中国的魏晋时代，到了唐朝早期，它已经变成了中国的官方节日，其在中国传统节日中的地位仅次于春节。

（二）讲中秋故事

（由教师播放《嫦娥奔月》PPT）

教师总结：中秋节是我们国家流传很久的节日，关于中秋节的神话传说和民间故事有很多。比如说我们刚刚观看的《嫦娥奔月》，还有《吴刚伐桂》等。

（三）不同地区习俗各有特色

教师导入：

1.北京人过中秋节，少不了兔爷儿。（由教师完成这一环节的PPT播放任务）

2.四川是怎样过中秋节的呢？人们除了吃月饼，还要吃很多具有地域特色的美食。（由教师完成这一环节的PPT播放任务）

3.在广东，中秋节过得也很有特色，有"竖中秋"的习俗。（由教师完成这一环节的PPT播放任务）

4.蒙古族就更有意思了，有骑马追月的习俗。（由教师完成这一环节的PPT播放任务）

教师总结：调查研究表明，在中国每年庆祝中秋节的民族有很多，而且不同的民族都有自己独特的习俗。同学们，了解完这些，是不是发现我国的中秋节非常有意义！

三、幸福快乐过中秋

1.学生发言：

生1：中秋节的时候，全家一起吃月饼。

生2：爸爸带我用天文望远镜看月亮。

2. 教师总结：吃月饼、看月亮等活动都表达了美好的愿望。

3. 邀请大家享用月饼，感受班级大家庭的温馨与和谐。

四、班会结束

（播放苏轼的《水调歌头》，播放内容略。）

教师总结：同学们，今天这节班会，我们一起了解了中秋节的来历，发现我们每年都过的中秋节原来有这么浓厚的历史意义。

【班会延伸】

将班会的行动扩展到设计中秋手抄报，引导学生获得更多的实际感悟。

【班会评价与反思】

本次班会内容安排比较符合学生的年龄特点，因为二年级的学生对图片比较感兴趣，所以安排了不同形式的图片和视频，以及学生感兴趣的小故事。对于学生展示收集的资料部分，提前了解了学生收集材料的情况。经过一连串的学习，学生们对中秋节有了更深的理解，并且触发了他们对传统文化的喜爱。

识传统，品端午，传文明

【设计者单位及姓名】

北方工业大学附属学校　韩迪

【年级】

一年级

【背景依据】

一年级的学生，思维过程往往依靠具体的表象，不易理解较抽象的内容。在本次班会中，教师利用了大量视频、图片等直观手段作为辅助，这样不但信息量大，而且图文声并茂，非常符合一年级学生的心理特点。本班学生好胜心强，所以在活动中适当开展竞赛活动符合儿童好胜、不甘落后、喜欢表现的年龄特点。

教师从对本班32名学生进行的问卷调查和访谈中得知（问卷及问卷结果附后）：绝大部分学生是听说过端午节的，大部分学生是从幼儿园教师那里知道的，还有一小部分学生是在和家人一起过端午节时知道的或者在网络、书籍中看到过。在这些学生中，大部分学生记住了吃粽子这个端午习俗，其他习俗不太了解。总之，学生对端午节的认识是一知半解的，是浅层次、碎片化的，没有形成多角度、深层次的认识。在问卷中教师还了解到，很多学生不知道什么是中华民族传统节日。基于以上原因，本次活动旨在通过小组竞赛，使学生较全面地了解端午节的相关内容；通过制作五彩长命缕，亲身体验我国传统佳节的独特魅力；通过古诗配画，感受端午节的文化内涵。希望通过本节班会，学生能够更加深入地了解端午节，能够主动去了解更多的传统节日，有传承中华优秀传统文化的意识。

习近平总书记曾说过："中华优秀传统文化是中华文明的智慧结晶和精华所在，是中华民族的根和魂，是我们在世界文化激荡中站稳脚跟的根基。"端午节是中华民族的传统节日，传统节日既是培育优秀民族文化的沃土，也是培养民族精神的有效途径。因此围绕"识传统，品端午，传文明"这个主题，学生在活动中了解端午的来历、习俗等，感受端午节的文化特点，潜移默化地丰富自己的文化底蕴，还在多彩的实践环节中爱上传统文化，激发民族自豪感和爱国热情。

【设计思想】

《北京市中小学生日常行为规范（2016年修订）》第一条指出：传承中华优秀传统文化，理解民族传统节日的含义。《北京市中小学养成教育三年行动计划（2017—2019年）》中对小学1～2年级思想情感方面的重点目标是：初步了解中华民族传统节日和风俗习惯。通过本次活动，学生在小竞赛中了解端午的来历、习俗等，在配画和制作中不仅了解端午节的节日文化，感受传统节日文化的魅力，还在心中播下热爱和传承传统文化的种子。

观察学习理论认为，学生学习的渠道是多元的。观察学习是非常普遍的一种学习现象，人们通过观察学习，可以学到很多东西。本次活动旨在让学生了解端午节的相关内容，感受端午节文化的独特魅力，有传承中华传统文化的意识。因此在本节班会前，通过问卷调查和访谈，了解到本班有一名学生对于端午节的了解较多，所以在本节班会中，这名学生为大家讲故事、做介绍，成为大家心中的榜样，从而激发本班学生去多多了解传统节日及传统文化。

【班会目标】

1. 通过猜谜的方式，初步了解端午节以及端午文化在世界上的广泛影响。
2. 通过小组竞赛，较全面地了解端午节的起源、风俗等相关内容。
3. 通过制作五彩长命缕和古诗配画，亲身体验我国传统佳节的独特魅力，感受端午节的文化内涵。

【班会准备】

1. 调查问卷。
2. 幻灯片。

3. 五彩线。

4. 古诗配画纸、彩笔。

【班会过程】

一、猜谜话端午

1. 导入：小朋友们，我们先来猜两个谜语。

谜语一：两片绿叶把米装，小绳一绑真漂亮。（打一节日食品）

谜底：粽子。

谜语二：五月节里粽儿香，小朋友们把它抢。（打一节日）

谜底：端午节。

2. 揭示主题：端午节是我国的传统节日，2006 年，国务院将其列入首批国家级非物质文化遗产名录。2009 年，联合国教科文组织正式批准将其列入世界非物质文化遗产名录，端午节成为中国首个入选世界非物质文化遗产的节日。

设计意图：通过前期的调查谈话，了解到大部分学生知道端午节吃粽子的习俗。通过猜谜的方式，激发了学生的兴趣，调动了学生的热情，从粽子引出端午节，揭示主题，通过简单介绍，使学生进一步了解端午文化在世界上的广泛影响。

二、竞赛知端午

过渡：端午节是中国古老的传统节日，今天我们就一起穿越时空的隧道，回到过去了解一下它吧。

下面五个组的小朋友们可要认真听，认真看啦，每看完绘本或听完故事或看完视频都有题目竞猜，答对题目最多的小组可有小惊喜等着你哟！（香包）

（一）看视频，抢答题

1. 教师出示问题：

问题 1：端午节是哪天？

问题 2：最早的"粽子"是怎么来的呢？

2. 教师播放视频：《一分钟了解端午节》。

3. 小组抢答，答对一题记一分。

4. 教师出示问题：

问题 1：我国四大传统节日是什么？

问题 2：端午节有多少年的历史？

问题 3：在古代，粽子还叫什么？

问题 4：视频中提到的端午习俗有哪些？

5. 教师播放视频：《康辉说端午》。

6. 小组抢答，答对一题记一分。

7. 教师总结：视频中提到了我们很熟悉的吃粽子、赛龙舟等端午习俗。吃粽子、包粽子大家并不陌生，而赛龙舟在我国南方地区普遍存在，那就让我们通过视频去感受一下这最热闹的端午习俗。

8. 播放视频

设计意图： 在这一环节，生动、有趣的微视频代替了教师枯燥乏味的讲解，有效地帮助学生寻找突破口，打开了学生亲近端午节的大门。学生在形象直观的动画中以及激烈的竞争中了解端午节，感受传统节日丰富的文化内涵，接受传统文化的熏陶。

（二）听绘本《端午节》

1. 过渡：这么热闹的比赛让我们身临其境，那么赛龙舟又是从何而来呢？我们最熟悉的关于端午节的起源是为了纪念爱国诗人屈原，这又是一个怎样的故事呢？我们来听一听绘本《端午节》。

2. 教师出示问题：

问题1：龙舟竞赛的活动是从何而来？

问题2：书中还提到了哪些刚刚我们没有提到的习俗？

问题3：端午节还有哪些别称？

3. 小组抢答，答对一题记一分。

4. 答题结束，获胜组每人获得一个香包。

5. 教师总结：过端午节，是中国人两千多年来的传统习惯。已过千年，端午文化流传至今，除了对爱国诗人屈原的纪念之外，还有人们对美好生活的期盼。五月初五这一天，用草药煎水沐浴，以驱邪气；制菖蒲泡酒小酌，尽得滋味。民间端午手系彩线、门挂艾蒿的习俗，千古而然，至今流传。对身体健康和生活怡然自得的追求，恐怕是端午节更多的承载，这已经成为一种文明的传承。变幻的是时代风云，不变的是端午节文明的传承和对未来生活的美好向往。

设计意图： 运用有关端午节的绘本，吸引学生的注意力，引发他们认识以及探究的兴趣，从而能够爱上传统文化，并且自觉去传承和发扬优秀的传统文化。

（三）讲故事，知五彩

1. 过渡：同学们，在刚刚的视频和绘本中提到了很多端午习俗，我国由于地域辽阔，民族众多，加上有许多端午节的故事和传说，所以各地也有着不尽相同的习俗，其中五彩丝缠手足腕深受大家喜爱。我们班有一个小朋友也知道这个习俗，下面就让我们来听一听他的介绍。

2. 学生介绍：五彩线，古代也叫五彩长命缕，是端午节必备的物品。系五彩长命缕，这是宋代就有的古老习俗。用红色、青色、黄色、白色、黑色粗丝线搓成彩色线绳，拴在手腕、脚腕和脖颈上，据说可以避邪和防止五毒近身。这种彩色丝缕要戴到"六月六"才能把它剪下来，丢进河里让水冲走。陕西地区的传说认为这和药王孙思邈的事迹有关，将花线丢进河里，等于百病也被带走了。等到五月五日这一天，大人小孩都戴上彩缕，走到一起时都会比比看谁的更漂亮，颇有情趣。

3.教师总结：在前期问卷调查中，他对端午节的了解是最多的，希望同学们都能向他学习，对我国的传统节日有更多的了解。

三、开心品端午

1.过渡：在中国传统文化中，象征五方五行的五种颜色"青、红、白、黑、黄"被视为吉祥色。端午以五色丝线系臂，是很流行的节俗。下面就让我们来将这五色丝线搓成彩色线绳，戴在手腕上，感受这一端午习俗，寄托美好的愿望，传承中华文化。

2.播放制作五彩线的视频。

3.学生动手制作五彩线，并互相帮助将五彩线戴在手腕上。

设计意图：学生在了解了端午节的名称、起源、习俗等内容后，亲身体验制作五彩线这一端午习俗，培养了合作意识与动手能力，烘托了节日气氛，弘扬了民族传统文化。

四、用心画端午

（一）明诗意

1.过渡：端午节起源于春秋战国时期，至今有两千多年历史。端午节也是诗人节，诗是这个传统节日文化的主流。从先秦至清代，诗人们常常以端午为题材，或借端午这个节日来倾诉节日背后的喜乐悲欢或人生体悟，展现了诗人们丰富的内心世界和精神面貌。下面，让我们跟随这些诗词，去体会蕴含着深邃丰厚文化内涵的端午。

2.教师播放古诗视频：《乙卯重五诗》《竞渡诗》《端午》。

3.教师总结：《乙卯重五诗》说的是71岁的陆游在家乡隐居，在山村里，他开心地过了一个端午节。《竞渡诗》描绘了端午时节龙舟赛上鼓声阵阵，龙舟争先，浪花翻腾，人声鼎沸，一派热闹的竞渡场面。《端午》这首诗提到了抱石投江的屈原，言近意远，言简意深，很有力量。

（二）画端午

教师导入：同学们，下面你可以拿出印有古诗的纸，给古诗配画，画一画古诗中提到的有关端午的内容；或者在空白处画一画跟端午有关的内容。

（三）说画意

问题预设：

生1：我画的是粽子，在《乙卯重五诗》这首诗中提到了粽子，而且吃粽子、包粽子也是端午节的习俗。

生2：我画的是香包，我觉得很好看。

……

五、班主任总结

同学们通过今天的活动，对端午节有了更深入的了解，其实端午节与春节、清明节、中秋节并称为中国四大传统节日。中国传统节日，是中华民族悠久历史文化的重要组成部分，形式多样，内容丰富。传统节日的形成，是一个民族或国家的历史文化长期积淀凝聚的过程。而通过丰富多彩的节日活动，我们真正去了解祖国传统文化，在与家人亲朋一起享受团圆的同时，也亲身感受到中华民族文化的魅力。我们还可以去更深入地了解其他的传统节日，让中华文化更牢固地根植在我们的心中。

设计意图：通过画端午这一环节，学生将本节所学内容画在自己的作品中，在经典诗文中、在构思画画中，感受传统节日文化的魅力，追寻传统节日文化的内涵。

【班会延伸】

继续开展"识传统，品××，传文明"系列主题教育，了解其他传统节日。

【班会评价与反思】

一、班会环节 层次清晰

本节班会，在设计教学环节时，层层递进。首先，通过学生喜欢的猜谜方式，引出本次活动主题——端午节，初步了解端午节以及端午文化在世界上的广泛影响，激发学生的兴趣，调动学生的积极性。其次，通过大量视频和图片，使学生在小组竞赛中深入了解端午节的起源、风俗等相关内容，还通过听绘本的形式使学生了解传统节日文化，感受传统节日丰富的文化内涵，接受传统文化的熏陶。再次，通过制作五彩长命缕，使学生感受我国传统佳节的独特魅力，并且培养了合作意识与动手能力。最后，在给古诗配画过程中，学生画出今日所学的内容，算是对本次活动的一个小结，也是对传统节日更加深入了解的一个开端，在感受端午节文化内涵的同时，在心中播下热爱和传承传统文化的种子。

二、全员参与 浸润其间

在本节班会活动中，每一个学生都积极参与，浸润其间。中国传统节日作为中华传统文化中的重要组成部分和表现形态，它以潜移默化、寓教于乐的形式，展示着中华民族的精神世界，表达着人们对美好理想、智慧的追求与向往，是弘扬中华民族优秀文化和传承中华美德的重要载体。通过本次班会，全班学生积极参与体验集知识性与趣味性于一体的活动，符合一年级学生的特点，让学生在实践活动中去体验传统节日的趣味，学习传统文化知识，领略传统节日文化的独特魅力。

三、课后延伸 关注传统

在本节班会中学生主动感悟传统节日的历史渊源、美妙传说、经典诗文等，追寻端午节的文化内涵，但传统节日不仅只有端午节，传统文化的魅力也不止这些，因此在后续班会活动中，继续关注传统节日，继续开展"识传统，品春节，传文明""识传统，品清明，传文明""识传统，品中秋，传文明"等活动，让学生去了解更多的传统节日，培养学生传承中华优秀传统文化的意识。

【附录】

1. 调查问卷及调查结果。

关于班级对端午节了解情况的调查问卷

1.你是否听说过端午节？（如果选择"听过"，请继续完成以下题目；如果选择"没听过"，请跳过第2、3题，直接完成第4题）

听过（　　）　　　　没听过（　　）

2. 你最早是从何人何处知道端午节的？

幼儿园老师讲过（　　）　　　　父母或家人在过端午节时（　　）

网络或书籍上听过看过（　　）　　其他（　　）请说明：

3. 你知道端午节有哪些习俗吗？

知道（　　）请举例：

不知道（　　）

4. 你还知道哪些其他中华民族传统节日？

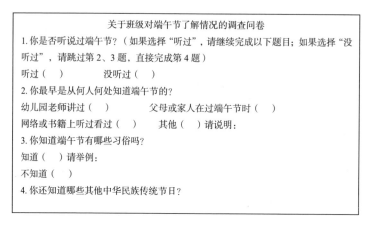

第1题：你是否听说过端午节？（如果选择"听过"，继续完成以下题目；如果选择"没听过"，请跳过第2、3题，直接完成第4题）[单选题]

选项	小计	比例
听过	31	96.88%
没听过	1	3.13%
本题有效填写人次	32	

第2题：你最早是从何人何处知道端午节的？[单选题]

选项	小计	比例
幼儿园老师讲过	17	53.13%
和父母或家人过端午节时	10	31.25%
网络或书籍上听过看过	4	12.5%
其他 请说明：[详细]	1	3.13%
本题有效填写人次	32	

第3题：你知道端午节有哪些习俗吗？ [单选题]

选项	小计	比例
知道 请举例：[详细]	29	90.63%
不知道	3	9.38%
本题有效填写人次	32	

🥧饼状 ⊙圆环 柱状 条形 折线

不知道：9.38%

知道 请举例：

7	吃粽子
9	吃粽子
10	吃粽子
11	吃粽子
12	吃粽子
14	吃粽子
15	吃粽子
16	吃粽子、赛龙舟、戴五彩绳
17	吃粽子
18	赛龙舟、撞蛋
19	吃粽子、赛龙舟
20	吃粽子
23	包粽子
24	粽子
25	吃粽子
27	吃粽子
28	吃粽子
29	吃粽子
30	吃粽子
31	包粽子
32	包粽子、赛龙舟

3	元宵节，中秋节，重阳节，七夕
4	中秋节，春节
5	春节
6	春节，中秋节
7	国庆节，教师节，建军节，春节，儿童节，母亲节，父亲节
8	春节，儿童节，教师节
9	春节，腊八节，中秋节，清明节，元宵节
10	春节，中秋节，元宵节
11	中秋节
12	春节
13	中秋节
14	春节，中秋节
15	重阳节，中秋节，春节，元宵节，清明节
16	春节，中秋节，清明
17	春节，元宵节，中秋节，重阳节
18	春节，元旦，中秋节，

2.古诗配画。

乙卯重五诗 宋·陆游 重五山村好，榴花忽已繁。 粽包分两髻，艾束著危冠。 旧俗方储药，羸躯亦点丹。 日斜吾事毕，一笑向杯盘。	竞渡诗 唐·卢肇 石溪久住思端午，馆驿楼前看发机。 鼙鼓动时雷隐隐，兽头凌处雪微微。 冲波突出人齐谳，跃浪争先鸟退飞。 向道是龙刚不信，果然夺得锦标归。
端午 唐·文秀 节分端午自谁言， 万古传闻为屈原。 堪笑楚江空渺渺， 不能洗得直臣冤。	

闻香识端午

【设计者单位及姓名】

北方工业大学附属学校 于猛

【年级】

三年级

【背景依据】

一、学生学段特点分析

三年级属于小学中年级，处于第二学段。经过三年级上半学期的学习，学生能初步把握文章的主要内容，大部分学生乐于与他人讨论交流，小部分学生把握文章内容能力较弱，需要教师及时引导。有的学生存在课上不主动，不与他人交流的问题。部分学生通过阅读整本课外书，基本能说出主要内容，但在获取语言材料、获取有用信息方面存在不足。在小组讨论中，大部分学生能够认真倾听，但听人说话时不能准确把握其主要内容，会存在请教不足、交换意见不足的现象。学生都会围绕一个主题去设计手抄报，能够用文字、图画来呈现自己的所得所想。学生可以在学习和生活中提出各种问题，但是需要有一定的总结归纳能力，以便于选择主要的问题。搜集材料时，学生会存在目的性不强的状况，只有一小部分学生会利用多种学科来解决问题。

二、集团内部相邻学段衔接分析

石景山区实验教育集团"永续中华民族的根与魂"行动研究成果展示暨中期汇报会议的精神指出，在教育集团背景下，要实现幼小初中华优秀传统文化教育纵向衔接一体化。三年级的传统文化积累要为第三学段的传统文化学习打基础做准备，实现纵向衔接。要做出利于学段纵向衔接的选题，尊重学生自身的发展规律，创设体验式的课程活动。注重多层次、多维度、多角度、多主体的评价方式，鼓励学生自主实践并有自己的想法看法，让学生对学习有更多的积极性。如石景山区实验小学五年级的班会"敬老孝亲，从点滴做起"，便是针对重阳节的系列主题班会，参照其内容，可以看出集团内部第三学段的特点要求，并结合三年级学生的学段特点，做好学习目标的及时调整，便于集团相邻学段一体化地展开。在此背景下，学生可以在体验中获取知识、提升能力、明白道理、养成良好习惯、修得美好品德，为第三学段的学习积累蓄力。

三、选题分析

2017年中共中央办公厅、国务院办公厅印发的《关于实施中华优秀传统文化传承发展工程的意见》明确指出，实施中国传统节日振兴工程，丰富传统节日文化内涵，形成新的节日习俗，使其有益的文化价值深度嵌入百姓生活。对于教育领域，传统文化渗入的必要性不言而喻。当前，传统节日体验在现代儿童的生活中较为缺失。为加强新形势下中华优秀传统文化教育，教育部明确指出学校应充分利用传统节日的契机，分学段有序推进中华优秀传统文化教育的开展。

端午节是我国四大传统节日之一，其中传统文化的人文内涵极其丰富。端午节的传统有赛龙舟、包粽子、佩香囊、饮雄黄酒、挂艾叶等，习俗丰富，可以展开的内容有很多。现实生活中，一些学生青睐于西方的节日文化，对我国的传统节日文化了解甚少。所以，在传统节日中，以端午节为主题是很有意义的。部编版语文教材一年级下册第四单元第十课《端午粽》，便是一篇关于端午节习俗的课文，学生在一年级学习时已经简单地了解过了，有一定的认知基础。部编版语文教材三年级下册第三单元综合性学习中华传统节日，要求学生通过活动实践来展示传统节日。综上可以发现，教材安排了端午节习俗的内容，依托这些内容，我们可以进一步细致去开发课程，将其细化，故选择此题作为班会的主题。

所谓"闻香识端午"正是用制作香囊的方式让学生进行实践活动，再利用香囊进行生生互评。在香囊的香气弥漫中，学生了解端午的传统节日知识和习俗。

【设计思想】

一是尊重规律，注重体验式教学。

根据三年级学生的行为特点和学习能力，要设计出符合年龄规律的、浅显易懂的课程，并在课程中融入各种活动内容，让学生的手动起来，充分集中学生的注意力。

本班的学生认知能力有限，理解传统文化知识较为困难。应该让学生结合自身经历，通过自己搜集资料、整理资料、创作、展示，逐步理解传统文化，接受传统文化，传承传统文化。端午节的习俗中有许多锻炼动手能力的活动，如包粽子、划龙舟、佩香囊、挂艾叶等，其中最为出名的是包粽子，但是考虑到学生动手能力有限、课程时间等问题，把包粽子放在课程拓展环节，让学生在家长的指导下完成包粽子的活动，完成之后，再让学生谈一谈，写一写自己的感受。选取佩香囊为其中的实践环节，因为香囊的制作方法简单，学生能够用半成品（香囊袋、香粉、绳子）做出作品，既能体验传统文化中的实践环节，又能轻松地制作出成品。

二是多种形式评价，及时有效。

对于课程的评价环节，利用学生制作香囊的契机，把香囊作为评价手段。学生可以用赠送香囊来表示自己对其他学生展示的认可，这样做到生生互评，及时反映出学生对于真正好的展示的理解，同时体现出学生展示中存在的不足。学生及时做出反思，被其他学生点评后，认真倾听，找出自己的不足。教师在学生的制作和展示环节可以相机指导，及时指出学生的思路正确与否，方式是否合适，完成任务是否有效率。通过拓展环节，使学生在包粽子的过程中听取家长的指导和评价，从中提升自己的动手能力，加深对传统节日文化的理解。班会结束后，采取成果评价，以表格形式互评。

三是充分"放手"，让学生有成就感。

通过开展主题班会，在学生掌握了基本方法后，让学生自由地展示想法，创造作品，自己实践，从实践中感知传统文化的魅力。教师在其中引导学生运用方法，并相机指导，把课堂还给学生。学生通过调查、搜集、整理、设计、制作、展示、评价的过程，找到学习的自信，有成就感。

四是分层教学，让不同能力的学生有相同的体验。

班级中有不同能力层次的学生，参加班会时，让他们感知到自己所做的事都是有意义的。通过小组合作，不同层次的学生完成不同的小组任务，使每个学生都有参与感和成就感。

【班会目标】

一是知识与技能目标：学生能够了解端午节的传统习俗，知道端午节的来源和故事，学会制作简易香囊。

二是过程与方法目标：学生在搜集资料的过程中，掌握简单的搜集整理信息的方法，有目的地搜集资料。在小组合作讨论中，有合作意识，学会认真倾听，能够清晰地说出自己的想法和看法，共同讨论。在公开展示中，学生乐于向大家分享成果，能够完整地转述他人的意见，大方展示，从容应对。

三是情感态度和价值观目标：学生热爱传统节日文化，有强烈的民族自信和文化自信，有正向积极的价值观，尊重传统节日文化。

【班会准备】

1.教师准备：教师引导学生学会搜集资料和整理材料；引导学生完成小组分组；组织学生开展端午节主题班会；准备小组活动所需要的材料；准备制作香囊的材料；根据小组成员的学习能力，安排好各个学生的具体分工。

2.学生准备：活动前搜集与端午节相关的资料，并把资料打印，制作成纸条或者是卡片；活动前，按照座位顺序组成五人小组；提前制作好小组展示需要用的海报底稿；了解自己所负责的小组任务分工。

【班会过程】

一、班会活动导入

通过导入部编版语文教材一年级下册第四单元第十课《端午粽》，提出端午节的节日传统之一为包粽子，从而抛出问题：端午节的来源是什么？端午节还有什么传统习俗？习俗的具体活动是什么？与屈原有关的故事是什么？古代人如何过端午节？现代人如何过端午节？让学生选择其中一到两个问题进行思考。

二、小组合作，制作端午节班级宣传海报

（一）小组合作前

学生选择好问题，初步对问题进行思考；拿出自己小组制作的海报底稿，进行小组讨论，明确五位成员的具体分工。教师相机指导，尽量使分工有序和有效率。

（二）小组合作中

学生按照自己的具体分工进行活动实践。两名学生共同负责整理小组内的资料卡片，一名学生按照海报底稿的留白位置，选择合适且重要的资料卡片，另一名学生负责卡片的粘贴和材料准备整理；两名学生负责丰富海报内容和涂色上色；另外一名学生，负责香囊

材料的整理和其他学生香囊的制作，以及协助其他学生完成各自任务。

（三）小组合作结束后

进行材料整理和未完成内容的归纳工作。

三、制作香囊

1.教师展示香囊的制作方法和步骤，并强调制作的注意事项。

2.学生进行自主任务分工，分出制作香囊的同学和完善海报的同学。

3.制作好香囊后，保证每一位学生手中都有一个香囊。

四、学生展示

每个小组推举出一名海报介绍员，上讲台进行海报介绍。

五、学生互评

小组展示结束后，小组内的每个组员拥有一次投票权，选出最优展示小组。每位学生手中的香囊就是票，赠送给自己认为最好的小组。收到香囊最多的组，便是最优小组。

选出最优小组之后，学生说一说自己为什么这样投票，最优小组的展示有哪几点是需要我们学习的。最后，教师根据学生的评价进行总结。

六、教师小结

1.总结学生的评价和展示中出现的问题以及改进措施。

2.结合主题班会，提出了解认识传统节日文化的重要性。

3.希望每位学生在日后的学习生活中，弘扬传播优秀的传统节日文化，热爱我们国家的传统文化。

【班会延伸】

端午节中包粽子的习俗必不可少，可以让学生回家去体验。在家长的帮助下，可以让包粽子的难度降低，方便学生进行动手实践。布置"体验包粽子"的课下拓展延伸作业，要求在家长的帮助下，自己包粽子。同时，让学生选取一些照片放到下次班会课上，并分享自己包粽子的心得体会。

【班会评价与反思】

本节主题班会，在课程中加入了过程性评价，如学生用香囊互相评价出最优小组。主题班会结束后，展开总结性评价。依据表2-1和表2-2对学生进行评价。

表 2-1　端午主题班会评价表

阶段	评价内容	自评	组员互评	师评
班会准备	我能够有目的地搜集资料			
	我能够搜集很多有价值的资料			
	我制作的资料卡片被小组海报取用了			
班会课程中	我能够按照分工进行小组活动			
	我能够和其他同学进行讨论，并且提出自己的问题和看法			
	我能够自主制作香囊			
	我能够指出海报的优缺点			
班会课程后	我能够体会到传统节日文化的乐趣所在			
	我充分了解了传统节日文化知识			

表 2-2　拓展延伸环节评价表

阶段	评价内容	自评	家长评	师评
包粽子准备	我能够帮助家长完成包粽子所需的材料准备			
包粽子	我能够耐心倾听家长所讲的步骤要求			
	我能够在包粽子的过程中发现自己的问题，并虚心请教家长			
	我能够自己包粽子			
包粽子完成后	我能够体会到包粽子的乐趣所在			
	我学会包粽子了			

【附录】

1.班会课程各环节时间预计：导入（2分钟）、小组合作（20分钟）、制作香囊（3分钟）、展示环节（10分钟）、生生互评（3分钟）、教师小结（2分钟）。

2.主题班会所需材料：A3白纸、各色彩笔、香囊袋、香料、香料勺、绳子、剪刀、胶水等。

今年过春节，让我们做一个快乐的劳动者

【设计者单位及姓名】

北京市石景山区第二实验学校 林海晴

【年级】

五年级

【背景依据】

本班共 29 名同学。课前使用"问卷星"小程序对学生的家乡、学生对春节民俗的了解、学生在春节期间开展的活动、你了解的春节有没有什么小秘密等内容进行调查。通过调查问卷，得知本班学生大多来自北方，而且许多学生在春节期间缺少劳动，所以本次班会以了解北京春节的劳动者为活动主题。

五年级学生已经有一定的动手实践能力，所以本次班会活动关注学生发展，重视学生的主体地位，以学生活动为主，由学生主持、学生负责、人人参与。在班会活动中，倡导学生主动参与、乐于探究、勤于动手，给学生一个足够展示自己的舞台。

【设计思想】

2017 年，中共中央办公厅和国务院办公厅印发《关于实施中华优秀传统文化传承发展工程的意见》，明确到 2025 年基本形成中华优秀传统文化传承发展体系的总体目标，确定以核心思想理念、中华传统美德、中华人文精神为中华优秀传统文化传承发展的主要内容，强调将"优秀传统文化贯穿国民教育始终"作为重点任务之一。2021 年，教育部印发《中华优秀传统文化进中小学课程教材指南》，明确了中华优秀传统文化教育在课程教材中的主要内容、载体形式、学段要求、学科安排，首次对中小学课程教材如何有效落实中华优秀传统文化教育进行了顶层设计。2022 年，教育部颁布《义务教育课程方案（2022年版）》，明确要求"将社会主义先进文化、革命文化、中华优秀传统文化、国家安全、生命安全与健康等重大主题教育有机融入课程，增强课程思想性"，并根据学科特色和实际情况设置了中华优秀传统文化的相关内容。作为德育的重要一环，班会自然应该承担起培养学生民族自豪感、提高学生人文素养的重任。春节，是我国民间最隆重、最热闹的一个传统节日。春节这个中国传统节日已被列入国家级非物质文化遗产保护名录，还列入了法定节假日，这体现了国家对传统民俗节日的重视。

然而，近年来有些人青睐于过西方的节日，忽视了我国的传统节日。小学生，年纪尚小，身心发展不成熟，知识储备少，极易受到周围环境的影响。青少年学生虽然热切盼望春节长假，但不少学生对这个节日的民俗意义和相关传统文化知识了解不多，认为所谓过春节无非就是家里人聚到一起吃吃喝喝，而对于春节的文化内涵知之甚少。针对学生缺乏对传统文化感知的现象，为加深他们对中华传统文化的了解，同时结合"春节文化"渗透劳动教育和感恩教育，希望同学们能够将"感恩"内化于心，外化于行，特召开这次主题班会。

【班会目标】

1. 通过这次主题班会，让学生深切感受春节的文化内涵，切实参与到春节的劳动活动中，度过一个有意义的春节。

2. 通过这次主题班会，感受中国传统节日的魅力，增强学生对传统文化的认同感。

【班会准备】

教师准备：

1. 了解学情：课前使用"问卷星"小程序对学生家乡的春节习俗等内容进行调查。

2. 设计班会：整理本节班会所需要的文本、课件以及板书布置等。

学生准备：

1. 完成调查问卷。

2. 在过年期间，按组准备活动材料：传说习俗、春节劳动照片、春节期间的市场调研。

【班会过程】

一、翘首企盼望春节

（一）回忆导入

1. 教师出示欢度春节的图片，播放儿歌：小孩儿小孩儿你别馋，过了腊八就是年；腊八粥，喝几天，哩哩啦啦二十三；二十三，糖瓜粘；二十四，扫房子；二十五，冻豆腐；二十六，去买肉；二十七，宰公鸡；二十八，把面发；二十九，蒸馒头；三十晚上熬一宿；初一、初二满街走。

2. 教师导入：春节已经过去，这个春节大家过得开不开心？你们在春节都做了哪些有意思的活动呢？

（二）宣布班会正式开始

1. 教师导入：今天我们五年级一班就要召开一次关于春节的劳动分享会。现在老师宣布：五年级一班"今年过春节，让我们做一个快乐的劳动者"主题班会现在开始。

2. 教师板书。

设计意图：点明主题，让学生明白本节班会的内容。

二、各小组活动展示

（一）大扫除，忙整理——我是除尘小卫士

教师导入：每年从农历腊月二十三日起到除夕止，中国民间把这段时间叫作"迎春日"，也叫"扫尘日"。扫尘就是年终大扫除，北方称"扫房"，南方叫"掸尘"。在春节前扫尘，是我国人民素有的传统习惯。请第一小组的同学为我们讲述"二十四，扫房子"的故事。

1. 第一组学生讲故事："二十四，扫房子"。

设计意图：通过讲由来，在现代这个物欲横流的时代，带着学生走进传统生活，让他们去感受真正的中国传统节日的气氛，从而让他们从小就感受到中国传统文化的博大精深。

教师导语：作为家里的一员，你是怎样做的呢？

2. 第一组学生展示春节清扫照片：擦玻璃、扫地、擦桌子；给绿植松土、浇水；整理衣橱、清洗各种器具；拆洗被褥、窗帘；打扫屋子、庭院；收拾柜子、衣物等。同学们积极回应。

设计意图：通过学生观看图片，启发劳动的多面性。

（二）备年货，选物品——我是选购小达人

教师导语：过年前和爸爸妈妈们一起购置年货是最乐此不疲的事了，超市的商品琳琅满目，一起挑选过年需要用的各种各样的物品、食物。大家都兴奋不已，以前这些都是大人操心的事，现在随着同学们家庭主人翁意识的增强，也纷纷参与进来，第二小组的同学就发现了春节期间超市里的小秘密，我们一起来看看吧！

1. 第二小组活动展示：市场调查结果。

春节前夕，我市各大超市和农贸市场年货价格普遍上涨，与前一周相比，春联、中国结、大红灯笼等年货的价格，以及肉、禽、菜、水产品价格上涨幅度较大，在调查的商品中，占七成以上的商品价格上涨，其中蔬菜价格涨幅最大。通过寒假期间对住所周围的各大超市和农贸市场蔬菜价格的调查，分析调查数据，得出春节期间蔬菜价格普遍上涨的原因：过年期间，营业的商家会比平时要少，还有一些商家继续经营，想的是趁过年多赚点钱，所以在过年期间价格会有一定的上涨。

教师导语：那作为选购小达人，结合第二小组的调查结果，应如何制订春节期间的选购计划呢？

2. 制订春节期间选购计划，见表2-3。

表2-3　春节期间选购计划

种类	清单	数量	价格	时间
肉类	鸡肉、鱼肉、螃蟹、虾、排骨			
蔬菜类	白菜、菠菜、土豆			
水果类	苹果、橘子、橙子			

种类	清单	数量	价格	时间
零食类	瓜子、花生、糖			
辅料类	油、盐、酱、醋			
年货类	春联、福字			

3. 小组完成任务单，进行讨论。

设计意图： 学生通过讨论，交流春节期间的所见所闻，同时学会合理使用金钱，培养正确的消费观。

（三）亲下厨，露一手——我是年夜饭的小主厨

教师导语：每年的年夜饭都是长辈们忙里忙外，同学们只负责吃。今年大家也开始体谅大人的辛苦，自觉地帮着父母下厨，有的打下手，帮着洗菜、择菜、切菜；有的撸起袖子，胸有成竹直接下厨露一手，做出了自己的拿手好菜；还有的帮着父母包水饺。你们真是深藏不露，个个身怀"绝技"！

1. 第三小组分享视频：我的拿手好菜。

2. 同学们观看视频，看完后，第三组同学拿出提前准备好的拿手菜，和同学们一起分享。

三、宣布班会结束

教师导入：通过多种活动，同学们认识到了春节期间要积极踊跃地劳动起来，为家里贡献一份力量，希望同学们都能成为家庭的小主人！下面我宣布五年级一班"今年过春节，让我们做一个快乐的劳动者"主题班会到此结束。

【班会延伸】

1. 通过此次班会的探讨，使学生更深层次地了解在春节进行劳动的方式，并在生活当中付诸实际行动。

2. 在班级公众号上展示同学们的劳动成果。

【班会评价与反思】

本次主题班会采用了直观生动、有趣的现代化教学手段，通过制作 PPT、讲故事、进行市场调研、制作视频，把春节中发生的事情搬到课堂上，激发学生的学习兴趣。通过让学生积极参与，达到一种学生自我教育的良好目的。

本次班会主要的设计特点表现在：

1. 班会教育具有针对性，起到了良好的导向作用。通过本次班会学生懂得了过春节在享受快乐的同时也有很多人在付出劳动，自己也应该参与到劳动之中。

2.通过班会,锻炼了学生的辨析能力、社会实践能力、参与能力,发挥了学生的主体性。

3.这次班会开展的几个活动,紧密围绕班会主题,以劳动为线索,以小见大,以点带面,体现出了教育性、知识性、趣味性,并注重教育的实效性。

4.主题班会不仅实现了设定的教育目标,还对班集体的整体风气发挥积极引领作用,同时利用活动延伸,确保班会目标的落实。

【附录】

二十四扫房子

问题一:为何强调在年前扫房子?

春节是个辞旧迎新的日子,在新的一年里,人们都想摆脱烦恼和不顺,希望可以吉祥如意、身体安康,这时就要强调扫房子了。扫尘谐音就是扫陈,意思是说通过打扫,可以把原来的疾病、烦恼给扫除掉!这表达了人们对新生活的向往,对未来充满了憧憬和希望。

问题二:为何强调在腊月二十四扫房子?

对于扫房子的原因大家有所了解了,可是很多人还有一个疑问就是扫房子哪天不行,为何偏偏在腊月二十四扫房子,其他日子不能打扫吗?

关于腊月二十四扫房子还有传说呢,在古代人们认为很多神仙在腊月二十三就要离开凡间,上天汇报情况,所以在腊月二十三之后就可以放心地打扫卫生,这时不用担心因为打扫卫生冲撞了各路神仙。腊月二十三之后的第一天就是腊月二十四,二十四打扫完卫生,就可以忙着办理年货了。

所以人们就约定俗成在腊月二十四扫房子,并且一直传承至今。

问题三:扫房子的时候该注意什么?

1.打扫要彻底。

扫房子顾名思义就是要把家里沉积一年的灰尘清扫干净,所以这时一定要细心,床底、储物间等地方都要注意到,千万不能有所遗漏。

2.正对大门不要留杂物。

古代民间认为,大门是财气和好运的入口,所以扫房子也要顺便把正对大门的杂物挪开,以免新的一年里好运进不来,这表面上好像有点迷信,实际上把正对大门的杂物挪开,咱们走路也方便,看着也比较舒服。

红红火火过大年

【设计者单位及姓名】

北京市石景山区第二实验学校　　刘江超

【年级】

一年级

【背景依据】

我国对传统民俗节日十分重视，春节这个传统节日被列入国家级非物质文化遗产名录，还被列入法定节假日。然而，同学们虽然热切盼望春节长假，但一年级学生对这个节日的民俗意义和相关传统文化知识了解不多，对春节的来历、风俗、文化内涵等知之甚少。学生缺乏对传统文化感知的现象，为了加深他们对中华传统文化的了解，特召开这次主题班会。

【设计思想】

中国是一个历史悠久的国家，有着众多的传统节日，这些传统节日是历史优秀文化的集中体现，是民族情感和民族精神的凝结纽带，不仅集中体现了中华民族的理想信念，还是维护国家统一和社会和谐的重要精神力量。中华传统节日文化中蕴含着丰富的德育价值，这些传统节日文化中的德育价值对教育青少年有着不可估量的作用。

教育部印发的《中小学开展弘扬和培育民族精神教育实施纲要》明确提出，中小学开展弘扬和培育民族精神教育要根据青少年身心发展特点和规律，通过丰富多彩的教育活动，教育、引导学生树立中国特色社会主义的共同理想和正确的世界观、人生观、价值观，不断增强民族自尊心、自信心和自豪感，努力培养和造就有理想、有道德、有文化、有纪律的德智体美全面发展的社会主义建设者和接班人。本节班会的设计，借助我国最盛大最热闹的传统节日——春节来引领学生感受我国传统文化的博大精深，从而激发学生热爱祖国的情感。

【班会目标】

1.通过活动让学生感受春节的欢乐气氛，了解春节各地的风俗，激励学生积极向上的生活态度，帮助学生增强节日文化理念，弘扬节日文化。

2.增强学生爱父母、爱家乡、爱祖国的感情。

【班会准备】

教师准备：

1. 背景音乐《春节序曲》《节节高》。

2. 布置教室，体现节日气氛。

家长准备：

1. 帮助孩子通过电话、微信等形式向爷爷奶奶、姥姥姥爷等长辈了解自己家乡过春节的风俗习惯。

2. 提前帮孩子准备好过春节时才能吃到的具有代表性的美食。

学生准备：会背课本中与春节有关的童谣。

【班会过程】

一、引入班会主题

教师导入：在我们的语文书中有一首脍炙人口的童谣，是哪首童谣呢？（出示：《春节童谣》内容，学生自由阅读）你们还记得这首童谣的名字吗？对，叫《春节童谣》。每年放寒假的时候，同学们都会和家里的亲人过一个特别盛大、特别隆重的节日——春节。（播放《春节序曲》）随着春节脚步的临近，我们都特别高兴，今天我们就在班里与家长、老师及同学们一起红红火火地过一个大年！

设计意图：点明主题，让学生明白本节班会的内容。

二、了解"年"的传说

教师导入：同学们你们知道"年"是怎么来的吗？关于"年"的来历历史上有很多典故和传说，今天老师就给大家讲一个有关"年"的传说小故事。（教师讲故事，故事内容略。）

设计意图：通过讲古代故事，激发学生探究有关春节风俗的兴趣，初步感受我国几千年的传统文化的深厚。

三、天南地北过大年

教师导入：历经几千年历史，春节已经成为我们中国人生活当中很重要的传统节日了。正月初一，年之始，春之初，万象更新。过年在我们每一个中国人的心里都有着不同的期待和感受，同学们你们每年是怎么过年的呢？

（一）学生交流

1. 活动一：庆祝方式。

教师导入：我们中国地大物博，很多地方过春节都有自己的庆祝方式，你们想知道他们是怎么庆祝的吗？

（1）播放视频或音频：家长们介绍自己家乡过春节的不同风俗习惯。

（2）现场请少数民族的家长表演他们过春节时跳的舞蹈或演唱的歌曲。

设计意图： 学生通过观看视频、听采访录音等形式，近距离感受各地过春节的风俗习惯，感受春节的热闹景象，从而增强民族自豪感。

2.活动二：各地美食。

教师导入： 今天很多小朋友从家里带来了家长亲手制作的春节时所吃的各种美食，现在我们就请他们来介绍一下自己带来的美食吧。

设计意图： 通过介绍带来的美食，把学生带入过节的愉快氛围中，并感受尽管我国各地区庆祝节日的方式各有千秋，但主题均相同，皆为辞旧迎新。这不仅能加深学生对中华传统节日的理解，也能激发他们对传统文化的兴趣。

（二）动手制作，互送小心意

（播放乐曲《节节高》）

教师导入： 同学们，春节是一个特别喜庆的节日，在这个节日中，很多亲朋好友都会为我们送上真挚的祝福和精美的小礼物，今天我们也动动自己的小手，为你最好的朋友送一个亲自设计、亲自剪出的小窗花吧。

设计意图： 中国是礼仪之邦，从古至今就有"礼尚往来"的风俗，很重视"礼节、礼仪"。在过节时送朋友一些礼物，用以表示祝贺。学生通过互送自己动手制作的小礼物，增进了彼此之间的感情，同时还锻炼了动手能力。

四、班会结束

宣布班会结束，并让学生们在回家后帮助家长策划今年的春节怎么过。

【班会延伸】

1.通过此次班会的召开，让学生对我国最盛大的传统节日——春节在原有认知上有了进一步的了解。

2.让学生根据班会上所了解、所感受的内容，亲自帮家里设计一个今年春节怎么过的方案，从而达到家校共育的目的。

【班会评价与反思】

考虑到一年级小学生的年龄特点及原有的认知，本次主题班会采用了直观生动、有趣的现代化教学手段，通过讲小故事、观看视频等方式，让学生积极参与其中，达到学生自我教育的良好目的。

1.班会教育具有针对性，起到了良好的导向作用。通过本次班会，打破了学生对春节这个传统节日的原有认知，激发了他们探索我国丰富的节日风俗的兴趣，并提升了他们的民族自豪感。

2.班会前通过对家长的积极动员，让学生产生身临其境的感觉，切身感受到春节期间特有的节日氛围。

3. 课后的拓展活动具有一定的可操作性，通过任务的布置，达到家校共育的目的。

【附录】

材料一：春节童谣

小孩儿小孩儿你别馋，

过了腊八就是年；

腊八粥，喝几天，

哩哩啦啦二十三；

二十三，糖瓜粘；

二十四，扫房子；

二十五，冻豆腐；

二十六，去买肉；

二十七，宰公鸡；

二十八，把面发；

二十九，蒸馒头；

三十晚上熬一宿；

初一、初二满街走。

材料二：有关"年"的故事传说

传说中国古时候有一种叫"年"的怪兽，头长尖角，凶猛异常。"年"兽长年深居海底，每到除夕，爬上岸来吞食牲畜，伤害人命，因此每到除夕，村子的人们扶老携幼，逃往深山，以躲避"年"兽的伤害。

又到了一年的除夕，乡亲们像往年都忙着收拾东西准备逃往深山，这时候村东头来了一个白发老人，白发老人对一户老婆婆说只要让他在她家住一晚，他定能将"年"兽驱赶走。众人不信，老婆婆劝其上山躲避，但老人坚持留下，众人见劝不住，便纷纷上山躲避去了。当"年"兽像往年一样准备闯进村的时候，突然传来爆竹声，"年"兽再也不敢向前凑了。原来"年"兽最怕红色、火光和炸响。这时大门大开，只见院内一位身披红袍的老人哈哈大笑，"年"兽大惊失色，仓皇而逃。

第二天，当人们从深山回到村里时，发现村里安然无恙，这才恍然大悟，原来白发老人是帮助大家驱逐"年"兽的神仙，人们同时还发现了白发老人驱逐"年"兽的三件法宝。从此，每年的除夕，家家都贴红对联，燃放爆竹，户户灯火通明，守更待岁。这一风俗越传越广，就成了中国民间最隆重的传统节日"过年"。

月儿圆，家团圆

【设计者单位及姓名】

北京市石景山区实验幼儿园　李萌

【现状分析】

大班幼儿已经有了许多过中秋节的生活经验，能够进行简单回顾，对中秋节的传统习俗有一定的了解。他们对父母有浓浓的依恋之情，共情能力不断提高。他们会将在家中积累的生活经验迁移到幼儿园的游戏、活动中，愿意与他人共同分享内心想法。但幼儿受年龄特点的限制，经验不足，需增强对中国传统节日的体验感。

设计意图：教师要把爱国情感、理想信念、道德认知、良好习惯春风化雨般播入孩子的心田，使幼儿在传统文化的熏陶中萌发文化自信，为国家未来传统文化的继承和发扬做好人才奠基。本次班会将创设宽松的环境，提供可以让幼儿自主探究、自由表达的机会与条件，鼓励幼儿通过直接感知、实际操作、亲身体验的方式感受如何与家人团团圆圆过中秋节，感受中秋节所特有的文化艺术性，从而萌发热爱中华传统文化的情感。

【班会对象】

大班幼儿

【班会目标】

1.知道中秋节是我国的传统节日，提升对中华传统节日的亲切感。
2.在做月饼、扎灯笼、画兔爷等游戏活动中，体验中秋节的传统习俗。
3.一起为中秋节做准备，体验中秋节家人团圆的快乐。

【班会准备】

知识经验准备：
1.看中秋节相关绘本，通过绘本阅读及资料收集，初步了解中秋节的传统习俗。
2.有做月饼的经验，有扎灯笼、画兔爷等手工制作经验。
3.了解月相变化。
物质材料准备：
1.绘本《喊月亮》PPT、月亮计时器 PPT、《中秋》歌谣、互动大屏等。

2.月饼、灯笼、兔爷、灯谜等制作材料。

【班会过程】

环节一：回顾绘本，充分激发幼儿对中秋节家人团圆的期待。

1.播放PPT：教师提问，回顾《喊月亮》情节。

教师导语：还记得我们之前分享的这个绘本吗？这本书叫什么名字？故事里的小姑娘叫什么？她为什么要喊月亮呢？

2.幼儿根据自己对故事的理解较清楚完整地进行表述。

3.教师小结："因为每年八月十五中秋节夜晚的月亮最大、最圆、最明亮，象征着团圆美满，所以在中国人心目中中秋节是一个相当重要的节日，在这一天晚上所有的家人都要团聚在一起，赏明月庆佳节。"

环节二：创设情境，在游戏活动中亲身体验中秋节的传统习俗。

1.创设月月打电话请幼儿帮助的情境，激发幼儿想要帮助月月一家实现举办中秋团圆欢聚会的愿望。

教师导语：就在月月一家在为中秋团圆欢聚会做准备的时候，月月打来电话向咱们班的小朋友寻求帮助，你们想要听一听月月说了什么吗？

点击PPT场景，月月说："中秋节马上就要到了，我们家准备举行一场中秋团圆欢聚会，可是还有一些物品没有准备好，小朋友们你们能帮帮我们吗？"

教师邀请幼儿点击PPT上月月家人的图像，了解月月一家举办中秋团圆欢聚会的具体内容，有帮助月月一家做点儿什么的初步想法。

爷爷说："我想要扎一些漂亮的灯笼来为家人祈福。"

奶奶说："我想为家人们做一些香甜可口的月饼。"

妈妈说："我要和月月一起画兔爷。"

爸爸说："我要制作一些中秋灯谜，好陪月月玩儿猜谜。"

鼓励幼儿表达自己的想法，为接下来的操作活动做简单的计划。

教师导语：你想要帮助谁、做什么？

2.幼儿自由分组，按照自己的想法帮助月月一家做准备。

幼儿亲自动手操作，教师进行巡回指导。

幼儿制作过程中，屏幕上呈现月亮计时器，从月缺到月圆。

教师导语：在你们做准备的时候，月亮计时器也在一点一点变化着，当月亮变得又圆又大，《中秋》歌谣响起的时候，月月家的中秋团圆欢聚会就要开始了。这时大家就要完成各自的任务回到老师这里，准备跟月月家一起欢度中秋。

3.迁移操作经验，说一说自己家的中秋节可以怎样过。

回顾经验，幼儿围坐在一起，说一说刚才为过节做准备的感受。

教师导语：说一说你刚才帮月月家做了什么？在制作的过程中有什么感受？

联系实际，说一说自己家的中秋节怎样过？你最想和谁一起过中秋？

教师导语：今天，我们帮助月月完成了一家人欢欢乐乐过团圆节的准备工作，我想问问小朋友们，你家怎样过中秋节呢？你最想和谁一起过中秋？

小结：今天小朋友们谈了帮助月月一家过中秋节的感受，也分享了自己家过中秋的情景。这些关于中秋的分享都特别温馨、特别美好。今年的八月十五中秋节马上就要到了，希望咱们都能像月月一样和家人团团圆圆、快快乐乐地度过中秋佳节。

3.欢乐时光，和月月一家共度中秋。

以角色扮演的方式把月月一家请到幼儿园，与小朋友一起过中秋节。

听到敲门声，月月一家来到幼儿园。

教师导语：呀，快看！月月一家来到了我们班，我们和月月一家一起过中秋节吧！

和月月一家赏花灯、猜灯谜、吃月饼。

在歌唱《中秋》童谣中自然结束。

教师导语：中秋节是团圆节，是传承了许多许多年的传统节日。在这样一个欢乐美好的时刻，让我们一起再来唱一遍《中秋》这首童谣吧，祝福每一个小朋友和自己的家人中秋快乐，幸福团圆！

【班会延伸】

1.基于班级中秋主题活动的开展，本班幼儿向平行班级发出邀请，共同举办"幼儿园大班亲子中秋游园会"，通过参与猜灯谜、赏兔爷等传统中秋游乐项目，充分体会与爸爸妈妈一起过节的快乐。

2.收集幼儿与家人共度中秋的照片及绘画作品，帮助幼儿制作一本名为《中秋之绘》的自制绘本。绘本包含中秋节的节日习俗、我家的中秋节、幼儿园的中秋节等版块，鼓励幼儿将自己对中秋节的体会与感受用图形、符号等方式表达、表现出来，帮助幼儿提升对中国传统节日的亲切感。

【班会反思】

本次活动内容贴近幼儿生活，注意挖掘节日的情感价值、文化价值，让幼儿在游戏体验中了解关于中秋节的节日风俗、礼仪等。活动内容引发了幼儿的探究兴趣。教师在活动中融入了多媒体技术，从而营造了轻松自然的学习氛围。

月儿圆，人团圆

【设计者单位及姓名】

北京市石景山区第二实验学校　熊保红

【年级】

二年级1班

【现状分析】

一、实践背景

《北京市大中小幼一体化德育体系建设指导纲要》明确指出：尊重不同学段学生的思想认知规律，把握各学段目标的差异性。幼儿园阶段正在开展活动性学习，注重示范引导。小学阶段正在开展启蒙性学习，运用环境熏陶、表扬惩戒、说服教育等方法，让小学生心中有榜样。初中阶段正在开展体验性学习，整体构建德育活动课程，全面提升核心素养。

本节班会是在石景山区实验教育集团幼小初中华优秀传统文化教育纵向衔接一体化行动研究的背景下，以"中秋赏明月 共话家国情"为主题，开展的一体化教育活动，力求通过此次活动，增强学生对中华优秀传统文化的亲切感，提高学生对中华优秀传统文化的认同度。

二、学段特点

二年级的学生活泼好动，喜欢探索新事物，对未知的事物充满了好奇心。这使得他们更加积极主动地去学习和探索，从而更好地适应学校和社会的环境。他们有了自己的想法和主张，更加自信和独立，更加愿意表达自己的意见和想法。

三、班情特点

本班孩子天真活泼、思维活跃，且学习的积极性很高。课堂上孩子们参与度很高，他们积极大胆地展示，非常善于表达。通过"月儿圆，人团圆"主题班会活动，孩子们对中华优秀传统文化有了更清晰的认知，增强了文化自信。

【设计理念】

在《完善中华优秀传统文化教育指导纲要》中指出，小学低年级以增强学生对中华优秀传统文化的亲切感为重点，开展启蒙教育，培养学生热爱中华优秀传统文化的感情。

在《北京市大中小幼一体化德育体系建设指导纲要》中强调，幼儿园大班要把爱国情感、理想信念、良好的习惯春风化雨般播入孩子们的心田；小学高年级要引导学生逐步形成相对理性的情感认知；初中高年级要充分利用"初升高"人生选择的契机，强化理想信念教育。

主体性教育认为，有效的教育活动应以学生的全面发展为活动目标，以科学合理的设计为活动内容，以学生主动参与为活动策略。教师应有效地引导，让学生积极主动地参与到教育活动中去，从而实现自身的发展。

【班会目标】

1. 知道中秋节是我国的传统节日，了解中秋节的来历和相关习俗。
2. 通过交流分享和手绘团扇活动，了解中秋节的文化内涵。

【班会准备】

教师准备：
1. 了解学情：课前通过采访的形式了解学生对中秋节的认识情况。
2. 设计班会：整理本节班会所需要的文本、课件等。
3. 准备教学用具：准备足够的团扇。
学生准备：
查阅、搜集有关中秋节的来历和习俗的资料。

【班会形式】

互动分享、交流感悟、手绘团扇等。

【注意事项】

1. 召开班会前，要对班会的形式、内容、过程进行充分的设计。
2. 班会召开过程中，班主任要关注到每一位学生，注重班会过程的生成性，引导每一位学生加入活动中来。
3. 做好总结、检查工作，巩固教育效果。

【班会过程】

一、情境导入

教师导语：同学们，一年级时我们学过李白的《古朗月行》，大家一起来背诵好吗？
学生齐背诵，出示古诗《古朗月行》课件。

这首古诗让你联想到哪个传统节日了吗？
预设：八月十五中秋节。

中秋节是我国重要的传统节日。谁能简单介绍一下中秋节的来历和习俗呢？

预设 1：通过查阅资料，我知道中秋节源自天象崇拜，由上古时代秋夕祭月演变而来。中秋节又称"月夕""秋节""八月节""拜月节""团圆节"等。

预设 2：中秋节自古便有祭月、赏月、吃月饼、看花灯、赏桂花、饮桂花酒等民俗。

预设 3：中秋节要和家人一起吃团圆饭。

教师小结：同学们了解的中秋节知识可真多。中秋节与春节、清明节、端午节并称为中国四大传统节日。今天我们班会课的主题是：月儿圆，人团圆。

设计意图：这一环节从学生齐背一年级学过的古诗《古朗月行》导入，引出八月十五中秋节这个传统节日，接下来简单介绍一下中秋节的来历和习俗，进而引出"中秋节月儿圆即人团圆"，直奔主题——月儿圆，人团圆。

二、交流分享

中秋节在我们中国人眼里，是非常重要的节日。同学们，你们家都是怎么过中秋节的呢？请大家来说一说？

预设 1：我和爸爸妈妈在阳台上边吃月饼边赏月，感叹月亮真美啊！

预设 2：我和爸爸妈妈没有买到回老家的票，中秋节晚上我们跟爷爷奶奶微信视频，给他们送去中秋节的问候和最美好的祝福。

教师小结：通过你们的分享和展示，我不仅看到了大家以不同的方式和家人一起欢度佳节的情景，还感受到了大家中秋节和家人在一起的那种激动之情。

三、手绘团扇

刚才我们和家人用不同的形式一起欢度了中秋佳节，感到非常的幸福。著名漫画家丰子恺先生也用他的漫画描绘了他心中的中秋节，我们一起来欣赏。

出示漫画：

能说说你们看到了什么吗？

预设1：有一家四口在中秋夜团圆了。

预设2：他们脸上带着笑容。

预设3：他们手牵着手，很幸福。

教师小结：同学们说得都很好，从漫画当中我们可以看出一家四口三代人在中秋节团圆了，他们在中秋月色下的合影，展示了家人之间浓浓的爱意。

是啊，大家都渴望团圆，特别是在中秋节这一天，人们都想与家人欢聚一堂、共赏明月。你们看看老师手里这个圆圆如月的东西是什么？（展示团扇）团扇代表着团圆美满，画团扇也是庆祝中秋节的一项习俗，下面请大家拿起画笔在团扇上画出你心中的中秋节。画完后全班展示交流。

预设1：我画了月饼，月饼是圆的，代表着团团圆圆。

预设2：我画了嫦娥，她抱着小兔子来到人间想和后羿团聚。

预设3：我画了一轮明月，在旁边写了一句诗：举头望明月，低头思故乡。中秋节看到月亮会更加思念自己远方的亲人。

教师小结：你们真有想法。当举头遥望高挂在天空的一轮明月时，会分外思念远方的亲人，不禁发出月圆人圆事事圆的祝愿，真可谓"月是故乡明，人是故乡亲"。

设计意图：先由丰子恺先生的中秋漫画切入，让孩子们欣赏漫画中家人团圆的场景，再开展手绘团扇的活动，让学生深切感受中秋节的美好寓意。

四、升华情感

教师小结：中秋节是中华民族重要的传统节日，愿我们在那一天都能与亲人团圆，共享美好的时光。同学们，和家人在一起是最幸福的，希望大家都能珍惜和家人团圆的美好时刻，大声告诉你的家人你爱他们。月儿圆月儿圆共赏月儿盼团圆，同学们可以把自己精心绘制的、象征美满团圆的团扇带回家，把它的美好寓意与家人分享，老师在这里也把美好的祝愿送给你和你的家人，祝福大家幸福安康！（配乐：《明月几时有》）

设计意图：通过教师的总结和让学生大声说出对家人的爱，他们能够更加珍惜和家人团圆的幸福时刻，并懂得如何表达自己对家人的爱。

【班会延伸】

中秋节讲究的就是阖家团圆，团圆之时你会发现你的父母会为他们的父母做一些事情，比如：陪伴他们聊聊天，亲手为他们做饭等。请你们在中秋节当天也为自己的父母做一些力所能及的事，以照片或视频的形式记录下来并在班级展示。

【班会反思】

班会活动以落实班会目标为目的，以学生现实生活为依托，本次教学活动设计分为三大块：话中秋、画团扇和叙真情，让学生在活动的过程中体会中秋节是我国的传统节日，在收集资料、手绘团扇的过程中了解中华优秀传统文化。

【附录】

附件1：有关中秋节来历和习俗的文字资料

中秋节源自天象崇拜，由上古时代秋夕祭月演变而来。最初"祭月节"的节期是在干支历二十四节气"秋分"这天，后来才调至夏历（农历）八月十五，也有些地方将中秋节定在夏历八月十六。

中秋节，又称"月夕""秋节""仲秋节""八月节""八月会""追月节""玩月节""拜月节""女儿节""团圆节"，是流行于全国众多民族中的传统文化节日。因其恰值三秋之半，故得此名。据说此夜月亮最大最圆最亮。从古至今人们都有中秋之夜宴饮赏月的习俗。其起源于上古时代，普及于汉代，定型于唐朝初年，盛行于宋朝以后，与春节、清明节、端午节并称为中国四大传统节日。中秋节自古便有祭月、赏月、吃月饼、看花灯、赏桂花、饮桂花酒等民俗。

据《周礼》记载，周代已有"中秋夜迎寒""秋分夕月（拜月）"的活动；农历八月中旬，又是秋粮收获之际，人们为了答谢神祇的护佑会举行一系列仪式和庆祝活动，称为"秋报"。中秋时节，天高气爽，月朗中天，正是观赏月亮的最佳时令。因此，后来祭月的成分便逐渐为赏月所替代，祭祀的色彩逐渐褪去，而这一节庆活动却延续下来，并被赋予了新的含义。北宋时期，正式定农历八月十五为中秋节；明清时期，中秋节成为我国仅次于春节的第二大传统节日。千百年来几经流转变换，最终"阖家团圆"的精神指向成为今天中秋节的主要文化内涵。

2006年5月20日，中秋节被国务院列入首批国家级非物质文化遗产名录。2008年1月1日，中秋节被列为国家法定节假日。

附件2：同学绘制的团扇。

月儿圆，思团圆

【设计者单位及姓名】

北方工业大学附属学校　张莹

【班级】

五年级 3 班

【现状分析】

一、实践背景

石景山区实验教育集团主要依据《北京市大中小幼一体化德育体系建设指导纲要》《完善中华优秀传统文化教育指导纲要》等文件精神及要求，进行幼小初中华优秀传统文化教育纵向衔接一体化行动研究。将中华优秀传统文化有机地融入学校课程及实践活动中，有效开展家国情怀教育，不断地传承和发扬中华优秀传统文化，引导学生增强文化自信。

小学低、中段学生以增强其对中华优秀传统文化的亲切感为重点，开展启蒙教育。本学段学生在此基础上，应逐步形成相对理性的情感认知。中华民族的传统文化有着丰富的文化内涵，为学生形成理性的情感认知及坚定的理想信念提供了一个良好的教育契机。本次班会，在对学生开展以"中秋"为主题的中华优秀传统文化教育中，将提高学生对中秋节这一中国传统节日的感受力作为重点，通过开展各种活动，让学生了解中秋节蕴藏的文化内涵，感受中华优秀传统文化的博大精深，从而形成理性的情感认知，树立正确的人生观、价值观。

二、学段特点

本次执教学段为小学高段五年级的学生，他们的认知水平、逻辑思维能力和抽象思维能力都逐渐提升。

在情感特点方面，他们有了一定的自我意识，也开始关注自己的情感需要，此时也正是引导学生树立正确的情感价值观的重要契机。

三、学情分析

赏月、吃月饼、和家人团圆这些中秋习俗同学们都知道，而对中秋节的文化内涵却知之甚少。

因此，本节班会在学生原有认知的基础上，结合"关于中秋你还想了解什么？"开展小组活动。根据学生希望了解的内容自由组合，确定研究内容，并分组合作，筛选出符合学习需求的内容。希望通过多元化的探究方式，以及老师的引导，学生能够真正理解中国传统节日的文化内涵，增强文化自信，积极弘扬传统文化，争当传统节日的宣传小使者。

【设计理念】

《义务教育课程方案和课程标准（2022年版）》指出："整体理解与把握学习目标，注重知识学习与价值教育有机融合，发挥每一个教学活动多方面的育人价值。探索大单元教学，积极开展主题化、项目式学习等综合性教学活动，促进学生举一反三、融会贯通，加强知识间的内在关联，促进知识结构化。"

《完善中华优秀传统文化教育指导纲要》指出："小学高年级，以提高学生对中华优秀传统文化的感受力为重点，开展认知教育，了解中华优秀传统文化的丰富多彩。"

本节班会，依据石景山区实验教育集团大主题下的学段目标，以及学生已有的知识储备，开展小组活动，探究中秋节的文化内涵，让学生体会中国传统文化的博大精深。

【班会目标】

1. 通过说文解字、诗词创作赏析、民俗文化探究等小组活动，增强学生对中秋节这一传统节日的感受力。

2. 通过《我们的中秋宣传册》的制作，激发学生弘扬中国传统节日文化的兴趣，进而争当中国传统节日宣传小使者。

3. 借助中秋公益宣传视频和学生家长录制的视频，表明团圆夜并不是所有家庭都能真正团圆，以此传达舍"小家"、为"大家"的家国情怀。

【班会准备】

教师准备：

1. 制作课前调查问卷。

2. 录制视频，制作 PPT。

学生准备：

1. 分组搜集关于中秋节的资料。

2. 准备课本剧需要的道具。

3. 制作小组汇报课件。

【班会形式】

讲授、学生展示。

【注意事项】

1. 学生准备的资料要有典型性，围绕中秋节这一传统节日，不偏离题目。

2. 准备课本剧道具时，注意安全。

【班会过程】

一、共话中秋，揭示主题

（一）谈话导入

中秋之夜，人们仰望着天空中如玉似盘的朗朗明月，期盼着和家人团聚。远在异乡的游子，也借此明月寄托自己对故土和亲人的思念之情。每年的中秋节我们都将与亲人团聚一堂，吃月饼、赏明月、叙亲情、享欢乐。关于这个富有浓浓人情味的节日，你都有哪些了解？同时，关于中秋节，你又想了解什么呢？我们先一起来看一看大家的回答。

（二）出示课前调查结果

问题一：你对中秋有哪些了解？

预设：

中秋节吃月饼、赏月、吃团圆饭……

问题二：关于中秋，你还想了解哪些内容呢？

预设：

1. 我想知道中秋这个名字的意义。

2. 我想多了解一些有关中秋节的诗词。

3. 我们家乡的中秋节有哪些活动、习俗？

4. 中秋节只是汉族的节日吗？别的民族过中秋节吗？

……

（三）揭示班会主题

从同学们对中秋节的了解中可以看出，赏月、吃月饼、吃团圆饭这些重要习俗同学们都知道，而对中秋习俗中蕴含的文化内涵却少有涉及。因此，请同学们结合问卷第二题"关于中秋你还想了解什么？"开展小组活动。老师根据大家感兴趣的内容进行了分类，分为语言文化组、诗词文化组、民俗文化组、非遗文化组。大家自由组合后，分组探究，分工合作，用实际行动弘扬中秋传统节日文化。今天我们就召开一节以"月儿圆，思团圆"为主题的班会。

板书：月儿圆，思团圆

设计意图： 从学生的年龄特点、兴趣和已有的生活经验出发，设计小组活动，激发学生参与活动的兴趣。

二、探究中秋，特色汇报

（一）小组汇报

第一组：语言文化组

1. 从"中""秋"两字的字源说起，理解中秋与团圆的关系，渗透"家文化"。

2. 小结："中秋团圆"习俗的形成，说明我们中国人对亲情、家庭极其重视。

相机板书：语言文化

第二组：诗词文化组

1. 鉴赏与中秋有关的古诗。

2. 分享自创古诗，感受中秋节相关古诗的特点。

3. 小结：与中秋相关的诗词，大多以月圆象征人团圆。古往今来，人们常用"月圆""月缺"来形容"悲欢离合"。诗人李白的"举头望明月，低头思故乡"，杜甫的"露从今夜白，月是故乡明"等诗句，都是千古绝唱。这就体现了中国人自古以来对家的重视。

相机板书：诗词文化

第三组：民俗文化组

1.学生通过采访家里的长辈、网络搜集资料等方式收集地方及各民族有关中秋节的民俗。

2.小结：这些习俗不仅反映了各民族和地方的传统，更是人们渴望家人团聚的表现形式。历经千年的文化积淀和内容演变，如今，有些民俗活动越发清晰和兴盛，有些民俗则逐渐衰落和模糊。不管这些民俗过去和将来的命运怎样，人们的庆祝方式如何变化，它所代表的家庭团圆、天人合一的内涵将永不过时，由此可见家庭团圆对中国人的重要性。

相机板书：民俗文化

第四组：非遗文化组

1.中秋节的非遗特色。

（1）表演中秋民俗舞蹈，中秋节的民俗舞蹈是一种非遗表演形式，旨在祈求丰收。

（2）手工艺品制作，中秋节的非遗文化还包括制作相关的手工艺品，如灯笼、扇子等物件。

2.表演剧本《中秋时节话兔儿爷》（见附件1）。

小结：中秋节蕴含的非遗文化让我们感受到中国传统文化的魅力所在。你们知道吗？传统泥塑兔儿爷是最具有代表性的北京非物质文化遗产之一，传说中兔儿爷能保全家平安，消灾祛病，是人们身体的保护神。因此老辈儿的北京人每到中秋节都会请一位兔儿爷回家。

相机板书：非遗文化

设计意图：学生根据自己感兴趣的话题组成小组，进行主题探究，能够增强对中国传统节日文化的感受力。

（二）教师小结

从同学们的分享中，我们了解了一些中秋节的文化内涵，特别是其中蕴含的"家文化"。"家文化"是传统文化中最主要的部分。"家"对中国人来说有着特殊的意义，家是爱的聚合体。中秋之夜，家家户户因爱相聚，我们用团圆的方式传承着"家文化"。

板书：家

设计意图：教师通过总结，渗透"家文化"的概念，使学生感受到中国人对家庭和家人的重视。

三、宣传中秋，汇集成册

（一）整理资料，组合成册

我们每个小组精心准备有关中秋节的资料，用个性化的展示方式呈现给大家，今天我们就把这些资料汇集成册，让更多人了解中秋节的文化内涵。不过，我们的宣传册可以不局限于今天分享的内容，老师在这里给大家一些推荐：

（1）书籍推荐——《古诗词里的中国节日：团圆》。

（2）博物馆推荐。中国农业博物馆在中秋节期间，会举办主题为"中秋"的特展，展示中秋节的起源、习俗和历史文化背景，让大家真正认识到中秋节是中国重要的传统节日之一。游客可以观看丰富多彩的展览，并参加一些传统文化体验活动。北京民俗博物馆在中秋节期间，会举办中秋节传统节日文化活动。活动以传统民俗再现和体验活动为重点，让游客在多彩有趣的民俗活动中，感受传统节日文化的魅力。

设计意图：引导学生将自制宣传册作为弘扬传统节日的纽带，让身边更多的人重视中国传统节日。学生搜集的资料有限，老师在此基础上进行推荐介绍，帮助学生扩充宣传册内容，开拓学生视野，丰富学生对中秋节这一传统节日的认知。

（二）文创征集，产生兴趣

我们今天班会探究的内容，都可以通过文创的形式呈现出来，并放在宣传册里。期待我们班第一本中国传统节日宣传册——《我们的中秋宣传册》的精彩亮相。

设计意图：将中秋节的民俗文化和非遗文化等内容，通过文创的形式呈现出来，使学生对弘扬中国传统节日文化产生兴趣。

四、感悟中秋，理解内涵

（一）谈话交流，产生思考

八月十五，月儿圆。从古至今，中秋节的圆月都象征着团圆，也寄托了人们对家人的思念。今天的班会，我们对中秋节这一传统节日有了更加深入的了解，今年的中秋节已经过去，老师想问问大家，这节班会后，你们对明年的中秋节有什么计划或者期待吗？

预设：明年中秋一定给家人做道拿手菜，希望明年的团圆夜一个人都不少……

（二）抓住契机，树立榜样

老师从你们的眼神中看出了期待，团圆夜并不是所有家庭都能真正团圆，很多从事特殊职业的劳动者，都不能和家人团圆，但是他们为了更多小家的团圆无怨无悔，下面我们来看一段视频。

（三）聚焦身边，感悟精神

"但愿人长久，千里共婵娟"，简单的诗句寄托了人们希望团圆夜能够阖家团圆的心愿，但是因为各种原因，部分劳动者都坚守在自己的工作岗位上，舍小家为大家，屏幕上这位阿姨是我们班智信同学的妈妈，看看阿姨要对我们说些什么。

（四）小结

同学们，阿姨说得多好啊，之所以不能陪在自己家人的身边，是因为有千千万万的患者需要阿姨的陪伴，这就是责任，这就是奉献，这就是"舍小家为大家"的家国情怀。

设计意图：学生在前面的学习中，理解了中秋节家人团圆对于中国人的重要性，此时引出因坚守工作岗位而无法与家人团圆的身边人，可以帮助学生理解"舍小家为大家"的家国情怀，为学生逐步树立正确的人生观、价值观奠定基础。

五、班主任总结

同学们，通过本次班会，我们知道了中秋节的意义，感受到了中国传统节日的文化内涵。通过一幅幅动人的画面可以看到，还有那么多人，在这个特殊的日子，不能与家人团聚，这种无私奉献的精神、舍小家为大家的情怀，值得我们称赞。从现在开始，我们要重视每一个传统节日，每个节日都有它特殊的含义，我们要尊重它、宣传它，让每一个传统节日都深入人心！

设计意图：通过班主任总结，升华班会主题，让学生重视每一个中国传统节日，并把每一个中国传统节日蕴含的精神发扬光大。

板书设计：

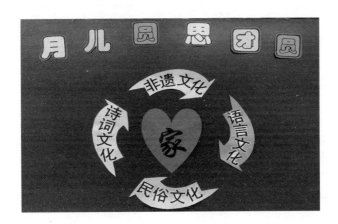

【班会延伸】

根据老师的推荐，继续扩充《我们的中秋宣传册》的内容。
1.在学校，通过宣传展台展示宣传册的内容。
2.在家里，通过家庭微信群的形式推广宣传册。
3.在社区里，通过社区的滚动屏幕播出宣传册内容。

【班会反思】

一、探究文化内涵，增强文化自信

根据学生已有知识基础，结合课前相关问卷调查，确立适合本班学情的教育内容，确定班会主题。根据学生希望了解的内容自由组合，分组探究，充分发挥学生学习的自主性和创造性，通过多元化的探究方式，让学生理解中国传统节日的文化内涵和价值，增强文化自信。

二、跨学科融合，提升学生综合素养

五年级学生已经具备自主学习探究的能力，乐于小组合作，围绕语文、美术、信息技术等学科进行跨学科学习，有利于学生在发现问题、分析问题、解决问题的过程中提高综合素养。

三、树立正确的价值观，做新时代的好少年

通过公益视频及身边人坚守岗位的视频，传递正能量，传承中华优秀传统文化，引导学生逐步树立正确的人生观、价值观，做一个讲奉献、有担当、有家国情怀的新时代好少年。

【附录】

附件1：中秋课本剧剧本

中秋时节话兔儿爷

出场角色：郎中，嫦娥，玉兔，老者，百姓甲、乙、丙、丁

表演剧本：

有一年，北京城里忽然闹起了瘟疫，家家户户都有病人，吃什么药也不见好。

场景一：一户人家

郎中：大爷，现在这北京城里闹起了瘟疫，家家户户都有病人，事到如今我也无能为力了。吃了这副药如果大娘还没有起色，您就……（摇头叹气）

大爷：（一脸愁容，抽泣抹泪）

场景二：月宫

嫦娥看见人间此情景，潸然泪下。

嫦娥：（轻声说）现在人间百姓正在受苦，我派你去救助他们，为他们消灾治病。

玉兔听懂了嫦娥的话，化身妙龄女子来到人间。

场景三：大门前

玉兔来到一户门前，轻叩大门，一老者走出。

玉兔：我是天上的玉兔，专门来到人间治除瘟疫。

老者：（迟疑地看了眼玉兔，摇头）你还是走吧。

玉兔：（不解）我是来帮你们治病的呀？

老者：你身着白衣，定是不祥之兆。眼下瘟疫流行，你还是快走吧。

玉兔悻悻而出，路遇一寺庙，见庙内神像衣着铠甲，玉兔决定借衣一用，将自己打扮成男子模样。

场景四：一户人家

玉兔：（双手交叉，手中念念有词，念罢擦汗）孩子，将这味汤药每日早晚各饮一次，三天之内你母亲的病便会退去一半，七天便可痊愈。

孩子：（俯身连连道谢）感谢神医，家中贫寒，我可怎么谢您好呢？

玉兔：不必道谢，只将你家旧衣赠予我便可。

孩子：（拿来旧衣）

玉兔：（告辞离开）

场景五：喧闹街市

百姓甲：你可知近日京城来了一位专治瘟疫的神医，长相英俊，可谓妙手回春。

百姓乙：神医不假，可明明是位骑着白马的妙龄女子啊！

百姓丙：难道不是一位拄着拐棍的白发苍苍的老者？

……

老者：他呀，应该是嫦娥的玉兔。

（此老者便是玉兔下凡时第一位遇到的老者）

众人抬头望天，纷纷感谢。

场景六：农历八月十五 各家各户

家家户户摆满了各种各样的泥塑兔儿爷，它们面前供奉着许多瓜果菜豆。

全剧终

故事梗概：

有一年，北京城里忽然闹起了瘟疫，家家户户都有病人，吃什么药也不见好。嫦娥看到人间这般景象心里不忍，就派玉兔去人间为百姓消灾治病。玉兔在北京城化身为一名少女，施药治病，医好了很多病人。

人们感念玉兔，就拿了很多东西要送给她。可玉兔什么也不要，却只向别人借衣服穿。这样，玉兔每到一处就换一身行头，有时打扮得像个卖油的，有时又像个算命的，一会儿是男人装束，一会儿又是姑娘打扮。为了能给更多的病人医治，玉兔骑着马走遍了北京城。玉兔消除了北京城的瘟疫后，就回月宫去了。

玉兔虽然走了，但它美好的形象永远留在了北京人的心中。于是，人们用泥塑造了兔爷的形象，兔首人身，披甲胄，插护背旗，脸贴金泥，身施彩绘，或坐或立，或捣杵或骑兽，竖着两只大耳朵，憨态可掬。为了纪念玉兔，每到农历八月十五这一天，家家都要供奉她，给她摆上好吃的瓜果菜豆，感谢她给人间带来的吉祥安康，还亲切地称为"兔儿爷""兔奶奶"。

背景资料：

清末富察敦崇在《燕京岁时记》中描述道："每届中秋，市人之巧者，用黄土抟成蟾兔之像以出售，谓之兔儿爷。"

兔儿爷是老北京的一种泥彩塑工艺品，是北京特有的一种文化产品，原为中秋节期间的节令风物，产生于明朝晚期。兔儿爷的"人缘"非常好，在老北京人的心里，它代表了真正的北京文化，是老北京中秋民俗的标志之一。

一般在中秋节前，像东安市场、前门、东四、西单等繁华地带，都有售卖兔儿爷的摊子，在摊上都会架设数层楼梯式的木架，上面摆满了大大小小的兔儿爷，人称"兔儿爷山"。因此，老北京人亲切地叫中秋节为"兔儿爷节"。

如今它已成为最具代表性的北京非物质文化遗产之一，同时也成了最具代表性的北京对外交流文化礼品。

附件2：课前调查问卷

课前调查问卷

一、你对中秋有哪些了解？

二、关于中秋，你还想了解哪些内容呢？

月儿圆，盼团圆

【设计者单位及姓名】

北京市石景山区第二实验学校　辛威

【班级】

七年级1班

【现状分析】

一、实践背景

《中小学德育工作指南》指出："应开展家国情怀教育、社会关爱教育和人格修养教育，传承发展中华优秀传统文化，大力弘扬核心思想理念、中华传统美德、中华人文精神，引导学生了解中华优秀传统文化的历史渊源、发展脉络、精神内涵，增强文化自觉和文化自信。"

幼儿园阶段，主要以促进学生了解与感知传统节日的由来、习俗、情感内涵为目标；小学阶段通过识字写字、诵读诗文、了解相关习俗等学习活动设计，加深学生对中华优秀传统文化的认识；初中阶段在小学高段的基础上以增强学生对中华优秀传统文化的理解力为重点，系统地介绍我国各族人民创造的灿烂文化，引导学生进一步认识中华优秀传统文化及其对世界的意义，提高学生对中华优秀传统文化的理解力以及认同度。

对于中秋文化，学生在小学阶段已学习了解了中秋节的相关知识，如吃月饼、赏月、饮桂花酒等节日习俗以及习俗背后的基本内涵；参与过一系列中秋民俗活动，如做月饼、扎灯笼、画团扇等，学生已初步具备了传承传统文化的意识。初中阶段主要通过以学生为主体的多种活动形式，如小组合作、资料搜集、问卷调查、交流讨论等，激发学生进一步理解中华传统文化精神内涵的兴趣，同时鼓励学生积极表达自身观点，增强文化自信。

二、学情分析

班会授课对象为七年级学生。生活中的他们活泼开朗，对初中生活充满期待。在思维方面，七年级学生开始以抽象的逻辑思维为主，但在很大程度上还具有经验性的特点，因而他们的逻辑思维还需要感性经验的直接支持；在认知能力方面，孩子们已具备发现问题的能力，但在如何深入分析并解决问题方面还有待提高；在心理方面，七年级学生不满足于简单的说教和现成的结论，伴随着身体的迅速发育，他们的自我意识和独立意识进入第二次发展期，内心世界更加丰富，自尊心明显增强，同时更加在意别人的看法以及与同伴的关系。

本次班会以"团圆"为切入点，帮助学生深入理解中国人所传承的中秋文化中"人团圆"与"心团圆"及"小团圆"与"大团圆"的逻辑关系；引导学生体会父母对自己不完美却真实的爱，并尝试打开心扉，运用恰当的方式与父母沟通交流，表达自己对父母的爱与理解，建立和谐的亲子关系；进而引导学生感知我国传统文化中的"和谐"对于世界的影响力，提升民族自豪感，进而乐于向世界传播我国的中秋文化。

【设计理念】

教育部印发的《完善中华优秀传统文化教育指导纲要》指出，初中阶段以增强学生对中华优秀传统文化的理解力为重点，提高对中华优秀传统文化的认同度。

本次班会依据集团大主题下的学段目标，基于学生已有的中秋知识储备，围绕"盼团圆"的主题，从建和睦家庭、创和谐社会、望祖国统一、愿世界和平几个层面入手，帮助学生深入理解中秋文化的内涵及其对世界的意义，提升学生的民族自豪感，坚定文化自信。

【班会目标】

1.通过欣赏经典古诗词，进一步体会国人中秋"盼团圆"的美好情感。

2.结合问卷调查、图文视频资料等，从家庭、社会、国家及世界层面深入理解中秋节"盼团圆"背后的文化意义，增强文化自信。

3.尝试通过讨论、写信、设计制作视频日志的形式传播中秋文化。

【班会准备】

1.学生分组开展问卷调查或资料收集。

小组1：利用网络搜索与中秋相关的诗句并进行筛选。

小组2：（问卷调查及汇报）学生对于中秋假期所期待的过节方式及其原因。

小组3：（问卷调查及汇报）学生家长从事何种职业？能否与学生共同过节？

小组4：收集新闻时事（巴以冲突、"一带一路"国际合作高峰论坛）的相关资料。

2.教师收集并整理图片、文字、视频材料，制作PPT课件。

【班会形式】

互动交流与小组讨论相结合。

【注意事项】

班会过程中要关注到每一位学生，引导学生投入课堂活动及小组讨论之中。

【班会过程】

一、欣赏中秋诗词，体会"盼团圆"的情感

导语：中秋节具有悠久的历史和深厚的文化底蕴。今人不见古时月，今月曾经照古人。面对月亮，古人曾写下了流传千古的诗篇。我们一起欣赏第一组同学带来的描写中秋的诗词，探寻这些古诗词背后蕴含的情感。

第一组学生展示，其他学生观看PPT，说出古诗词中蕴含的情感。（如：今夜月明人尽望，不知秋思落谁家；海上生明月，天涯共此时；人有悲欢离合，月有阴晴圆缺……）

预设：思乡之情、爱国之情……

小结：大家对古人想表达的情感体会得特别到位。"海上生明月，天涯共此时"，中华儿女即便分散在天涯海角，在中秋的月光下也会共同心动，遥相感应。

设计意图：本环节学生通过欣赏古诗词，说出了自己对于诗句中所蕴含的情感的理解，在欣赏我国经典唯美的古诗词文化的基础上，引发情感上的共鸣，体会到国人中秋"盼团圆"的美好情感。

二、厚植家国情怀，探究"盼团圆"的深层内涵

（一）盼团圆，建和睦家庭

导语：每逢佳节中国人都盼望团圆。请大家观看视频，说一说我们想要的团圆到底是什么呢？

1.学生观看视频：亲朋好友们聚在一起但各自玩手机，没有任何交流；家人围在一起吃团圆饭、聊天、玩耍。

2.针对"中国人眼中的'团圆'到底是指什么呢？"进行小组讨论并发言。

预设：除了人聚在一起外还要乐于交流、互相体谅、和谐相处……

导语："人团圆"只是"团圆"中外显的一部分，是物理意义上的团圆，我们不仅期待"人团圆"，更期待的是拉近心和心的距离，享受"心与心"的团圆。我们召开班会前由第一组同学开展了问卷调查，接下来请他们来进行汇报说明。

3.第二小组展示问卷结果

问卷问题：如果由你自己决定如何过中秋，你想和谁一起过？你想做些什么？为什么？

展示调查结果。

很多同学更期待自己一个人过节，或者和自己的好朋友、同学一起过节。主要有以下原因：父母总是没完没了地催促学习；父母总是唠叨；觉得父母说的都过时了，懒得听；一说话就吵架，很难沟通；一见亲戚朋友就要问学习，让人十分烦恼。

导语：父母表达爱的方式各不相同，只有包容各种不完美，才能透过现象看到父母对我们的爱，请欣赏视频《原点》，然后进行小组讨论。

4.播放视频，针对"我们怎么做可以让这个中秋假期充满更多的爱呢？"进行小组讨论并发言。

预设：多和父母出去走走，不容易说出口的话可以给父母写信，主动分享自己的见闻，和父母说话时语气平和等。

导语：大家提出的方式方法都特别棒！马上就要过中秋节了，借着今天这个时机，咱们每个同学都给父母写一封简短的信，表达我们对父母的爱吧！

5.每位学生为父母写一封短信，送上一份美好的祝愿。

6.小结：我相信当大家把写有祝福的信件传递到父母手中时，你们一定十分兴奋。和谐的家庭并非没有矛盾，而是以爱为出发点，相互体谅，希望在以后的日子里，如果遇到问题，咱们同学们都能够主动向父母跨进一步，积极沟通，让心和心贴在一起，这样相信我们的家庭会更加和睦，我们的生活会更加幸福美满！

设计意图：通过观看视频、讨论，引导学生在家庭层面深入理解中秋"团圆"不仅局限于物理范围上的"人团圆"，更在于"心团圆"；在此基础上引导学生理解父母不完美地表达爱的方式、思考更多有效的亲子交流方式，并借中秋节到来之际让学生以写信的方式表达自己对父母的爱，理解中秋节"盼团圆"背后的文化意义。

（二）盼团圆，创和谐社会

导语：每个人都期盼有和谐、幸福的家庭生活，期盼家人团圆；在我们欢聚一堂时，却有一些同学的亲人不能和家里人团聚。在这次班会之前我们进行了小调查，现在请看调查结果。

1. 第三小组展示问卷结果。30% 的家庭由于职责、条件不允许等情况家人无法一起团聚，比如家长的社会角色是边防军人、医生、警察、消防员……还有一些亲人远在国外或者他乡，无法聚到一起共度佳节。

导语：那么回不了家的他们是怎么过节的呢？我们来一起看一看。

2. 播放家长工作时候的图片及相关视频，学生以亲人或旁观者的身份随机分享感受。

预设：他们用自己的付出保证了我们能够安然享受阖家团圆的快乐；他们为了更多的家庭能够阖家团圆、为了保持社会秩序井然有序放弃了和自己的家人团圆；他们为了社会的和谐、国家的安全、亿万人民的美好生活而坚持在第一线；他们非常有责任感，有担当；我们应该珍惜他们的付出……

3. 小结：放弃自家的小团圆，保障千家万户的大团圆，这份选择背后诠释的是责任与担当，这些亲人们虽然平凡却是支撑我们整个社会和谐有序发展的强大力量！

设计意图：结合问卷调查与交流讨论，让学生从社会层面深入理解万千家庭中秋节大团圆的背后是更多的平凡工作者们舍弃自家的小团圆才得以实现的。

（三）盼团圆，望祖国统一

导语：我们的国家正在飞速发展，已成为世界上举足轻重的大国，然而我们的祖国还没有实现统一。首先请欣赏石景山区青少年活动中心的舞蹈表演《如果大海知道》。

1. 播放舞蹈表演视频《如果大海知道》。

在温暖又伤感的《故乡的云》与《365 里路》的音乐声中，石景山的学子们用舞蹈讲述了一个故事：无数的孩子们不断地用小小的纸巾吸水，吹干再吸水，只因为他们相信，吸干隔断大陆和台湾的海水就能和宝岛台湾的小朋友走到一起……学生们在观赏优美舞蹈的同时，感受到了舞蹈所表达的对于祖国统一的深深期待。

2. 学生分享自己观看视频后的感受。

预设：看完这个舞蹈我非常感动，我也想早日和宝岛台湾的中学生坐在一起，分享我们的校园生活；我之前看过杭州亚运会开幕式转播，当中国台北代表团入场，观众们高呼"回家"的那一刻我特别感动……

小结：五千年悠久的历史与文化塑造了我们中国人"盼团圆"的美好情感。我们都是龙的传人，我们不仅期盼小家的团圆和睦、社会的安定和谐，更期盼台湾能够早日回到祖国母亲的怀抱！

设计意图：学生通过欣赏舞蹈以及发表自己的想法，表达"盼祖国团圆"的美好心愿，从国家层面理解中秋节"盼团圆"背后的文化意义。

三、坚定文化自信，拓展"盼团圆"的外延

（一）构建人类命运共同体，愿世界和平

导语：当我们举头望月，享受美好生活的时候，你可知道，世界的某个角落却发生着迥然不同的大事。现在，请第四组同学进行新闻时事播报。

1. 第四组展示：巴以冲突新闻报道图片、"一带一路"国际合作高峰论坛新闻及相关知识解说。

2. 小组讨论：围绕两组新闻，对比说一说。

预设：战争给人们带来了无尽的痛苦和灾难；因为战争，无数人失去了生命，失去了家人，希望世界没有战争，希望巴以冲突和平解决！150 多个国家代表能够齐聚北京，代表了我们国家对世界有着巨大的影响力；我们对和谐、和平的追求让更多的外国人看到了中国人的友善……

3. 小结：中国人民重视亲情，因而我们期盼团圆，希望宝岛台湾早日回归祖国怀抱；我们盼望和平，因而我们呼唤构建人类命运共同体。150 多个国家代表或许有着不同的语言、不同的文化、不同的信仰，但是他们都有一个共同的追求：和平与发展。从这次峰会我们可以看到，中国对和睦、和谐、和平的期待和追求已经深深影响了世界！战争解决不了问题，只有我们中国提倡的和平与发展才能！

设计意图：通过对时事新闻的了解，学生能够感受到中国对和睦、和谐、和平的期待和追求对世界的巨大影响力，进而树立民族自豪感、增强文化自信。

（二）我向世界介绍中国

导语：为了让更多人了解中国和中国文化，我们新时代的青少年更应当肩负起相应的责任与使命，向世界传播中国声音，向世界展现中国魅力！让我们以小组为单位进行讨论，从中秋节入手，选取你想表达的核心主题词，如呼唤两岸统一、期盼世界和平等，构思并设计一期 Vlog，来展示我们的中秋节文化，表达自己的美好期盼，同时呼吁更多的人行动起来，为建设一个和平美好的世界贡献自己的一份力量！

小组讨论，分享设计思路。

设计意图：引导学生意识到自己所肩负的传承和传播中华文化的责任和使命，学生借助小组讨论，在构思与设计 Vlog 的过程中融入自己对我国中秋节"盼团圆"的深入理解或自己对中国文化的思考和感悟，用行动传播中华文化！

四、班主任总结

同学们，这次班会我们对"团圆"的含义进行了新的思考，触发了对于"盼团圆"新的理解和感悟。数千年来，每当皎洁的明月悬挂于中秋的夜空，无论在地球上多么偏远的角落，只要听到"但愿人长久，千里共婵娟"，你就能感受到我们民族悠久的文化记忆，体会到每个中华儿女内心深处迸发的情感音符。中国人民期盼团圆，但我们盼的不仅仅是小家的团圆和睦、社会的安定和谐，还有国家的兴盛统一、世界的和平发展！中秋节作为民族佳节能穿越千年，至今兴盛不衰，是因为它以家庭为主体，以国家为载体，以和谐为

基调，以和平为追求。在此，我也希望咱们每位同学都能在未来的生活中积极行动起来，肩负起传承和传播中华文化的责任和使命，为拥有幸福和睦的家庭、和谐安定的社会、统一繁荣的祖国以及和平伟大的世界贡献自己的一份力量！

【班会延伸】

1. 学生结合班会内容及教师推荐的相关资料或途径（图书、博物馆、网络视频等）获取素材，更加深入地理解中国的"和"文化。

2. 学生依据设计思路，编辑并修改以中秋为主题的视频日志，将最终成果分享到微博或者小红书等社交媒体上，让更多的人能够看到，以此弘扬我们的传统文化。

【班会反思】

本节班会以中秋佳节为契机，以"盼团圆"为核心设计并实施班会内容，具有以下特点。

1. 依据《完善中华优秀传统文化教育指导纲要》，加深学生对中国传统文化的理解。本节班会设计了环环相扣的学习活动：首先以情感触动引入"盼团圆"；然后从建和睦家庭、创和谐社会、望祖国统一三个层面入手，帮助学生深入理解我们文化中追求的"心团圆"并非仅仅是"身团圆"；最后与时事新闻接轨，拓展"盼团圆"的外延，祈愿世界和平。

2. 发挥学生的主体作用，关注学生的能力培养。基于七年级学生的身心特点，本节班会设计了小组合作与探究活动，促使学生在活动中积极思考，通过完成相关素材收集、选取、汇总、展示的任务，提高学生的学习能力。

感知端午魅力，传承精神血脉

【设计者单位及姓名】

北方工业大学附属学校　陈文鑫

【班级】

九年级 2 班

【现状分析】

本学期，学校举行了全校范围内的"清明诗径""惊蛰出洞"等传统节日系列活动，活动不仅深受学生喜欢，还激发了学生对传统文化节日、节气的兴趣。

为进一步了解本班学生对端午节的认识，教师课前对学生进行了问卷调查，问卷共设题目 10 道，满分 100 分，涵盖端午节的历史、习俗、文化内涵。

对问卷结果汇总统计后发现：

1.全班同学都知道端午节的习俗，有少部分同学不了解端午节的历史。

2.全班同学都知道屈原的故事，但是有一半的同学不知道纪念屈原的意义。

3.班上大部分同学对端午节文化内涵的认识不太清晰。

为了让学生更深入地了解传统节日的文化内涵、传承精神血脉，班主任老师和班级学生商议后，决定召开一节以"感知端午魅力 传承精神血脉"为主题的班会。

【设计理念】

《关于运用传统节日弘扬民族文化的优秀传统的意见》中指出："传统节日，是中华民族文化的优秀传统的重要载体。要紧紧围绕节日主题，突出传统节日的文化内涵，充分展现和传承中华民族文化的优秀传统。"

《北京市中小学生日常行为规范（2016年修订）》在第一条就明确指出："爱党爱国爱人民。了解党史国情，珍视国家荣誉，崇敬英雄模范。"《中共中央、国务院关于进一步加强和改进未成年人思想道德建设的若干意见》明确提出了未成年人思想道德建设的主要任务是"从增强爱国情感做起，弘扬和培育以爱国主义为核心的伟大民族精神"。

《新时代爱国主义教育实施纲要》中指出："大力宣传为中华民族和中国人民作出贡献的英雄，宣传革命、建设、改革时期涌现出的英雄烈士和模范人物，宣传时代楷模、道德模范、最美人物和身边好人，宣传具有爱国情怀的地方先贤、知名人物，以榜样的力量激励人、鼓舞人。"

主体教育理论强调，在教育过程中应将受教育者视为真正能动的、自主的、独立的生命个体。学生在班会的小组讨论中，主动分析问题背后的原因并找到解决办法，能使他们体验到自己是教育的主体，从而提高学生的自尊心和自信心。通过教师引领对集体进行教育，引发学生共鸣，利用集体对个人施加影响，给予学生成长的时间和空间，启发和引导学生的内在需求，会使学生更加容易理解和接受，提高教育的实效性。

【班会目标】

1.通过对河南卫视"端午奇妙夜"话题的探讨分析，激发学生对端午节的探究热情；通过讲端午故事、赏端午舞蹈、品端午诗词，了解端午节的历史和习俗，并明晰端午文化意蕴的内涵。

2.通过观看视频回顾我国的抗疫历程，认识家国情怀对国家民族的重要意义；通过书写并分享颁奖词，表达对这些具有家国情怀的英雄的崇敬之心，从而理解学习这些平凡英雄的现实意义，增强社会责任感和使命感，激发爱国热情。

3.通过"身边爱国人物"故事分享，结合当前现状，书写"成长卡片"、制订行动计划，进一步把立志爱国、家国情怀践行在日常的学习生活中。

【班会准备】

教师准备：设计课前测试调查，制作视频，搜集、筛选、整理素材，制作课件、"成长卡片"等，关注各小组工作开展情况。

学生准备：收集整理同学们"隔空助力，居家抗疫"的故事或作品。

【班会形式】

1. 照片、视频展示与分析讨论。
2. 故事案例分析讨论。
3. 学生活动展示分享。

【注意事项】

1. 注意各环节的转换，录课时及时翻页；播放视频、音频时提前调试，保证能顺利播放。
2. 桌椅的摆放充分考虑小组讨论交流的需要，注意安全。
3. 班会过程中，班主任要关注到每一位学生，及时调控班会进程，调动每个学生的积极性，引导学生全身心地投入活动中来，体现人人参与的原则。
4. 重视细节，班主任在班会过程中做到随机应变，监控整个过程。

【班会过程】

一、班会导入

1. 教师提问：在前不久，河南卫视播出的《端午奇妙游》火遍全网。是什么原因让河南卫视的节目一次次出圈呢？
2. 教师明确：这些节目制作精良，各有千秋，一次次出圈的背后离不开中华优秀传统文化的自足和创新运用，这些优秀的节目让我们深刻认识到中华优秀传统文化是一座辉煌瑰丽的宝库。我们要挖掘传统文化的内在价值，实现古老传统文化的现代化表达，今天就让我们一起去感受那份文化自信与端午节背后的传统文化。

设计意图：聚焦时事热点，结合传统文化火出圈的背景，用同学们都很关注的新闻视频引出主题，激发学生的学习热情。

二、品味端午文化意蕴，汲取爱国精神力量

（一）赏舞蹈，了解端午习俗

1. 学生欣赏舞蹈《祈》和《龙舟祭》，并思考舞蹈中包含了哪些端午习俗。
2. 学生观看并思考。
3. 小结：舞蹈中融入了采草药、挂艾草与菖蒲、拴五彩线、熏苍术、佩香囊、赛龙舟、喝雄黄酒、缅怀屈原等习俗，让我们既感受到了丰厚的文化内涵和人文情怀，又学习到了端午节的传统文化。

（二）听故事，激起报国情怀的英雄气

1. 学生讲述屈原的故事并介绍屈原的作品。

2. 学生思考讨论：屈原为什么值得大家去纪念他？

3. 小结：通过屈原的故事，我们知道屈原为了国家和人民的利益献出了自己的生命，以死报国的爱国精神值得我们在每年五月初五去纪念他。端午节与春节、清明节、中秋节并称为中国四大传统节日，端午节也成为中国首个入选世界非物质文化遗产的节日。

（三）品诗词，升腾爱国为民的志士气

1. 由学生表演《典籍里的中国》中屈原的片段，并引导学生关注屈原吟诵的内容，品析诗词中的感情。

2. 请饰演屈原的同学谈表演感受。

3. 提问：同学们请谈一谈这段表演中屈原的高尚品格。

4. 小结：屈原在动荡年代，用血泪诠释了心存百姓，用生命诠释了爱国精神。

（四）话古今，延续求索精神的探究气

1. 出示图片，引发思考：

（1）有同学知道这是什么吗？

（2）有同学了解"天问"吗？

（3）天问与屈原有着怎样的关系呢？

2. 播放教师自制视频：回顾"天问"的诞生历程，探秘"天问"，重温屈原《天问》（节选），从而感受科学家与屈原相同的求索精神。

3. 小结：屈原不仅是政治家、文学家，还是天文爱好者。他面对未知的宇宙，发扬求索精神，表达自己的求知欲，对着天，问出了172个问题，这些问题涉及天空、太空、宇宙的问题。我国的航天人一代代不负青春，勇于攀登，他们追星揽月，从未停止过对宇宙的探索。星辰大海，我们永不止步，所有的奋斗终将闪耀，让我们跟随航天员一起"问天"吧！

设计意图：通过赏端午舞蹈、讲端午故事、品端午诗词，对话古今，让学生了解端午节的历史和习俗，同时认识屈原，激起报国情怀的英雄气，升腾爱国为民的志士气，明晰端午节有着丰富的文化内涵。

三、学习当今时代英雄，厚植爱国主义情感

教师导入：通过欣赏同学的表演，我们与屈原上演了一场动人的相遇，即在对话中感悟到屈原的爱国精神、家国情怀、求索精神。作为新时代的我们，该如何去过端午节，又该如何去延续这份情怀。今天我们聚焦疫情下的一群人。

1. 一段视频，引发思考：回顾中国抗击疫情的历程，感受各行各业人们的英雄气和爱国心。

2. 展示班级同学"隔空助力、居家抗疫"的情况：（1）聆听家书，视频播放一位同学写给参加抗疫的护士妈妈的一封信。（2）展示班级同学为抗击疫情创作的小诗和绘画作品。

3. 引发思考：在这场没有硝烟的战争中，每一个中国人为我们的国家做着怎样的努力呢？

4. 学生思考并发言。

5. 写颁奖词：请同学们为抗疫过程中的平凡英雄写一篇颁奖词。

6. 小结：无论祖国是否处于危难，我们的国家都需要这样的平民英雄，我们的社会都需要这样的平凡坚守。这些平凡英雄的故事让身处和平年代的我们拥有积极向上的理想信念，鼓励我们在生活中不懈奋斗，乐于奉献，为了我们的国家而甘愿付出一切。正是有了他们的默默坚守和负重前行，才有了我们"安康"的好日子。所以，我们要厚植华夏儿女家国情怀的传承和爱国主义精神的弘扬。

设计意图：通过回顾我国抗击疫情的历程，向当今时代英雄学习，激发爱国情感。

四、立报国志落实行动，赓续民族精神根脉

（一）分享事迹，榜样引领

1. 身边故事分享：教师配图动情讲述我校朱老师到青海玉树支教的故事以及武老师在中考和高考中下沉社区的故事。

2. 小组讨论并发言：听了两位老师的故事后谈一谈启发，并思考作为新时代接班人，同学们该如何让爱国精神引领自身成长。

3. 教师小结：两位老师舍小家为大家，以身作则，坚守在自己的岗位上。两位老师做的虽然不是什么轰轰烈烈的事业，但他们在用自己的行动为国家贡献着自己的一份力量。让我们大家将爱国内化于心、外化于行，让它引领我们的成长。

（二）填写卡片，践行爱国

1. 思考：我们该如何立报国之志呢？

2. 教师出示自己的成长卡片。

3. 学生填写成长卡片。

4. 教师与同学们一起分享自己的感受与行动计划。

设计意图：通过"身边爱国人物"故事分享，让学生意识到具有爱国精神、家国情怀的人就在我们身边；结合当前现状，书写"成长卡片"、制订行动计划，进一步把立志爱国、家国情怀践行在日常的学习生活中。

五、班主任总结

在古代，端午节是为了拜神祭祖，是一种信仰。时代发展到现在，端午节更多的是弘扬民族的精魂。传承节日文化除了外在的物质形式之外，更应深入其内在的精神内核。这节课我们穿越历史的长空，感受端午节的魅力，品味古人忧国忧民的家国情怀，厚植爱党、爱国、爱社会主义的情感。作为新时代的青年，我们要笃定前行，自信昂扬，不畏艰险，勇往直前，努力学习，促进中华民族伟大复兴。

设计意图：通过班主任寄语、布置课后延伸任务，进一步激发学生的爱国热情，使学生坚定信念，落实行动，从小事做起，从行动上爱国。

【班会延伸】

1. 树立榜样：继续搜集打动学生的爱国英雄故事和感人事迹，并写出将如何去学习他的优秀品格。

2. 制订计划：制订个人行动计划并将实施情况记录在青春印记上，在学期末评选班级的优秀先锋。

3. 班级"明星"：全班投票选出最喜爱的爱国英雄，作为班级"明星"，并向其学习，营造良好的班风。

领略中秋文化，传承责任担当

【设计者单位及姓名】

北方工业大学附属学校　刘云

【班级】

七年级 1 班。

【现状分析】

党的二十大报告提出："广大青年要坚定不移听党话、跟党走，怀抱梦想又脚踏实地，敢想敢为又善作善成，立志做有理想、敢担当、能吃苦、肯奋斗的新时代好青年。"

初一的学生正处于青春期，自主性、独立性增强，本应承担责任，但是在以独生子女家庭为主体的社会结构中，学生受到家长的全方面照顾，缺乏对生活艰辛的深刻认识，不知道自己应该承担责任。我们班有 70% 的学生是独生子女，部分学生在生活中比较自我，不知道关心他人，在学习上也被动与厌倦，没有明确的奋斗目标，缺少对家庭、社会和国家的责任感。

学校开展的"清明诗径"等活动激发了学生对中华传统节日的兴趣，经过访谈发现，大部分学生都知道中秋节有吃月饼等习俗，部分学生不知道中秋节的历史和文化内涵。为了让学生更深入地了解中秋节这一传统节日，增强责任担当意识，召开了本节班会。

【设计理念】

《关于运用传统节日弘扬民族文化的优秀传统的意见》中指出，要"加强民族传统节日文化知识的普及工作，增强学生对传统节日的认知和理解，让广大青少年更好地了解传统节日、认同传统节日、喜爱传统节日。要把传统节日蕴含的中华民族传统美德，纳入学生日常行为习惯养成教育体系，同学生的日常思想品德教育和管理紧密结合起来"。

《关于实施中华优秀传统文化传承发展工程的意见》指出，要"围绕立德树人根本任务，遵循学生认知规律和教育教学规律，按照一体化、分学段、有序推进的原则，把中华优秀传统文化全方位融入思想道德教育、文化知识教育、艺术体育教育、社会实践教育各环节"。

党的二十大报告提出，要"传承中华优秀传统文化，满足人民日益增长的精神文化需求"。《中小学德育工作指南》指出，要"利用春节、元宵、清明、端午、中秋、重阳等中华传统节日以及二十四节气，开展介绍节日历史渊源、精神内涵、文化习俗等校园文化活动，增强传统节日的体验感和文化感"。

班杜拉的观察学习理论强调榜样示范和社会环境对个体行为的形成和发展所起的重要作用。学生在班会中观察学习勇于承担责任的优秀榜样，学会如何将家庭、社会和国家的责任落实到自己的实际生活中。马卡连柯的平行教育原则要求通过教育集体影响个人，通过教育个人形成集体。班主任要在集体中引领学生主动担当，形成积极向上的班级氛围，给予学生学习和成长的时间与空间。

【班会目标】

1. 通过赏诗词、品歌曲了解中秋节的历史、习俗，并明晰中秋节所蕴含的文化内涵。

2. 通过观看视频了解中秋节仍然坚守工作岗位的不同人群；通过学生讲述了解家长对于中秋团圆所做的努力，认识责任意识对于家庭、社会和国家的重要意义；通过分享感受，表达对于这些具有责任担当的平民英雄的敬意，增强责任感。

3. 通过同学分享，结合实际情况书写责任清单，把责任担当具体化，进一步把负责任、敢担当落实在日常生活中。

【班会准备】

教师准备：课前访谈知悉学生对中秋节的了解情况，搜集视频资料，制作课件、责任清单等，给学生布置任务，关注各组的任务完成情况。

学生准备：练习歌曲，搜集同学敢于负责担当的事迹，书写"我们家的中秋节"演讲稿。

【班会形式】

1. 视频展示与分析讨论。
2. 学生展示分享。

【注意事项】

1. 提前操作 PPT，保证视频、音频流畅播放。

2. 桌椅的摆放应充分考虑班会进程中的具体活动设置，做到有序、美观。

3. 班会过程中，班主任力争关注到每一位学生，及时调控班会进程，调动学生的积极性。

4. 重细节，促落实，关注学生在谈及感受环节能够结合自身生活实际，在导行环节能够聚焦自身实际进行。

【班会过程】

一、班会导入

教师导入：前一段时间，《中秋奇妙游》节目引起了全网的关注，尤其是得到了在外游子的广泛赞扬。"海上生明月，天涯共此时。"一直以来，中秋节都寄托着在外游子的思乡情绪，也彰显着中国传统节日的浑厚魅力。中秋节是我国的四大传统节日之一，被列入首批国家级非物质文化遗产名录。今天就让我们一起走进中秋节，领略中秋的文化内涵。

设计意图： 通过学生广泛关注的时事新闻导入话题，激发学生的学习兴趣。

二、循中秋风俗文化，品家国团圆内涵

（一）赏诗词，了解中秋习俗

1.欣赏《中秋夜月》《和运使舍人观潮》《虞美人·落梅时节冰轮满》《月饼》《浣溪沙·丹桂飘香已四番》等诗词，引导学生关注诗词中描写了哪些中秋习俗。

2.学生思考，讨论。

3.小结：通过诗词我们可以领略到丰富多彩的中秋习俗：赏月、观潮、燃灯、吃月饼、赏桂花、喝桂花酒……这些流传已久的习俗无不彰显着中国人对于中秋这一节日的重视。

（二）品歌曲，感悟中秋内涵

1.欣赏学生演唱的歌曲《水调歌头》，并思考歌曲中蕴含着什么样的情感。

2.学生欣赏并思考。

3.小结：中秋佳节之夜，本应有亲人、朋友在旁，但自己孤身一人，只有一轮明月相伴。但只要亲人身体康健，即使身隔千里，月光也能将彼此的心沟通在一起。优美、抒情的旋律倾诉了对亲人的思念，也揭示了团圆这一根植于中国人心底最深处的情结与祈盼。

设计意图： 通过欣赏中秋诗词，品味中秋歌曲，让学生了解中秋节的历史和习俗，明确中秋节家国团圆的文化内涵。

三、析当代中秋精神，明责任担当底色

教师导入：古代车马很慢，中秋节只能遥望月亮寄相思。现今，物质富足、交通发达，乘坐飞机、高铁就能回家，团圆似乎格外简单，但我们的团圆是有人在默默守护的。

1.观看视频：

（1）中秋节运输压力剧增，为了让更多人回家过节，铁路工作人员在火车上过中秋。

（2）神舟十四号航天员在太空中欢庆中秋佳节。

2.学生讲述"我们家的中秋节"，讲述父母为了准备团圆饭而辛苦忙碌的一天。

3.引发思考：为了团圆，我们每一个中国人都做出了什么努力？对于他们的付出，你想对他们说些什么？

4. 学生思考并发言。

5. 小结：家庭的和谐、社会的安定、国家的强盛离不开这些默默坚守工作岗位的平民英雄，平民英雄的底色便是责任担当。家是最小国，国是千万家。辛苦准备团圆饭的父母，守护了家庭的美满团圆。没有国家的繁荣发展，就没有家庭的幸福美满，因为铁路工作者、航天员、志愿者"舍一家圆万家"的责任担当，我们才能与亲朋好友相聚，才能在祖国的怀抱里岁月静好。

设计意图：通过观看视频感悟不同岗位的普通人的责任担当，认识责任担当对于家庭、社会、国家的重要意义；通过分享感受，表达对于这些具有责任担当的平民英雄的敬意，增强责任感。

四、践家国责任清单，传责任担当精神

（一）分享事迹，榜样引领

1. 学生分享自己的家庭责任清单，讲述自己参加志愿服务活动给环卫工人送温暖的经历。

2. 小组讨论：作为一名中学生，应该如何在日常生活中实践自己的责任担当呢？

3. 小结：作为中学生，我们可能还做不出多么伟大的贡献，但是我们也有自己应该承担的责任。让我们将责任担当牢记于心，做一些家务劳动、认真对待学业、参与志愿服务活动，让责任引领我们的成长。

（二）制定清单，践行责任

1. 教师展示并分享自己制定的责任清单。

2. 学生填写自己的责任清单。

3. 学生分享自己的责任清单，并交流完成计划。

设计意图：通过分享自己的故事，让学生意识到自己也应该、也能够很好地承担责任；通过书写责任清单，把责任担当具体化，进一步在日常生活中实践。

五、班主任总结

自古以来，中秋节寄托了中华民族对团圆、美好的向往，除了对赏月、吃月饼等习俗的传承外，我们更应该深刻理解中秋节的文化内涵，感悟到团圆之外的家国责任。无论是中秋佳节家庭和睦、亲人团圆的情结，还是中秋节坚守岗位，舍一家圆万家的大局观，都是中国人融入骨血的责任担当。作为一名中学生，我们更要将个人命运与祖国命运紧密相连，认真学习、承担家务、热心公益，用实际行动将责任担当书写进自己的青春中。

设计意图：通过班主任总结，进一步激发学生敢负责、勇担当的精神，落实敢负责、勇担当的行动。

【班会延伸】

1. 课下继续完善自己的责任清单，结合"红领巾奖章"在期末评选"班级之星"。
2. 继续搜集班级同学负责担当的事迹，树立班级榜样，营造良好班风。

承传统美德，树敬老新风

【设计者单位及姓名】

北京市石景山区实验中学　李墨丹

【班级】

八年级 4 班。

【现状分析】

一、实践背景

在石景山区实验教育集团优秀传统文化专题一体化德育实践研究过程中，进行传统美德的教育，注重基于学生生理、心理发展的持续性和衔接性。根据不同学段学生的特点，既要满足学生的教育需求，又要开发学生的潜能、促进学生的个性发展，从而增强美德教育的时效性和持续性。

如幼儿园阶段，多借助精彩的活动促进学生了解美德，并激发其对中华传统文化的兴趣；小学阶段则通过广泛的学习以培养美德，并激发小学生对中华传统文化的热爱；而初中阶段重在用系统思辨完善学生的知与行，进而增强初中生的民族归属感和文化自信。

对于敬老美德，学生在小学阶段已初步具备了传承意识和情感认同。如小学高段的班会题目是"敬老孝亲，从点滴做起"，它以实现学生"进一步了解重阳节的意义、激发敬老情感和培养美德"为目标。

而随着年龄的增长，初中生在认知发展和道德水平方面实现了进一步提升。特别是到了初二，学生拥有了更强的自我意识、思辨力和明确的是非观念；在责任担当方面，14 岁的年龄被社会赋予了更大的实践空间。所以本节班会——"承传统美德，树敬老新风"重在通过思辨，引领学生获得更深刻的情感共鸣与行为认同，如自觉传承敬老美德（家风）、用实际行动体谅父母辛苦、在生活中与长辈实现主动而和谐的沟通等；同时，激发学生逐渐形成和强化为社会的敬老事业贡献力量的意识和责任感，并注重结合实际提高行动力和影响力，这也是在为高中阶段打下更为坚实的传承底色。而这份对敬老的认同与自觉、对父母的感恩与分忧必将伴随学生在高中阶段乃至成年后逐渐完善的个人"三观"而日益丰沛，其深远意义无论是对其家庭还是对社会都是巨大的。

二、学情分析

本班为八年级学生。生活中的他们多才多艺、重情义、有担当。在认知能力方面，学生已具备较强的发现问题、解决问题的能力，也随思维的进一步发展产生了思辨意识。在道德水准方面，班级学生有着明确的是非观念，并已经意识到个体的行为必须符合社会准则。

而具体到践行敬老美德，学生普遍有着较高的传承自觉。只是由于理解相对局限，呈现出主观愿望大于实际行为的局面，这需要教师立足现实，加强思路和方法的引导。

同时，随着青春期自我意识的进一步增强，班级学生在生活中不同程度地出现与父母、师长的不畅沟通。所以践行敬老美德在此时还意味着悦纳代沟、和谐沟通，体谅不易与主动分担。

于是，在今年重阳节，我们向本班学生发布了"又到重阳节"的调查问卷。问卷共有三个问题，即"在你看来，重阳节是一个怎样的节日？""在你看来，在重阳节都可以做些什么？""今天又到重阳节，你想要做些什么来度过这一传统佳节呢？"。

教师通过分析学生的回答，得出：学生对重阳节的内涵不够清楚；学生对自己目前的社会身份定位模糊。由此，整节班会以这两项显著学情为原点，先提升认知和情感认同，再聚焦实际、强化践行。

【设计理念】

一、政策依据

古代典籍、国家政策法律以及石景山区实验教育集团的优良传统，对学生进行敬老美德的教育和渗透是贯穿始终的。

《礼记》中有："故人不独亲其亲，不独子其子，使老有所终，壮有所用，幼有所长，矜、寡、孤、独、废疾者皆有所养。"

1989年，国家把重阳节正式定名为"老人节"，将传统与现代和谐地结合起来，使这一传统佳节成为尊老、敬老、爱老、助老的新式节日。

石景山区实验教育集团素有"敬老"的优良传统，自二十世纪八九十年代相继建校起，在幼小初各阶段都能够结合自身学段的具体特点，以多种形式、呈系统性地开展与此相关的德育主题教育。

这些政策依据为本节班会各目标的达成提供完善认知、支撑情感和指导行动等功能。

二、理论依据

主体教育理论强调，在教育过程中应将受教育者视为真正能动的、自主的、独立的生命个体。作为与学生朝夕相处的班主任更要在教育工作中尊重学生的主体地位，引导学生从原有的知识经验中获得新的感悟。

基于对上述诸原因的综合思考，本节班会在课前准备环节，以学生当前头脑中对"敬老"这一中华优秀传统美德的相关认知为前提，全班同学在调查问卷中各抒己见；随后，众任务组和榜样学生多轨并行、各司其职。在班会课上，首先学生依托课前调查中呈现出的实际学情进行汇报交流驱动主题教育，同时借助来自同伴、班主任、学校、社会、网络的多样性教育资源提高学生对重阳节内涵、对敬老美德的情感认同，然后聚焦时下，引领学生从家庭、学校、社会角度着眼，切实提升自身对敬老美德的自觉传承意识与践行程度。课后延伸环节则以四大活动并线齐驱的方式强化教育成效。

【班会目标】

1. 讨论交流，理解重阳节的内涵，引发对敬老美德的深入思考。
2. 深入辨析，提升情感认同，增强敬老美德的自觉意识。
3. 制定方案，提高敬老日常践行力，形成班级敬老美德新风尚。

【班会准备】

教师准备：
（1）设计课前调查问卷。
（2）准备、协调各教育资源。
（3）关注各组研讨情况，并因势利导帮助各小组最终确定具体交流内容。
学生准备：
（1）各组：研讨课前调查数据，制作交流 PPT，做发言准备。
（2）宣传组：绘制主题板报、同题海报，准备"爱心卡片"。
（3）榜样学生：联系自己志愿服务的敬老院，做好课堂交流及线上探望准备。

【班会形式】

互动交流与活动体验相结合。

【注意事项】

1. 课前筹备环节：班主任要密切关注各组研讨调查问卷的情况，并要敏锐地捕捉小组习得，因势利导帮助各小组最终确定课上的具体交流内容。
2. 班会过程中：班主任要关注每一位学生，及时调控班会进程，注重班会过程的生成性，并引导每一位学生全身心地投入课堂中来。

【班会过程】

一、呈现数据，明确敬老现状

1. 教师导入：同学们，今年正值我们伟大祖国 73 岁生日。而今年的国庆假期里，还有一个非常重要的传统节日——重阳节。在 10 月 4 日，就是重阳节当天，李老师发布了一个叫作"又到重阳节"的小问卷，大家对老师所谈及的话题都有着很认真的思考。在上周，李老师也把这份访谈记录分享给了大家。那今天这节课，我们就先来借助这次访谈交流大家的所思所想吧！

2. 问卷分析组发言人向全班进行课前问卷情况反馈。

反馈要点：

第一，同学们对我国传统佳节"重阳节"的了解是很全面的。表现在两个方面：

（1）在回答"在你看来，重阳节是一个怎样的节日？"时，同学们都能准确提到如登高、祈福、祭祖、敬老等内容。可见，大家对这一传统佳节的内涵是很了解的。

（2）在对后两个问题的回答中，同学们列举了如登高、插茱萸、赏菊、吃重阳糕、看望长辈、祭祖等活动。可见大家对这一传统节日里的活动也有着很全面的了解。

第二，对于"重阳节要敬老"这一点，同学们出现了"知多于行"的情况。如在第一题中，绝大多数同学都提到了"敬老"，可见大家对"重阳节要敬老"的认识十分深刻，但是从后两个题中能够看到，有敬老行动的同学数量相对较少。

第三，本次课前问卷中也不乏亮点。体现在：

（1）有五位同学可以做到对"敬老"的知行一致。

（2）还有同学指出"敬老"不该只停留在重阳节。

设计意图： 学生对课前问卷情况做客观分析，激发全班学生的参与热情，为班会各目标的达成提供基础支持。

二、小组交流，理解重阳节的内涵

1. 教师导入：从大家的回答中我们能看到重阳节的内涵是很丰富的，但是仔细来看，如登高、祈福、祭祖、敬老这些内涵之间似乎又没有什么特别紧密的内在关联，或许有我们还没有了解到的地方。那首先有请第一探究小组带领我们再探重阳节的内涵。

2. 学生活动：第一探究小组展示学习成果。

1.1 重阳节溯源

重阳节，农历九月初九，二九相重，称为"重九"；"九"数在《易经》中为阳数，固重九亦叫"重阳"。古人认为九九重阳是吉祥的日子，因此古时民间在重阳节有登高祈福、秋游赏菊、佩插茱萸、拜神祭祖及饮宴祈寿等习俗。

由于九月初九"九九"谐音是"久久"，有长久之意，所以常在此日祭祖与推行敬老活动。人们于重阳之日享登高会，感恩敬老；登高赏秋与感恩敬老成为当今重阳节日活动的两大重要主题。

1.2 重阳节内涵发展（老年节由来）

重阳节发展至近代，被赋予了新的含义。1989年，我国政府将每年的九月九日定为老人节，将传统与现代和谐地结合起来，使这一传统佳节成为尊老、敬老、爱老、助老的新式节日。2012年12月28日，中国全国人大常委会表决通过新修改的《老年人权益保障法》，明确每年农历九月初九为老年节。在传承发展中，重阳节以富有生命意蕴的节庆活动世代流传，设置敬老、饮宴祈寿主题逐渐和中国传统孝道伦理相融合，成为当今重阳节日活动重要主题之一。

3.学生交流讨论。

讨论要点：

（1）重阳节的内涵丰富、习俗众多。但究其源头可归结为两支：一是九月初九为最大阳数相叠，古人认为其寓意吉祥，故在这一日进行"登高祈福"等活动；二是"九九"谐音"久久"，寓意长寿，故与"敬老"融合。

（2）重阳节的另外一个名字——"老年节"（曾用名"老人节"）则是二十世纪八九十年代出现的。这是我国对传统节日与当今社会主流价值观进行的深度结合，意在凸显"敬老"内涵，使这一传统佳节成为尊老、敬老、爱老、助老的新式节日。

4.小结：看来，重阳节自古以来就是一个寄予美好、备受重视的佳节，它以富有生命意蕴的节庆活动世代流传，而在传承发展中，其"敬老"内涵则与传统孝道文化实现了高度融合，进而成为当今重阳节最重要的主题之一。

设计意图：本环节以小问题引领主题思考，帮助学生进一步构建个人认知图谱，实现对目标的突破。

三、辨析原因，探寻敬老方向

1.教师导入：同学们在敬老中出现了"知多于行"的情况，可能是大家还没能把思路放开，所以束缚了行动。下面有请第二探究小组来带领我们打开更多的思路吧。

2.学生活动：第二探究小组展示学习成果。

尊老敬老不能等
CAN'T WAIT

中国也有句古语：
"树欲静而风不止，子欲养而亲不在"。
做晚辈的若等到有一天"子欲养而亲不在"了，
再说后悔，可就什么都晚了。

3.学生交流讨论："敬老"不能等；孝敬家中长辈，也要及人之老；学校的榜样做法告诉我们，敬老是我们大家的事。

4.小结：老师欣慰于同学们思想和言语间的成熟，更为大家已经拥有"老吾老以及人之老"的社会责任担当和"见贤思齐"的自驱成长意识而点赞。与此同时，老师还希望同学们能尝试着去做好如下几件事。细细品来，这之中也尽是满满敬老情！

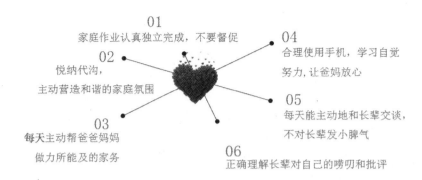

设计意图：以问卷反馈中的践行现状和平日班主任与家长联系时得知的亲子矛盾为情境引领学生继续思考，使学生在倾听与内省中，进一步开阔敬老思路，并提高对自己的要求。

四、榜样引领，走出敬老高度

教师导入：刚才的讨论我们更多的是聚焦家中谈敬老，那么作为一个14岁的中国少年，在疫情防控之下，敬老美德该如何落实在家门以外的实际生活中呢？有请咱班的"敬老先锋"来给大家支高招！

（一）"敬老先锋"来支招

1. 榜样学生发表讲话：同学们好，疫情之下，我们更要开动脑筋思考如何敬老，而带动和我一样怀揣敬老之心的同学们加入这个光荣的行列中来也是我的心愿。所以，在支招之前，我想先跟大家分享一段难忘的敬老经历，我给它起了一个名字，叫《如愿》。

2. 播放自己带领同学进行敬老志愿服务的短片——《如愿》。

（二）"线上敬老"进行时

1. 榜样学生连线从事志愿服务的敬老院，在现场带领同学们"线上敬老"。

在线活动：诗朗诵、唱歌、舞蹈、为爷爷奶奶画肖像、魔术（均为即兴表演）。

2. 全班同学交流感受。

交流要点：看到老人们看同学们表演节目时的喜悦，感到敬老这项公益事业是十分必要的；对老人而言，他们更为看重晚辈在精神上对他们的惦念，所以常来看看爷爷奶奶是非常必要的。

设计意图：借助班级学生多才多艺的实际学情，在班会课现场达成践行并及时交流亲历感受，以此实现对"线上敬老"的再强化。

（三）制定方案做承诺

1. 全班同学从家庭、学校、社会中任选至少两个角度，制定个人的敬老行动方案，并写在"爱心卡片"上。

2. 学生交流讨论。

家庭角度：分担家事、主动沟通、管好自己……

学校角度：善待批评、认真完成学业……

社会角度：看到需要帮助的老人，及时伸出援手；主动参加志愿服务……

3. 交流完毕，学生将自己的"爱心卡片"张贴在教室"主题班会同名海报"上。

同题海报　　　　　　　　　　　　预设达成图

注：右图的心形贴纸即"爱心卡片"

设计意图：启发学生从多个角度制定敬老行动方案，既是对本节班会个人收获的集中反馈，又为后续的行动明确方向。同时，将爱心卡片汇聚在同题海报上并张贴在教室中，进一步营造了班级浓厚的敬老氛围，为增进教育实效起到一定的推动作用。

五、班主任总结

这次班会我们通过新活动引发了新思考，又在新高度的引领下将这份思考及时转换成了行动。老师相信，我们今朝的携手必将为我们四班树立敬老的新风范，老师更希望我们未来的同行能在各自的生活中引燃敬老的新风潮。

设计意图：对整节班会做及时总结，为学生后续的行动实施给予肯定和鼓励。

【班会延伸】

1. 成功注册：登录"中国志愿服务网"，全班同学完成志愿者注册。
2. 践行敬老：结合生活实际，主动开展多种形式的敬老活动。
3. 表彰先锋：班级将每月首次班会课定为"敬老分享会"，表彰榜样学生。并请学校为其搭建更广阔的行动平台，为"大实验的敬老传承"增添属于我们班级的力量。
4. 延续深情：以班级为单位，常去敬老院展开敬老活动。

【班会评价与反思】

正如本节课上班主任的总结语一样，本节主题班会聚焦学情和学段特点，紧扣"敬老"的传统美德，力求用"新"贯穿始终，引导学生在循序渐进中实现对这一美德的传承与践行。具体而言，大致有如下四个特点：

反思一：以传统佳节为契机，以真实学情为根基。

以重阳佳节为契机，聚焦课前调查中呈现出的真实学情确定班会内容，以八年级学生能够达到的思辨水平驱动主题思考，以学生驾轻就熟的学习方式（小组合作、同伴交流）呈现习得成果，再以学生多才多艺的素养现状在课堂践行美德。立足学段和学情谈敬老，引导学生提高认识、落实行动。

反思二：引导集体内省小我，引领个体实现大我。

在课前筹备环节，班主任密切关注班级研讨调查问卷的情况，敏锐地捕捉各组的情况并因势利导助推各组准备课堂交流内容；在班会课堂上，各发言组汇报习得成果，即借助同伴力量，以问卷中呈现出的真问题引发学生内省，进而受到教育。

在导行环节，借助榜样同伴、班主任、学校、社会等多方教育资源引领学生登上新的高度，感受身上的责任与担当，最终实现从更大视域着眼，聚焦时下，落实敬老美德的传承。

反思三：注重课堂内外践行，注重与时俱进育德。

石景山区实验教育集团对敬老美德的教育是经久不衰的，所以升至八年级，对这一美德的教育更要侧重聚焦学情的践行。本节班会在现场践行环节加入了一些新的尝试，力求加大其在课堂上的落实力度。

具体而言，将践行环节分为三步，即榜样学生来支招→线上敬老进行时→制定方案做承诺。结合当前的防疫大背景和14岁学生被赋予的社会职责使命，班级学生在教育现场，即时完成了一次敬老志愿活动，这一落实力度较以往有了一定突破。

反思四：依据传统厚植情怀，依托文化涵养人生。

本节班会是石景山区实验教育集团幼小初中华优秀传统文化重阳节系列主题班会中的一节，所以在班会中更要让中华优秀传统文化对学生产生潜移默化的影响。比如在班会过程中，我们溯源重阳，让学生在完善各自认知图谱的过程中接触传统经典、触及祖先的大智慧。同时，在教师的过渡语、总结词中，增加引经据典的文辞比重，以期春风化雨般厚植情怀、涵养人生。

本节班会只是石景山区实验教育集团传承中华美德系列主题班会的一个缩影，在以后的教育工作中，我们会更加关注学生的思想动态及践行情况，以更切实的思路完成班级德育活动，把对美德的传承落到实处。

传统美德我学习，尊老敬老我传承

【设计者单位及姓名】

北方工业大学附属学校　向镒湄

【班级】

七年级 4 班。

【现状分析】

七年级的孩子，进入少年期，身体形态发生显著变化，身体机能逐步健全，心理也相应地产生变化，但童年和少年两个阶段之间是逐渐过渡的。学生刚进入七年级，理性思维的发展还有限，身体发育、知识经验、心理品质方面依然保留着小学生的特点，自我意识开始发展，有一定的评价能力。

本班学生有孝亲敬老的意识，但是在日常生活中孝亲敬老的意识比较淡薄，并且不知道如何表达自己对老人的尊敬和爱护。通过调查，只有 21% 的学生过重阳节，学生对如何过重阳节也不清楚。究其原因，是学生对于孝亲敬老的理解不到位，并且没有深刻体会到尊老、爱老、孝老的丰富含义。

所以，本次班会以重阳节为起点，依托集团孝亲敬老的主题教育，在这个过程中让学生体会到孝亲和敬老的必要性，传承中华传统美德。

【设计理念】

一是政策依据。参考《中小学德育工作指南》《中华优秀传统文化进中小学课程教材指南》。

二是理论依据。教育心理学家苏霍姆林斯基认为，有活动才有教育。"平行教育原则"指出，教育中要处理好集体与个人的关系，坚持两者的教育相结合，以点带面，以面促点。在依托学校开展的各种节日活动下，本节班会从重阳节入手，围绕四大环节，即"问题呈现，引入重阳主题""探重阳文化，初识孝亲敬老""品重阳寄意，感悟敬老原因""倡重阳行动，践孝亲敬老"，分别从感悟重阳节、认识重阳文化、认同并践行孝亲敬老的角度展开班会。通过采访、调查等形式了解班级学生及家人过重阳节的情况，发现很少人过重阳节，通过了解重阳文化，感悟孝亲敬老，并通过讨论，学会如何孝亲敬老。

【班会目标】

1.学生通过学习小组汇报的方式，梳理重阳节的历史脉络及风俗，初步感知重阳节孝亲敬老的文化内涵。

2.学生以故事分享会的方式分享老人在家庭、社会、国家层面所发挥的巨大作用，理解与认同孝亲敬老的意义，从而激发学生传承孝亲敬老的传统美德。

3.学生通过学习最美孝心少年的事迹，结合家长和班主任教师的成长锦囊，以书写行动卡片和倡议书的方式践行孝亲敬老。

【班会准备】

1.通过前期调查，了解学生对重阳节的认识、孝亲敬老的情况，确定班会主题与实施方案。

2.组织学生通过查找资料、采访的形式了解重阳文化以及周围老人为我们付出的情况。

【班会形式】

1.照片、视频展示与分析讨论。
2.学生分享感悟。

【注意事项】

1.班会过程中，班主任要关注到每一位学生，调动每个学生的积极性，引导学生全身心地投入活动中来，体现人人参与的原则。

2.关注学生在谈及感受环节能够结合自身生活实际，结合自己以及身边人分享孝亲敬老的真实案例。

【班会过程】

一、问题呈现，引入重阳主题

1.展示问卷调查"我如何过重阳节"相关调查结果。

2.分析相应的调查数据：通过观察调查结果，我们发现，作为我国传统节日之一的重阳节，很少有同学知晓，陪伴和看望老人的同学更少。

3.学生思考：重阳节是非常重要的传统节日，为什么没有得到大家的重视？

学生1：我认为重阳节，就是去爬山、祭祖，跟我们没有什么关系。

学生2：不知道该如何过重阳节。

学生3：老人不在身边。

4.教师小结：中华民族自古以来就有着优秀的传统文化，还有很多蕴含着文化的传统节日。通过调查和刚才同学们的回答看到，虽然同学们都知道重阳节，但是，很多同学很少过重阳节。其实，重阳节是中华优秀传统文化的一种表现，它提醒着我们要注重尊敬老人，孝敬亲人长辈。

设计意图：了解本班学生过重阳节的情况，发现学生对于敬老和孝老方面的缺失；通过问题，引导学生思考重阳节没有受到重视的原因。重阳节是优秀的传统文化，将德育教育与传统文化结合，不仅能开阔学生的知识视野，还能培养学生的内在修养，不断传承优秀的传统文化。

二、探重阳文化，初识孝亲敬老

1. 小组汇报：历史组和艺术组的同学分享重阳节的历史和习俗。

（1）历史组的同学制作了有关重阳节文化发展的思维导图。

（2）艺术组的同学分享古今有关重阳节的艺术作品：古诗《九月九日忆山东兄弟》和《过故人庄》等，以"助老敬老"为主题的当代绘画作品。

2. 小组交流，引发思考：以前对重阳节的认识不够到位，通过两个小组同学的讲解，我们认识到，重阳节不仅要登高、插茱萸，其实更需要孝亲敬老。

3. 教师小结：九九又重阳，通过回顾历史，我们知道了重阳节的意义。重阳节不断发展，它的本然之意，促使我们要孝老、敬老、爱老。

设计意图：通过小组分享重阳文化，帮助学生进一步了解重阳节的传承和发展，挖掘内在尊老、爱老、孝老的丰富含义。充分挖掘重阳节的文化内涵以及悠久历史，不仅能提升学生对传统文化的文化认同，还能增强文化自信。

三、品重阳寄意，感悟敬老原因

教师导入：了解重阳节后，正是这样优秀的传统文化不断传承，才让我们中华民族生生不息，不断发展壮大，下面我们有请小组同学来分享老人们的贡献。

（一）家里老人送关爱（故事分享）

1. 学生代表分享家中老人无怨无悔为家庭付出的故事。

（1）故事1：爷爷奶奶接送，校门口长时间无怨无悔的等待。

（2）故事2：姥姥姥爷日复一日做早餐和晚餐，不辞辛劳。

2. 交流分享：请班级其他同学交流自己家中老人为家庭付出的故事。

（二）社区老人发余热（故事分享）

1. 学生代表分享身边（社区）老人为社会奉献的故事。

2. 学生思考：通过这些老人的故事分享，同学们有什么感受。

学生1：老年本是颐养天年的年龄，但他们依然为疫情防控、维护交通秩序贡献着自己的力量。

学生2：爷爷奶奶对家庭默默付出，同时也承担了部分社会责任，我们要向他们学习。

3.教师小结：通过这些感动人心的事例，同学们可以充分体会到老人不仅对家庭无私奉献，更勇于承担社会责任，身体力行地践行社会公益。他们是一道亮丽的风景线，值得我们崇敬和爱戴。

（三）中国老人献力量

1.视频播放：袁隆平、钟南山、孙家栋，三位国家脊梁、优秀老人为国家无悔付出。

2.小组讨论：这些老人为何受大家的敬仰？（提示：结合视频中的具体实例分享）

学生1：他们终其一生，为祖国、为人民辛勤奉献。

学生2：他们为国家、为人民无私奉献，默默耕耘。

3.教师小结：无论是一生为稻粱谋、一世为民生计的袁隆平，还是医者仁心的钟南山，抑或是北斗指路的孙家栋，通过对他们的事迹进行分析，学生感受到这些共和国功勋人物，终其一生，为祖国、为人民辛勤耕耘，担当作为，是中华民族的脊梁，是值得崇敬的英雄。

（四）小组交流分享

1.学生思考：家中、社会、国家优秀老人为家庭、社会辛勤奉献，重阳节该如何表达我们的尊敬和孝敬？

2.教师小结：通过以上故事会的分享，以及同学们的发言，大家充分感受到，千千万万的中国老人为家庭、为社会、为国家、为人民，无私奉献，默默耕耘。中国老人厚积薄发，舍小家为大家，他们的伟大，是他们的父母对他们的付出，对社会贡献的延续。在重阳节这个属于他们的节日，我们更应该向他们表达我们的孝敬和爱戴。

设计意图：通过分享家中老人为自己付出的故事，感受老人对我们的爱和老人的不容易；通过分享身边老人为社区的付出，对我们周围生活变得更好、更加便捷做出的努力，感受老人的不容易；通过分享优秀老人为国家的付出，感受老人为社会做出的贡献，唤起学生对老人群体重视、孝敬与爱戴的情感，使学生对重阳节的意义有进一步的理解与认同。

四、倡重阳行动，践孝亲敬老

（一）分享事迹，悟敬老

1.出示家长问卷调查结果：

（1）家长们最看重孩子的品质：自信、尊敬老人、乐观勇敢、勤奋、正直、孝顺、感恩、节俭。

（2）家长认为孩子最打动自己的行为：在自己辛苦劳累时，能做一些力所能及的事情，帮助自己减轻负担，缓解疲劳。

2.小组交流：分析调查结果，家长们为什么看重这些品质。

3.班级"最美孝心少年"事迹分享：三位同学分别分享自己照顾家中老人、为老人做一些力所能及的事情。

4.讨论：这些同学有哪些品质值得我们学习？

学生1：他们爱老，而且还付诸实际行动。

学生2：他们敬老，从小事做起。

5.展示采访视频（长辈眼中的"最美孝心少年"）。

6.小结：从故事中，我们感受到的是辰演、一涵对家中长辈无限的关爱、孝顺、尊敬。在视频里我们看到践真奶奶对于她的陪伴非常开心，其实，我们的孝顺就是生活中一些简单的事情，生活的点点滴滴，能让家中的老人，感受到温暖和舒心，那就是孝顺。

设计意图：通过调查问卷了解学生孝亲敬老的情况，选出班级"最美孝心少年"；通过分享班级"最美孝心少年"事迹，感受身边的榜样同学敬老、孝老的优秀品质；通过对老人进行采访，进一步了解班级"最美孝心少年"事迹。

（二）锦囊相赠，查孝行

1.班主任给学生赠予锦囊，锦囊中装有家长的期望和班主任的寄语。

2.学生书写"孝亲敬老行动卡"。

3.小组交流分享，并张贴到海报上。

4.小结：同学们，孝顺亲人长辈，都是从平常的一点小事做起的，在他们累的时候，给他们揉揉肩、捶捶背；平时多陪家里的老人散步，多回去看看老人，做一些力所能及的事。只要我们用心，亲人长辈一定会感受到我们给予的温暖。

设计意图：通过赠予学生锦囊，为学生践行孝敬做铺垫；通过书写"孝亲敬老行动卡"，帮助学生厘清重阳节如何表达对老人的尊敬和爱戴。

五、班主任总结

通过本节班会的学习，明确孝亲敬老的重要意义。学生从现在做起，让承欢膝下、其乐融融成为家庭的日常；让尊老敬老、老有所乐成为社会的日常；让学生将孝亲敬老践行到日常生活中，弘扬中华优秀传统美德。

设计意图：通过班主任总结，升华班会主题，将孝亲敬老践行到日常生活中，成为学生自觉的行为，发扬优秀的传统美德。

班会延伸

1.书写班级倡议书"孝亲敬老从我做起，扬中华美德"，并向全校同学倡议，做一些敬老孝老的事。

2.利用学校视频社"校园放大镜"，播放班级"最美孝心少年"孝亲敬老的故事，向全校同学倡导学习。

3.班会结束后，每个月评选班级"最美孝心少年"。

设计意图：以班级倡议及评选班级"最美孝心少年"为指引，帮助学生将敬老、爱老的行为融入日常生活，成为学生的自觉行为。

【班会评价与反思】

反思一：立足实际学情，挖掘重阳内涵。

基于国家政策和学校对传统文化的渗透教育，依托教育集团一体化德育及学校实践平台，确立了此次班会的主题，以重阳节为起点，弘扬孝亲敬老。通过相关问卷调查，以此为契机，确立适合本班学情的教育内容，用班级具有普遍意义的观点，引发学生对于重阳节的思考，希望通过小组合作学习的方式，与全班同学交流所发现的问题并予以解决。

反思二：注重课堂探究，拓展育人路径。

在开展班会时，通过问题引领，引发学生思考孝亲敬老的意义；通过班级"最美孝心少年"事迹分享，树立榜样。班主任抓住班级具有代表性的观点和班级"最美孝心少年"的故事，驱动主题学习，不断引发学生思考；学生发表自己的意见，在这一过程中教师引领学生聚焦问题实质，通过学习身边榜样，结合教师锦囊，帮助学生厘清该如何孝亲敬老，书写"孝亲敬老行动卡"，为班会后践行孝亲敬老提供行动支持。在班会结束后，不仅将课上的敬老之情延续下去，还要关注课下的践行程度，随时密切关注，切实增强教育实效。

反思三：深化家风教育，涵养传统文化。

本节课以重阳节为课程内容主题，通过以孝亲敬老的传统品德为教育切入点，有效地营造了敬老、爱老的社会风尚，培养学生尊重传统习俗、传承优秀传统文化的良好道德修养，涵养传统文化内涵和底蕴，进一步增强对中华民族的归属感和自豪感。

感悟清明文化，继承先烈遗志

【设计者单位及姓名】

北方工业大学附属学校　贾蕊

【班级】

九年级 5 班。

【现状分析】

初三学生的人生观、价值观、世界观正处于发展的关键时期。通过日常对学生的观察以及与他们的交流，发现学生喜欢穿汉服、听国风音乐等，对优秀传统文化感兴趣。但是只是关注一些外在的方面，不能充分认识中华传统文化的内涵。借助学校的"清明诗径""惊蛰出洞"和班级的中秋猜灯谜等传统节日系列活动，进一步激发学生对传统节日、节气的兴趣。即将到来的清明节是中华民族一个重要的传统节日，是祭祖和扫墓的日子，也是郊游踏青的好时光。通过前期的访谈发现学生对这个节日的民俗意义和相关传统文化知识知之甚少，针对他们缺乏对传统文化的感知召开了这次主题班会。

【设计理念】

《关于运用传统节日弘扬民族文化的优秀传统的意见》中指出："传统节日，是中华民族文化的优秀传统的重要载体。要紧紧围绕节日主题，突出传统节日的文化内涵，充分展现和传承中华民族文化的优秀传统。"

《中小学德育工作指南》指出："培养学生爱党爱国爱人民，增强国家意识和社会责任意识，教育学生理解、认同和拥护国家政治制度。"同时也提到要在活动中育人，"精心设计、组织开展主题明确、内容丰富、形式多样、吸引力强的教育活动，以鲜明正确的价值导向引导学生"。本次通过了解清明节的相关习俗，让学生进一步感悟中国节气和中国节日，同时认识到清明祭祖扫墓，是中华民族慎终追远、敦亲睦族及行孝品德的具体表现。

苏联教育家马卡连柯提出的"平行教育原则"要求班主任在教育中处理好集体与个人的关系，坚持两者的教育相结合，通过教育集体影响个人，通过教育个人形成集体。教师利用集体对个人施加影响，给予了学生成长的时间和空间，同时，同伴和集体的教育会使学生更加容易理解和接受，提高了教育的实效性。本次班会学生在相互讨论中共同学习，相互影响，共同进步。

【班会目标】

1. 通过班会，了解清明节的习俗、文化内涵。

2. 通过班会，引导学生了解中华民俗、风情和传统美德；有利于青少年对孝悌、慎终追远、民德归厚的理解和升华；在缅怀革命先烈的丰功伟绩的基础上，继承先烈遗志，发扬革命精神，珍惜现在的美好生活。

3. 通过班会，增强学生对传统文化的认同感，使学生热爱民族文化，主动地传承民族文化、弘扬民族文化。

【班会准备】

1. 每位同学调查自己的家族史。

2. 素材搜集小组搜集、整理与清明节有关的知识、资料、图片等；采访小组对家庭长辈进行采访并收集资料；视频小组负责收集、剪辑材料。

【班会形式】

1. 图片、视频展示与分析讨论。
2. 故事案例分析讨论。
3. 学生活动展示分享。

【注意事项】

1. 桌椅的摆放应充分考虑班会进程中的具体活动设置，做到有序、美观。

2. 班会过程中，班主任力争关注每一位学生，及时调控班会进程，调动每个学生的积极性，引导学生全身心地投入活动中来，体现人人参与的原则。

3. 重细节，促落实，关注学生在谈及感受环节能够结合自身生活实际，在导行环节能够聚焦自身实际。

【班会过程】

一、视频片段导入，引入清明主题

教师播放《清明》视频，学生观看短片后，自由畅谈所了解的清明节。

设计意图：聚焦时事热点，并引出清明习俗，激发学生的学习热情。

二、探究清明内容，初识文化内涵

（一）分享清明习俗，了解清明文化

1. 学生交流分享家乡的清明习俗。

2. 学生认真聆听并相互分享交流。

3. 小结：作为清明节重要节日内容的祭祀、踏青等习俗源于寒食节和上巳节。寒食节与古人对于自然的认识相关。在中国，寒食之后重生新火就是一种辞旧迎新的过渡仪式，透露的是季节交替的信息，象征着新季节、新希望、新生命、新循环的开始。后来则有了"感恩"意味，更强调对"过去"的怀念和感谢。

（二）了解清明由来，提升文化认识

1. 学生讲述清明节的相关故事。

2. 思考讨论：听完介子推的故事，思考为什么值得大家去纪念他。

3. 小结：清明节不仅是一个远足踏青、亲近自然、催护新生的春季仪式，也是人们祭奠祖先、缅怀先人的节日，也是中华民族认祖归宗的纽带。

设计意图：通过学生自己搜集讲述清明节的由来更能深入领会清明节的文化，在此基础上教师进行延伸，有利于更加深入地挖掘其内涵。

（三）品味清明诗词，感悟古人情思

过渡：在中国的传统文化里，清明节是唯一一个成为传统节日的节气，扫墓祭祖、踏青郊游，在节气与节日数千年的传承史中，清明横跨两界，是自然与人文的奇妙组合。

1. 学生分享清明古诗词。

2. 学生交流分享古诗词中蕴含的情思。

3. 小结："清明无处不思家。"清明，历来是诗人笔下永恒的意境之一。它不仅仅是节气，更是华夏儿女心中的一个结，一个悲欢离合浸染的乡思情结。通过诗词我们看到了清明节蕴含着古代先人以及中华民族慎终追远、敦亲睦族及行孝品德的情思。

（四）分享清明活动，延续精神内涵

1. 同学分享清明期间扫墓祭祖仪式。

2. 班内家长分享家族史。

3. 小结：透过刚才同学和家长的分享，我们认识到清明时节寻根问祖，其实是提醒我们做人不能忘本——既不要忘记自己从哪里出发，因何而出发；更要遵循父母的教诲，传承先辈的精神。我们也更加深入地体会到，清明是一个有关"传承"的日子，有哀思、有纪念，是责任、是感恩。不论家教传承，还是家国情怀，都寄寓在这四月的叩拜之中。

设计意图：通过分享清明习俗、了解清明由来、品味清明诗词、分享清明活动，让学生了解清明节的历史和习俗，同时让学生认识到清明节融合了"节气"与"节俗"，是几乎所有春季节日的综合与升华，清明节俗也就具有了更加丰富的文化内涵。它不仅是人们祭奠祖先、缅怀先人的节日，也是中华民族认祖归宗的纽带，更是一个远足踏青、亲近自然、催护新生的春季仪式。

三、感悟先辈历程，继承先烈遗志

（一）感悟先辈历程，激发继承之志

1. 班内共青团员分享参与的"红领巾心向党，我为英雄来站岗"八宝山革命公墓站岗活动的感悟。

2. 教师追问：我们为什么坚持在清明节的时候缅怀先辈先烈？

3. 播放《闪亮如你》视频，同学们谈感悟。

设计意图：让学生们认识到中国青年一直坚守"继承先辈"的光荣革命传统。革命时期，为国呼号，冲锋陷阵，抛头颅洒热血；在社会主义建设时期，放弃国外优渥条件，毅然回到祖国；新时期，在平凡岗位上奋斗奉献，在急难险重任务中冲锋在前，在基层一线经受磨砺，在创新创业中走在前列，在社会文明建设中引风气之先，生动展现出"衣食无忧而不忘艰苦、岁月静好而不丢奋斗"的整体风貌。

（二）落实实践行动，继承先辈遗志

1. 身边故事分享：邀请学校高老师讲述疫情严重时期支援社区的事迹。

2. 小组讨论并发言。

3. 教师追问：作为初三的我们，应如何继承先烈遗志呢？请同学们认真填写"接续卡片"。

4. 学生填写"接续卡片"。

5. 同学们分享自己的计划。

设计意图：通过"身边人物"故事分享，让学生认识到继承先辈遗志，不是要求每个人都做英雄，干轰轰烈烈的大事，而是做自己力所能及之事；结合初三这一特殊阶段，书写"接续卡片"、制订行动计划，把继承先辈遗志落实在日常的学习生活中。

四、教师总结

通过今天的班会课，我们了解了清明习俗，认识到清明节是中华民族祭祖扫墓、缅怀先烈的日子。先烈把生命献给了他们热爱的祖国和人民，只留下一个个平凡而又崇高的名字，一行行简短而厚重的事迹。那些烈士纪念建筑物，是一座座革命先烈舍生忘死、英勇斗争的丰碑，是一部部凝固的中国革命史，是一面面激励后人为崇高理想而奋斗的旗帜。这些建筑物，正因为留下了英雄奋斗的足迹，掩埋着先驱的骸骨，浸透着烈士的鲜血，才有了光耀千载的历史价值，才值得我们后人去缅怀，这种精神将激励我们去创造明日的辉煌。

【班会延伸】

1. 宣传组将今天班会过程通过美篇进行宣传，同学们在下面进行评论，发表感悟。
2. 班内学生继续搜集家风故事，后续在班会课上进行分享。
3. 结合"红领巾奖章"期末评选"班级之星"。

探寻清明传统，赓续文化血脉
——主题班徽设计

【设计者单位及姓名】

北京市石景山区实验中学　徐加伟
北方工业大学附属学校小学部　付宗焱

【教育背景】

理论背景：美国著名心理学家桑代克的准备律表明，当某一刺激与某一反应准备联结时，如果给予联结就引起学习者的满意。

实践背景：党的二十大报告指出，提高全社会文明程度。实施公民道德建设工程，弘扬中华传统美德，加强家庭家教家风建设，加强和改进未成年人思想道德建设，推动明大德、守公德、严私德，提高人民道德水准和文明素养……在全社会弘扬劳动精神、奋斗精神、奉献精神、创造精神、勤俭节约精神。

学情分析：许多中学生是独生子女，较为欠缺社会体验和主动思考，他们愿意共同讨论各种生活话题，发表自己的见解，在他们有了一定的社会经历以后，适当的引导和协商讨论能够加深他们对事情的深层次认识。

【班会目标】

认知目标：了解清明节的历史知识，体会过清明节的意义，理解中华优秀传统美德和中华优秀传统文化。

情感目标：认识清明节的内涵，继承缅怀先祖的优良传统，传承中华民族"孝文化"。

行为目标：通过小组合作展示、传播清明节文化，懂得感恩父母。

【前期准备】

1. 教师召开班委会，与班干部研讨班会主题、内容、程序等，初步拟订方案。

2. 教师向学生讲述班会的主题、意义，班长公布初步方案，征求学生意见，完善方案，班委推荐讲故事人选。

3. 班委会根据方案组织分工，小组合作完成调查，推选小组发言人。

4. 每名学生构思自己的清明节方案，准备交流。

【主题活动过程（含会后延伸教育）】

播放初一年级八宝山扫墓照片。

教师导入：前不久我们初一年级同学远足八宝山祭扫革命烈士墓，活动过程中同学们认真擦拭革命先烈墓碑，回来后很多人查找资料了解革命先烈的感人故事，今天我们请同学们谈谈让自己深受感动的革命先烈。

请学生讲述英烈故事。

教师提问：故事会随着时间消失，文化却能在人们心中扎根，形成传统。为什么我们会有清明节扫墓这个文化传统？

请学生回答。

一、清明节的文化传统

1. 教师导入：文化传统是根植于内心的修养，是无须提醒的自觉。说到清明节，我们往往会想起每年去八宝山扫墓的相关报道。除此以外，我们很多家庭都习惯踏青游玩。那么清明节期间踏青、祭祖的文化传统是怎么形成的？为了解答这个问题，班干部分成了几组，带领同学们从清明节的历史中寻找答案。

2. 班长介绍分组调查过程。

班长讲述：为了深入了解清明节的有关文化传统，我们班委讨论了分组情况，全班分成五个小组，各组推选了组长。在组长带领下大家协商分组、合作调查，按照夏商周、春秋、秦汉、唐宋、明清等几个历史时期，发现了许多关于中华民族传统节日——清明节的故事，下面请他们讲述对自己影响最深的故事。

3.各组学生代表讲述本组的调查结果。

第一组：夏商周时期。

清明节始于周朝时期，距今约 2500 年历史。因清明与民间禁火扫墓的日子寒食临近，后两者合二为一。清明节源自上古时代的祖先信仰与春祭礼俗，兼具自然与人文两大内涵，既是自然节气点，也是传统节日。节气是我国物候变化、时令顺序的标志，而节日则包含着一定的风俗活动和某种纪念意义。

清明这天不动烟火，只吃凉食，并且要给祖先扫墓。我国北方地区重视扫墓活动。清明节前后，人们带着酒食、果品、纸钱等物品到墓地，将食物摆在亲人墓前，焚烧纸钱，然后给坟墓培土、插新枝，并叩首祭拜，最后吃掉酒食回家。南方地区在清明节时侧重踏青郊游，此外，还有插戴柳枝、放风筝、取新火、画蛋、斗鸡、荡秋千等活动。

第二组：秦汉时期。

清明作为节气的真正形成是在汉代。我国从原始社会的"山中无历日，寒尽不知年"，到汉代时形成了知年知日的完整二十四节气和太初历。在西汉时，我国特有的二十四节气基本齐备，每隔 15 天设一个节气，把一年划分为 24 个等份。公元前 139 年，淮南王刘安在编撰的《淮南子·天文训》中，完整记载了二十四节气，比较客观地反映了一年四季气温、降雨、物候等方面的变化，对农业生产起到了重要的指导作用。

第三组：魏晋南北朝时期。

传说寒食节是在春秋时代为纪念晋国的忠义之臣介子推而设立的节日。介子推的故事真正流行起来是在魏晋南北朝时期，因为魏晋的"晋"和春秋战国时代介子推故事的发生地晋国的"晋"是同一个"晋"字，所以人们对寒食节祭祀介子推的故事极为推崇并加以传播。人们深信介子推被火烧死的传说是真的，寒食节禁火之俗便在晋地流传开来，相沿成俗。

第四组：唐宋时期。

唐代在国家权威的礼法《开元礼》中规定："寒食通清明，每逢寒食，放假三日。"唐德宗下令把假日延长到 7 天，这足以说明唐代对寒食节与清明节的重视。自唐代开始，踏青、荡秋千、斗鸡等娱乐活动也盛行起来，蹴鞠尤为兴盛。

第五组：明清时期。

明清时期，清明节俗已普及全国，但风俗有异有同。北方人不像以前那么重视清明节，但节日娱乐保留古风，相较而言，南方的清明节就热闹许多，清明节便在南方各地发展兴盛开来。

二、展示清明节文化

1.教师导入：俗话说，"清明前后，种瓜点豆"。清明节既是自然节气点，也是传统节日。历代的文人雅士也为节日谱写了千古名篇。例如，《清明上河图》就展示了宋代清明时节的风俗生活，我们今天怎么样才能展示出中华民族的文化传统呢？

2.每个小组通过动画、作品、绘画、书法、诗歌朗诵等形式，展示本组调查成果。

学生分小组展示调查成果。

第一组：夏商周时期的蹴鞠。

第二组：春秋时期的插柳的故事。

第三组：秦汉时期的放风筝。

第四组：唐宋时期的植树、拔河、斗鸡、荡秋千。

第五组：明清时期的射柳、饮食。

3. 教师小结：中华民族通过节日表达情感和态度。清明节是祭祀节日，人们祭祖，敬祖先，表达孝道。

《论语·学而》指出："入则孝，出则悌，谨而信，泛爱众，而亲仁……"

有一位名人曾说："天下最不能等待的事情，莫过于孝敬父母！""教"字由"孝"和"文"字组成，反映出教育的根本建立在孝道人伦基础上。

教师提出问题：大家怎么理解"孝"？你通常怎么孝敬父母？

我们来看看《北京市中小学生日常行为规范（2016年修订）》中有关孝敬父母的内容。

《北京市中小学生日常行为规范（2016年修订）》第七条：体谅父母辛劳，关心父母健康，积极承担力所能及的家务劳动。听从父母的教导，主动与父母交流，礼貌回答问话。外出和回到家时主动与家人打招呼。

我们脑海中常常有这样的场景，自小上学放学家长天天接送，平时有了事首先想到父母，可大家知道吗，其实我们的父母也很忙，在这种情况下我们该如何孝敬他们呢？

请看下表：

孝敬父母要点	具体做法	实施日期
体谅关心父母		
积极承担家务		
主动交流		
礼貌回答		

4. 学生在表中的空格处写出自己的真实想法和具体做法。

三、传承清明节文化

（一）小组讨论——《我的清明节方案设计》

临近清明，作为家庭成员，从尽孝道的角度，你想怎么做？如果让你设计一次清明节祭祖或者踏青活动，你有哪些想法想与大家交流？

1. 先围绕问题个人独立思考。

2. 然后分小组内部讨论，各组讨论后选代表发言。

要求：每名学生发表看法，小组成员回应，形成小组意见。

3. 各小组代表发言，其他成员可以补充。

要求：小组代表汇报讨论情况时，全班需回应。

（二）教师导入

在东南亚一带，很多国家都有过清明节的习俗，2006 年 5 月清明节被列入第一批国家级非物质文化遗产名录。如果你是文化的使者，准备传播清明节文化，你准备怎么做？

今天，我们班乐队通过改编歌曲来向世界推广中华民族的清明节文化，请欣赏歌曲《把根留住》。

（三）学生表演

初一 2 班学生乐队表演歌曲。

（四）教师总结

"清明时节雨纷纷，路上行人欲断魂。"清明节的文化经过几千年发展已深深扎根在中华儿女心中，我们今天扫墓祭祖，表达孝道，孝像黏合剂，把大家黏合在一起，家庭、社会因此实现了和谐，这种和谐就是社会主义核心价值观中所强调的和谐，也是我们优秀传统文化的根基，面向未来的我们不仅要理解"孝文化"，更要传播"孝文化"，让家庭、社会更加和谐！

（五）活动拓展

阅读《陈斌强的故事》。

【教师反思】

对于中学生而言，个人的思想和行为只有自省才能自励，只有反思才能顿悟。主题班会要让学生感受道理，领悟内涵，有自己的情感体验和思考，从中受到启迪，同时对人、对事能做出自己的分析判断，进而完善自己的思想和行为。

沿着体验感悟—理解发现—展示传播的思路，本节班会课让学习建立在现在和未来的联结中。利用学生已知的话题，提出问题，让学生讨论交流并激发他们的兴趣，在合作中达成共识。这需要教师关注学生的心理状态，发挥每个人的特长，不断影响他们。

风清景明，慎终追远

【设计者单位及姓名】

石景山区第二实验学校　王晶晶

【班级】

初二 2 班

【现状分析】

初二 2 班现有学生 12 人，具有一定的语言表达能力、较强的自我表现意愿和较高的参与班级活动的热情。对于清明节等传统节日，学生的了解较为简单，多数仅能说出一两项相关的传统习俗，对节日的来历、节日的内涵等方面缺乏全面的了解和认同感。在多元文化互相冲击的今天，我们尤其需要深入了解并继承发扬传统节日中蕴含的民族精神，增强民族认同感和自豪感。

【设计理念】

对于一个民族来说，传统节日具有增强凝聚力、树立核心价值观、加深文化认同的重要作用，是集体的文化记忆。留住这些流传千年、意蕴丰富的传统节日，让它们在新时代重现活力，对于中华民族的文化繁荣是十分重要的。清明节是我国的重要传统节日，是进行革命传统教育、爱国主义教育、传统美德教育和感恩教育的极佳时机，我们要更加珍惜和重视，在节日中继承和发扬中华传统文化，为实现中华民族伟大复兴积蓄力量。

【班会目标】

1. 通过小组展示和知识竞猜活动，了解清明节的来历、习俗和有关诗词。
2. 通过清明寄思活动，祭奠先人、先烈或先贤，在慎终追远、缅怀先烈的情怀中认知传统、尊重传统、继承传统、弘扬传统。
3. 培养合作意识，陶冶精神情操，增强对中华传统文化的兴趣和认同感，培养民族自豪感。

【班会准备】

1. 提前召开预备会，明确活动主题与活动形式，鼓励学生积极参加展示活动。
2. 学生 4 人为一组，根据本组实际和兴趣分配展示任务。
展示任务一：清明小剧场（介绍清明节的来历）。
展示任务二：清明小讲堂（介绍清明节的习俗）。
展示任务三：清明诗朗诵（配乐朗诵清明节相关古诗词）。
除准备展示活动外，各组还要根据本组展示内容准备不少于 5 道竞猜题及相关参考答案。
3. 小组课下准备展示任务及竞猜题。
4. 班主任随时关注学生准备情况及进度，给予相应指导，并协助准备道具、卡片等物品。

【班会形式】

小组展示，情景剧、朗诵等。

【注意事项】

要求全员参与，分工合作，避免出现一人包揽或袖手旁观的现象。

【班会过程】

一、班会导入

班主任导入：各位同学，再过几天就是清明节了，在我们的传统文化里，清明节是一个非常特殊的节日。今天，让我们跟随各组同学，全方位地了解清明这样一个传承了几千年的传统节日。

设计意图：引导学生进入班会情境，激发学生兴趣和参与热情。

二、小组展示活动

各小组学生经过前期准备，轮流展示，介绍清明节的来历、习俗及相关古诗词。

要求学生认真观看，为后面的知识竞猜做准备。

第一组：清明小剧场。

第一组学生通过短剧的形式演绎清明节的来历。主要角色：晋文公、介子推、大臣、仆人。

第二组：清明小讲堂。

第二组学生借助 PPT 和视频资料介绍清明节的习俗。

第三组：清明诗朗诵。

第三组学生以配乐诗朗诵的形式展示清明节相关的古诗词。

设计意图：通过小组展示活动，介绍清明节的来历、习俗及相关古诗词等，引领学生全方位了解清明节。

三、清明知识竞猜

各组派一名代表展示本组所出的竞猜题，其他组学生积极抢答，答对最多者可获得小奖品。

设计意图：通过知识竞猜环节，引导学生加深对清明节基本常识的记忆，活跃班会气氛。

四、清明寄思

班主任导入：通过前面同学的介绍，我们知道清明节是一个缅怀逝者、寄托思念的节日，在这样一个节日里，你的脑海里有没有浮现出一个最怀念的人呢？这个人可以是已经故去的亲人，可以是你最崇敬的革命先烈（如刘胡兰、邱少云、黄继光等），也可以是你最敬佩的一位古人（如李白、苏轼、文天祥等）。请你在卡片上写一段话来寄托对他的怀念之情。让我们以这样一种特殊的方式来祭奠先人、先烈或先贤，传承清明节的传统文化内涵。

学生在卡片上写下自己的清明寄语。写完后，学生可自愿与大家分享自己的寄语并贴在班级专栏里，也可自己珍藏卡片。

设计意图：通过体验式的感悟和抒写，引导学生结合自身实际，理解清明节的传统内涵，达到慎终追远、感悟生命的目的，继承并弘扬清明节传统。

五、班主任总结

有时候，对逝者的怀念，往往能引发我们对生命的感悟。在追念逝者时，你是否意识到生命的珍贵？时光如白驹过隙，转瞬即逝，让我们利用有限的生命，去做更多有意义的事情，让祖先流传下来的美德、智慧和优秀文化在我们身上传承并发扬光大，这才是对先人最好的告慰。

设计意图：引导学生通过清明节活动，感悟生命意义，增强对传统文化的认同感和民族自豪感。

【班会延伸】

课下阅读于丹的《清明，血脉里的眷恋》，写一段读后感。

【附录】

各小组竞猜题如下。

第一组：

1. 下面的民间传说，哪一个与清明节有关？（参考答案：C）

A. 牛郎织女的故事　　B. 八仙过海的故事

C. 介子推割肉奉君的故事　　D. 嫦娥奔月的传说

2. 介子推"割肉奉君"的"君"是指谁？（参考答案：B）

A. 齐桓公　　B. 晋文公　　C. 秦穆公　　D. 楚庄王

3. 晋文公为了逼介子推出山，采用了什么方法？（参考答案：D）

A. 重金利诱　　B. 出兵搜山　　C. 威胁恐吓　　D. 放火烧山

4. 传说晋文公为了纪念介子推，命令全国在这一天必须怎样做？（参考答案：D）

A. 披麻戴孝　　B. 不许出门　　C. 不许吃饭　　D. 不许生火

第二组：

1. 清明节又称什么节？（参考答案：踏青节、行清节、三月节、祭祖节）

2. 首次将清明节列入国家法定节日的是哪个皇帝？（参考答案：B）

A. 周文王　　B. 唐玄宗　　C. 晋文公　　D. 宋太宗

3. 清明节融合了哪两个节日的习俗？（参考答案：C）

A. 上元节、寒食节　B. 寒食节、中元节　C. 寒食节、上巳节　D. 上元节、上巳节

4. 请说出三个清明节的节日习俗。

（参考答案：祭祀、扫墓、踏青、荡秋千、植树、蹴鞠、放风筝、插柳、拔河）

5. 青团是江南清明节时令的点心。它是用哪些食材做成的？

（参考答案：糯米、草头汁、豆沙、芝麻等）

第三组：

1. 说出至少两句关于清明的诗句、谚语或俗语。

（参考答案："清明前后，种瓜点豆""植树造林，莫过清明"）

2. "清明时节雨纷纷，路上行人欲断魂"的作者是谁？

（参考答案：唐代诗人杜牧）

3. 在《清江引·清明日出游》（问西楼禁烟何处好？绿野晴天道。马穿杨柳嘶，人倚秋千笑，探莺花总教春醉倒。）这首小词中，提到了清明节的哪几种习俗？

（参考答案：踏青、荡秋千）

4. 你还能背出关于清明的诗句吗？

（参考答案：风雨梨花寒食过，几家坟上子孙来？）

5. "雨打清明前"的下一句是什么？

（参考答案："洼地好种田"或"春雨定频繁"）

重拾秋分文化，感悟民族精魂

【设计者单位及姓名】

北方工业大学附属学校　张青青

【班级】

八年级 1 班

【现状分析】

班上的大部分同学都能遵守校纪校规，学风较好，具有较好的自我管理意识，具有强烈的爱国主义情怀。家庭条件的优越，使学生在物质上得到了较高的满足，因此部分学生节约意识较为薄弱，食堂就餐浪费现象比较严重；另外，班级大多学生是独生子女，常以自我为中心，缺乏社会责任感和使命感，更加缺乏对民族文化的认同感。

本学期，我校继续开展了"清明诗径""惊蛰出洞"等系列活动，既激发了学生对二十四节气的关注，同时也让学生在活动中感受中华传统文化的魅力。据此，为了让学生

更深入地了解二十四节气的文化内涵，认识到节约粮食的必要性，本学期决定召开一节以"重拾节气文化　感悟民族精魂"为题的主题班会。

【设计理念】

2016 年，"二十四节气"正式列入联合国教科文组织人类非物质文化遗产代表作名录，这体现出国际社会对保护传统知识与实践类非物质文化遗产，并将文化融入社会、经济和环境的可持续发展的重视。然而，"二十四节气"的传承和保护依然任重道远，要吸引更多的年轻人加入传承与保护的行列中来，激发其积极性和自觉性，使"二十四节气"这一重要的文化遗产在当代社会文化生活中焕发出新的活力。

教育部印发的《关于在中小学幼儿园广泛深入开展节约教育的意见》及北京市政府办公厅颁布的《北京市中小学培育和践行社会主义核心价值观实施意见》，对中小学生培养勤俭节约意识、树立绿色生活理念提出了具体的要求。

【班会目标】

1. 通过说秋分由来、谈秋分习俗，让学生了解节气时令与我们生活的关联性，明晰秋分的文化内涵。通过阅读"中国农民丰收节"的相关图文资料，理解节气对农业活动的指导价值，树立民族文化自信。

2. 通过阅读图表数据、观看袁隆平事迹视频，了解我国粮食产量的喜人成绩，认识家国情怀对国家民族的重要意义，增强学生的社会责任感和使命感，激发爱国热情，为中华之发展而努力学习。

3. 通过数据和图片展示，引导学生正确认识国家粮食现状，懂得一粥一饭来之不易的道理，尊重劳动，珍惜劳动成果，自觉培养勤俭节约的良好生活习惯，增强环境意识和忧患意识。

【班会准备】

1. 教师准备：制作视频，搜集秋分丰收节、粮食安全的相关素材，制作课件等，关注各学生组工作开展情况。

2. 学生准备：收集整理同学们查找的秋分习俗，制作 PPT。

【班会形式】

1. 视频、图片、统计图表展示与分析讨论。
2. 学生展示分享。
3. 讨论交流。

【注意事项】

1. 提前调试视频和图片，避免出现正式上课时视频无法播放的情况。

2. 注意环节间的过渡，既要自然过渡，也要严谨合理。

3. 班会进行过程中，班主任要关注每一位学生，调动学生的积极性，引导他们全身心投入；不能自导自演，要结合学生的现场反应及时调控班会进程，做到有的放矢。

【班会过程】

一、班会导入，引出主题

1. 教师导入：北京被誉为双奥之城，冬奥会开幕式上的一段视频刷爆网络，我们一起来回顾。

2. 播放视频：北京冬奥会开幕式倒计时短片《二十四节气》。

3. 强调：以"二十四节气"为主题的倒计时短片，用"中国式浪漫"美学惊艳了世界，也让全世界领略了这一中国古老历法的独特文化魅力，这就是中国人的文化自信！二十四节气是以气候、物候为依据建立起来的，能反映季节的变化，指导农事活动，是影响着千家万户衣食住行的特定节令，是我国宝贵的非物质文化遗产。每个节气，都有自己独特的文化内涵和意义，也承载着不同的历史和回忆，今天就让我们走进二十四节气——秋分，一起去感受背后的文化内涵。

设计意图： 聚焦网络热点话题，引出班会主题，激发学生的学习兴趣。

二、品味节气（秋分）内涵，树立文化自信

1. 观察图像了解秋分的由来和习俗。

2. 播放地球公转轨迹图像。

3. 提问：秋分的日期及昼夜长短状况。

4. 思考后回答：每年的9月23日前后即"秋分"，太阳直射地球赤道，这一天昼夜均分，全球无极昼极夜现象，这一天之后，北半球昼短夜长。

5. 提问：人们为了庆祝秋分，都有哪些习俗。

6. 展示：学生展示自己课前收集的关于秋分的相关习俗。

设计意图： 通过观察图像，说秋分由来、谈秋分习俗，让学生了解节气时令与我们生活的关联性，明晰秋分的文化内涵。

三、节气变节日，实现传统文化的再发展

1. 讲解：节气指导农业生产，秋分是广大农民喜获丰收的节令。自2018年起，我国将每年秋分日设立为"中国农民丰收节"，节气时令"摇身一变"，成了具有鲜活现代感的重要节日。

186

2. 展示：展示各地区庆丰收的活动照片，并让学生思考"中国农民丰收节"为什么定在秋分？

3. 小结：国家将每年的秋分设立为"中国农民丰收节"，既是对传统"二十四节气"这种古人智慧结晶的致敬与传承，同时也体现了当代中国人知晓自然更替，顺应自然规律和适应可持续的生态发展观。

设计意图：通过阅读秋分丰收节的相关图文资料，既认识到了节气对农业的指导价值，也感受到了继承和弘扬传统文化的重要性。

过渡：在自然灾害和新冠疫情的影响下，我国粮食生产依然能实现连年丰收，这一成果的背后离不开无数科学家的艰苦奋斗。

四、学习时代英雄，厚植爱国主义情感

1. 展示：近三年我国粮食产量的数据、自然灾害等图片。

2. 提问：面对人们对粮食需求的日益提升，面对新冠疫情的不断袭扰，我国依然能保持粮食稳产、增产，请同学们结合学科知识分析原因。

3. 学生思考后回答：科学家扎根作物研究、科技进步、耕地面积等。

4. 播放：袁隆平事迹，让学生感受科学家们的探究精神，体会他们将个人命运和国家命运紧密联合在一起的行动力。

5. 小结：袁隆平一生致力于杂交水稻技术的研究、应用与推广，正是因为有了像袁隆平院士那样为了中国粮食生产夜以继日、上下求索的粮食科研工作者和数以亿计农民的辛勤劳作，才有了中国现在吃穿不愁、国富民强的喜人成绩。"谁知盘中餐，粒粒皆辛苦。"尽管我国粮食生产连年丰收，但是对粮食安全还是要有危机意识。

五、厉行勤俭节约，共筑粮食安全防线

1. 展示：展示学生食堂就餐浪费粮食的图片、学校厨余垃圾收集桶的图片、全球饥饿人数及因饥饿失去生命的人数统计图及相关图片。

2. 提问：通过观看图片，同学们有何感触？

3. 学生思考后回答：珍惜粮食、节约粮食等。

4. 追问：如何有效节约粮食？

5. 学生思考后回答：科学就餐、杜绝暴饮暴食、少量多取等。

6. 小结：伴随物质生活的日趋丰盈，浪费粮食的现象也有冒尖回潮的势头。同学们要认识到，你觉得遥远的饥饿或许正是别人经历的日常；你习惯挥霍的，或许正是别人所渴求的；你随手倒掉饭菜时，有人正在为食物奔波；你挑剔食物时，有人连吃顿饱饭都是奢求。一粥一饭当思来之不易，珍爱粮食，拒绝浪费，希望同学们能从自身做起，从日常做起，共筑粮食安全防线。

六、班主任总结

二十四节气是中国古代订立的一种用来指导农事的补充历法，是中国古代劳动人民长期经验的积累和智慧的结晶，是我国宝贵的非物质文化遗产。每个节气，都有自己独特的文化内涵和意义。秋分是第十六个节气，意思有二：一是昼夜平分，二是气温由热转凉。随着时代的不断变迁，二十四节气的重提和再发明更多的是为了弘扬和继承优良的传统文化，树立华夏儿女的文化自信。传承节气文化除了外在的物质形式之外，更应深入其内在的精神内核。这节课我们以二十四节气之一秋分为线索，了解节气背后的文化精髓，感悟古人的伟大创举和智慧。沿着历史的长河，新世纪的二十四节气又被赋予了新的含义，"中国农民丰收节"就是节气文化的再发明。作为新时代的中学生，我们应该始终坚守民族文化自信，并以为中国之发展而努力拼搏的时代楷模为榜样，笃定前行，不畏艰险，努力学习，提升自我，为祖国的发展贡献自己的一份力量，书写美好的人生篇章。

【班会延伸】

1. 寻找二十四节气：继续搜集学生感兴趣的节气时令，探寻背后的文化内涵，思考节气文化的现代化延伸，通过 PPT 或手抄报呈现。

2. 节约粮食，我先行：制订个人行动计划并记录实施情况，在学期末评选班级的优秀先锋，并推荐至"北工附的日子"公众号。

春节印象
——传统文化之春节主题班会

【设计者单位及姓名】

石景山区第二实验学校　刘佳佳

【班级】

七年级 3 班

【现状分析】

七年级学生进入初中已经一个学期，在寒假期间度过了我国最重要的传统节日——春节。通过对学生的调查问卷发现，学生对春节的相关知识了解甚少，对中华民族的重要传统文化一知半解。虽然小学时也有相关的活动和学习，但是由于学生年龄小，理解力不足，无法从根本上了解春节，无法建立民族自尊心和自信心。

【设计理念】

一、理论依据

2018 年 8 月，习近平总书记在全国宣传思想工作会议上指出："中华优秀传统文化是中华民族的文化根脉，其蕴含的思想观念、人文精神、道德规范，不仅是我们中国人思想和精神的内核，对解决人类问题也有重要价值。要把优秀传统文化的精神标识提炼出来、展示出来，把优秀传统文化中具有当代价值、世界意义的文化精髓提炼出来、展示出来。"

二、班会构思

人们在春节这一天都尽可能地回到家里和亲人团聚，表达对未来一年的热切期盼和对新一年生活的美好祝福。春节不仅仅是一个节日，同时也是中国人情感得以释放、心理诉求得以满足的重要载体，是中华民族一年一度的狂欢节和永远的精神支柱。想要学生更加深刻地体会春节，就要让学生参与班会的不同环节，自己上网查找资料、筛选整合资料、制作 PPT、撰写剧本进行表演、品尝春节美食、制作新春祝福卡或者小报，在整个过程中体会学习的快乐和传统文化的意义。

【班会目标】

欣赏歌曲《春节序曲》，感受春节欢快愉悦的节日气氛。
分享春节的由来和习俗，了解春节的知识，提高民族自尊心和自信心。
表演情景剧《回家》，感受春节团圆的意义。
看视频了解各地春节美食，品尝北京炸丸子，感受家乡春节美食。
制作新春祝福卡或小报，许下辞旧迎新的美好愿望。

【班会准备】

教师准备：布置任务、统筹协调、提供北京炸丸子、准备新春祝福卡。
学生准备：查找资料、制作 PPT、撰写剧本、表演情景剧。

【班会形式】

歌曲欣赏，知识分享，表演情景剧，品尝美食，制作新春卡，交流感受。

【注意事项】

班会准备过程中要充分体现以学生为主体的教育原则，教师为引导辅助的角色，不能越俎代庖。

【班会过程】

环节一：听春曲——欣赏歌曲《春节序曲》。

教师提问：听了这首歌曲，你能感受到作者想表达的感情是什么吗？你知道这首歌曲是我国哪个传统节日的代表作吗？

设计意图：聆听歌曲《春节序曲》，让学生感受到春节欢快喜庆的氛围，引入班会主题。

教师总结和过渡：百节年为首，春节是中华民族最隆重的传统佳节。受到中华文化的影响，世界上一些国家和地区也有庆贺新春的习俗。春节与清明节、端午节、中秋节并称为中国四大传统节日。春节民俗经国务院批准被列入第一批国家级非物质文化遗产名录。今天我们的班会"春节印象"就一起来学习了解春节知识。

环节二：知春意——分享春节的由来和习俗。

学生分组上台用 PPT 分享。

第一组：春节的由来。

第二组：春节的传统习俗。

第三组：北京的春节民谣。

教师提问：请其他同学说说听完后的感受是什么？

设计意图：学生分组汇报春节的由来和习俗，其他学生认真聆听，了解春节、认识春节，对春节有初步的认识，初步形成中华民族的文化自信心。

教师总结和过渡：同学们都听得十分认真，原来春节的由来这么有意思，传统习俗这么多样，明年春节一定要照着做一做，感受一下。春节是团圆的节日，每到春节全国各地的人们都想办法回家，这也成为世界上最大规模的人口迁徙活动，回家的路途虽然艰辛但十分有意思，让我们一起来看一看吧。

环节三：赏春景——表演情景剧《回家》。

教师提问：欣赏完情景剧，说一说你的感受。

设计意图：欣赏情景剧《回家》，生动有趣的表演让学生感受到无论多么困难，都抵挡不住游子春节归家的心，春节是阖家团圆的节日，是心的归宿。

教师总结和过渡：就像同学们表演的，路再远也挡不住回家的脚步，车再挤也挤不走回家的急迫；家不仅是一所房子，也是一种精神的回归。在春节这个我们最隆重的节日这天，让我们一起回家，享受团圆，分享爱！回到家迎接我们的有辛勤劳作的父母，更有数不胜数的春节美食，下面观看视频让我们了解一下祖国各地的春节美食。

环节四：吃春食——看视频赏各地美食、品尝北京春节美食。

看视频：祖国各地的春节特色美食。

吃美食：品尝北京春节的特色美食炸丸子。

设计意图：看视频了解我国各地新春特色美食，感受祖国的地大物博和美食文化多样性。品尝北京新春特色美食炸丸子，感受自己家乡的美食文化，提高民族文化自信心。

教师总结和过渡：祖国地大物博，春节习俗各不相同，春节美食也多种多样，相信同学们都感到无比的幸福和自豪。最后让我们一起制作新春祝福卡或者春节小报，把对祖国、对家人最美好的祝福表达出来、传递出去。

环节五：送春福——制作新春祝福卡或春节小报。

设计意图：了解了春节的由来、习俗、美食后，把自己对祖国、对家人最美好的春节祝福表达出来、传递出去，让学生感受传统文化并且尝试传承传统文化。

教师总结：通过今天的班会课，同学们欣赏了春节歌曲、了解了春节的由来和习俗、观看了春节回家的情景剧、品尝了家乡春节的特色美食，还亲手制作了新春祝福卡，相信每一位同学都收获颇丰。春节是中华民族最重要的传统节日之一，学习感悟传统文化、保护传承传统文化，是同学们作为新时代青少年必须要做的事情。希望同学们学有所获，在未来继续学习中华优秀传统文化，把传统文化发扬光大。

【班会延伸】

除了春节，我国还有许多传统节日。中国传统节日是中华民族悠久历史文化的重要组成部分，其形式多样、内容丰富。传统节日的形成，是一个民族或国家的历史文化长期积淀凝聚的过程。请以小组为单位，任意选择一个我国其他的传统节日，上网搜集资料，制作成PPT进行全班汇报。

【附录】

班会前填写调查问卷。

你知道春节的由来吗？	
春节的习俗有哪些？	
不同地区的春节美食有什么？	
除了春节，你还知道我国哪些其他传统节日？	

一、春节的由来和习俗

第一组：春节的由来。中国古代有一种叫"年"的怪兽，头长触角、凶猛异常。"年"兽常年深居海底，每到除夕才爬上岸，吞食牲畜、伤害人命。因此，每到除夕这天，村寨的人们便会扶老携幼逃往深山，以躲避"年"兽的伤害。有一年除夕从村外来了一个乞讨的老人。村寨里呈现一片匆忙恐慌的景象，只有村东头的老婆婆给了老人一些食物，并劝他快上山躲避"年"兽，那老人捋髯笑道："婆婆若让我在家待一夜，我一定把'年'兽撵走。"老婆婆仍然继续劝说，乞讨老人笑而不语。半夜时分，"年"兽闯进村。它发现村里气氛与往年不同，村东头老婆婆家门贴大红纸，屋内烛火通明。"年"兽浑身一抖，怪叫了一声。将近门口时，院内突然传来噼噼啪啪的炸响声，"年"兽浑身战栗，再也不敢向前。原来，"年"最怕红色、火光和炸响。这时，老婆婆的家门大开，只见院内一位身披红袍的老人哈哈大笑。"年"兽大惊失色，狼狈逃窜。第二天是正月初一，避难回来的人们见村里安然无恙感到十分惊奇。这时，老婆婆才恍然大悟，赶忙向乡亲们述说了乞讨老人的许诺。这件事很快在周围村里传开了，人们都知道了驱赶"年"兽的办法。从此每年除夕，家家贴红对联、燃放爆竹；户户灯火通明，守更待岁。初一一大早，人们还要走亲访友道喜问好。这风俗越传越广，春节也成了中国民间最隆重的传统节日。

第二组：春节的传统习俗。买年货、贴春联、挂年画、吃年夜饭、收压岁钱、拜年、放爆竹、贴福字、逛庙会、踩高跷、舞狮子、守岁、接财神。

第三组：北京的春节民谣。小孩儿小孩儿你别馋，过了腊八就是年；腊八粥，喝几天，哩哩啦啦二十三；二十三，糖瓜粘；二十四，扫房子；二十五，冻豆腐；二十六，去买肉；二十七，宰公鸡；二十八，把面发；二十九，蒸馒头；三十晚上熬一宿；初一、初二满街走。

二、情景剧《回家》剧本

第一幕

女儿从北京回到家里，敲门说："爸，我回来啦。"（提着东西，累）

"怎么累成这样啊？快坐下歇歇，我来提，回家还买了这么多东西。"

"过年嘛，给您带了北京特产，咱们团团圆圆吃年夜饭。"

"我瞧瞧都带什么了，哦，烤鸭、稻香村的京八件，这么多东西怎么带回来的？"

"我呀，是坐火车回来的，车厢空间大，能带的东西多，火车票也不贵。"

"真不错，火车还挺平稳的，点心一点都没坏，走，拿给爷爷尝尝。"

"爸，醒醒，您看谁回来了！"

"孙女回来啦，不是说过两天才回来吗，我还没准备好迎接你呢。"

"你们先聊着，我去买菜了。"

"嗨，我原来计划开车回来的，春节期间，高速路都是车，大家都急着回家。容易堵车，而且北京这两天下雪，走公路不安全。"

（爷爷点头）"你这丫头，那就等几天再回来，坐火车多慢啊，还受罪，当年我坐火车去北京，坐的绿皮火车，慢悠悠，足足坐了20多个小时，晚上都没睡个好觉。"

"爷爷，我坐的高铁，五六个小时就到了，车厢干净、整洁，可舒服了。"

"高铁？"

"是啊，现在科技发展了，中国铁路建设都跻身世界前列了，有了自己的高铁和动车，时速能达到300千米，回家越来越方便啦。"

"国家发展得真快啊！"

第二幕

当当当。（有人敲门）

"谁呀？"

"是我回来了，快开门呀。"

"是弟弟呀。"

"你不是刚刚休假吗，怎么这么快就到家啦？"

"我是坐飞机回来的。"

"难怪了，这可是速度最快的交通工具啦！"

"当然快啦，今天早上出发，中午就到，不过飞机票太贵了，一张票要好几千块呢，是我半个月的生活费啊！"

"其实，我也想坐火车，但是春运，售票处人山人海的，我天没亮就去排队，冻得直哆嗦，排了5个小时才轮到我，结果票还是卖完了，这飞机票也是我刷了一夜的携程抢到的，仅此一张。"

"回家真是不容易！"

"是啊，姨，你怎么也没带点年货回来？"

"谁说我没带年货，我在网上订的，估计一会就到了。"

第三幕

叮叮。（敲门声）

"快递说到就到了。"

"您好，新年快乐，这是您的快递，请签收。"

"好好，谢谢。"

爸爸回来了说："小伙子，快进来，辛苦一年了，你们回家过年吗？"

"回！再累都得回家过年！这是咱们的传统。"

"那你们买好票了吗？"

"我们呀，30多人一块骑摩托回家！时间自己说了算，还可以给家里买好多的年货，春节期间的摩托大军那可是一道别样的风景，瞧！这就是我们回家的照片。"

"那多冷啊。"

"没事，再冷再累也要回家，我走啦，新春快乐！"（边喊边走）

"新春快乐！"（其他人说）

齐读：路再远，也挡不住回家的脚步；车再挤，也挤不走回家的急迫；家不仅是一所房子，更是一种精神的回归。春节，我们最隆重的节日，让我们一起回家，享受团圆，分享爱！

第三部分　幼小初中华传统文化系列主题实践活动案例

"庙"趣横生闹新春

【设计者单位及姓名】

北京市石景山区实验幼儿园　马辰

【活动背景】

优秀传统文化是中华民族的生命之源、立足之本。《关于实施中华优秀传统文化传承发展工程的意见》中提出："传统文化教育要从幼儿启蒙阶段做起。"《3～6岁儿童学习与发展指南》中对幼儿社会适应方面也作出明确要求："运用幼儿喜闻乐见和能够理解的方式激发幼儿爱家乡、爱祖国的情感。"因此在幼儿园，应遵循幼儿的兴趣与需要，开展贴近幼儿生活的传统文化活动，让幼儿在亲身感受和实际体验中，感受传统文化习俗，了解传统文化内涵，体验传统文化之美，从而引发幼儿对中华优秀传统文化的亲切感与民族自豪感。

百节年为首，春节是中华民族最隆重的传统佳节，春节的起源蕴含着深邃的文化内涵，在传承发展中积淀了丰厚的历史文化底蕴。在这个热闹的节日里，幼儿不仅能够感受到庆祝春节的快乐，还能了解有关过年的历史、文化和习俗。"街上为什么越来越多红红的颜色？""家家户户门上贴的是什么？"孩子们的问题体现着他们对春节的向往与期待，于是我们抓住幼儿这一兴趣点，开展迎新春主题系列活动。希望幼儿在和老师、伙伴们制作创意福字、贴春联、挂灯笼的活动中了解春节习俗，在亲子庙会活动中了解春节互说吉祥话的传统礼仪，在和爸爸妈妈一起包饺子、做面食等游戏活动中感受和体验春节喜庆的节日氛围及浓厚的传统文化气息。

由于春节期间处于假期，因此，我们会借助新年或者冬至时间开展以春节民俗体验为主的"年"味活动，潜移默化地把传统文化渗透到幼儿的生活中。

【活动对象】

大班幼儿

【活动目标】

1.知道春节是我国的传统节日，了解春节有穿新衣、写福字、贴窗花、放鞭炮、吃美食等习俗，初步建立对春节传统文化的认同。

2.乐于参与集体活动，能结合十二生肖动物，在福字上面进行想象、变形、添加、装饰，感受传统文化的趣味和魅力。

3. 在游戏中尝试与他人交流，表达自己的需求和感受。大胆说吉祥话、祝福语，感受吉祥话给自己和别人带来的快乐。

【活动过程】

1. 开始部分：谈话活动"过春节"。

（1）播放乐曲《新年好》，引发幼儿过春节的回忆，鼓励幼儿分享自己在春节时做过的事情，了解我国春节时的习俗。

重点提问：我们每年都会过春节，你是如何庆祝春节的？

（2）观看春节视频，结合幼儿的分享，共同总结我国春节的庆祝习俗。

2. 基本部分：春节年俗我知道。

（1）了解"福"字。

教师出示"福"字视频与图片，了解"福"字的含义与结构，了解春节贴福字的意义。

（2）认识"十二生肖"。

①利用十二生肖时钟（根据十二生肖的排序，在钟表数字下面贴上对应动物的头像），激发幼儿对十二生肖的关注与兴趣。

重点提问：老师带来了特别的时钟，时钟上面除了我们熟悉的 12 个数字，还有什么？有哪些小动物？为什么是这 12 种动物呢？你有什么发现？

②观看十二生肖动画，通过讨论引导幼儿了解十二生肖的来历以及顺序，感受古人的聪明智慧与中国传统文化的博大精深。

教师总结：中国人很聪明，在很久以前就发明了十二生肖，也就是这 12 种动物，12 种动物是按顺序排列的，古人用十二生肖来记录时间，一年一种生肖，12 个生肖一个个地轮流下来要 12 年。

（3）创意生肖福字画（以兔年为例）。

①了解今年的生肖属相，共同讨论兔子的特征。

②尝试将兔子的典型特征如大大的耳朵、圆圆的身体与福字相结合，设计出有兔子特点的"兔年福字"。

③鼓励幼儿运用撕、剪、画等形式，将兔子的形象与福字相结合，创造属于自己的"生肖福字"。

④展示自己的"生肖福字"，说一说自己的兔子和福字是如何结合的，大胆表达自己的作品。

3. 结束部分：春节庙会备起来。

（1）教师和幼儿一起将"生肖福字"布置到班级中，共同创设出喜气洋洋的节日氛围。

（2）教师和幼儿共同设计春节庙会计划，积极为亲子庙会活动做准备。

【活动延伸】

开展亲子庙会活动，以"爸爸妈妈一起逛庙会"形式，丰富幼儿对"春节"的多角度体验，让他们在喜庆的活动中获得蕴含丰富中华传统文化元素的宝贵体验。

活动前准备：

1.教师和幼儿一起制订游戏内容，收集、制作游戏项目所需的游戏材料。

2.编制活动邀请函，发给家长，帮助家长了解活动内容，告知家长在安全、着装、流程及规则上需要配合的事宜。

活动一：喜气洋洋送祝福。

准备：庙会门票（提前发给家长，门票上注明游戏规则、时间、地点），音乐（《新年好》《恭喜恭喜》等春节庆祝歌曲），传统服饰（教师扮演财神、寿星、生肖吉祥物等）。

指导建议：

1.问候幼儿"春节好""新年大吉"等春节吉祥话。

2.以问答的形式向幼儿讲解春节生肖属相的意义，说一说庆祝春节的习俗。

3.向幼儿和家长介绍"逛庙会"的基本玩法，鼓励幼儿在逛庙会的过程中大胆与他人交流，尝试说吉祥话、祝福语，感受吉祥话给自己和别人带来的快乐。

活动二：欢欢喜喜逛庙会。

准备：毛绒玩具、大小不同的圈，幼儿自制灯笼谜语纸条，大铜钱、铃铛、粘扣球、球筐若干、眼罩、大小不同的福字等。

指导建议：

1.幼儿自由参与套圈、猜灯谜、砸金钱、摸福字等游戏，在传统节俗游戏中体验春节庙会游戏的快乐。

2.在游戏中培养合作精神，以及不怕困难、勇于迎接挑战的精神。

【活动反思】

反思一：京味特色活动，感悟传统文化。

3—6岁幼儿的学习是以直接经验为基础，在游戏和日常生活中进行的。春节，作为我国传统节日中最隆重的节日，是最能让幼儿在感知、参与中体验民族传统文化，萌发热爱祖国、热爱家乡情感的宝贵机会。每年的新年、冬至，我们都会开展迎新年、贺新春的大型活动，幼儿早早就开始了对"过年""逛庙会"的期盼。正是顺应幼儿的需要，我们以幼儿最熟悉、最常见的"福"字为引，开展"创意生肖福字"活动，让幼儿从"被动"吸收传统文化知识转变为"主动"了解并大胆创造，在了解福字、十二生肖的基础上，尝试将两者结合，制作出属于自己的"创意福字"，并在装饰、布置的过程中，创设有自己班级特色的春节气氛，激发其举办庙会的欲望。经过老师、家长们的相互配合，此次春节主题活动成为幼儿自主发展、快乐成长的平台，在游戏中丰富传统文化知识，感受传统节日的氛围。

反思二：游戏趣味横生，体现"做中学"。

在后续举办亲子庙会的活动中，我们将主动权交给幼儿，听听他们对庙会的认识，聊聊他们心中庙会的样子。庙会活动的游戏设置、美食食谱，都是幼儿通过投票、推荐的方式生成的。在这个过程中，他们运用自己逛庙会的生活经验，大胆分享自己的想法。在制作创意福字、逛庙会的过程中，幼儿是积极主动的学习者，他们在游戏中丰富自己对春节的认知，了解十二生肖的组成，了解贴福字的意义，在游戏中积极探索，真正成为传统文化学习的主体。

反思三：亲子共同参与，唤起家长兴趣。

庙会活动连接了两代人的童年，不仅唤起了家长们对童年"过年"的回忆，也引起了家长对传统文化的重视。一名家长在参与了庙会后说道："找到了小时候逛庙会的感觉！"幼儿园的庙会活动不仅让家长感受到了浓浓的年味儿，也让家长们在陪伴幼儿做游戏的过程中看到了孩子的发展与成长。有的家长分享道："孩子在庙会里不仅能够吃吃玩玩，还能够和其他班甚至是其他年级的小朋友主动交流，给别人介绍游戏的玩法，责任感和交往能力都得到了发展。"正像家长所说，在这个活动中幼儿不仅了解了春节的文化与习俗，感受到了传统节日的喜庆，而且学会了与人分享，体验到交往的快乐。

"庙"趣横生闹新春主题活动的开展，让原本十分贴近幼儿生活的春节变得更加立体、更加生动，让幼儿在主动探究、感悟和体验中触摸中华传统文化，让传统文化扎根于他们幼小的心灵。

春和景明话清明

【设计者单位及姓名】

北京市石景山区实验幼儿园　张丽嘉

【活动背景】

《北京市大中小幼一体化德育体系建设指导纲要》中指出："幼儿园阶段重在感性认知，培育真善美天性，建立初步社会认知，培养良好生活习惯。"在幼儿园中加强传统节日、节气的教育，有利于从小增强幼儿的文化认同感，增强对中华传统文化的理解和传承。所以，幼儿园必须以《3～6岁儿童学习与发展指南》为指导，依据幼儿身心发展规律，积极开展传统节日教育体验活动，使幼儿在形式多样的游戏体验活动中受到潜移默化的熏陶、感染和教育，汲取中华传统美德的精华，为幼儿打下爱国爱家、孝老爱亲、知礼守纪、人与自然和谐相处等终身受益的良好品德的基础，为传承中华传统美德做好准备工作。

通过班级中开展有关清明节的相关活动，幼儿对清明踏青游玩习俗产生了极大的兴趣，于是教师和幼儿一起策划、组织了"春和景明话清明"主题活动。活动的主导权完全还给了幼儿，清明踏春活动场地的选择、活动路线的规划、活动材料的准备、活动内容的排练等，由幼儿自己做主。在真实体验中感受节气带来的自然变化，感受传统节日的文化内涵，感受同伴互助合作、主动交往的快乐。

【活动对象】

中班幼儿

【活动目标】

1. 了解清明的由来和节日习俗，感受中国人的生活智慧，增强民族自豪感。
2. 热爱集体，乐于合作，愿意主动帮助身边的小伙伴。
3. 大胆表达自己的想法，尝试制订踏青路线，自主完成踏青准备。

【活动过程】

1. 开始部分：通过谈话引导幼儿回忆清明节风俗，鼓励幼儿分享自己在家搜集的资料（古人清明都做什么事情）。

提问：你知道古人在清明节都做哪些事情吗？

2. 基本部分：自主制订清明踏青游戏计划，在游戏中感受清明习俗，感知传统文化。

（1）播放《清明到了》视频，请幼儿尝试归纳总结古人清明做的事情。

（2）教师与幼儿一同总结清明的节气特点，以及踏青赏花、祭祀等习俗。提问：你们在清明节想要做些什么呢？

（3）引导帮助幼儿制订"踏青游园会计划"。

①结合古人的踏青活动以及幼儿生活经验，大胆表达自己的想法。

重点提问：游园会可以做什么？需要带什么？可以穿什么？

②根据分组讨论结果，分别记录在踏青游园会计划表中。

③教师出示幼儿园标志物图标，请幼儿分组讨论适宜踏青的地点。并说出推荐理由，最后投票决定最佳踏青游玩路线。

3. 结束部分：幼儿分组讨论并进行汇总，做好踏青计划准备。

【活动延伸】

活动一：扭扭棒头饰（设计、制作）。

准备：纸、笔、发箍、扭扭棒、毛球、彩色丝带、胶水。

指导建议：

1. 教师与幼儿共同欣赏传统手工艺品——绒花头饰，感受古代人民的精湛制作工艺。
2. 引导幼儿先进行设计再动手制作，尝试表现出具有中国特色的作品。
3. 与幼儿一起用适宜材料大胆创作，并及时给予材料支持。

活动二：制作清明故事盒（图书区）。

准备：绘本、彩笔、纸、手偶等。

指导建议：

1. 提供安静的阅读空间，根据清明节气以及班级春游主题投放《揭秘自然》《我的郊游》《我能保护自己》《一起去郊游》《雨天的郊游》等绘本。
2. 设立好书推荐选举榜，幼儿通过阅读，分享推荐"好书"；利用手偶小剧场大胆表演书中的内容。

活动三：汉服秀（表演区）。

准备：音乐、扇子、笔、纸、服装。

指导建议：

1. 帮助幼儿了解简单的古礼动作并用图画形式记录，供幼儿日常模仿温习。

2. 引导幼儿自主设计汉服秀的基本流程和路线，大胆进行表演。

3. 鼓励幼儿用平板电脑将走秀活动录制下来，欣赏并再次改进。

活动四：南北清明民俗大调查（家园共育）。

准备：问卷星小程序。

指导建议：

1. 使用问卷星对全部幼儿家庭进行调查，统计数据并分析幼儿所在家乡的分布情况。

2. 幼儿按地域分组，和家长用视频的形式录制自己家乡的传统习俗。

3. 分享自己小组家乡所在地域的清明风俗习惯。

【活动反思】

清明节习俗在大家的印象中几乎都与祭祀有关，关于清明节扫墓，幼儿是缺乏相应生活经验的。因此，我们认为清明祭扫的主题不适宜作为幼儿园阶段活动的主要内容。我们需要深入挖掘清明节的其他教育价值，开展适宜本年龄段幼儿的实践体验活动。

反思一：了解清明，感受传统节气、节日的意义。

"清明"节气、节日具有丰富的文化内涵和教育价值，许多有益于促进幼儿健康、语言、社会、科学和艺术五大领域学习与发展目标的教育内容都深深蕴含其中。结合主题环境创设、生活活动渗透等多种方式、途径，可以在区角空间创设功能墙，呈现二十四节气图谱、古人踏青游玩的资料、"春游路线图投票展板"；展示幼儿具有节日特色的手工作品，如风筝、纸扇、纸伞等；还可以在班级内设置问题墙，鼓励幼儿提出关于生活中的重要活动（踏春）、关于清明踏青民俗方面的问题，并主动寻找答案。以此来帮助幼儿浸润于浓郁的清明节文化氛围中，使幼儿潜移默化地接受传统文化的熏陶，促进德、智、体、美各方面的协调发展。

反思二：在真实的情境中体验传统节日氛围。

为了让幼儿更深入地了解什么是清明节，教师有意识地前置提问"你觉得什么是清明节""清明节要做什么事情"。带着心中的问号，师幼利用调查表共同收集有关清明节的资料，提高幼儿对清明节俗的认知。通过对清明节习俗的探究学习，幼儿发现清明节也是古人的"黄金周"，原来古人在清明节可以做很多事情，如放风筝、荡秋千、蹴鞠、踏青等活动。由此，幼儿对清明踏青游玩产生了极大的兴趣，对照着古人踏青的活动，我们一起策划了自己的清明游园活动。

我们遵循"激发情感—主动发现—经验拓展—表达表现"的活动路径，支持幼儿通过直接感知、实际操作和亲身体验的方式，浸润于浓郁的清明节文化氛围中。在活动中幼儿一起规划春游的路线、投票选出幼儿园里最适合游玩的地方，商量春游需要的物品、游艺项目安排在哪个地点等。利用区域活动时间自由结组，有的用传统工艺制作游园古装装扮，有的在教师的帮助下制作游戏用的风筝、装饰遮阳用的纸伞；还有的在表演区排练古诗朗诵、迎春舞蹈。幼儿充分调动多种感官，感受清明时节的美好。

在这场清明春游活动中，幼儿不仅仅体验到自主游戏的快乐，更是对传统文化感兴趣，产生了强烈的好奇心和探究欲，初步理解了节气与自己生活的关系，初步了解了中华传统文化深厚的底蕴，潜移默化地增强对中华传统文化的认同感和传承意识。

不仅如此，幼儿还把班级的传统文化活动带给了家长，通过浏览幼儿的活动照片和视频，家长们了解了清明节的习俗，同时对其他的传统文化渐渐产生了兴趣。如家长会主动帮助孩子收集清明的诗歌、周末带孩子出去游玩，也会穿上传统服饰拍照留念、与孩子一起学习制作"绒花"并赠予家人亲友。

"艾"在端午

【设计者单位及姓名】

北京市石景山区八角幼儿园　于家齐

【活动背景】

《北京市大中小幼一体化德育体系建设指导纲要》中指出："幼儿园阶段重在感性认知，培育真善美天性，建立初步社会认知，培养良好生活习惯。""开展活动性学习，注重示范引导方法，融入课程和每日常规活动场景，打好思想品德的底子。"《3～6岁儿童学习与发展指南》中指出："幼儿的学习是以直接经验为基础，在游戏和日常生活中进行的。"要为幼儿创造一个轻松的环境，让幼儿都有机会参与，在直接感知、动手操作、亲身体验等活动中感受我国的传统文化，体会传统文化的魅力。

中班的幼儿零零散散地记着端午节的故事《屈原投江》。随着端午节的临近，我们一起讨论着端午节的那些事儿。"端午节是可以吃粽子的日子""端午节那天，有划龙舟比赛""端午节还会放假"……基于幼儿的兴趣点，在石景山区一体化德育体系建设的背景下，随着端午节的到来，我们开展"艾"在端午主题活动，让幼儿在活动中进一步了解中国传统节日的习俗，用心去体验我国的传统节日中蕴含的意义，增进幼儿对中华传统文化的了解，体验、感受我国传统文化的魅力。

【活动对象】

中班幼儿

【活动目标】

1. 了解挂香囊是端午节的习俗之一。
2. 尝试用艾叶制作香囊，并借由香囊表达对他人的美好祝福。

【活动过程】

1. 开始部分：教师拿香囊，请幼儿闭上眼睛闻一闻味道，激发幼儿了解香囊的愿望。

提问：小朋友们闭上眼睛来闻一闻，老师拿的东西是什么味道的？

2. 基本部分：通过制作香囊活动，体验端午独有节俗。

（1）出示实物香囊，引导幼儿闻香识艾。

（2）了解挂香囊是端午节的习俗，激发幼儿制作的愿望。（播放课件第二页）

提问：端午节时为什么要挂香囊？

（3）了解制作艾草香囊的方法。（播放课件第一页）

提问：你想把好看的香囊送给谁呢？艾叶香囊是怎么做的？

教师小结：香囊中的艾叶可以驱邪避寒，防止蚊虫叮咬，我们可以把做好的香囊带回家，在端午节到来之时，送给我们最爱的爸爸妈妈，传递我们的祝福。

（4）幼儿自由选择材料分小组进行制作香囊。（播放课件第三页）

3. 结束部分：幼儿展示自己制作的香囊，同伴之间分享自己的祝福，用香囊传递美好。

重点提问：你想把香囊送给谁？你会说什么？怎么表达你的祝福？

【活动延伸】

活动一：端午趣事多。

准备：端午节来历及风俗习惯图片。

指导建议：

1. 教师与幼儿共同讲述图片内容，进一步了解端午节的习俗。

2. 鼓励幼儿围绕端午节的来历及习俗制作宣传海报，向弟弟妹妹进行介绍。

活动二：画彩蛋。

准备：蛋壳、彩笔、纸杯、瓶盖。

指导建议：

1. 尝试将蛋壳立起来，根据蛋壳的大小选择合适的底托。

2. 运用绘画、剪纸的形式在蛋壳上添加图案。

3. 鼓励幼儿有耐心，体验成功的快乐。

【活动反思】

每年的农历五月初五，是中国的传统节日——"端午节"，又称端阳节、五月节等。虽然名称不同，但每到这一天，不同地区的人们都传承着端午节的习俗，吃粽子、饮雄黄、挂香囊等。中班的幼儿有着前期小班过节时的经历，依稀记着吃粽子的习俗，那除了吃粽子端午节还有哪些习俗呢？幼儿的学习是以直接经验为基础的，随着端午节的临近，为了加深幼儿对中华传统文化的了解，我们抓住了中国传统节日的教育价值这一契机，开展了""艾"在端午"主题活动，通过对不同习俗的体验让孩子们在操作中直接体验端午节的魅力。前期我们也通过在美工区投放艾草，让幼儿更加深入地感知了艾草的特征，继而激发了幼儿想亲身体验制作艾草香囊的愿望。同时，我们也让幼儿在游戏中制作了有关艾草香囊的制作步骤以及功效的海报，鼓励幼儿向小班的弟弟妹妹介绍我国的传统节日习俗，加深本班幼儿对中国传统文化的理解。在这种直接感知、实际操作的活动中，幼儿深深感受到了过传统节日的快乐，也激发了幼儿了解我国其他节日的兴趣。整个活动下来不仅提高了幼儿学习的积极性，同时也锻炼了幼儿的动手能力及语言表达能力。

朗月风清是中秋

【设计者单位及姓名】

北京市石景山区实验幼儿园　杨梓洁

【活动背景】

体验是幼儿最重要的学习方式之一，是认识和态度形成的基础，幼儿在传统文化中逐步形成良好道德品质的过程往往不能靠说教，而需要以实际体验为基础。幼儿主要是通过在实际生活和活动中积累有关的经验和体验而学习的，通过环境潜移默化的影响感染幼儿。中秋节是我国的传统节日，选择这一主题活动正符合幼儿的生活经验，是幼儿所熟悉、感兴趣的，又是具有教育价值的。大班幼儿已经有多次中秋节庆祝的体验，对中秋节的传统习俗有一定的了解。此次开展中秋节庆祝活动，更注重的是让幼儿了解中秋节的来历和各时各地不同的庆祝习俗。

同时，幼儿园在开展品德教育的过程中，应多和家长沟通交流。本次中秋活动联合家长，使教师和家长之间达到情感上的共鸣，做到心与心相连，情与情相通，达成家园之间的教育共识，扩大德育教育的社会辐射面。

【活动对象】

大班幼儿

【活动目标】

1. 欣赏各式各样的月饼，知道月饼代表的美好寓意。
2. 尝试自己动手制作冰皮月饼，愿意与家人朋友分享月饼。

【活动过程】

1. 开始部分：播放《节日的食物》PPT，鼓励幼儿配对中华传统节日和节日的食物，导入主题。

（1）提问：月饼是什么节日会吃的食物呢？吃月饼有什么美好的寓意吗？

小结：月饼代表团聚、团圆的美好寓意。品尝月饼是中秋节习俗之一。

（2）欣赏图片"各式各样的月饼"，激发幼儿动手做月饼的兴趣。

提问：你吃的月饼上面有什么样的图案？

小结：月饼由饼皮和馅料两部分组成，口味多样、形状各异、图案多，含有吉祥的寓意。

2. 基本部分：师幼一起动手制作月饼，在实践操作中体验中秋节俗。

（1）教师演示制作月饼，引导幼儿了解制作冰皮月饼的步骤，为自己独立制作做准备。

提问：我做的是什么月饼？第一步先做什么？（先把冰皮搓成圆球，然后压成饼状）接着要在冰皮里加入什么？（豆沙馅）

如果想给月饼印上好看的图案，要怎么做呢？（把包好馅的月饼球放到模具里，轻轻挤压再推出）

最后一步做什么呢？（把月饼放进月饼盒的底托，盖上盖子，一个好吃又好看的冰皮月饼就完成了）

（2）幼儿洗手自取食材和工具，独立制作冰皮月饼。

（3）幼儿制作冰皮月饼，教师巡回帮助指导。

3. 结束部分：鼓励幼儿分享月饼。

小结：月饼不仅好吃，还代表着与家人团圆相聚的美好寓意，小朋友可以选择自己吃，也可以和小伙伴一起吃，还可以带回去跟家人一起分享。

【活动延伸】

活动一：中秋花灯（欣赏、制作）。

准备：花纸、树枝、筷子、胶、剪刀、流苏等。

指导建议：

1. 通过观看制作花灯的视频、图片，丰富创作经验。

2. 鼓励幼儿为自己的作品命名，将作品布置在教室中和同伴共同欣赏。

3. 放到班级"节气小铺儿"售卖，幼儿可用游戏币买回家与家人一同赏花灯。

活动二：舞蹈《月儿圆圆》。

准备：音乐、汉服、国风团圆布景。

目标：

1. 尝试用半立脚尖、压手腕等基本动作，根据音乐创编舞蹈。

2. 通过舞蹈动作及表情体态增强自信心。

3. 在舞蹈中感受节日的民俗气氛。

指导建议：

1. 幼儿大胆运用古典舞基本舞姿（前后、左右并步，卧鱼，斜探海，小五花）展示自己创编的动作并组合。

2. 录制最终创编的舞蹈，欣赏并再次改进。

3. 师幼共同起舞，表达团圆中秋的喜悦，感受传统节日的乐趣。

活动三：云过中秋。

准备：中秋花灯、汉服、月饼、节目视频、灯谜、中秋诗歌等。

指导建议：

1. 创建腾讯会议号，中秋节当晚与班级家长和幼儿在会议室相约共庆中秋佳节。

2. 教师主持中秋小舞台，以屏幕共享方式观看幼儿精心准备的《月儿圆圆》表演。

3. 品尝幼儿做的月饼、晒一晒不同家庭的中秋晚宴。

【活动反思】

中秋节，又称团圆节、八月节。时在夏历八月十五日，正值三秋之半，故名中秋。与春节、元宵节、端午节并称四大传统节日。中秋节阖家团圆，月亮升起时，献月饼、瓜果以祭月，古风延续至今。根据这一主题深入挖掘其教育价值，开展适宜本年龄段幼儿的实践体验活动。

反思一：了解中秋，感受传统节日意义。

中秋节具有丰富的文化内涵和教育价值，可以结合主题环境创设、生活活动渗透等多种方式、途径，充分利用身边的物品及自然物制作中秋花灯；在班级"节气小铺儿"售卖、展示幼儿具有节日特色的手工作品，如花灯、赏月挂饰、中秋创意画等，借此教育契机与幼儿共同感受节日的文化氛围。

反思二：家园联手，深入体验传统节日氛围。

教师鼓励幼儿把调查表带回家，采访、搜集家人过中秋的想法及习俗。幼儿通过采访家人及搜集中秋节习俗的探究学习，发现中秋节的习俗有许多不同，如朝代、南北差异等，但却有着统一的一点就是与家人、亲友团圆相聚。而幼儿最关注的一点就是"吃月饼"，由此我们开展了以制作品尝月饼为核心的中秋庆祝活动，并把喜悦的节庆氛围自然地延伸至每个幼儿家庭中，更加真实地体验中秋团圆的节日寓意。

在活动前的设计准备阶段及参与活动时，幼儿自发地扮演一定的社会角色，实践一定的社会行为，体验一定的社会情感，通过在实践中感知，坚定文化自信，承古迎新。比如大家一起制作中秋花灯、挂饰等装饰班级；投票选出要表演的中秋节目等。在这次中秋活动中，幼儿不仅仅体验到自主游戏的快乐，感受团圆中秋的美好；更对传统文化产生了强烈的好奇心和探究欲，初步理解了节日与自己生活的关系，初步了解了中华传统文化深厚的底蕴和神奇，潜移默化地增强了对中华传统文化的认同感和传承意识。

温暖在重阳，童心在行动

【设计者单位及姓名】

北京市石景山区八角北路幼儿园 李琳艺

【年级】

大班

【活动背景】

农历九月初九是我国的重阳节，重阳节又叫"老人节"，尊老、敬老是中华民族的传统美德。重阳节带给我们的不仅仅是登高、赏菊、吃重阳糕，更是一种信息：老年人更需要爱，需要健康、快乐。大班阶段幼儿的情绪体验日益丰富，具有比较强烈的是非感、集体感、友谊感。基于 3 ～ 6 岁幼儿经验习得的特点，幼儿园对于幼儿的德育教育可以体现在道德实践上，让幼儿借助生动有趣的活动，将美好的道德情感和道德认知转化为道德行为，真正做到内化于心，外化于行。借由重阳节到来的契机，开展本次"温暖在重阳，童心在行动"的主题教育，以使幼儿能够在真实的生活体验中萌发主动关爱尊敬老人的情感和行为。

【活动对象】

大班幼儿及家长。

【活动目标】

1. 了解重阳节的习俗，激发尊敬老人的情感。
2. 了解长辈的喜好，知道如何关爱老人。
3. 制订为长辈过节的计划，并尝试完成计划。

【活动过程】

1. 开始部分：谈话活动，自然引出重阳节的主题。

提问：你们记得属于小朋友的节日是什么节吗？（儿童节）

在我国还有一个属于老人的节日，是什么节？（重阳节）

重阳节是哪一天？（农历九月初九）

小结：属于老人的节日是重阳节。重阳节也叫老人节，在每年的农历九月初九。

2. 基本部分：引导幼儿用自己的实际行动，为老人传递关爱、温暖，积极实施重阳节庆祝活动计划。

（1）出示"重阳节"组图，引导幼儿了解重阳节的习俗及主要活动。

提问：重阳节这天人们会做什么呢？图中的小朋友在为爷爷奶奶做什么呢？

小结：重阳节是我国传统节日之一。在重阳节这天人们会出游赏秋、登高远眺、观赏菊花、饮菊花酒、吃重阳糕等，还会开展尊老敬老的活动，以老人喜爱的方式陪他们过节。

（2）请幼儿展示"我的爷爷奶奶调查表"，鼓励幼儿根据调查表，介绍自己的爷爷奶奶，萌生为老人过节的意愿。

提问：照片里的人是谁？年纪多大了？喜欢做什么？他／她的愿望是什么呢？我们进行了调查后你有什么感受？怎么做可以让爷爷／奶奶开心？

小结：爷爷奶奶年纪大了，我们也要学着关心他们，帮助他们做力所能及的事。重阳节是老人的节日，我们可以借此机会为爷爷奶奶过节，陪伴他们度过愉快的一天。

（3）幼儿用画笔记录为爷爷奶奶过节的计划。

3.结束部分：请幼儿将画好的计划和调查表装订在一起，带回家和爸爸妈妈协商，尝试完成计划。

【活动延伸】

活动一：爷爷奶奶心愿调查。

准备：调查表、纸张、笔。

指导建议：

1.教师和幼儿共同讨论调查表中的调查内容。

2.引导幼儿针对不同的问题设计提问语言。

3.幼儿回到家中和父母共同开展调查。

4.结合爷爷奶奶的心愿，和幼儿讨论完成心愿要做的事情。

活动二：爷爷奶奶年代秀。

准备：调查表、游戏道具、邀请爷爷奶奶来到幼儿园。

指导建议：

1.根据调查表，统计爷爷奶奶童年喜欢的游戏，根据游戏内容选出适合爷爷奶奶和小朋友一起玩的游戏项目。

2.幼儿分小组了解游戏项目并进行道具准备。

3.幼儿分小组制作邀请函邀请爷爷奶奶来幼儿园参与活动。

4.老幼同乐开展游戏活动。

【活动反思】

重阳节活动让幼儿了解了重阳节的来历和习俗，用自己的行动表达了对爷爷奶奶的感恩之情。此次活动不仅使老人们感受到孩子的成长与进步，同时也让幼儿体验了与老人之间浓浓的亲情，此外还增进了幼儿对中华传统节日和文化的了解，让幼儿懂得了尊敬老人是中华民族的传统美德，在幼小的心中埋下爱的种子，从小学会感恩，体验幸福生活的快乐。

惊蛰虫鸣

【设计者单位及姓名】

北京市石景山区实验幼儿园　王钰雅　张丽嘉

【活动背景】

惊蛰，又名"启蛰"，是人类非物质文化遗产——二十四节气中的第三个节气。惊蛰在农耕上有着相当重要的意义，几千年来深刻地影响着中华人民。惊蛰时节，阳气上升，气温回暖，春雷始鸣，小虫出动，桃花始华，万物生长。打雷、开花……这些自然现象与幼儿的生活息息相关，也是幼儿十分感兴趣的事物。将惊蛰节气文化与幼儿教育结合起来，不仅可以让幼儿在自然体验中感知季节变化、气候与人的关系，还可以自然而然地习得传统文化精神，从而促进幼儿基本的道德情感的形成。因此，以节气文化为载体，依据中班幼儿的年龄特点和幼儿的兴趣，我们开展了"惊蛰虫鸣"的主题活动。

【活动对象】

中班幼儿。

【活动目标】

1. 初步了解惊蛰节气的名称及相关传说，知道惊蛰相关的节气特点和习俗，感受中华传统文化的博大精深。
2. 乐于关注周围的自然环境，能够感受和发现惊蛰节气自然界动物、植物及气候的变化，对大自然有探究的愿望。
3. 能够借助工具在大自然中寻找小虫子，简单了解常见的虫子与农作物的关系，感受中国人民的劳动智慧。
4. 利用自然探索、艺术活动、游戏表演等形式，感悟和体验有关惊蛰的传统民俗活动，感受传统民俗活动的趣味。

【活动过程】

1. 开始部分：播放惊蛰图片，激发幼儿参与活动的兴趣。

提问：请小朋友们仔细看一看图片，猜一猜是哪个季节呢？

小结：这是惊蛰，"惊"就是惊醒的意思，"蛰"就是藏的意思。到底是谁藏起来了，又是谁把它惊醒了呢？我们一起去看看吧。

2. 基本部分：通过分享惊蛰相关图片、音视频资料，引导幼儿进一步了解惊蛰的节气文化。

（1）播放"打雷"的声音，引出"春雷惊百虫"的故事。

小结：这是春天的第一声雷，这个雷声非常厉害，可以叫醒很多植物和小动物。你们想不想知道，春雷叫醒了谁呢？

（2）依次播放"桃始华""鹰化为鸠"的图片，引导幼儿进一步了解惊蛰时节的自然现象。

提问：画面上有什么呢？它在做什么呢？猜一猜它被春雷叫醒了以后会说什么呢？

小结：惊蛰节气，桃花开放，黄鹂歌唱，布谷鸟活跃，万物复苏。其实，动物们从冬眠中苏醒是因为气温回升，和春雷并没有关系。但是打雷是惊蛰中最有代表性的自然现象。

（3）依次播放"惊蛰吃梨""炒黄豆""祭白虎"图片，引导幼儿进一步了解惊蛰时节的风俗习惯。

3.结束部分：幼儿两人一组，边念歌谣边玩"炒黄豆"传统游戏，在游戏中自然结束活动。

玩法：两个小朋友手拉手，一边摆动手臂一边念"炒、炒、炒黄豆，炒完黄豆翻跟头"，当念到"翻跟头"的时候，两个人同时翻身，背对背，继续念儿歌再次游戏。

【活动延伸】

活动一：桃花朵朵开。

准备：毛根、棉签、纸黏土、颜料等。

指导建议：

1.通过图片、视频等了解惊蛰节气的桃花的基本特征。

2.鼓励幼儿利用不同的材料创作关于桃花的艺术作品，并为自己的作品命名，为同伴讲述画面内容。

3.将幼儿的作品布置在活动区，同伴之间互相欣赏，增强幼儿的自信心。

活动二：捉虫记。

准备：放大镜、收集盒、镊子、铲子、手套、网兜、视频等。

指导建议：

1.通过视频了解惊蛰节气"百虫鸣"的节气特点，再次激发幼儿捉虫的兴趣。

2.鼓励幼儿分小组，选择不同的幼儿园场地进行捉虫比赛。

3.活动中教师随时关注幼儿的安全，提示戴手套、使用镊子夹虫子等。

4.请幼儿分享自己的"收获"，同时总结捉虫小妙招。

活动三：虫儿会。

准备：毛根、纸黏土、干果壳、胶、吸管等。

指导建议：

1.通过图片和视频了解瓢虫、枯叶蝶等冬眠的昆虫，仔细观察其基本特征。

2.选择合适的材料，利用卷、缠、塑型等方法制作自己喜欢的小昆虫。

3.鼓励幼儿大胆创作，并及时给予辅助材料支持（如筷子、吸管等）。

【活动反思】

反思一：在自然教育中体验中华传统文化。

"文化"对于幼儿园阶段的小朋友来说是抽象的、很难理解的一个名词。然而，陈鹤琴老先生在"活教育"理论中指出："大自然、大社会就是活教材"。因此，以二十四节气为载体，将其融入幼儿园的教育中，让幼儿以自然体验的方式感受自然、了解节气相关的风俗习惯，能够有效地帮助幼儿认识人与自然的关系，从而体验到中华传统文化的博大精深。在本次关于"惊蛰"的主题活动中，幼儿自由地在幼儿园里走一走，找一找哪棵树最先开花了，用画笔记录下"桃始华"的样子，还亲自拿着小铲子、小耙子去小菜园里翻翻土，寻找被春雷惊醒的小虫子。在自然中、在游戏中，中华优秀的传统文化也慢慢渗透在幼儿的点滴生活中。

反思二：在节气文化中传承中华传统美德。

《北京市大中小幼一体化德育体系建设指导纲要》中指出："幼儿园阶段重在感性认知，培育真善美天性，建立初步社会认知，培养良好生活习惯。"二十四节气是人与自然、人与文化共同作用的产物，其蕴含的"天人合一"的精神文化能够帮助幼儿更好地认识人与自然的关系。正是在"惊蛰"的主题活动中，幼儿得以有机会走进大自然中，去认真地观察一棵树、仔细地寻找一条虫、用心地欣赏一朵花，在这样的文化氛围中，会使幼儿埋下"真善美"的种子，弘扬热爱自然、保护环境、人与自然和谐共生的中华传统美德。

国乐小筝

【设计者单位及姓名】

石景山区实验幼儿园　常文静

【活动对象及领域】

大班幼儿，艺术领域。

【活动形式】

集体活动。

【活动目标】

1. 在音乐游戏中认识小筝琴弦和音区，感受古筝的美妙音色。
2. 了解古筝文化，在体验与分享中感受中国传统民乐的魅力。

【活动准备】

古筝、小筝（人手一架），铃鼓及响板若干，PPT课件，音乐《Do Re Mi》《音阶歌》。

【活动过程】

一、开始部分：国乐赏析，激发兴趣

1. 播放古筝视频，或者玩一个"听声音猜一猜"的游戏，让幼儿尝试猜猜是什么乐器

演奏的音乐。

2. 认识古筝的基本结构，初步了解古筝文化。

（1）播放 PPT，向幼儿介绍古筝的基本结构。

（2）教师导入：古筝是我国传统的乐器之一，由琴头、琴尾、琴弦、面板、岳山、琴码等部件组成，它已经有 2500 多年的历史了。

（3）游戏：指一指。

（4）在 PPT 中呈现古筝的各个部件，请幼儿在自己面前的小筝上找一找、认一认、说一说部件的特点和自己的感受。

二、基本部分：认识国乐小筝，激发幼儿学习演奏的兴趣

1. 利用小筝让幼儿初步感受古筝弹奏的音韵之美。

2. 教师弹奏古筝，请幼儿欣赏。

3. 教师导入：这个小筝可厉害了，别看它很小，但是可以弹奏出美妙的旋律，你们听老师来弹一弹。

4. 幼儿说出喜欢的歌曲，老师即兴进行演奏，引导幼儿感受古筝音律的美，并激发幼儿学习的兴趣。

5. 以游戏的方式引导幼儿认识小筝琴弦与音区。

（1）请小朋友数一数小筝共有 14 根琴弦，找出白色的、绿色的琴弦。

（2）以故事语言，形象化地引导幼儿了解每根琴弦的名字。

教师导入：这根琴弦有点脏了，我们需要扫一扫，这就是 Sol，那么扫到了哪里呢？扫到了垃（La）圾桶里，到底是谁弄脏了琴弦啊，原来是小猫咪（Mi），什么颜色的小猫咪呀？红色的—Red（Re）。那么最后我们和小猫咪一起把这里都打扫（Dol）干净吧！

（3）教师由倍高音至低音弹拨每一根琴弦，幼儿听琴弦的声音，感受小筝中每个音的音高。

6. 幼儿跟随教师由高至低弹拨小筝，教师引导幼儿认识倍高音区、高音区、中音区和低音区，感受四个音区音色、音高的不同。

7. 教师随意弹奏小筝不同的音，请幼儿逐个听音，并请幼儿模仿相应的音高并唱出来。

三、结束部分：通过简单的律动游戏，进一步感受小筝的音区

1. 播放古筝版《音阶歌》，幼儿跟随教师做简单的身体律动，身体由下至上再由上至下感受音区的规律是逐渐升高再逐渐降低的。

2. 再次播放古筝版《音阶歌》，并加入打击乐（铃鼓和响板），幼儿可自由创编，更加放松地感受小筝不同的音区给人带来的不同感受。

3. 和幼儿共同分享弹奏小筝的感受，使幼儿萌发对中国传统民乐的热爱，活动自然结束。

【活动延伸】

幼儿每天可在表演区弹琴，进一步熟悉古筝的琴弦、音区，培养对古筝演奏和伴奏演唱的兴趣。

五禽操

【设计者单位及姓名】

石景山区实验幼儿园　张丽嘉

【活动对象及领域】

大班幼儿，健康领域。

【活动形式】

集体活动。

【活动目标】

1. 愿意参与五禽操，通过模仿增加身体协调性。
2. 体验传统体育活动，萌发对传统体育活动的热爱。

【活动准备】

五禽动物图片。

【活动过程】

一、开始部分

1. 观看五禽操，激发幼儿参与活动的兴趣。
2. 观察五禽动物图片，了解五禽都有什么并分析其特点。

二、基本部分

1. 利用身体模仿五禽动作，掌握基本手型。
虎爪：五个手指分开，第一和第二关节弯曲内扣。

鹿角：五个手指分开，中指、无名指弯曲内扣。

熊掌：大拇指按压在食指之上，其余四指并拢弯曲。

猿钩：五指指腹捏成一团，手腕呈弯曲状。

鸟翅：五指伸直，拇指、食指、小指向上翘起，向下伸出无名指和中指。

2. 利用身体模仿五禽动作，掌握基本步型。

马步：两脚分开与肩同宽，屈膝半蹲。

丁步：双脚分开，屈膝半蹲，一只脚提起脚跟，前脚脚掌着地，脚尖虚点地面。另一只脚全脚着地。

弓步：两脚前后分开一大步，前腿弯曲，后腿蹬直。

前点步：一脚向前，膝盖自然垂直，脚尖着地，重心置于后腿。

后点步：一脚向后，膝盖自然垂直，脚尖点地，重心置于前腿。

备注：本教案涉及操节为国家体育总局推广的《五禽戏》。

3. 尝试做出五禽操动作。

三、结束部分

跟随老师一起体验五禽操。

蹴鞠

【设计者单位及姓名】

石景山区实验幼儿园　梁瑶

【活动对象及领域】

大班幼儿，健康领域。

【活动形式】

集体活动。

【活动目标】

1. 锻炼腿部肌肉力量，增强动作协调性和灵活性，激发对球类运动的兴趣。

2. 萌发初步的竞争意识，体验合作的价值，萌发对传统体育运动的热爱。

【活动准备】

1. 经验准备：有用脚内侧运球的经验。
2. 场地及材料准备：足球场地，标志盘、绳梯、圈环、足球（人手一个）。

【活动过程】

一、开始部分

教师带幼儿跟随音乐带球做热身活动。
1. 幼儿跟随教师带球左右脚交替向前运球跑两圈，活动身体。
2. 原地听音乐活动头、颈、手、脚、腿、踝等部位的关节。

二、基本部分

1. 幼儿自由探索运球的方法。
2. 教师提问：你们刚刚是用脚的哪个部位运球的？怎么样才能让我们的球跑得更稳？
3. 教师示范脚内侧运球的方法。
4. 做游戏"小老鼠运大米"。
我们的支撑脚站在足球的一侧，另一只脚向后抬起由后向前摆动，用脚内侧用力踢球。幼儿用脚内侧运球的方法，将"大米"送到场地中心的谷仓里。
5. 情景导入：小老鼠们饿了，想出去找找好吃的东西，可是有一只大花猫在外面，小老鼠们想想办法运回好吃的大米吧。
6. 做游戏"老鼠抢大米"。
（1）幼儿分四队身着不同颜色的分队背心。
（2）听指令后每组第一名"小老鼠"越过障碍物运回一粒"大米"。
（3）若碰到障碍物则须返回起点重新开始。
（4）规定时间内哪组运回的"大米"最多，哪组获胜。
7. 游戏升级：增加绳梯、圈环等障碍物材料，增加游戏难度。
8. 游戏反复进行。

三、结束部分

1. 教师带幼儿听音乐做放松运动。
2. 活动后教师点评，鼓励幼儿大胆积极地参与到足球活动中。
3. 共同收场地器材，和幼儿击掌下课。

【活动延伸】

进一步带领幼儿了解"蹴鞠"是古代人们的一种游戏活动，孩子们可以通过自制材料、协商规则开展一场古代"蹴鞠"游戏。

1. 尝试用美工区的藤条、竹条、卡纸、棉花等不同材料制作"鞠"，用线绳编织球门、悬挂大号圈作为球门等。

2. 共同协商创设古代蹴鞠场景，将球门放置在场地中间或者在场地周围放多个球门，增强游戏的趣味性。

3. 自制古代蹴鞠中的分组腰带，佩戴自己制作的腰带进行游戏，激发幼儿的游戏兴趣。

一园青菜成了精

【设计者单位及姓名】

石景山区实验幼儿园　张丽嘉

【活动对象及领域】

大班幼儿，语言领域。

【活动形式】

集体活动。

【活动目标】

1. 了解相声、说书等语言形式，感受音调、拟声词的变化。
2. 体验传统语言表演形式，萌发对传统艺术文化的热爱。

【活动准备】

1. 经验准备：有阅读《一园青菜成了精》的经验，有观看相声、说书的经验。
2. 材料准备：图片、笔等。

【活动过程】

一、开始部分

1. 出示绘本《一园青菜成了精》，并进行朗读。

2. 讨论如何表现绘本中的情景。

二、基本部分

1. 幼儿尝试加入声调、动作表现场景。
2. 幼儿分组讨论绘本中的场景。
3. 将讨论的方法用自己的方式记录在绘本图片中。
4. 幼儿分组展示，其他组进行评价。

三、结束部分

1. 各组根据其他小组的评价进行修改。
2. 幼儿再次分组展示。

【活动延伸】

将幼儿各组的记录放置在表演区，为其他表演者提供练习资料。
附：活动瞬间（自愿提供）。

甲骨文趣味考古

【设计者单位及姓名】

八角北路幼儿园　郝羽

【活动背景】

《3～6岁儿童学习与发展指南》指出："应在生活情境和阅读活动中引导幼儿自然而然地产生对文字的兴趣，用机械记忆和强化训练的方式让幼儿过早识字不符合其学习特点和接受能力。"

《幼儿园教育指导纲要》也提出："培养幼儿对生活中常见的简单标记和文字符号的兴趣；利用图书和绘画，引发幼儿对阅读和书写的兴趣，培养前阅读和前书写技能。"

"前书写"能力是幼小衔接重要的、必需的技能储备。"前书写"活动与"正式的、系统的书写"有着原则的区别。它是基于幼儿兴趣和前期经验，通过感知、涂画、涂写、模拟运用文字或符号等形式，用图形和文字向周围的人传递信息、表达感情及构建前书写经验的游戏和学习活动。

幼儿在图书区发现了《幼儿汉字趣味启蒙》绘本，并对书中的甲骨文图案、象形文字产生了浓厚兴趣，不但能看懂绘本所讲述的故事，同时也能辨识部分象形文字了。

教师将《幼儿汉字趣味启蒙》中出现的象形字甲骨文，分主题、分批做成了小字卡，并把它们剪成甲骨的形状，埋在语言区一个沙池里，供幼儿自由探索，如图 3-1 所示。

图 3-1 探索象形字甲骨文

【活动过程实录】

一、小小考古学家

"看，我发现一个像大象的甲骨文。"涛涛兴奋地向大家展示着他的成果。

"哈哈，我找到一个牛头的甲骨文。"辰辰也传来捷报。

"看，我也发现一个，可惜我认不出是什么。"小雅说道。

……

小小的"考古现场"挤满了前来"寻宝"的小伙伴（见图 3-2）。池里的沙子被他们过滤了好几遍，生怕错失了里面的"宝贝"。

图 3-2 "寻宝"活动

"发掘"活动很快结束了，他们相互炫耀自己"考古"的成果。孩子们能准确地"破译"出大部分甲骨文，但也有无法"破译"或对"破译"结果有争议的。于是，自然找到我这个"考古专家"来解惑了。

辰辰坚持认为自己发现的甲骨文是一个牛头的样子，而毛毛认为它和自己"发掘"出来的一样，也是一只羊的头。

看到孩子们的争论我没有直接给出答案，而是给他们提供了牛和羊的照片，让孩子们自己去观察（见图3-3）。

图3-3　牛和羊的照片

"老师，辰辰手中的甲骨文的确是个牛头，我手中的甲骨文才是羊的头。"通过观察毛毛纠正了自己的判断。

"没错。你是怎么判断的？"我追问道。

"看，它们都有一对弯弯的角，但牛角是向上弯的，羊角是向下弯的。"毛毛边比画边将手指做出角的造型放在额头上。

"毛毛观察得真仔细，抓住了它们的关键特征，而且学会比较和分析了。"我鼓励道。

"老师，为什么古人只画出了牛头和羊头，而不是一头牛或一只羊呢？"辰辰提出自己的疑问。

同样，我没有直接给出答案，而是趁机以"木"为例，给他们讲述了象形字的诞生过程：我们的祖先为了方便记录与沟通，往往抓住事物的关键特征，用最简单的线条画出来。比如，为表达一棵树，只画出树干、简单的树枝和树根，省略掉叶子和大量的枝杈。尽管画得非常简单，但人们能一眼认出这是一棵树的形象（见图3-4）。后来这类图就变成了字。所以，我们把这类字称作象形字，象形字的甲骨文就是简笔画。

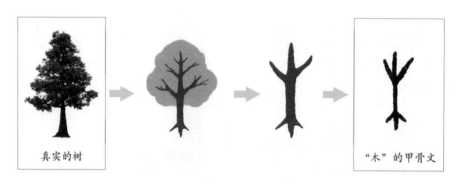

图3-4　"木"的象形字诞生的过程

"老师，我明白了，画一头牛实在太麻烦了，所以古人用一个牛头来表示这是一头完整的牛。"辰辰立时茅塞顿开，豁然开朗。

"我手中的羊头也表示是一只羊呗！后来它变成了'羊'字。"毛毛触类旁通，得出自己的推断。

思考与支持：

这个过程看似与前书写无关，其实是在培养前书写能力的基础——观察力，为前书写自发行为提供了前期经验和内驱力。

凡是能够顺利"破译"出的甲骨文大都是幼儿熟悉的或生活中的事物。这说明前期的认知为幼儿在观察中获取事物"关键特征"的能力提供了经验支持。针对无法"破译"或无法确认的甲骨文，我则利用这个机会，将"破译"活动与事物认知结合起来，从而形成了：在游戏中发现，在发现中认知，在认知中观察，在观察中获得启迪。

二、小小仓颉

"甲骨文考古"的游戏让孩子们对汉字有了更加浓厚的兴趣。后来，我们一起阅读了《仓颉造字》的故事，孩子对汉字的诞生有了进一步的认识。

"原来，汉字最开始就是古人画的画啊！老师，我想我也会造字！"辰辰自信地说道。

"老师，我画得好，造出的字肯定也漂亮。"毛毛也来了兴致。

"好啊，每个小朋友都可以学仓颉，用他的方法来造字！"我鼓励道。

"那我们造哪些'字'呢？"小路疑惑地问。

"我们身上穿的、用的、吃的都可以造啊。"小雨用手指点着说。

"还有外面我们看到的汽车、房子、大树，远处的山、河流，好多好多我们都可以用来造字。"辰辰顺着小雨的思路说。

"我看到一本动物世界的绘本，里面有我喜欢的动物，也可以用来造字。"轩轩兴奋地说。

在大家讨论的同时，已有小朋友迫不及待拿出纸和笔开始了行动。于是，一场"造字"大赛拉开帷幕。

（一）初次"造字"像画画

当大家把自己造的"字"呈现出来时，我发现孩子们"造"的"字"和平时的涂鸦绘画没有太大差异，于是，我们展开了讨论。

"你们'造'的'字'我都能认出来，大家造字时观察得非常仔细。"我先对他们的作品给予积极评价。接着我提出发现的问题："可是如果咱们都用你们的字，写出来就需要很长的时间。"

"我不给大象涂色了，直接画线条。"轩轩第一个想到把画面简化成线条。

"不但不用涂色，我还可以把房子上的窗户省略掉，画起来会更快。"辰辰在轩轩的建议下又进一步提出自己的想法。

"那我的果树上可以少画几个果实。"小新说。

"我的河流可以用两条线来表示河岸"小雨说。

……

大家都对自己的第一版"作品"提出了简化思路，开启了第二轮的"造字"活动。

（二）减法涂鸦更像"字"

小新拿着作品自信地说："老师，看，这次我把树枝少画了一些，每个树枝只结一个果实。"

"哇，你竟然和古人的想法一样！这就是古代最早通用的文字——甲骨文。"我顺势拿出了"果"字的甲骨文，与小新的作品做了对比（见图3-5）。

图 3-5　甲骨文的"果"字

这次孩子们完成作品的时间快了很多，而且简化得也很到位。于是，我把相对应的甲骨文拿了出来，让孩子与自己的作品对比。

"看，我画的大象和象形字一样，都有长长的鼻子。"轩轩小朋友无比开心。

"哦，古人和我想得一样，老虎身上的花纹也是画了几根线条。"子曦自豪地说。

"我画的山峰好像比古人画的多了一座。"小新拿着自己造的"山"与"山"的甲骨文认真地比较起来。

大家认真地对比自己的作品和古人作品（甲骨文）的相同与不同之处（见图3-6）。

我向大家宣布：所有小朋友都是现代的"小仓颉"，因为他们"造"的字，大家都认得出，而且画起来很方便。

图 3-6　减法涂鸦集锦

思考与支持：

"前书写"的内容进阶是难以把握的。如果只让幼儿任意涂鸦，那么无法向"规范"的书写递进。如果选择一些抽象的字符让幼儿去精准临摹，则超越了幼儿小肌肉群发育的协调程度，不利于幼儿的健康成长，同时也会抑制幼儿的"前书写"兴趣。

象形字的甲骨文介于"图画"和"符号"之间，源自生活中真实事物的描绘，是古人反复观察和精练后的结果，里面蕴藏着事物的认知、思维转换（具象到抽象）、线条艺术表达、空间结构布局等功能。所以，象形字的甲骨文是理想的"前书写"过渡材料。

在使用"减法"涂鸦方式进行"造字"的过程中，幼儿的手眼在做同步协调训练，大脑在做具象思维到抽象思维的转换，整体动作也由无约束的"自由涂鸦"转向有规范的"线条表达"。

三、小小创作家

"毛毛，你在画什么呀？让我看看。"小雨看到正在专心画画的毛毛，凑了过来。

"我在写一本故事书。"毛毛神秘地向小雨说着并展示出自己的作品。

"哦，这是一个农夫在田里干活。田边还有一棵大树。"小雨认真地"阅读"起毛毛的作品。

"没错，看，天上还有太阳、云朵。"毛毛边向小雨介绍边用手指着。

"看这张，一只野兔撞到树上了，哈哈！"毛毛得意地向小雨"炫耀"作品内容。

"哦，我想起来了，这是郝老师昨天讲的《守株待兔》的故事！"小雨惊喜地说。

"对啊。我觉得《守株待兔》的故事很有意思，就想把这个故事记录下来，让其他小朋友看，就像咱们看故事书一样。"毛毛描绘着他的构想。

"毛毛，你好厉害。"小雨投来羡慕的神情，"我也想把郝老师讲的《龟兔赛跑》的故事记录下来，回到家给妈妈讲。可是我不会写字。"

"写字啊，可容易啦，你看，我'写'的就是郝老师让咱们画过的甲骨文啊。只要会画就会'写'。"毛毛说道。

"有的没有甲骨文，咋办？"小雨问道。

"可以自己造字啊，咱们前几天刚刚学会造字的呀。"毛毛像小老师一样，分享着他的经验。

大家认真地写着（见图3-7）。

图3-7　小小创作家集锦

在毛毛的影响下，小雨也开始创作了《龟兔赛跑》故事"书"。

后来，很多幼儿加入"写作"大军。有的"书写"成语故事，有的"书写"古诗，还有的在"记"日记。图3-8是幼儿"书写"的《狐假虎威》的成语故事，图3-9是《曹冲称象》的故事，图3-10是古诗《悯农》，图3-11是水循环示意图。

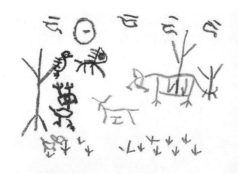

图3-8　《狐假虎威》　　　　　图3-9　《曹冲称象》

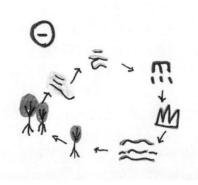

图3-10　古诗《悯农》　　　　　图3-11　水循环

思考与支持:

当幼儿掌握了自己的"文字"或"符号"体系,用它们表达自己的认知、思想和情感便成了必然。"写作"也就成了"前书写"中最具挑战和最富成就感的行为了。所以,我们应抓住幼儿的"创作欲"关键节点,给予支持与引导。

对于幼儿前书写中呈现的作品,我都以欣赏的眼光去"读",并将他们的作品以多种方式展示出来,让幼儿互相欣赏、交流、模仿和学习,激发他们再创作的欲望。

我模仿《幼儿汉字趣味启蒙》中的卡通甲骨文,将常见的象形字甲骨文做成了"卡通字典",贴在墙上。当幼儿在"写作"遇到无法表达的事物时,除了临时"造字",还可以主动在墙面上"查字典"。

【活动的特点及价值】

一、兴趣的激发和问题的捕捉

"前书写"的目的是培养幼儿对文字、符号感兴趣,进而萌发书写活动的兴趣。所以,兴趣是第一位的,需要我们观察幼儿的行为,捕捉他们的兴趣点。如果只是通过枯燥的笔画练习提升"前书写"能力,不但幼儿提不起兴致,还会消磨幼儿的兴趣,给以后的学习带来困扰。

本次游戏活动是幼儿在自主交流中生发的,教师敏锐地抓住了这个兴趣点,引导幼儿展开探讨。在准备材料、游戏活动各环节,充分尊重了幼儿的意见和想法。宽松自主的环境,教师对幼儿的充分关注、积极支持,增强了幼儿的自信,激发了更多的游戏灵感。

在游戏过程中,教师始终关注游戏中出现的问题,及时调整策略,巧妙地引导幼儿发现问题,启迪幼儿自主解决问题。

二、材料的适宜性与内容的进阶性

"前书写"的核心是"书写",而"书写"的限制条件是"前"。我们必须了解"前"的内容,才能大胆地拓展书写的材料、形式、手段和"书写"的内容。

对"前书写"来说,"书写"内容的进阶性尤其重要,既不能过于简单,滞后于幼儿的能力发展需求,否则幼儿会因为没有"挑战性"而感觉索然无味;也不能过于超前,否则会超越幼儿的发展水平,因难度过大引发幼儿出现"挫败感"。幼儿在不同游戏阶段遇到的问题、产生的惊喜及原因和存在的不足与改进之处见表3-1。

表 3-1　幼儿在不同游戏阶段遇到的问题、产生的惊喜及原因和存在的不足与改进之处

游戏阶段	不同游戏阶段遇到的问题	产生的惊喜及原因	存在的不足与改进之处
小小考古学家	甲骨文"破译"错误或无法破译	了解象形字的起源，明白了甲骨文字形与事物关键特征之间的对应关系，掌握了甲骨文的"破译"技巧	因为参与的幼儿较多，需要增加更多的且有趣的象形字甲骨文
小小仓颉	由于所选是复合场景，绘画元素过多，"减法"涂鸦后作品不理想	引导幼儿的"减法"思路，学会抓住关键特征，让作品越来越"简单"，实现自己的"造字"梦	选择身边熟悉且有对应甲骨文的事物，方便后期用甲骨文与幼儿的作品进行对比观察，发现相似与不同
小小创作家	有些画面或事物没有相对应的、幼儿熟知的"甲骨文"，致使不能完整地"书写"故事情节	使用以前的"造字"经验，自主"造字"，通过多种表达手段，保证故事"书写"的流畅性、可读性	提供一些画面感强的、容易用图或简易符号表达的、以具象事物为主的故事、典故或古诗。除此之外，可适当延展至幼儿的情感表达类作品，如书信、日记、留言板等体裁

【活动评价与反思】

"前书写"是一项目标与指向十分清晰的活动，但它的评价标准较模糊。通过对"前书写"和正规书写的目标、手段、内容等维度的对比分析，教师对幼儿"前书写"的"过程"进行了解构。比如，隐藏在"前书写"技能下的"观察力"，其实质是幼儿对事物关键信息的获取能力。教师通过"破译甲骨文""减法涂鸦"等方式，让这种能力在无意识中培养与提升。

在能力培养层面，活动围绕幼儿的观察力、方位知觉、空间知觉、小肌肉灵活性和手眼协调等综合能力的提高，而不是直奔"书写"的结果和狭义的"书写"动作。

象形汉字由图画发展而来，是中华文化最小基因片断。通过"前书写"接触象形汉字的"早期字形"，不但能够激发幼儿对汉字的兴趣，而且能够有力地促进幼儿由具象思维（图画）到抽象思维（符号）的发展。

本次主题活动充分利用了"象形字"的图像化特点进行"书写"内容的创新，既与幼儿的具象思维相适宜，又与小学教材中"象形字"的学习内容进行了无缝衔接。

为确保所选内容的专业性、严谨性和安全性，避免触碰"小学化"红线，教师选用了与小学教材同属人民教育出版社的《幼儿汉字趣味启蒙》系列绘本，将里面的卡通甲骨文进行了二次创作，让幼儿在提升"前书写"能力的同时，在幼小的心灵播下"文化自信"的种子。

走进"二十四节气"，做传统文化传承人

【设计者单位及姓名】

北京市石景山区实验小学　张彦

【年级】

六年级

【背景依据】

一、指导思想

中华传统文化的整合力在当今社会中起着至关重要的作用，它不仅能够促进社会成员之间的团结，而且还能够为现代社会的稳定与发展提供强大的支撑。中华传统文化的文化整合力对现代生活具有重大意义。中华传统文化经过两千多年的考验，已深深融入中国人的生活之中。因此让学生深入生活，探究并努力弘扬中华传统文化尤为重要。通过探究性实践活动，使学生获得积极的体验和丰富的经验，发展学生的实践能力、整合能力。

学生通过主动探究二十四节气，进一步了解二十四节气，从书内走向书外，从生活走向实践，从表层走向深入，继而继承和传承中华传统文化。

二、理论依据

自党的十八大至今，习近平总书记不断深入论述中华民族的光辉历史，深刻阐明其中蕴含的深刻哲理、伦理规范，深刻阐明了中华传统文化是中华民族的精神命脉，是中华民族的根本，所有中国人应当珍视这一宝贵财富，努力将它们发扬光大，做传统文化的传承人。

这次的主题实践活动主旨在于通过小组合作、探究和实践，将书中的二十四节气内容融入日常生活中，让学生通过查找教材中的诗歌、文章、谚语等，深入了解二十四节气的相关知识。为了让中华传统文化得到更好地传承和发展，从课内走向课外、从知识走向实践，不断激发学生对传统文化的热爱之情。

【设计思想】

大多数学生对中华传统文化了解不够深入，都很浅显，学生知其然但不知其所以然，因此没有深刻的印象。传统文化的传承仅仅依靠蜻蜓点水式的了解显然是不够的，因此在本次实践活动中引领学生通过探究、拓展更深入地了解传统文化，做传统文化的传承者。六年级学生已经具有了独立探究、集体研讨的能力，对资料的整理加工能力也较强，有一定的学习基础。

【活动目标】

1.通过探究性学习，学生能够运用资料搜集、访谈调查法开展二十四节气的主题活动；能将收集到的资料进行归纳整理，并制作成 PPT 在全班进行展示交流，提高多方面能力。

2.通过资料搜集、访谈调查法等多种形式进行调查；用"我笔画我心"的书画形式展示我心中的最美二十四节气；通过小组合作、交流讨论、分工协作、各尽其职，对二十四节气进行深入探究，使学生再次走入二十四节气，传承中华传统文化。

3.通过对本主题的探究，深入二十四节气传统文化，感受中华传统文化的博大精深；深入体会优秀传统文化是一个国家、一个民族传承和发展的根本，做传统文化的传承者。

【活动过程】

一、活动一：搜集资料，组内交流

（一）确定主题，明确探究原因

1.研究主题：二十四节气。

2.探究的原因：通过对本主题的探究，深入二十四节气传统文化，感受中华传统文化的博大精深；深入体会优秀传统文化是一个国家、一个民族传承和发展的根本，为传承传统文化，每个人都应该做出努力。

（二）制定活动方案，开展实践探究

1.学生分组进行探究。

（1）第一、二、三组：调查书中有关二十四节气的相关内容，如文章、诗歌、谚语等。

（2）第四、五组：调查生活中的二十四节气（以春季中的立春、雨水、惊蛰、春分、清明、谷雨为调查要点）的饮食特点及特色活动。

（3）第六、七、八组：调查二十四节气与农业生产，调查每个节气耕种作物情况。

2.小组共同设计方案。每个小组根据本组情况，对某一个感兴趣的方面展开深入调查。通过收集资料、采访他人等多种方式进行探究。

3.小组协作整理资料，商量讨论，小组汇总，完善内容。

二、活动二：小组汇报，百家齐鸣

（一）回顾经典，走入春之歌

1. 教师导入：2022年我们迎来了世界瞩目的冬奥会，开幕式惊艳了世界，也让我们这些中华儿女为自己的祖国而自豪，让我们一起回顾那激动人心的时刻。（教师播放开幕式倒计时结束，国家体育馆上空，焰火呈现出"立春""SPRING"字样。）

在这次开幕式上融入了我国传统文化，这大大的"春"字对应着我们的一个节气——立春。

2. 回顾二十四节气的分类及实践活动方式与内容。

设计意图：播放奥运会开幕式，从情字入手，让学生再次燃起爱国情，从而引出二十四节气。回顾二十四节气的分类及实践活动方式与内容，为汇报做好铺垫。

（二）走进二十四节气，走进春之歌

1. 走入课本，寻找书中的二十四节气。

（1）教师导入：请研究小组汇报交流有关二十四节气的诗歌、谚语等。

预设1：《二十四节气歌》

春雨惊春清谷天，夏满芒夏暑相连。

秋处露秋寒霜降，冬雪雪冬小大寒。

预设2：二十四节气古诗。

《春夜喜雨》——雨水；《清明》——清明；《晓出净慈寺送林子方》——大暑。

预设3：名家名篇中的二十四节气，如《红楼梦》——放风筝片段对应春分。

（2）教师导入：看来在我们的课本中很多处都有二十四节气的身影，那就让我们走得深入些，走出课本走入生活去了解二十四节气。

设计意图：从书籍出发，回顾书中涉及的二十四节气，为深入学习奠定基础，也是温故知新的起始。

2. 走出书籍，寻找生活中的二十四节气。

（1）教师导入：我们走出课本去生活中寻找二十四节气的身影，在春天的这些节气中会有哪些特色饮食、有哪些特色活动呢？我们来听听大家的汇报。

特色饮食：

立春：牛肉、香菜、菠菜、鸡肝。

雨水：南瓜、小米、豆苗、玫瑰花。

惊蛰：豌豆、黑米、海蜇、荸荠。

春分：红枣、淮山药、银耳、驴打滚。

清明：荠菜、燕麦、茼蒿、青团。

谷雨：土茯苓、豆芽。

特色活动：

春分——竖蛋、春祭、送春牛图、粘雀嘴、放风筝等。

清明——踏青、荡秋千、蹴鞠、打马球、插柳等。

芒种——送花神等。

（2）品特色美食，重温春分时刻。

（3）尝试竖蛋游戏，感受特色活动。

设计意图： 寻找生活中的二十四节气，让学生深刻感受到传统文化就在身边；品尝特色美食，感受文化氛围；尝试竖蛋游戏，在游戏中体会特色活动，感受文化传统的魅力。

3. 请同学汇报调查结果。

预设1：听长辈讲讲二十四节气中的耕种知识（看家长录制的视频从总体上了解对应二十四节气的作物种植）。

预设2：介绍有关二十四节气的谚语、北京地区春季的农作物种植（从整体走向局部）。

预设3：种子辨析与种植介绍（准备蔬菜种子及常见作物进行辨析活动；准备发芽的土豆、发芽的洋葱等，简单介绍几种作物种植方法）。

设计意图： 二十四节气从古至今对劳动人民的农耕活动都有着极其重要的指导作用。而现在的学生对这部分内容一无所知。因此设计此环节，从家长的介绍中初步了解二十四节气对农业的指导作用；通过对北京地区农作物的调查先了解我们身边的农业作物，再从种子辨析及几种熟悉作物的种植深入学习，拓展学习的宽度与深度。

4. 教师导入：二十四节气承载着深厚的精神文化内涵，告诉我们尊重自然、顺应天时、体现着人与自然的和谐关系。此时，正是春光明媚的时刻，同学们共同绘制了二十四节气之春光图。请同学们拿起笔，写你对这节课的收获和同学们共同分享吧。

设计意图： 通过以上学习，学生从书内走向书外，从课本走向生活，再从生活回归自己的内心，真正深化对二十四节气的认识并与全班同学分享。

三、活动三：品谷雨茶，体悟春之歌

1. 教师导入：谷雨作为春季的最后一个节气，意味着寒潮天气基本结束，气温回升加快，降水量明显增加，是农作物生长的好时机。谷雨有个习俗那就是喝一杯谷雨茶，今天老师也为大家带来一杯谷雨茶，请同学们品茗。

2. 简单介绍倒茶礼仪，告诉同学们他人给自己倒茶时需要食指和中指并拢，轻敲桌面三下以示感谢。

3. 在音乐中品茗，回归文化习俗。

设计意图： 通过品茶环节介绍感谢礼仪，看似与节气无关，但礼仪教育应该贯穿在日常教学中。通过品茶再次亲身体验传统文化的魅力，在音乐中静思己身，做中华传统文化的传承者。

【活动延伸】

鼓励学生从今天起做中华传统文化的传承者，关注每一个节气。在周末走进乡村去体会与众不同的耕种和生活方式，并把这份调查记录下来与同学们分享。

耕种与生活方式调查记录见表3-2。

表 3-2　耕种与生活方式调查记录

走进"我"想探究的节气	地点 / 时间	"我"的收获（农耕、生活方式等）

【活动评价与反思】

一是本次实践活动的板书是由师生共同创作完成的，同组同学共同绘制"我心目中的春之节气"，并贴在黑板上与全班同学分享心得，引领学生从书内走向书外，从课本走向生活，再从生活回归自己的内心，真正深化对二十四节气的认识，并与全班同学分享、感悟。

二是采用多种探究方法探究二十四节气。同学们为了更好地探究传统文化，亲自找长辈询问农业知识、上网查找资料。同学们在活动中提出问题，同组互为补充，查阅资料进行探究，最终获得了新的知识。同学们还通过采访，了解了更深层的传统文化知识。

三是通过开展品驴打滚、玩竖蛋游戏、喝谷雨茶、辨认农作物等活动，让学生亲身体验我国传统文化的魅力。

【附录】

活动结束后，教师从探究态度、知识方面、情感方面和实践行动四个方面对学生进行评价，评价结果见表 3-3。

表 3-3　学生参与活动的评价结果

评价指标	评价要求			评价方式	
	优☆☆☆	良☆☆	需努力☆	学生自评	小组评价
探究态度	非常主动	表现良好	不够主动		
知识方面	能主动深入了解二十四节气的相关文化。通过自己的采访、调查、归纳有所收获	对二十四节气有一定的了解	对二十四节气不了解		
情感方面	非常愿意与小组同学一起开展探究活动	比较愿意与小组同学一起开展探究活动	不愿意与小组同学一起开展探究活动		

续表

评价指标	评价要求			评价方式	
	优☆☆☆	良☆☆	需努力☆	学生自评	小组评价
实践行动	能积极主动地与小组同学一起探究、研讨、归纳，从而得出结论	能与小组同学一起探究，比较主动	不能跟小组同学一起探究，没有参加任何实践活动		

致敬先烈，仰望崇高

【设计者单位及姓名】

石景山区实验小学　　陈婷娟

【年级】

六年级

【背景依据】

清明节，是人们祭奠祖先、缅怀先人的节日，它有着悠久的历史渊源、深厚的文化内涵和丰富的民俗活动，为广大人民群众所普遍重视。并且它也是一条维系海内外华人思想情感的文化纽带，有利于弘扬爱国主义精神，传承中华民族传统文化。清明节这个中国传统节日于 2006 年被列入国家级非物质文化遗产名录，还列入法定假日，这体现了国家对传统民俗节日的重视。

为在学生中大力弘扬和培育民族精神，增强他们的民族自尊心和自豪感，利用我国人民缅怀先人、仁人志士的重要传统节日——清明节，这样一个意义深远的日子，开展清明节日主题活动，旨在缅怀革命先烈，弘扬爱国主义精神，从小树立正确的世界观、人生观和社会主义核心价值观，促进社会主义和谐社会建设，加强爱国主义教育，使学生从中受到浓郁的传统节日文化气息的熏陶，并从中受到深刻的思想教育。

【设计思想】

为深入推进我校节日文化建设的实施，引导学生弘扬爱国主义精神，加强爱国主义教育，我校开展以"致敬先烈　仰望崇高"为主题的清明节系列活动。希望通过此次活动让学生回顾历史，重温历史，更多地了解革命烈士的英雄事迹，向革命烈士学习，弘扬爱国主义精神，引导学生树立正确的世界观、人生观、价值观；激发学生对革命先烈的深深崇敬和缅怀之情，从而更加珍惜今日的幸福生活；使学生努力学习，牢固掌握科学文化知识，深刻领会在和平年代为祖国的繁荣、富强做贡献的意义。

【活动目标】

1. 认知目标：通过搜集整理清明节有关的知识、资料、图片等，全面正确地了解清明节，深切感受清明节丰富的文化内涵。

2. 情感目标：通过讲红色故事、朗诵诗词、观看电影等活动了解英雄事迹，感悟先烈的爱国主义精神，传承红色基因。

3. 行为目标：通过在八宝山革命公墓正门及革命公墓骨灰堂入口的"致敬先烈　守护英灵"站岗台上为先烈站岗活动，用实际行动致敬先烈，弘扬爱国主义精神。

【活动准备】

1. 现场：学生步行到八宝山革命公墓。
2. 线上：有序开展"清明祭英烈"网上祭扫活动。
3. 《追忆先辈不忘初心》诗词朗诵。

【活动过程】

一、谈话导入，引入活动主题

1. 教师导入：同学们，"春风送花表哀思，青松滴翠寄深情。无限哀思无限情，英雄墓前祭英雄"。4月5日，正值清明节，学校将采取线上线下相结合的方式进行"致敬先烈，仰望崇高"主题活动。

2. 学生回顾学校开展的清明节各项实践活动，激发学生缅怀先烈的情感。

二、学生以"致敬先烈，仰望崇高"为主题进行实践活动

（一）开展少年先锋岗活动

六年级全体学生、班主任及家校共育社的志愿者家长们，一起徒步到八宝山革命公墓。具体活动内容：

1. 上午8：30，同学们排着整齐的队伍，怀着无比崇敬的心情来到革命烈士纪念碑前，对献出热血的革命英烈表示深深的哀悼。在革命家任弼时墓前，师生及志愿者家长们为革命烈士举行了庄严的祭奠仪式。

2. 英雄的赞歌永世传唱，烈士的英名万古流芳。同学们聆听革命公墓教育基地的王老师为大家讲解革命家任弼时的生平事迹。

3.同学们向革命先烈敬献鲜花,深切缅怀革命先烈,面向革命先烈纪念碑,高举右手、齐致队礼,表达最崇高的敬意。

4.举行庄重的入队仪式,重温入队誓词,在大队辅导员的领呼下,感受作为一名少先队员的光荣与责任。

5.学生代表朗诵《追忆先辈 不忘初心》,用真挚的语言讲述自己心中的红色故事,颂扬革命精神,更加表达了同学们继承革命传统、做新时代社会主义合格接班人的坚定信念。

6.学生代表发言,更表明了作为一名小学生、一名少先队员勇往直前、奋发图强的决心。

7.由革命公墓专职红色故事宣讲团成员为同学们讲述革命先烈在革命战争时期、在新中国建设时期、在新时代改革发展时期的红色经典故事和英烈事迹。通过聆听这些故事,将红色传统、红色记忆、红色基因牢牢植入同学们心中。

8.上午9:30,开展"我为先烈来站岗"活动。站岗的学生胸前佩戴鲜艳的红领巾,昂首挺胸,双手紧贴裤缝,站在位于八宝山革命公墓正门及革命公墓骨灰堂入口的"致敬先烈 守护英灵"站岗台上为先烈站岗。学生代表每三人一组,15分钟进行一次人员轮换。

队旗迎风飘扬,胸前的红领巾格外鲜艳。通过本次活动,同学们更加铭记历史,缅怀先烈,懂得珍惜来之不易的美好生活!

(二)"我为英雄献朵花",开展"云祭奠"清明活动

1.学生依托中华英烈网平台,给英雄献花,在中华英烈网英雄事迹专栏学习英雄事迹。

2.通过照片、视频的方式记录自己进行"云祭奠"的瞬间。

三、学生围绕活动内容,进行"英雄,我想对你说"心语征集

学生以绘画、手抄报、活动感言等形式指尖传情、祭奠英雄。

一张张作品,一句句感言,一声声赞歌,一字字真情,讲述着先烈故事,歌唱着英雄赞歌。既是学生了解清明传统习俗的方式,也是敬仰英烈、热爱祖国的体现,更承载着满满的敬意,文笔虽青涩,却寄托了深深的思念。

【活动延伸】

一个有希望的民族,不能没有英雄;一个有前途的国家,不能没有先锋。在历史的长河里,无数革命先辈名垂青史,用自己的忠肝赤胆捍卫着自己的国家。本次活动让学生知历史、敬英雄,懂得了感恩之心。缅怀先烈,铭记历史,方能笃定前行!

继续阅读红色书籍,观看红色影片,了解更多先烈英雄事迹。作为新时代的接班人,学生要铭记一切为中华民族和中国人民做出贡献的英雄,学习英雄、致敬英雄。

【活动评价】

活动过程性评价："致敬先烈，仰望崇高"活动围绕传统节日清明节主题开展有意义且可操作性强的实践活动，培养学生向英雄致敬的情感。学生在参与清明节系列活动的过程中，通过阅读、观看红色书籍和影片对革命历史有了更多、更深刻的了解。

活动效果评价：通过活动后学生的表现和实际行动，体现出学生对英雄更加敬仰，更加坚定的信仰——为强国努力学习。

【活动反思】

在清明节到来之际，学校邀请崔建东（部队退休大校）为同学们做红色教育的专题讲座，使同学们受益匪浅。清明节期间，学校在北京市八宝山革命公墓举行"致敬先烈，仰望崇高"为主题的清明节系列活动，活动中学生积极响应、踊跃参加，成为新中国成立以来第一批在北京市八宝山革命公墓守护先烈的少年先锋岗，在北京市及全国引起了强烈的反响。

在清明节期间，师生们通过网络可以向民族先烈敬献鲜花，缅怀他们的英雄业绩，铭记中华民族遭受的苦难和抗争历程，珍惜今天来之不易的和平生活，表达复兴中华的豪迈心声和坚定信念，激励学生继承先烈遗志，珍惜幸福生活。

经过这次活动，同学们深受教育，更感受到了烈士的精神力量，感受到了自我身上的重担。懂得新时代的少年必须牢记历史，永远记住革命先辈的教诲，在人生宝贵的学生时代，历练心志、修养品质、开阔胸怀、陶冶情操、增长知识、锻炼本事，努力使自己成长为一个能够传递历史火炬、发扬传统精神的新时代优秀少年，努力使自己成长为对祖国、对人民、对全人类有贡献的人。

缅怀过去，是对英烈真诚的追思；纵观今日，是对英雄满满的敬意；展望未来，是对祖国的美好期待。祭奠革命先烈，致敬先烈，继承先烈遗志，发扬革命精神，珍惜美好生活，争做新时代的好少年。

故宫中的端午节

【设计者姓名】

郎静　王宇　白伯华

【年级】

四年级

【背景依据】

　　学生不仅能凭借已学的知识、已有经验说出一些过端午节的习俗，对于故宫中的人们怎样过端午也很感兴趣。本次活动旨在让学生在识图、自主阅读资料的过程中了解故宫中过端午的习俗，拉近学生与生活的距离。学生在教师的帮助下，锻炼提取信息、运用信息等综合能力。

　　前期故宫课程中，学生利用故宫青少年博物馆在线学习资源了解了一部分中草药的名称及功效，还利用课余时间走进自然发现身边的中草药，通过查找资料、采访家长等途径对生活中常见中草药的功效有了进一步了解。

　　劳动能力方面，学生已经认识了缝纫工具并学会使用，学习了基本针法并进行操作实践活动，如缝制扣子、缝沙包、缝小饰品等。学生在日常生活中对香包有了一定的认识和接触，从知识基础方面有一定的识图、总结的能力，所以学生对香包的学习兴趣比较高。本次活动让学生运用已学的技能完成香包的制作。

【设计思想】

　　故宫中既有跨越百年的高大宫殿建筑群，也有体现古人聪明才智的生活智慧，还有凝聚着先人宝贵实践经验的中医药文化。本次活动将中医药文化、生命健康教育与劳动实践活动紧密结合，通过趣味实践活动，将传统节日与中医药相结合，提高学生对中华传统医药文化的学习兴趣，养成健康的行为方式和生活习惯。中草药文化是我国传统文化中的瑰宝。对于学生来说，既神秘又有所了解。学生对中草药除了知道生病时的中药饮剂之外，对于传统节日中的应用也有了解的兴趣。

【活动目标】

　　1. 通过图文资料了解故宫中的人们过端午节的习俗。

　　2. 利用故宫青少年博物馆在线学习资源，了解中草药艾草的功效，感受中草药在传统节日中的应用。

　　3. 通过制作香囊，提高动手能力，培养劳动能力。

　　重点：通过图文资料了解故宫中的人们过端午节的习俗，利用故宫青少年博物馆在线学习资源感受中草药在传统节日中的应用。

　　难点：香囊的制作。

【活动准备】

　　故宫课程、中草药课程、水彩笔、相关图片、视频等。

【活动过程】

一、识在端午——研究习俗

活动一：结合经验，初识习俗。

1.教师提问：端午节是我国的传统节日，我们在过端午节时，都会做些什么呢？

预设：赛龙舟、吃粽子……

2.教师提问：你们知道那时候故宫中的人们是怎样过端午节的吗？在塑封好的图片中把你了解到的端午节习俗圈出来。

活动二：阅读宝典，再识习俗。

1.借助阅读知识宝典，再到图中圈画习俗。

教师导入：通过阅读资料我们还知道喝雄黄酒、佩香囊、射柳、射粽、挂艾草这些习俗。

2.发现不同，扩充知识。

教师展示图片（见图3-12），告诉学生两只小猫身上佩戴的分别是香囊和紫金锭佩，小视频讲解紫金锭的药用。

图3-12　香囊和紫金锭佩

活动三：创编歌谣记习俗。

设计意图：从学生熟悉的生活入手，结合自身经验，借助图片和文字资料让学生在自学圈画中了解宫中过端午的习俗，锻炼自主阅读、提取信息的能力。

小结过渡：故宫中的游艺生活丰富多彩，赛龙舟、吃粽子、挂艾草、佩香囊这些承载着文化内涵的习俗被我们一直传承下来。

二、艾在端午——了解艾草

活动一：初识艾草。

1. 谈话导入，引出艾草。

2. 出示课题：艾在端午及艾草图片。

设计意图：通过讲解艾草，激发学生对艾草的探索欲望。

活动二：认识艾草。

1. 出示艾草图片，听录音初步了解艾草。

2. 了解艾草的外形、味道。

3. 了解艾草的药用价值。

设计意图：通过听、看、闻等认识自然界和生活中的艾草；通过生活中的实物说明等资料，初步了解艾草的药用价值。

活动三：了解与艾草有关的端午文化。

1. 学习小组借助端午知识宝典探究艾草与端午节的关系。

2. 各组选择一项与艾草有关的端午文化及相关图片跟全班分享。（利用实物投影）

设计意图：通过读资料、看图片等活动，学生对与艾草有关的端午文化有所了解，进一步领略中华民族先民的聪明智慧，感受中华民族博大精深的历史文化。

三、美在端午——制作香包

活动一：复习。

1. 准备制作香包所用到的材料、工具。

2. 教师导入：香包是由挂绳、香包、流苏三部分组成的，制作中用到花布、艾草、挂绳、流苏、针、线、剪刀。

设计意图：复习香包的各部分名称及所用到的材料和工具，为缝制做准备。

活动二：学习制作方法。

1. 出示香包的制作步骤图。

2. 教师演示藏针法缝制。

设计意图：教师采用直观演示的方式，突破教学难点，强化对技术点的掌握，让学生知道香包的制作步骤，学会制作香包。

活动三：学生完成香包制作。

1. 完成香包制作。

要求：安全、平整、美观、卫生。

2. 评议。

要点：缝制时针脚平整，香料塞匀，整体造型美观。

设计意图：通过同学们的交流，学生看到自己的不足，分析原因，从而促进自身能力的发展和提升。

活动四：感受美好。
感受不同样式香包的美好寓意。
设计意图：引导学生去尝试，拓宽学生的视野，培养学生关注生活、创造生活的意识。

【活动延伸】

今天，我们走进艾草，了解了艾草在端午节时发挥的作用。今后我们还将继续走进其他的中草药，了解我国博大精深的中草药文化。我们还会与中华传统节日结合继续开展故宫中的传统节日系列活动。

【活动评价与反思】

中华优秀传统文化博大精深、源远流长，是中华民族不断发展壮大的精神命脉，是我们最深厚的文化软实力，是中国特色社会主义植根的沃土，是我们在世界文化激荡中站稳脚跟的根基。优秀传统文化是一个国家、一个民族传承和发展的根本，如果丢掉了，就割断了精神命脉。

"故宫中的端午节"重在让学生在活动中认识端午节，在学习中了解中医药文化；使学生能够将生活中的端午习俗和学习宝典中的习俗知识相结合进行学习，通过圈画的方式习得知识。

端午文化和中医药文化正是中华传统文化中不可或缺的内容，我们的实践活动"艾在端午"，其目的就是让学生在探索和实践中了解与艾草有关的端午文化，进一步领略中华民族先民的聪明智慧，感受中华民族博大精深的历史文化。

课前学生在搜集资料时的专注，课堂上学生介绍端午习俗时表现出的自信，令我们感到欣慰。课后他们追着老师不断地提问，让我们深深地感到这颗传统文化的种子已经埋在学生的心中，感受到学生被中华民族博大精深的历史文化深深地吸引着。

端午节有挂香包的习俗，课上了解制作香包的材料，探讨缝制香包的方法和步骤，用针线缝制香包，深受学生的喜爱。通过学习，发现学生对针法不太熟练，在以后的课堂中，我们会继续让学生练习针法，使他们能够娴熟地运用针法，把自己学到的技能真正地运用到生活中去，使他们在实践中体会到劳动的快乐。

【附录】

一、端午射柳、射粽

射柳所用的箭是特制的，镞身扁平，像一个倒置的三角形，前端的刃线略呈弧形，这样更容易射断圆形的柳枝。妇女和小孩则喜欢射粉团、射粽。盘中盛放粉团、角黍，"以小弓射之，中者得食"。角黍就是粽子。

二、佩香囊，驱五毒

每逢端午节，故宫里的人们都有佩香囊驱五毒的习俗。"五毒"，就是古人心目中五种危险的动物，一般指蜈蚣、毒蛇、蝎子、壁虎和蟾蜍。如果随身携带绣有五毒图案的荷包或首饰，就会"以毒攻毒"，把毒物们吓得掉头就跑。过去人们除了选择"五毒纹"图案以驱除病害，也有准备虎纹衣以清毒避瘟的习俗。香囊里还会装有气味芳香的中药，发挥其驱邪避秽、驱赶蚊虫的作用。

三、赛龙舟

赛龙舟源于战国时期，是为了纪念著名爱国诗人屈原。五月初五屈原抱石投汨罗江而死，百姓们纷纷前往汨罗江边凭吊屈原，渔夫们划起船只，在江上打捞屈原真身。之后每年的五月初五，人们划龙舟来纪念屈原，借划龙舟驱散江中之鱼，以免鱼吃掉屈原的身体。

四、饮雄黄酒

饮雄黄酒是中国民间节日端午节的习俗之一。雄黄酒，用以驱虫解五毒。

五、挂艾草

在端午驱邪避害的物品中，艾草出现得最早也最著名，流传至今依然十分常见。艾蒿也是良好的中药材。每年的农历五月正好是艾草成熟，药性最好的时期。古人争相采摘艾草，编织成人形，悬挂在自家门口。不仅可以将艾草挂在门上，也可以戴到头上和身上。在端午节当天清晨，用加入艾蒿的水洗脸，以此寓意消除疾病和毒灾。

送孝入亲心——孝老敬亲，明理践行

【设计者单位及姓名】

北方工业大学附属学校 王静

【年级】

四年级

【背景依据】

一、学生学段特点分析

四年级这个年龄段的学生有孝敬父母的意识，但只停留在简单地"倒杯茶"的层面，在听从教导、服从管教、不给父母添麻烦等深层次层面上，精神内在的孝心略显不足。

面对问题，要进行分析。首先，学生进入了又一个自我意识增强期——这是正常的。其次，大多数学生得到了全家人的爱，在情感认知上有错觉：家里的一切物质资源他有首选权，想当然地享有家人的爱与关怀，没有人要求他们回报，"孝"仅停留在扫扫地、擦擦桌子的表面做事上——这是必然的，引导就是了。最后，还有一部分学生家中有弟弟或妹妹，失去了独享的宠爱，学生心中产生了巨大的心理落差，使原本就不明显的孝心表达更不主动，甚至产生了或多或少的委屈和怨恨——这是难免的，开导就是了。

二、集团内部相邻学段衔接分析

在集团一年级就开展"中华优秀传统文化"课程的基础上，让传统文化"孝"的主题与时代相结合；将《小学日常行为规范（修订）》与学生的一日学习常规相结合；将学校"童年印记"与班级文化建设相结合；将班级文化建设与学生的现实家庭生活相结合。

三、选题分析

"老吾老"才能"及人之老"，只有真正对父母发出孝心，才能扩展到善待亲人、善待熟悉的人、善待陌生人、善待生命，继而实践更丰富的社会主义核心价值观，留下更美好的"童年印记"，过好更有序的班级生活、更幸福的家庭生活。于是，我们选取了学生耳熟能详，但又不能在生活中全面践行的"孝"。这既是时代呼唤，又是班级现阶段亟待解决的问题。

【设计思想】

治病先去"浮病"。面对现阶段学生年龄、生理、心理特点，以及班级现状，教师确立了直面问题，正向引导的思想。在此基础上，班会主题确立为两个系列：第一主题为学生在校教育，第二主题为家长"空中"课堂。学生在校教育主题班会有教育引导学生以父母的需求为标准孝敬父母的"送孝入亲心——孝老敬亲，明理践行"；指导与父母和谐相处的技巧的"爱父母懂父母——智慧孝亲"。家长"空中"课堂主题班会有"我的孩子我做主——孝的标准我制定""将心比心——理解孩子不武断"。

本次班会为第一阶段：教育引导学生以家长的需求为标准来孝敬父母，主题为"送孝入亲心——孝老敬亲，明理践行"。

【活动目标】

1. 重温《弟子规》《小学生日常行为规范（修订）》，受到情感熏陶和感染，明确"孝乃天经地义"。

2. 肯定学生孝的表现，了解家长孝的需求，明确孝的深层含义，找出"孝"的差距。

3. 根据父母需要的孝，制定符合自身的孝敬父母行动记录表。

4. 留下思考：满足合理孝需，如何有效沟通，从而为下一阶段做准备。

【活动准备】

教师准备：

1. 从几位家长反映的问题入手，询问家长孩子在家庭生活中需要改进的地方，集中问题，设计家长调查问卷。

2. 整理、分析家长调查问卷后，针对家长集中反映的问题制订学生问卷并进行调查。

3. 结合家长和学生的调查问卷，组织班级小干部集体讨论解决方案，引导制订系列主题班会，确立每个阶段的教育重点，以及本次班会主题和教育重点。

4. 指导家长给孩子写信，做到心中有数。

学生准备：

1. 根据本次班会主题及教育重点分工合作，分组进行课件、资料、教具准备。

2. 有困难找教师和家长帮忙解决。

【活动过程】

一、明孝"道"

1. 诵读《弟子规》：诵读的这部分《弟子规》的内容与什么有关？

2. 讲故事《爱心树》：通过听故事，你想对故事中的大树说什么？

预设：你太无私了！把自己的一切都给了小男孩。

故事中的大树像我们生活中的谁？

预设：父母。

我们该对父母有怎样的情谊？

预设：孝敬父母。

3. 揭题：今天咱们班会就围绕"孝"来进行。

4. 板书：孝。

设计意图：通过故事展现父母的无私，用故事的形式感染学生，明确孝敬父母是天经地义的，古来有之。同时，提出新时代也给我们提出了具体的要求，激发学生感恩父母的情感，并揭示主题。

二、忆孝"行"

教师提问：在生活中，对于孝敬父母，你做得怎么样？

设计意图：了解学生原有认知，让慈爱孝亲的美德在学生心中自然培育和深深根植。

三、听孝"需"

1. 倾听家长的心声。（请家长上前发言，讲一讲希望孩子怎样做。）

2. 质疑：为什么我们自己觉得做得挺好的了，家长却还有那么多期望呢？

3. 回答：为了理解这个问题，我们先来做个游戏——搭"人"字，并谈谈这个游戏与今天的主题有什么关系。

4. 板书：送孝入亲心。

设计意图：理解在孝敬父母时，做到父母需要什么，我们就尽量在合法的条件下满足，并诠释主题。

四、找孝"异"

1. 教师导入：来参加班会的家长亲口告诉自己的孩子自己的期望了。其他同学，你们的父母也给你们写了寄语。（读家长寄语）

2. 提问：父母文字背后的心声是什么？

预设：爱。

3. 小结：儿女孝敬父母源于对父母的爱，父母对我们提出期望也源于对儿女的爱。双方都有一个共同的出发点，那就是爱。在爱的鼓舞下，我们家庭这条小船，将会在人生的大海中更平稳地向前驶去。

设计意图：了解父母的需求，理解父母的爱。

五、定孝"规"

1.师生共同设计"童年印迹"版块，内容如下：

二月主题："留下美言美行足迹"；

三月主题："班级荣辱，我的责任"；

四月主题："我读书，我快乐"；

五月主题："留下'孝亲'印迹"。

2.结合家长的期望，请学生在"童年印记"上用铅笔写一写今后打算如何在生活中孝敬父母。

3.展台出示，讨论修改。

4.读教师总结给出的建议。

自己事情自己办，不给父母添麻烦。

艰苦朴素少花钱，不与别人比吃穿。

思想学习勤汇报，恳求父母多指点。

探亲访友离家前，禀告父母莫挂牵。

学会道歉学会笑，不去顶牛和撒欢。

递杯茶水问声安，爸妈辛苦挂嘴边。

家长教导要耐烦，不嫌不弃会听劝。

衣食住行讲礼貌，尊老敬长想在先。

设计意图：明确以实际的行动孝敬父母，学生讨论相对成熟的实现"孝"的可行途径，以评比的形式内化驱动学生践行孝道。

六、主题延伸

教师导入："尊敬父母"是一味地顺从吗？当然不是。今天我们先学会从尊敬的角度，先顺从父母意愿做事，下次班会我们来学习与父母和谐相处的技巧，主题为"爱父母懂父母——智慧孝亲"。

七、升华、总结期望

小结：同学们，"老吾老，以及人之老"。真正地对父母发出孝心，才能扩展到善待亲人、善待熟悉的人、善待陌生人，乃至所有生命，这就是大孝。这节班会我们颂扬了孝行，理解了孝义，明确了孝道，老师期待着你们真情表达的成果！

【活动延伸】

1.第二阶段：学习与父母和谐相处的技巧，主题为"爱父母懂父母——智慧孝亲"。

2.完成日常"孝亲"记录评价表。

3.期末再做家长调查问卷和学生调查问卷，将数据与开展活动前的调查数据进行对比，根据情况设定下一步活动主题。

【活动评价与反思】

一是主题来自生活需求，有实际意义。

当"微信"这个时尚社交交流的工具引进班级管理时，便架起了家校沟通的桥梁，拉近了教师和家长、孩子的距离。在班级家长微信圈中，老师、家长像朋友一样随时交流，使教师及时发现家长们抱怨孩子"不听话"的问题，从而确立主题。

二是阐明道理，重在引导、体悟。

"孝"是永恒的家庭教育主题。但给父母需要的孝，这个年龄段的孩子还没有思考。听孝"需"，找孝"异"，引发这个问题的思考；做手指游戏换位思考，体会到给予与需要之间的心理差异，感受、理解，形成新认知，以父母的需求为标准，送孝入亲心。

三是家长给孩子的一封信，呈现家长的迫切需求，使孩子们的改进方案有的放矢。

在家长给孩子的信中，真实呈现出孩子们在家庭生活中的问题，活动前的学生问卷也印证了家长的反映是真实的。因而活动主题、目标制定符合学生实际，能为家长"解渴"。

在活动中每个孩子都读到了家长给自己的信，明确了家长的需求，为学生当堂制定改进方案提供了明确的改进方向。学生制订的孝亲计划任务明确，计划制订得相对成熟。

四是家校合作——问题来自家庭，回归家庭解决。

"留下'孝亲'印迹"评比活动，结合学生自身实际制定，固化行为，以利形成永生的良好习惯。父母监督、建议，实现家校互动，利于形成合力。来自家庭的教育问题，回归家庭进行教育实践。

【附录】

附件1：家长调查问卷。

1. 孩子在家完成作业，虽然能完成，但是比之前拖延时间。（　）

A. 是　B. 否

2. 磨磨蹭蹭，心不在焉，催着才能完成作业。（　）

A. 是　B. 否

3. 晚上睡觉前刷牙、洗脸、洗脚和起床后叠被子不提醒不会自己做的。（　）

A. 是　B. 否

4. 家庭生活中自己想拿个东西，自己不动手，总是让家长帮忙拿。（　）

A. 是　B. 否

5. 买学习用品等自己能做的事总想让家长帮忙买，或者陪着才去。（　）

A. 是　B. 否

6. 因为写作业慢哭。（　）

A. 是　B. 否

7. 家长一批评就哭。（　）

A. 是　B. 否

8. 父母教导时口服，心不服。（　）

A. 是　B. 否

9. 父母教导时心不服，口也不服：犟嘴。（ ）
A. 是　B. 否

10. 父母教导时发脾气：摔摔打打、猛敲琴键、跺脚等。（ ）
A. 是　B. 否

12. 看见别人有的东西他就想要。（ ）
A. 是　B. 否

13. 有了困难、烦恼不跟家长讲。（ ）
A. 是　B. 否

14. 不和家长交流学校、班里或者同学们之间的事。（ ）
A. 是　B. 否

15. 在外面看到熟人不主动打招呼，非得家长提醒。（ ）
A. 是　B. 否

16. 父母下班回家不太会主动打招呼。（ ）
A. 是　B. 否

17. 外出不跟家长打招呼。（ ）
A. 是　B. 否

18. 作业错了家长指导不听。（ ）
A. 是　B. 否

19. 违反纪律家长管教不改。（ ）
A. 是　B. 否

20. 玩游戏不停。（ ）
A. 是　B. 否

21. 有好吃的东西只顾自己吃，不知先谦让家长。（ ）
A. 是　B. 否

附件2：学生调查问卷。

1. "我"在家完成作业，虽然能完成，但是比之前拖延时间。（ ）
A. 是　B. 否

2. 磨磨蹭蹭，心不在焉，家长催着才能完成作业。（ ）
A. 是　B. 否

3. 晚上睡觉前刷牙、洗脸、洗脚和起床后叠被子家长不提醒不会自己做的。（ ）
A. 是　B. 否

4. 家庭生活中自己想拿个东西，自己不动手，总是让家长帮忙拿。（ ）
A. 是　B. 否

5. 买学习用品等自己能做的事总想让家长帮忙买，或者陪着才去。（ ）
A. 是　B. 否

6. 因为写作业慢哭。（ ）
A. 是　B. 否

7. 家长一批评就哭。（ ）

A. 是 B. 否

8. 父母教导时口服，心不服。（ ）

A. 是 B. 否

9. 父母教导时心不服，口也不服：犟嘴。（ ）

A. 是 B. 否

10. 父母教导时发脾气：摔摔打打、猛敲琴键、跺脚等。（ ）

A. 是 B. 否

12. 看见别人有的东西自己也想要。（ ）

A. 是 B. 否

13. 有了困难、烦恼不跟家长讲。（ ）

A. 是 B. 否

14. 不和家长交流学校、班里或者同学们之间的事。（ ）

A. 是 B. 否

15. 在外面看到熟人不主动打招呼，非得家长提醒。（ ）

A. 是 B. 否

16. 父母下班回家不太会主动打招呼。（ ）

A. 是 B. 否

17. 外出不跟家长打招呼。（ ）

A. 是 B. 否

18. 作业错了家长指导不听。（ ）

A. 是 B. 否

19. 违反纪律家长管教不改。（ ）

A. 是 B. 否

20. 玩游戏不停。（ ）

A. 是 B. 否

21. 有好吃的东西只顾自己吃，不知先谦让家长。（ ）

A. 是 B. 否

附件3：分类分组讨论主题及具体内容。

1. 关心父母身体健康——递杯茶水问声安，爸妈辛苦挂嘴边。

礼貌：在外面看到熟人主动打招呼，不需家长提醒；父母下班回家会主动打招呼。

2. 主动为家庭做力所能及的事——自己事情自己办，不给父母添麻烦。

（1）自理：在家自觉完成作业，不让家长催促、费心；主动、自觉地刷牙、洗脸、洗脚、叠被子，不让家长提醒，不用家长操心。

（2）自立：拿个东西自己动手，不让家长帮忙拿；买学习用品等自己能做的事自己去做，不用家长帮忙买，不需要家长陪伴。

（3）自强：写作业慢了、晚了不哭。

（4）尊敬：听从父母和长辈的教导——家长教导要耐烦，不嫌不弃会听劝。

（5）遵从：家长指出错误、管教后，马上就改，不再犯；玩游戏家长一提醒就停下来。

3. 养成艰苦朴素、不比吃穿的习惯——艰苦朴素少花钱，不与别人比吃穿。

勤俭：看见别人有而自己没有的东西也不跟父母要。

4. 外出或回到家要主动打招呼——探亲访友离家前，禀告父母莫挂牵。

（1）外出一定跟家长打招呼，家长同意了才能外出。

（2）外出回家后一定告知父母，不让父母担心。

附件4：日常"孝亲"记录评价表，见表3-4。

表3-4　日常"孝亲"记录评价表

项目	具体做法	周一	周二	周三	周四	周五	周六	周日
主动为家庭做力所能及的事	写作业不拖延时间，不让家长操心催促							
	自觉刷牙、洗脸、洗脚、叠被，不麻烦家长督促							
	自己动手拿东西，不让家长帮忙添麻烦							
	买学习用品等自己能做的事独自去做，不麻烦家长陪伴。							
外出或回到家要主动打招呼	进出家门跟父母打招呼问好							
	外出告知家长							
听从父母和长辈的教导	玩游戏与家长约定时间，到时停下							
	作业错了家长指导听从或讨论							
	违反纪律家长管教听从改正							
关心父母身体健康	渴了端水							
	累了捶背							
评价	家长评价							
	自我评价							

注：★表示表现很好，☆表示表现一般，○表示表现很差。每周红星达到70%以上，小奖励——购物或大餐一次；一学期红星达到80%以上，全家奖励外出旅游1～2次；出现三次一般或者两次很差，去社区做公益活动一次，例如值守垃圾分类。加分项目：帮家长干家务，做好事加★。

探寻节气文化，传承中华文明

【设计者单位及姓名】

北方工业大学附属学校　佟艳芹

【年级】

三年级

【背景依据】

《中小学德育工作指南》中要求中小学开展节日纪念日活动，利用春节、元宵、清明、端午、中秋、重阳等中华传统节日以及二十四节气，开展介绍节日历史渊源、精神内涵、文化习俗等校园文化活动，增强传统节日的体验感和文化感。

"二十四节气"这个主题，对学生来讲并不陌生。课堂上，学生学习过《二十四节气歌》；课余时间，长辈向学生介绍过相关的知识；很多学生阅读过有关节气的绘本；还有很多学生参加过一些实践活动。总之，学生对二十四节气所涵盖的天文、地理、气候、农事、文学、艺术、仪式典礼、生活习俗、饮食养生等诸多方面，有一定的了解。但是，学生对于二十四节气的认识是碎片化的，没有形成多角度、深层次的认识。因此，本次综合性学习旨在让学生组成小组，以项目式学习的方式，分工合作收集资料；通过小组交流，讨论怎样进行学习成果展示，使学生全面、深入地认识二十四节气，感受中华优秀传统文化的魅力。在整个活动的过程中，学生对于搜集资料、整理资料会有一定的困难，需要教师的指导。

【设计思想】

《义务教育语文课程标准（2022年版）》中指出："语文课程应引导学生热爱国家通用语言文字，在真实的语言运用情境中，通过积极的语言实践，积累语言经验，体会语言文字的特点和运用规律，培养语言文字运用能力；同时，发展思维能力，提升思维品质，形成自觉的审美意识，培养高雅的审美情趣，积淀丰厚的文化底蕴，继承和弘扬中华优秀传统文化、革命文化、社会主义先进文化，增强对习近平新时代中国特色社会主义思想的理解和认识，全面提升核心素养。"

作为中华优秀传统文化的代表，二十四节气最独特的教育价值在于它的综合性。它不只是抽象的思想理念，也不只是具体的技术或活动，它是一种文化体系，包含了中华传统文化中天、地、人、物的生命关联，涵盖了天文、地理、气候、农事、文学、艺术、仪式典礼、生活习俗、饮食养生等诸多方面，是我们了解中国人的文化、生命和生活最好的窗口。

本次综合性学习围绕"二十四节气"这个主题展开。二十四节气，是中华民族悠久历史文化的重要组成部分，蕴含着丰富的历史文化内涵。让学生通过合作的方式对传统文化进行综合性学习，既可以加深学生对中华传统文化的了解，增强民族文化自信和自豪感，又可以培养学生的综合实践能力，提高语文素养。

【活动目标】

1. 知道二十四节气的名称，从植物、动物、物候、诗词、节庆、饮食等各个角度了解节气文化。

2. 通过小组合作学习的方式，培养学生的语言表达能力、分析总结能力和组织交际能力。

3. 通过综合性学习活动，提升学生的文化底蕴，提高学生的语文素养，增强民族文化自信和自豪感。

【活动准备】

1. 教师准备：多媒体课件。

2. 学生准备：搜集二十四节气的文化，如物候、植物、动物、诗词、节庆、饮食等内容。

【活动过程】

一、智慧中国传节气

1. 观看视频（2022 年北京冬奥会开幕式"中国二十四节气"倒计时短片）。

2. 导入课题：

2022 年 2 月 4 日，大年初四，立春，第 24 届北京冬奥会盛大开幕。开幕式倒计时，从"雨水"开始倒数，历经二十四个节气，最终落至"立春"，盛会缓缓拉开帷幕。冬奥会开幕式上的二十四节气倒数，惊艳世人，被誉为"中国式浪漫"。二十四节气作为古老中国的文化血脉之一，被称为"时间里的中国智慧"。

设计意图：北京冬奥会开幕式巧妙使用了倒数二十四节气，这个环节让全世界一下就注意到中国有二十四节气这样辉煌的时间文化，唤起学生心底的文化感动和文化自信。

二、七嘴八舌话节气

1. 背一背：背一背《二十四节气歌》。

2. 找一找：在日历中找一找今年的二十四个节气。

3. 辨一辨：赏景色辨节气、话习俗辨节气、知农活辨节气、品意境辨节气。

4. 说一说：选择其中一个自己最感兴趣的节气和同桌交流。（可以围绕物候、植物、动物、诗词、节庆、饮食等内容谈论。）

5. 全班交流，教师进行评价及补充。

6. 学生谈一谈获得这些知识的方法，如看书、看相关电视节目、问家中老人、网络查找资料、体验传统文化活动等。

7. 根据学生所介绍的内容，绘制表格，指导学生汇总信息的方法。

8. 教师提问：刚刚我们用表格记录了解到的信息，我们还可以用什么方式记录呢?

预设：文字记录、思维导图、手抄报、制作 PPT 等。

设计意图：为了能够让三年级的学生流利地进行语言表达，合理的引导是非常重要的。在综合性学习的过程中，开展合作对学生来说是一种挑战，是一种综合能力的锻炼。

三、齐心协力探节气

导语：中国是农业发达的文明古国，对于农业社会，春耕、夏耘、秋收、冬藏都是大事，因此对气候与季节变化，须有一套准则或方法来遵循，以指导农业生产。二十四节气就是在这种情况下制定出来的。学习二十四节气，只记住节气歌还不够，我们还要了解它所包含的物候、植物、动物、诗词、节庆、饮食等内容，从中感受到我们中国人生活的韵律之美。

（一）明确活动任务：了解二十四节气的相关内容

1. 预设：可以从物候、植物、动物、诗词、节庆、饮食等方面来介绍节气。

2. 确立四个主题：（1）探春之韵；（2）赏夏之繁；（3）晒秋之丰；（4）寻冬之境。

（二）组建小组，分配任务

1. 自由组队：看看自己想研究的节气属于哪个主题，自由组队，推选一人为组长。

2. 小组长分配任务，做好资料搜集、整理等工作。

（三）根据分工，自主完成任务

1. 汇总资料：组长借助一种记录方式汇总全组同学收集到的信息。

2. 组内交流：请用"我通过……（途径）了解的节气是……，我们小组将从以下几个方面来介绍这个节气"的形式进行交流。

3. 修改补充：组内同学商量讨论小组材料，并进行补充。

4. 确定展示方式（讲故事、思维导图、手抄报、表演等）。

设计意图：综合性学习有两个渠道：一是课堂教学，二是课外实践活动。要想取得实践的硕果，前期的指导和规划非常关键，不然活动会流于形式。所以教师要指导学生对综合性学习活动进行总体性规划，使其更有明确的方向，更有成效。

四、博闻强识解节气

（一）创设情境

教师导入：学校的红领巾广播站正在向同学们征集二十四节气的内容，今天刚好我们要进行二十四节气的综合学习展示活动，我们比一比，哪个小组介绍得最好，就把这个小组推荐到红领巾广播站，向全校的同学介绍。（学生自由说，教师总结。）

（二）分组展示

一个小组展示，其他小组为他们评价，现场举牌，最高五颗星。

设计意图：通过学生的展示，可以培养学生的自信心和团结合作精神，让学生更了解二十四节气的相关内容，培养学生热爱祖国的情感。

【活动延伸】

各组学生根据自己小组搜集到的相关资料，将这些资料转化成图画、宣传小报、手工制作等形式，在班级的文化墙进行展示。每个小组的展期为一周。

【活动评价与反思】

一是与时俱进，实现跨学科、同主题的项目式学习。

本次的综合性学习，学生以项目式学习的方式展开，遵循了 2022 年新发布的《义务教育课程方案与课程标准》的精神要求，组织大学科教研组设计跨学科、同主题的项目式学习，提高学生的综合素养和实践能力。在探寻节气文化这一项目式学习中，涉及语文、美术、科学、劳动技术等学科。在研究过程中，凸显学生自主探究的过程，使学生多角度、深层次地理解节气文化，感受中国传统文化的魅力。

二是厚植思想根基，树立文化自信和家国情怀。

学生通过对节气文化的跨学科项目式学习，从传统文化中汲取古人的智慧和前行的力量，实现对传统文化回忆前身、感悟当下和创新未来的结构化思考，培养学生的问题意识与创新精神，树立文化自信和家国情怀。

传承优秀文化，塑造爱国情怀

【设计者单位及姓名】

北京市石景山区实验小学　冯磊

【年级】

三年级

【背景依据】

　　古诗的语言是诗人独创的高度凝练的个性语言，是诗人思想感情、内心世界的独白，诗人的情怀无不倾泻在诗句中。《元日》一诗描写春节除旧迎新的景象。一片爆竹声送走了旧的一年，饮着醇美的屠苏酒感受到了春天的气息。初升的太阳照耀着千家万户，家家门上的桃符都换成了新的。这是一首写古代迎接新年的即景之作，取材于民间习俗，敏感地摄取老百姓过春节时的典型素材，抓住有代表性的生活细节——点燃爆竹、饮屠苏酒、迎瞳瞳日、换新桃符，充分营造春节的欢乐气氛，富有浓厚的生活气息。学生在活动中诵读古诗，感知诗意和诗情，在朗读时表达出诗中的喜庆与欢乐。"春风送暖入屠苏"中的一个"暖"字淋漓尽致地表达了王安石内心欣喜与激动之情，可谓"着一字而境界全出"。因此，教师在《元日》赏析活动中设计了"品重点字　悟诗人情感"这一环节，引导学生尝试走进古诗，感受古诗魅力；走近诗人，感悟其家国情怀。

【设计思想】

　　从"关关雎鸠，在河之洲"的诗歌缘起，到"黄河之水天上来"的盛唐气象，再到"雄关漫道真如铁，而今迈步从头越"的革命情怀——都让我们不由自主地发出对中华传统文化的钦佩之情。中华文化博大精深，源远流长，很少有哪个民族能像我们这样，拥有灿若星河的经典诗篇；也很少有哪个国家能像我们这样，无论童叟都能念诵几句古曲诗词。

　　教材解读中指出：小学语文中的诗歌教学，和古代的"诗教"是一脉相承的，都在提倡儿童多学一点诗。古代的"诗教"是"化以成德""得其性情之正"，是以古代的伦理道德化育人。而今天提倡儿童读古诗词，也是希望通过诗歌赏析活动使他们接续优秀的传统文化，落实立德树人的任务。古典诗词中沉淀着中华民族思想情感的"基因"，作为中国人，就必然也必须接受和激活这些传统文化的"基因"。应让学生在小学阶段多读一些古诗词，让他们多感受汉语的语言之美，培养精练多义的语言感觉，同时加强他们对于祖国传统文化的感性了解，提高想象力，激发学生对传统文化的兴趣，打好汉语学习的基础。

【活动目标】

　　1.认知目标：通过古诗欣赏、交流，感受由古至今的诗人对家的深情、对国的热爱。

　　2.情感目标：通过古诗赏析活动感受祖国古诗词的博大精深，培养文化自信。

　　3.行为目标：学生学会主动欣赏爱国诗歌，培养对祖国的热爱之情。

【活动准备】

利用活动单（课前预学、课上共学、课后延学）自主阅读，感悟诗人的情怀。通过自主完成预习单、小组内交流，抓住点燃爆竹、饮屠苏酒、迎瞳瞳日、换新桃符等词语，联系生活体验展开想象，尝试诵读，体会古诗所表达的情感。

【活动过程】

一、初步阅读，感知诗意

（一）出示《元日》，学生自读

教师导入：古诗常常是诗人人生经历、思想感情的表达，1070年的春节，王安石写下了这首《元日》。这节课，我们就一起学习这首古诗，解读诗人的情感。

（二）汇报预习，顺学而导

1. 初读古诗，请学生结合自主完成的预习单，交流对字、词、句的理解。

2. 明确古诗的内容后，再请同学为大家讲一讲这首诗描绘的情景：此诗描写春节除旧迎新的景象。一片爆竹声送走了旧的一年，饮着醇美的屠苏酒感受到了春天的气息。初升的太阳照耀着千家万户，家家门上的桃符都换成了新的。

3. 学生再次交流，提出并解决问题。

（三）诵读古诗，表达情感

在理解的基础上诵读古诗，初步感知诗情，在朗读时能表达出诗中的喜庆与欢乐。

设计意图： 这一环节的第一步，教师让学生理解古诗中认为最能表达诗人情怀的字，使学生获得体验。教师并没有以自己独白式的分析代替学生的阅读实践，而是珍视学生独特的感受，让学生通过积极、主动地思考加深对字意、诗意的理解，从而受到情感的熏陶，获得思想的启迪。

二、走近诗人，领悟诗情

（一）结合背景，走近诗人

1. 教师提问引起学生思考：从大家的朗读中感受到了诗人无比的欣喜与激动，而此时的诗人已经49岁了，这个春节对他有着怎样的意义呢？

2. 学生通过预习单中的写作背景交流：王安石不仅是一个才华卓越的文学家，在政治上也很有抱负。49岁那一年，他得到了皇帝的赏识，被任命为宰相，开始大刀阔斧地进行改革，推行新政。这时的王安石内心无比欣喜与激动！

（二）品味语言，领悟诗情

1. 教师提问：哪个字最能表达出诗人这种欣喜与激动呢？小组讨论后汇报。

预设一：读"暖"字字面意，感受节日氛围。

预设二：读"暖"字字中意，想象古诗意境。

预设三：读"暖"字字外意，感悟作者情怀。

2. 教师导入：一个"暖"字淋漓尽致地表达了王安石内心的激动喜悦之情，这就是汉语言的魅力，也是我们今天吟诵千年经典传递过来的温暖。让我们带着这种欣喜、这种温暖一起来诵读古诗！

3. 教师小结：在诗人的眼中，春节已经把个人、家庭、国家紧紧连接在一起，在诗人的心里，眼前的欢乐景象好似一面镜子，既映照出"小家"的其乐融融、幸福满溢，更投射出"国家"的日渐繁荣、蒸蒸日上。这就是诗人的家国情怀！

（三）诵读古诗，抒发情感

教师带领学生走近诗人，尝试读出诗人的心声与情怀。

设计意图：为学生搭建一个梯子，通过畅所欲言的交流与声情并茂的朗读和诗人产生共鸣，这诗与情、情与境的交融，则是古诗教学的最高境界，如此才能使学生领略到古诗词独特的艺术魅力。学生体会字的深意，再去吟诵诗文，抑扬顿挫，韵味无穷，不仅可以感受到汉语言的音律之美、诗文意境之美、形象之美，还可以汲取语言精华，受到熏陶感染。

三、知人论世，感悟情怀

（一）借助诗作，了解诗人经历

教师导入：学习一首古诗，就是走近一位诗人，解读一种生活，更是了解了这一段历史。我们从《元日》中体会出诗人的政治抱负和变法决心。

1. 教师提问：请大家读一读诗人的这几首诗，你又感受到了诗人怎样的情感呢？

预设：读《登飞来峰》，表现诗人不畏艰险、勇攀高峰的精神；读《泊船瓜洲》，表现诗人怀念家乡的情感；读《梅花》，感受恶劣环境下梅花不畏严寒的品格。

2. 学生体会以上三首诗的含义。

（二）结合材料，感悟诗人情怀

教师导入：请同学拿出共学单，按照要求完成自学。通过材料的阅读和交流，思考对诗人的情怀是否有了新的感悟。

1. 学生按照学习要求自读共学单上的《登飞来峰》《泊船瓜洲》《梅花》三首诗的补充材料，交流感悟诗人的情怀。

预设一：王安石写《登飞来峰》时刚刚三十岁，反映了诗人为实现自己的政治抱负而勇往直前、无所畏惧的进取精神。

预设二：王安石二次变法失败，又被罢相。这期间，王安石写了《梅花》，以梅花自喻，即使处于艰难、恶劣的环境中依然能坚持君子的操守和品格，表现出胸中不变的一颗拳拳爱国心。

2. 学生交流感悟，补充提升。

3. 师生齐诵，放歌抒发情怀。

设计意图： 在活动中赏析古诗时，我们不能就诗教诗，要勇于把实践活动的触角伸向更广阔的天地，也就是学生的生活。古诗词距离学生遥远，有很多诗词都有当时特定的历史背景，这就要靠教师适时引导，培养学生处理和提炼信息的能力。在这样一次次的积累中，学生的语文功底会更扎实，领悟理解力就更强。

【活动延伸】

1. 总结拓展：从古至今，家国情怀已然潜移默化于文人士子的言辞和修为中，将其所有人生价值和生命意义，深深地植根于家国天下之中。拥有家国情怀的作品最能感召中华儿女团结奋斗。除了王安石的作品外，还有范仲淹的"先天下之忧而忧，后天下之乐而乐"、陆游的"王师北定中原日，家祭无忘告乃翁"、文天祥的"人生自古谁无死，留取丹心照汗青"……

2. 推荐阅读：家国情怀在我国古代诗歌中源远流长，每当国难当头民族危殆之际，家国情怀总会在诗坛上大放异彩。南宋著名爱国诗人陆游继承光大了这一传统，成为人们学习的典范。家国情怀不仅贯穿了陆游60余载的创作历程，而且几乎融入他的全部生命。请同学们运用本次活动的学习方法积累诗人陆游的诗歌，并结合诗人的人生经历感悟诗人情怀。

【活动评价与反思】

对于统编教材小学语文三年级下册《元日》一诗来说，其所在的这个单元的人文主题是"深厚的传统文化，中国人的根"。语文要素是"收集传统节日的资料，交流节日的风俗习惯"。而古诗赏析活动也有它的地位与任务：学生在实践活动中通过理解与诵读来感悟和表达出诗歌所蕴含的情与意。作为一名教师，我们有责任把这种中华传统文化的经典根植于孩童的内心。它会让这些孩童更有智慧、更有气质、更有格局。这些孩子们在不久的将来无论经历怎样的风雨，无论是否在异国他乡，他们一定会有中国人的立场、风度与魅力。

《元日》一诗的赏析，也印证了诗歌赏析中要讲求会意与感悟。古代诗论有一个很著名的说法："诗无达诂"。就是说，对于诗歌的词句内容，很难做出完全符合其本义的解释。诗词的文学表达是含蓄的，可能"兴发于此而义归于彼"，加上鉴赏者的心理、情感状态不同，对同一首诗，常常会有不同的解释。"诗无达诂"表现出诗歌审美鉴赏的主体性和多样性，这个道理应贯彻到我们的诗歌教学中。

中华民族上下五千年的历史孕育了光辉灿烂、百花齐放、多姿多彩的文化与文明，留下了许多广为传颂的篇章，是古代智者先人的智慧结晶，是老祖宗留给后辈宝贵的精神财富。中华优秀传统文化是中华优秀历史的缩影，学习优秀文化可以催人奋进，亦可以发人深省，我们可以顺着文化这条索引找寻心灵慰藉和奋发向上的力量。作为一名小学教师有责任留住中华民族的文化根脉，在课堂上落实传承中华传统文化的责任。

追忆清明，弘扬传统

【设计者单位及姓名】

北方工业大学附属学校　段秀娜

【年级】

三年级

【背景依据】

一、活动选题背景分析

清明节，既是人们祭奠祖先、缅怀先人的宗亲节日，又是一个远足踏青、亲近自然、催护新生的春季仪式，是中华儿女共同认祖归宗的重要节日。它有着悠久的历史渊源、深厚的文化内涵和丰富的民俗活动，为广大人民群众所普遍重视。而且它也是一条维系海内外华人思想情感的文化纽带，有利于弘扬爱国主义精神，传承中华民族传统文化。

二、集团内部相邻学段衔接分析

"追忆清明，弘扬传统"这一活动根据《北京市大中小幼一体化德育体系建设指导纲要》，以及石景山区实验教育集团系列课程进行整体设计，明确一体化德育目标，把握各学段的目标差异，遵循小学阶段学生的认知规律，立足学情，确定本学段教育目标以及教育内容。

本次活动为小学三年级综合实践学科中的小学研究性学习的教学内容，指导学生围绕清明节起源、文化、习俗三方面提出自己感兴趣的研究问题并分成研究小组，采用合作探究式的学习方式，通过各小组的主题研究活动激发学生对中华优秀传统文化的感悟、激发学生愿意学习与传承中华优秀传统文化之情。

三、学生情况分析

通过与教师、家长、学生访谈的形式，了解到小学低年级学生结合日常生活经历以及以往的幼儿园和学校学习经历，知道清明节祭祖、清明有关诗歌、清明节是二十四节气之一等内容，但是对于清明节的起源、习俗、文化、内涵等了解不够深入。由此可见，低年级的学生对于清明节的认知是散点化、碎片化的。为此，本次主题教育将通过合作学习的方式，对原有认知进行系统化、立体化。

【设计思想】

通过主题教育，对学生进行传统文化教育及爱国主义教育，引导学生珍惜今天的幸福生活。活动中，培养了学生的社会实践能力，在祭奠先烈、先人、先贤中，引导少先队员们在慎终追远、缅怀先辈的情怀中认知传统、尊重传统、继承传统、弘扬传统，增进了爱党、爱国、爱社会主义情感，为我们的美好未来营造文明和谐的社会环境。

【活动目标】

1. 认知目标：在小组合作探究活动中，萌发对清明节内涵研究的兴趣，通过全班交流清明节的起源、习俗、知识等，更加具体、翔实地了解我国的传统节日——清明节。
2. 情感目标：通过观看红色影视片段，在交流感受中，感悟美好生活的来之不易，对革命先辈致以崇高的敬意，进一步萌生好好学习、长大为祖国做贡献的美好志向。
3. 行为目标：结合活动延伸，通过家校共育的方式，在踏青、祭祖、缅怀先烈的生活体验中，进一步认知传统文化，体验传统文化，弘扬传统文化。

【活动准备】

1. 学生准备：分组进行项目式合作学习，形成主题汇报。
2. 教师准备：多媒体课件、相关影音资料。

【活动过程】

环节一：了解清明文化，坚定文化自信。
1. 导语：同学们，有一首诗想必大家都很熟悉——"清明时节雨纷纷，路上行人欲断魂。借问酒家何处有，牧童遥指杏花村"。杜牧的这首诗提到了我国一个非常重要的传统节日，大家知道是哪个节日吗？没错！是清明节。清明，既是我国的二十四节气之一，又是我国非常重要的传统节日。那么今天就让我们一起走进清明，了解清明，让即将到来的清明节，过得更有意义。
2. 过渡：课前，我们分小组进行了课前合作探究，那么接下来，就来看看大家的研究成果吧！
3. 学生汇报：
（1）清明节的由来。
预设：寒食节、介子推……
（2）清明节的诗歌。
预设：《清明》《寒食》《清明日》《苏堤清明即事》……

（3）清明节的习俗。

预设：放风筝、荡秋千、蹴鞠、踏青……

设计意图：通过前期的合作探究学习，了解清明节文化的内涵，从中感受到中华民族文化的魅力与丰富内涵，激发学生对祖国的热爱之情。

环节二：寻找红色记忆，缅怀革命先烈。

1.过渡：介子推的故事真是可歌可泣，他用自己的生命换来了大家的安居乐业。那么大家知道，古往今来，这样的英雄人物数不胜数，今天我们的幸福生活，就离不开那些抛头颅、洒热血的革命先辈。接下来，就让我们走近他们的故事。

2.出示：《闪闪红星》《长津湖》等影视片段。

3.提问：通过观看以上视频，你有什么感受？

4.学生交流。

5.小结：是啊，今天衣食无忧的我们，不能忘记他们的牺牲！我们应该珍惜这来之不易的生活，更要学习革命先辈的精神，从小立志，努力锻炼自己，长大为祖国做贡献。

设计意图：通过欣赏革命电影，教育青少年学习先辈无私无畏的革命英雄主义精神，激发青少年爱党、爱祖国、爱社会主义的热情，增强建设中国特色社会主义的责任感和使命感。

【活动延伸】

1.开展讲革命先烈的故事比赛，对学生进行革命传统教育和爱国主义教育。弘扬和传承民族精神，培养学生的爱国情怀，激发学生珍惜幸福生活、为理想志向奋斗的热情。

2.开展"网上祭英烈"活动。缅怀革命先烈、继承光荣传统，潜移默化地进行党的历史、党的知识的学习教育，帮助他们了解党的光辉历程和辉煌业绩，有效增强爱党、爱国的意识与情感。

3.和长辈一起去扫墓，听长辈讲述故去先人的故事，引导学生可以用"读书信"、送鲜花等形式代替烧纸钱，以一颗感恩的心去缅怀逝去的前辈，寄托对故去亲人的思念，认祖归宗，对学生进行寻根教育。

4.通过家校合作，鼓励学生跟家人到郊外踏青、植树、插柳、蹴鞠、拔河和放风筝等，在参与中亲身体验节日习俗，感受传统文化的魅力。

【活动评价】

活动评价见表3-5。

表3-5　小组汇报评价

对清明节的研究	汇报内容	汇报形式	我的建议或问题
清明节的由来	☆ ☆ ☆ ☆ ☆	☆ ☆ ☆ ☆ ☆	

对清明节的研究	汇报内容	汇报形式	我的建议或问题
清明节的诗歌	☆☆☆☆☆	☆☆☆☆☆	
清明节的习俗	☆☆☆☆☆	☆☆☆☆☆	
我的收获			

【活动反思】

清明节是中华民族的传统节日，以清明节为契机，以爱国主义教育为活动引领，以传统文化教育为主要内容，以实践活动为主要途径，实验集团各校积极开展清明纪念活动，缅怀革命先烈、追思前辈圣贤、感受文化魅力，以此教育学生铭记历史、珍惜现在、开创未来。

通过开展丰富多彩的节日活动，培养了学生的社会实践能力，使学生认知传统、尊重传统、继承传统、弘扬传统，为实现中华民族伟大复兴而奋斗。

【附录】

故事片参考目录：《平原游击队》《鸡毛信》《刘胡兰》《上甘岭》《洪湖赤卫队》《狼牙山五壮士》《51号兵站》《甲午风云》《董存瑞》《闪闪红星》《铁道游击队》《地道战》《地雷战》《挺进中原》《抗美援朝战争》《回民支队》《战上海》《永不消逝的电波》《烽火少年》《烈火中永生》《雷锋》《红色娘子军》。

年味浓浓迎春来

【设计者单位及姓名】

北京市石景山区实验小学　周海燕

【年级】

五年级

【背景依据】

我国是拥有悠悠五千年文明的大国，拥有丰富的文化资源，中华传统节日文化是其中的重要组成部分。中华传统节日文化对推动社会主义核心价值观的培育践行，增强民族凝聚力和民族认同感，以及传承和发展传统文化具有非常重要的价值。石景山区实验教育集团对中华传统节日文化教育比较重视，不同学段有各自的要求，五年级学生对中华传统节日有了初步了解，并且有着丰富的生活体验。但是在市场经济及网络快速发展的今天，以物质享受为主的西方节日在国内逐步兴盛，尤其我们学校地处两座大的写字楼及大型游乐场附近，一些节日庆祝活动吸引了学生，使学生逐步对外国的节日兴趣浓厚。再加上现在的学生较为个性化，部分学生说起"圣诞节""万圣节"等外国节日头头是道，可对于古老传统的中国节日却只是略知一二，有的甚至会将传统节日与法定节日混为一谈，或是知道一些传统节日却不知其风俗，对节日的由来和蕴含的意义就更缺乏深层次的认知。

基于以上认识和了解，我们开展了走进中华传统节日主题系列活动，第一次活动即"年味浓浓迎春来"春节主题系列活动。本次活动旨在让学生能产生发自内心的对中国节日文化和中华民族古老文化的热爱，继承中华优秀传统美德，正确认识和了解传统节日，增长知识和才干，为学生今后进一步学习奠定基础，从而不断涵养学生的文化精神。

【设计思想】

中华传统节日，不仅清晰地记录着中华民族先民丰富而多彩的社会生活，也积淀着博大精深的历史文化内涵。中华传统节日是传承优秀历史文化的重要载体，它牢牢根植于中华民族的精神家园与文化情怀之中，在增强民族凝聚力和国家认同、维护社会和谐稳定、增强国家的软实力、提升国家竞争力等方面发挥着重要的作用。

我国的传统节日主要有春节、元宵节、清明节、端午节、中秋节等。我们这次中华传统节日系列活动，从农历新年的第一个节日春节开始，逐一进行。

春节，是我国民间最隆重、最热闹的一个传统节日。这几年，社会也逐步重视年文化。这次活动，我们引导学生运用各种形式搜集春节相关信息，再结合自己的亲身体验，分组在全班进行展示交流，从而使学生更深层次地了解春节的知识，了解节日文化的魅力，增强民族自豪感。更要让学生懂得要把年文化传承下去，还要摒弃一些不良习气，增强民族责任感。并且通过这次活动，还要让学生体验到自己学习探究的快乐和成功感，增强学习自信心，为进行节日系列活动做好心理和方法上的准备。

【活动目标】

1. 通过调查，学生进一步了解春节的由来、习俗和文化，体会春节对人们生活的影响，激发学生对春节知识的探究。

2. 通过调查活动，掌握收集信息、科学处理信息以及运用信息的方法，培养学生之间合作、分享、积极进取的良好品质。

3. 通过对春节的探究，增强学生的爱国主义情感，感受人们对未来美好生活的向往。

【活动准备】

1. 教师准备：说明活动内容，激发学生积极参与，指导学生分组分工、制定活动主题及方案，联系热心家长和其他教师参与，同时了解学生活动的进展情况及活动中遇到的困难，收集相关资料，制作课件。

2.学生准备：学生分组讨论，确定组长，明确分工和探究内容。运用各种形式搜集春节相关信息，小组合作完成展示内容。

【活动过程】

一、第一阶段：活动准备，明确分工

1.教师介绍本次活动主题"年味浓浓迎春来"，并说明这是中华传统节日系列活动的开端，然后引导学生围绕"我眼中的春节"话题展开自由讨论。

2.通过总结、归纳大家的意见，确定三项主题：春节前的习俗文化；除夕的习俗文化；大年初一的习俗文化。

3.确定主题后，学生们开始自由选择自己感兴趣的内容，组成学习小组，各组推选组长，明确探究内容和人员分工，为班级展示做准备。

二、第二阶段：调查探究，整理资料

学生运用各种形式搜集春节相关信息，如回忆自己家过年的情景、向亲友询问过年的习俗、走进图书馆或借助信息技术查阅相关资料等，然后完成调查记录表。

三、第三阶段：成果展示，汇报交流

活动课以小组为单位进行展示，学生可以制作PPT，可以绘制手抄报或海报，也可以通过故事、诗歌等形式讲述春节的习俗和文化，还可以分享自己家过年的情景以及自己的感受。最后教师分享，并提出希望。

（一）第一组汇报：春节前的习俗文化

1.歌谣引出腊八节和小年：

"小孩儿小孩儿你别馋，过了腊八就是年；腊八粥，喝几天，哩哩啦啦二十三；二十三，糖瓜粘；二十四，扫房子；二十五，冻豆腐；二十六，去买肉；二十七，宰公鸡；二十八，把面发；二十九，蒸馒头；三十晚上熬一宿；初一、初二满街走。"

学生代表发言，以歌谣开头，介绍春节前人们主要做的事情和时间。腊月初八人们喝腊八粥，泡腊八蒜，一般从这天开始就算是过年了。小年也被称为灶王节、祭灶日。在不同的地方日期不同，大多在农历腊月二十三或二十四。小年也意味着人们开始准备年货、理发、扫房，准备干干净净过个好年，表示新年要有新气象，表达了中国劳动人民一种辞旧迎新、迎祥纳福的美好愿望。

2.介绍小年的习俗及与小年有关的古诗：学生出示PPT介绍，小年是民间传统的祭灶日，这里有一个有关灶王爷的故事。利用图片、文字等介绍故事内容，可以使学生加深印象。通过介绍宋代范成大的古诗《祭灶词》，说明古代人民有关祭灶的风俗习惯。

（二）第二组汇报：除夕的习俗文化

1. 介绍除夕的习俗：学生代表介绍，除夕又称大年夜、年三十，是农历一年最后一天的晚上，即春节前一天晚上。除夕上午，是贴春联、贴窗花的最佳时间。这一天人们准备除旧迎新，整个下午都在准备团圆饭。吃年夜饭，是家家户户最热闹、最愉快的时候。虽然目前很多地方禁放烟花，似乎缺少了热闹的氛围，但已经延续了数十年的春晚，成为大家除夕守岁的最好陪伴。

2. 讲述除夕的故事，并展示春联、窗花作品：学生代表绘声绘色地讲述有关"夕"与"年"的故事，了解"除夕"和"年"的由来；介绍并现场展示自己的春联、窗花作品；分享自己家过年的情景以及自己的感受。同学们感受到除夕人们的忙碌热闹和悠闲团圆。

（三）第三组汇报：大年初一的习俗文化

1. 介绍春节的习俗：学生代表出示 PPT 介绍，春节，是农历正月初一，又叫阴历年，俗称"过年"。春节从尧舜时期就开始流行，距今已有四千多年的历史。大年初一第一件事就是祭祀祖先。新年祭祖的意义是慎终追远、礼敬祖先及祈求祖先保佑子孙后代繁荣昌盛，诸事顺意，表现了中华民族传统的伦理思想。这一天，很多地方有拜年的习俗，拜年时，晚辈要先给长辈拜年，祝长辈长寿安康。长辈将压岁钱分给晚辈，据说压岁钱可以压住邪祟，因为"岁"与"祟"谐音，晚辈得到压岁钱就可以平平安安度过一岁。

初一早上北方有吃饺子的习俗，饺子就意味着更岁交子，过春节吃饺子被人们认为是大吉大利的象征。另外饺子形状像元宝，人们认为包饺子意味着包住福运，吃饺子象征生活富裕。南方还有一些地方过春节讲究吃年糕，年年高（糕），象征收成一年比一年高，境界一年比一年高。

2. 朗诵与春节有关的古诗：学生代表和同学们一起朗诵王安石的《元日》："爆竹声中一岁除，春风送暖入屠苏。千门万户曈曈日，总把新桃换旧符。"这首诗既向我们展示了新春的热闹景象，也表达了人们辞旧迎新的美好愿望。

四、第四阶段：教师分享，提出希望

教师先分享自己过年的独特体会，然后肯定学生在本次活动中的收获以及遇到困难能够想办法解决的勇气，赞扬学生在活动中成长，学会从课外获取信息，学会与他人合作交流，提高动手能力和语言表达能力，发挥了表演才能。

最后教师说明，和传统节日有关的话题还有很多，这仅仅是一个开始，我们要把它作为研究我国传统节日的第一站。今后我们会继续研究元宵节、中秋节、端午节等，更加深入地了解我国的传统节日文化，感受它们的魅力。与此同时，我们有责任在传承节日文化的同时，摒弃一些不良习气。

【活动延伸】

1. 将小组绘制的手抄报、海报，制作的窗花、春联，搜集到的与春节相关的诗词等贴在楼道墙上，向其他班级宣传传统节日文化。

2.在今年春节假期亲身感受节日习俗，向家人朋友介绍自己了解到的春节相关知识。和家人一起进行贴窗花、贴春联、包饺子、拜年等活动，一起感受新春佳节的浓浓年味。

3.运用春节活动的方式，了解其他传统节日，如元宵节、清明节、端午节、中秋节等，准备进行班级分享。

【活动评价与反思】

一是学生通过活动，提升自主学习能力。

本次活动充分尊重学生的兴趣及爱好，为学生自主性学习开辟了广阔的空间。从主题选定到分组分工，从制定方案到调查研究，从整理资料到内容展示，教师只是对各组成员、各个环节进行必要的指导，大部分的内容都是由学生自主完成的，培养了学生的自主学习能力，提高了学生搜集资料、整合资料、制作课件的能力。学生边做边学，最后呈现出了非常好的效果。

二是教师有效指导，保证活动顺利开展。

在本次活动中，教师的有效指导是保障活动顺利开展的关键。这次主题活动分为三个阶段：第一阶段学生明确了活动的内容，教师组织学生讨论，为活动的顺利进行营造了良好的氛围；第二阶段学生收集整理资料，并准备分享内容，让学生增长见识，同时又提高了学生的合作能力和发现问题、解决问题的能力；第三阶段是展示阶段，学生体验成功的快乐，学会用语言、图片、诗歌、实际操作等形式表达自己的想法，充分体验了自主学习的乐趣。这三个阶段一环扣一环，渐渐深入，教师捕捉住教育的时机，使学生充满学习的兴趣，促进了学生的全面发展。

传统文化润心灵，端午浓浓中华情

【设计者单位及姓名】

北方工业大学附属学校　刘晴

【活动背景】

端午节是我国四大传统节日之一，也是我国首个入选世界非物质文化遗产的节日，从自然天象到天人合一，再到忠贞爱国，无不蕴含着中华优秀传统文化丰富的含义。

党的二十大报告中指出，坚持和发展马克思主义，必须同中国具体实际相结合、同中华优秀传统文化相结合。要传承中华优秀传统文化，不断提升国家文化软实力和中华文化影响力，激发全民族文化创新创造活力，增强实现中华民族伟大复兴的精神力量。

因此，在中学团队教育活动中，要以优秀中华传统文化滋润学生的心灵、涵养学生的人生。在即将到来的端午节之际，开展适合中学生身心特点的"传统文化润心灵，端午浓浓中华情"系列主题教育。通过"讲好端午故事""问候端午安康""传播端午文化"等一系列活动，帮助学生深刻认识端午节的文化内涵，坚守中华文化立场，弘扬中华民族传统文化，从历史中汲取营养和智慧，增强民族自尊心、自信心和自豪感。

【活动对象】

七、八年级少先队员。

【活动目标】

1.通过在年级集体活动中诵读、讲述屈原的故事，将爱国主义精神铭于心、见于行。

2.利用故宫课程平台和故宫教室资源学习中草药知识，了解端午香囊的成分与意义，并在制作精美香囊的过程中，感受中华传统文化的魅力，体验动手实践的乐趣。

3.通过与同学、教师共同编演舞台剧，了解端午节的丰富文化内涵和多种历史由来，感受节日氛围，弘扬端午文化。

【活动过程】

一、讲好端午故事

（一）活动内容

1.诵读：诵读内容为现有的与屈原有关的文学作品，如屈原所著《离骚》，司马迁所著《屈原列传》等。

2.讲述：讲述内容为屈原的真实历史故事，以小故事见大道理、讲大情怀。

（二）活动流程

1.培训：召开班长培训会，班级内统一学习相关的文学及历史知识，规范诵读和讲述内容。

2.初赛：各班在统一学习后，利用班队会时间全员参与进行诵读和讲述展示，评选出班级一等奖（10%）、二等奖（20%）、三等奖（30%），推选一等奖同学参加年级复赛。评价标准各班自行制定。

3.复赛：各年级进行复赛，评选出年级一等奖（30%）、二等奖（30%）、三等奖（40%）。评价标准各年级自行制定，力争形式丰富。

4.决赛：团委利用班队会时间进行学校决赛，评选出校级一等奖（30%）、二等奖（30%）、三等奖（40%）。

（三）活动评价

通过经典朗诵和历史讲述活动，将爱国主义精神铭于心、见于行，使同学们更加深入地了解历史、激发爱国情怀，深挖传统文化精髓。要在丰富的展示形式中使同学们深刻感受传统文化之美与民族精神之魂。

二、问候端午安康

（一）活动内容

1.学习中草药传统文化：利用故宫课程平台和故宫教室资源学习中草药知识，并重点了解香囊的中草药成分与功效，以及文化意义。

2.传递端午安康：在年级会上制作精美香囊并互赠安康祝福，感受中华传统文化的魅力，体验动手实践的乐趣。

（二）活动流程

1.本学年利用故宫课程平台和故宫教室资源，深入学习中草药课程，了解中草药文化，在动手研磨和成分提取实验中了解中草药的成分与功效，并在中草药种植园参与种植体验。

2.各班组织同学制作香囊或编织五彩绳，感受端午时节人与自然和谐共生的文化内涵。

3.各年级利用班队会时间召开年级会，互赠香囊或五彩绳，传递端午安康祝福。

（三）活动评价

佩戴香囊，是端午节传统习俗之一。小孩佩戴香囊，可以排汗除湿、驱蚊避虫。此活动并不以制作和佩戴一次香囊为主要目的，重在学习中草药传统文化知识，体会中国天人合一、人与自然和谐共生的文化内涵。并在互赠安康祝福的同时，增进师生、生生间的感情。

三、传播端午文化

（一）活动内容

通过前期对端午文化的深入学习，选择自己感兴趣的话题与同学、教师共同编演舞台剧，了解端午节的丰富文化内涵和多种历史文化由来。

（二）活动流程

1.培训：召开班长培训会，班级内统一学习与端午节相关的多种历史文化由来、民间习俗、经典故事等。

2.班级编演：每班编演并推选出一部戏剧作品（话剧、歌剧、舞剧均可），时间控制在 5 分钟左右。

3. 年级展演：各年级利用班队会时间召开年级会，在传递安康祝福的同时，进行年级展演及评优，评选一部戏剧进入全校会演。其他班级奖项各年级自行评选。

（三）活动评价

通过了解端午节的丰富文化内涵和多种历史文化由来、民间习俗和经典故事，充分深入地了解端午节的意义，感受节日氛围，弘扬端午文化。

设计意图： 中华优秀传统文化源远流长、博大精深，是中华文明的智慧结晶，其中蕴含的天下为公、民为邦本、为政以德、革故鼎新、任人唯贤、天人合一、自强不息、厚德载物、讲信修睦、亲仁善邻等，是中国人民在长期生产生活中积累的宇宙观、天下观、社会观、道德观的重要体现。当代中学生作为中华儿女、新时代新征程上的生力军，要时时处处明确自己的使命与担当，铭记中华民族的历史文化，做中华民族文化的传承者和发扬者。因此，对于传统文化的教育与传承是必不可少并需要长期坚持的，引领学生巩固中华优秀传统文化，强健中华民族的"根"和"魂"，弘扬中华民族优秀传统文化，使其在新时代迸发出新的生命力。

【活动延伸】

1. 在端午节当天全校进行"传统文化润心灵，端午浓浓中华情"主题会演。会演内容包括经典诵读、历史讲述、文化再现。

2. 聘请专业戏剧教师对优秀作品进行专业精细的指导，打造优质戏剧团队和戏剧作品，参加市、区级宣传及演出。

【活动反思】

通过本次端午节主题教育，教师认识到传统文化教育是必不可少并需要长期坚持的。在今后长期的传统文化的教育中，要做到以下几点：

一是熟悉传统文化，理解其内涵思想。

传统文化的思想深奥，传统文化的传承势在必行。结合班级、年级、校级主题活动的开展，深入学习和了解当前文化背后的意义和价值，制定益于中学生发展的目标，让学生和教师一起相互学习，深入探究，通过活动的开展学会做人，学会做事，学习道理。

二是深入理解传统文化积累，知识和经验。

作为教师，要想做好教育，自己要有更丰富的知识储备，让自己成为能够践行并弘扬传统文化的教师。"先达己，后达人。"教师只有自己先做好，才能够做好学生的引路人。

三是持续开展系列中华优秀传统文化主题教育。

以更加完整的文化历史知识与更加丰富的体验实践活动，在校园中营造浓厚的文化自信氛围，全面引领学生成长为中华文化立场的坚守者、中华优秀传统文化的继承者和弘扬者。

气清景明，铭志传承

【年级】

七年级

【背景依据】

一、学生学段特点分析

学生进入初中阶段，思维能力逐步提升，具有一定的小组合作能力和探究意识。学生可以对收集的信息加以整合、分析，对深层次的问题进行一定的分析与探究。在清明节的主题活动设计中，应该以增强学生对中华优秀传统文化的理解力为重点，引导学生进一步认识中华优秀传统文化的博大精深、悠久历史及其对世界的意义，提高学生对中华优秀传统文化的认同度。在具体实践中，通过小组探究等形式，引导学生践行节日节气中所蕴含的中华传统美德，初步体会天人合一的核心思想理念和人文精神，感受慎终追远、情系家国的传统美德，进一步增强中华民族归属感和自豪感。

二、集团内部相邻学段衔接分析

本次活动根据《北京市大中小幼一体化德育体系建设指导纲要》，以及石景山区实验教育集团系列课程进行整体设计，明确一体化德育目标，把握各学段的目标差异，遵循初中阶段学生的认知规律，立足学情，确定本学段教育目标以及教育内容。学生在小学阶段已经学习过放风筝、踏青远足、清明祭扫等清明节习俗相关课程，进入初中阶段，需要进一步了解这些习俗背后所蕴含的人文意义和价值，如此才能更好地继承中华优秀传统美德，弘扬中华优秀传统文化。

【设计思想】

1. 党的十九大报告指出"要全面贯彻党的教育方针，落实立德树人根本任务"。积极构建中小幼一体化德育体系，是解决育人根本问题、落实立德树人根本任务、培养德智体美劳全面发展的社会主义建设者和接班人的战略选择。

2. 博大精深的中华传统文化，蕴含着丰富的教育资源，具有强大的德育功能。节日节气教育对于我们来说，其实就是德化人生的教育，教我们怎么样读懂中国人的智慧人生，怎么样在这样的一种规矩礼仪之中，更好地立于天地之间。本次活动以实现中华优秀传统文化在学生中内化于心、外显于行、固化于情为核心目标，以习惯养成与节日风俗、传统技艺与民间艺术为内容载体，遵循学生的认知规律，贴近学生实际。希望能够提升七年级学生对中华优秀传统文化的认知，引领学生在理想信念、价值标准、审美品位、文化素养等方面全面提升，切实增强对中华文明的文化认同和文化自信。

3. 清明节是中国四大传统节日，列入第一批国家级非物质文化遗产名录。清明节起源于周代，至今已有 2500 多年的历史。清明节兼具自然与人文两大内涵，既是自然节气点，也是传统节日，扫墓祭祖与踏青郊游是清明节的两大礼俗主题。本次活动带领学生了解清明节的由来，引导学生结合地理、历史、语文知识，对踏青、祭扫等习俗进行探究，挖掘其天人合一、慎终追远、心系家国的深刻内涵，从而提升民族责任感和文化认同感。

【活动目标】

1. 结合地理、历史、语文等学科知识，探究清明踏春的意义，体会清明节所包含的天地人和、吐故纳新的自然意蕴。

2. 结合诗词及历史典故分析，感悟清明节怀念亲人、慎终追远的传统美德。

3. 通过观看清明祭英烈的视频，体会清明祭英烈所蕴含的爱国情怀和民族精神，树立天下兴亡、匹夫有责的责任担当。

4. 通过对清明节的内涵分析，体会中国古人讲究顺应天时地利、遵循自然规律的思想，感悟清明节融合自然节气与人文风俗为一体，既是天时地利人和的合一，也是慎终追远、情系家国的体现。

【活动准备】

整理有关清明节的地理、历史、语文及习俗文化知识。

【活动过程】

环节 1：话题导入
教师：展示有关清明节的图片并与学生交流清明节的来历和习俗。

学生：讨论清明节的来历、习俗，如踏青、放风筝、扫墓等。

教师：清明节既是自然节气，也是传统节日。扫墓祭祖与踏青郊游是清明节的两大习俗，自古传承，至今不辍。清明节也是第一批被列入国家级非物质文化遗产名录的传统节日。

环节 2：清明缘起
教师：同学们，清明节是一个古老、肃穆的节日，你知道它是从什么时候开始的吗？

学生：猜测清明节的由来。

教师：清明节始于周代，距今已有 2500 多年的历史。清明节融合了寒食节与上巳节两个节日习俗，宋元时期以祭祖扫墓为中心，将寒食的禁火、冷食风俗与上巳郊游等习俗活动融合定型，而后演变发展至今，是我国的传统节日之一。

环节3：清明寄意

（1）郊游踏青——亲近自然。

教师：清明节为什么有踏春等亲近自然的习俗呢？

学生：交流讨论。

教师：结合地理知识分析，清明时节，气温升高，雨量增加，对于农民来说，这是春耕春种的大好时节。这一时节万物吐故纳新，大地呈现春和景明之象，也是人们郊外踏青春游的好时节。

学生：体会清明节天地人和的自然意蕴。

（2）礼敬祖先——慎终追远。

教师：清明节，人们为什么会扫墓呢？

学生：讨论分享。

教师：结合我们学习过的诗词和历史知识可知，清明祭扫历史悠久，在先秦以前就有了。它表达了后人的孝道和对先人的思念之情，抒发人们尊祖敬宗、继志述事的道德情怀，是一种礼敬祖先、慎终追远的文化传统。

学生：感受清明节慎终追远的人文内涵。

（3）红色祭扫——情系家国。

教师：展示关于清明祭英烈的视频并向学生提问，清明时节，除了怀念祖先和逝去的亲人，为什么每年还会举办缅怀英烈的祭扫活动。

学生：分享交流。

教师：国家不能没有历史，社会不能没有记忆。清明时节，我们除了祭祀祖先和逝去的亲人，还要深切缅怀英烈。我们要在缅怀中学习他们"为有牺牲多壮志，敢教日月换新天"的豪迈、学习他们"天下兴亡，匹夫有责"的爱国情怀和民族气节，在缅怀中凝聚中华民族不屈不挠的精神和顽强拼搏的前进力量。

学生：感悟清明节所蕴含的家国情怀和责任担当。

环节4：总结归纳

学生：总结本课所学习的知识，分享体会与感受。

教师：问答反馈重点知识。通过组织、评价、引导等方式让学生充分体会清明节是传统的重大节日，扫墓祭奠、缅怀祖先，是中华民族自古以来的优良传统，不仅有利于弘扬孝道亲情、唤醒家族共同记忆，还有利于促进家族成员乃至民族的凝聚力、认同感和责任感。清明节融合自然节气与人文风俗为一体，充分体现了中国古代追求"天、地、人"的和谐统一，希望同学们能在实践中赓续传统文化血脉，弘扬传统文化精神。

【活动延伸】

1.积极参与学校组织的八宝山清明踏春远足祭扫活动，书写一份不少于600字的学习体会和感受。

2.利用清明小长假，同学们和家长完成一次清明踏青或祭扫，并为他们讲述其背后的自然和人文内涵。

【活动评价及反思】

1. 评价方式：自评与互评相结合。
2. 评价内容：学生能够了解清明节的来历、习俗；体会清明节踏春的意义；理解清明祭扫礼敬祖先的文化传统、感悟清明祭英烈的深远意义等。
3. 评价等级：学生围绕评价内容，按照"熟悉""了解""不了解"，进行"1 颗星"至"5 颗星"的星级评定。
4. 评价的主体：学生星级自评、教师评语评价、家长评语评价。

秋日风光，研学成趣

【设计者单位及姓名】

北方工业大学附属学校　武玥

【活动背景】

二十四节气，是历法中表示自然节律变化以及确立"十二月建"的特定节令。经历史发展，农历吸收了干支历的节气成分作为历法补充，并通过"置闰法"调整使其符合回归年，形成阴阳合历。在国际气象界，二十四节气被誉为"中国的第五大发明"。二十四节气准确地反映了自然节律变化，在人们日常生活中发挥了极为重要的作用。它不仅是指导农耕生产的时节体系，更是包含丰富民俗事象的民俗系统。

2016 年 11 月 30 日，二十四节气被正式列入联合国教科文组织人类非物质文化遗产代表作名录。因此，二十四节是我国优秀传统文化中非常重要的一部分。

随着社会的发展，住在城市里的孩子对二十四节气的认知不足，甚至不能准确说出节气的名字，更不能分辨何为节、何为气。学生需要通过系统地学习、研究、实践，了解二十四节气，能够主动宣传和参与二十四节气的活动，从而传承中华优秀传统文化。

【活动对象】

初一的学生大多数从本校小学部直升中学部，学校为学生打造了"乐活星球"种植园地，学生可以通过亲手育苗、种植、翻土、浇水、间苗等活动，最后收获蔬菜，摆摊售卖，以此感受种植劳动带来的乐趣。但随着种植活动的展开，我们发现学生对于种植和采收的时间、方式完全没有概念。随后在做学生调查中发现，学生对农业、节气、物候等并不了解。

虽然学生的知识储备不够，但是内心充满热忱，乐于参加学校的各项活动，投入度高。同时，本年级学生乐于沟通，善于小组合作探究，能够发挥各自所长，适合参与项目型学习活动。

初一入学之初，暑气逐渐消散，秋季随之而来，学生在校期间可以完整体验北京秋天的季节变化，因此我们以此为契机，以二十四节气为切入口，通过本次项目式学习，引导学生主动探究二十四节气中秋季六个节气的意义和作用，关注与这些节气相关的物候现象和天气变化，同时拓展相关古诗文，加深学生对传统知识的理解。

【活动目标】

根据初一学生的年龄特点和实际情况，制定以下目标：

1. 召开初一年级会，发布项目学习任务，明确项目目标。

2. 以班级为单位，按照任务主题分组，制订小组活动计划，培养合作探究和合理规划的能力。

3. 各班级整理成果，按计划完成研究报告和绘画成果，在年级楼道展板处进行展示，并召开年级总结会，发布研究成果。

【活动过程】

一、项目准备

1. 组织班主任会，商讨活动细节和工作安排，细化活动方案，设计评价方案。

2. 与电教组对接，安排两次年级会会场。

3. 申请活动经费，上交支出计划申请表。

4. 与中学部学生成长中心对接，设计楼道展板，做展出准备。

设计意图：为了帮助学生了解活动意义，使学生更好地参与活动，首先为学生做好各项准备，设计活动细节和评价标准，做好组织和服务工作。

二、项目发布

（一）导入

教师导入：同学们，你们会背《二十四节气歌》吗？你知道二十四节气是什么吗？我们一起朗读《二十四节气歌》吧：

春雨惊春清谷天，夏满芒夏暑相连。

秋处露秋寒霜降，冬雪雪冬小大寒。

每月两节不变更，最多相差一两天。

上半年来六廿一，下半年是八廿三。

二十四节气到底有什么用呢？对我们现在的生活有什么意义呢？今天我们就围绕着二十四节气中秋季的六个节气，认识它们的价值和意义吧。

（二）明确项目目标

1. 出示立秋和霜降的图片，请同学观察同为秋天，两张图片有什么不同。

2. 三个月的秋天中有六个节气：立秋、处暑、白露、秋分、寒露和霜降。本次活动将围绕这六个节气,进行项目式学习。

3.出示项目研究目标,明确评价标准。

（三）发布活动任务

1.了解"立秋"节气,感受其中的乐趣。

(1)立秋:农历二十四节气中的第十三个节气,交节时间点在公历8月7日至9日,立秋为七月节,标志着初秋的开始。到了立秋,梧桐树开始落叶,因此有"落叶知秋"的成语。秋季是天气由热转凉、再由凉转寒的过渡性季节。

(2)立秋三候:凉风至、白霜降、寒蝉鸣。

立秋关键词:凉风至、寒蝉鸣、梧桐报秋、乞巧节。

(3)立秋诗词:《秋夜将晓出篱门迎凉有感》陆游/宋;《雨霖铃·寒蝉凄切》柳永/宋;《相见欢·无言独上西楼》李煜/五代;《秋夕》杜牧/唐。

(4)立秋风俗:寻找楸叶。

(5)立秋赏味:贴秋膘。

2.以"立秋"节气为例,明确本次活动内容以立秋、处暑、白露、秋分、寒露或霜降中的一个节气为主题进行项目式学习,并明确具体要求。

设计意图:通过发布任务,明确本次活动的主题和内容,引导学生关注二十四节气中的秋季节气,激发学生参与活动的兴趣和热情,使学生投入研究活动中。要人人都参与,人人有体验,人人有收获。

三、项目研究

1.学生根据各自所长进行分组,从立秋、处暑、白露、秋分、寒露或霜降中选择感兴趣的节气,确定小组研究内容。

2.小组根据任务制订本组活动计划,明确活动时间、地点、分工,合作探究后各司其职,并在规定期限内上交小组作品,见表3-6。

表3-6 活动计划

主题	内容	要求	成果
节气中的物候现象	观察生活中的现象,记录本节气中发生的自然变化和物候现象,拍摄照片,绘制气温记录表。 能够通过查阅资料,了解本节气在二十四节气和秋季中的位置和含义,以及其在农业生产中的重要作用	制订小组活动计划,完成小组活动记录单;按照活动计划,定期总结阶段成果	完成项目研究报告
节气中的活动/美食	能够通过查阅资料,了解本节气中人们的风俗活动和相关美食,探究风俗和美食背后的原因		绘制"节气美食图鉴"或"人气风俗大评选"海报
节气中的诗文俗语	拓展节气相关知识,搜集、积累与之相关的古诗文和俗语,探讨古代文人的素材来源,理解其文化作用		完成古诗文拓展赏析思维导图

设计意图: 通过查阅资料、拍摄照片等方式,从节气的环境特点、物候现象、风俗习惯、美食特色以及诗文俗语几个方面进行研究,完成研究报告、绘制小报和思维导图,帮助学生深入且全面地了解所选节气。

四、活动总结

1. 召开年级成果总结会,每个班级选择一个小组进行研究过程的复盘和成果交流,制作复盘 PPT,每组至少三位同学上台展示。

2. 针对优秀成果进行表彰。

设计意图: 以年级会的形式,做项目式学习活动总结。通过学生研究复盘,提高学生总结提升的能力,梳理研究的方式和思路,为今后做项目式学习做能力铺垫。

【活动延伸】

1. 布置七年级所在楼道展板,展示学生的绘画作品。

2. 观看纪录片《二十四节气》,拓展了解其他节气。

【活动反思】

本次项目式学习是基于学生实际情况进行设计的,长期生活在城市的孩子通过本次活动,对于秋季的节气有了更多的认识,了解了物候现象以及对农业生产的作用,并且通过拓展古诗文,积累诗词文化知识,达到了多学科融合的教育效果。

本次活动利用了学生擅长小组合作探究的优势,学生组织整个小组互动,从主题选定、组内分工到汇报形式,都强调以学生为主体。同时发挥学生各自特点,完成本组项目。

为了激发学生参与活动的兴趣,设计了多种活动成果形式,擅长绘画的同学可以完成"节气美食图鉴"或"人气风俗大评选"海报,擅长赏析的同学可以完成古诗词赏析的思维导图,整个小组合力完成研究报告等,以发挥学生特长,使研究更具时效性。

【附录】

小组活动记录单见表 3-7。

表 3-7 小组活动记录单

班级		组别		组名	
组长		组员			
分工					
活动计划					
时间	地点	内容	负责人	阶段目标	达成

弘扬传统文化，厚植家国情怀

【设计者单位及姓名】

北京市石景山区实验中学　马红艳

【摘要】

在"双减"政策落实后，北京市石景山区实验中学初二年级，利用学生的课后服务时间，本着提升学生综合素养的宗旨，结合中秋节这个特殊背景，举办了一次传承中秋传统文化综合实践活动——"弘扬传统文化　厚植家国情怀"。从活动确定、节目的筛选、节目的练习彩排到最后的展演，教师和同学们分工明确、人人有责、人人担责、人人尽责。整个过程学生积极向上，认真准备，能力和素质均有所提升，真正实现了"双减"与素养提升的并行，充分体现了活动育人带来的优势，进一步加深了对文化的传承。

【活动背景】

2021 年 7 月 24 日，中共中央办公厅、国务院办公厅印发了《关于进一步减轻义务教育阶段学生作业负担和校外培训负担的意见》，要求全面压减作业总量和时长，同时对校外培训进行严控，学校增设课后服务，另外还明确提出教育应遵循教育规律，着眼学生身心健康成长。作业量的减少和对课外培训的控制，让学生的课余时间变得更可把控，且学校增设课后服务，有教师进行针对性的辅导，这就为学生提升综合素质提供了契机。当"双减"遇到中秋，为了更好地落实"双减"政策，也为了更好地让学生了解中秋文化、传承民族优秀传统文化，我们利用课后服务时间，带领同学走进社会大课堂，走进生活实践，践行新时代中学生对中华优秀传统文化的传承。

【活动过程】

一、筛选主题

"双减"政策落地后，学生的作业量减少，课外班也有所控制，学生的课余时间变得更充分，且可以在校参加课后服务活动，这对提升学生的综合素养是一个契机。为了好好把握这个契机，初二年级的班主任一起商讨开展怎样的活动，才能既保证"双减"政策的落实，又可以让学生动起来，提升学生的综合素质。于是我们做了一份关于开展什么样的

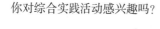
课后实践活动以及如何开展的调查问卷，征求老师和同学们的意见。问卷形式为单选题，共 12 道，图 3-13 和图 3-14 分别为第 3 道和第 8 道题的问卷结果。

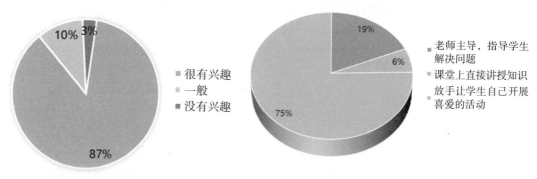

图 3-13　第 3 道题的问卷结果　　　　图 3-14　第 8 道题的问卷结果

　　问卷的结果显示，同学们普遍对开展实践活动比较感兴趣，且更喜欢老师放手让学生选择自己喜欢的活动，对传统文化类的主题兴趣更浓。结合此次问卷的结果，结合九月份正值中秋，我们最终决定开展一次传承中秋节传统文化综合实践活动——"弘扬传统文化　厚植家国情怀"。

二、活动准备

（一）活动的宣传

　　活动主题确定后，班主任老师便从各班挑选绘画能力较强的学生一起合作，设计宣传海报，并将设计好的海报放置在楼道里最显眼的位置，同时各班主任进班对此次活动进行宣传，鼓励同学们积极参与。为了让更多的同学展示自己，也为了让同学们在这次活动中能有所提升，此次活动的节目类型没有过多的限制，只要是和传承中秋传统文化有关的，大家都可以展示。因为节目类型的放宽，老师们的大力宣传，学生们在"双减"政策下课余时间的宽裕，所以通知一发出，就得到了同学们积极的响应，报名者络绎不绝。

（二）节目的筛选

　　随着报名者的热情高涨，我们的节目储备也越来越丰富，相声、小品、舞蹈、贯口以及各种乐器等应有尽有，在此基础上，全体班主任经过商讨，决定对节目进行初步的筛选。在宣传海报发出一周后，全体班主任以及年级请来的学校音乐老师、美术老师和校德育主任在学校的音乐教室，一起参加对节目的筛选。筛选的过程中，我们本着能上尽量让同学们上的原则，从鼓励学生展示自我的角度出发，充分尊重学生的付出，最终筛选出 22 个节目。

（三）物资的准备

节目确定下来后，结合不同节目的需要，开始做物资上的准备。比如：弹古筝的同学，准备好座凳、乐器和适合情境的服装；说相声的同学，准备长褂、折扇；跳舞的同学，准备好音乐和舞蹈背景图；乐队的同学准备好各种乐器；等等。各班班主任也开始明确分工，一、二班班主任负责调配人员，三、四班班主任负责音乐和背景播放，五、六班班主任负责话筒准备等，真正做到人人有责、人人担责、人人尽责，师生一心，共同为这次活动热火朝天地准备着。学生的积极性也被充分调动了起来，不仅在活动准备过程中积极投入，同时为了更好地准备节目，学生的学习效率也明显提升，每天下课，都抓紧时间完成作业，真正让老师们感受到组织活动是可以提升学生的自我管理能力的。

三、活动实施

（一）活动的彩排

为了保证这次活动最后有一个精彩的呈现，教师带领同学们一次次练习和彩排。彩排的过程完全不是想象中的那样顺利，本以为学生的节目上来就会是惊喜，结果，第一次彩排就快浇灭了大家心中的热情。初次彩排，学生的节目一团糟，舞蹈跳不下来、相声忘词、乐团配合不好等，让我们意识到要成功地举办一次活动，真不是一蹴而就的，必须得反复磨，这样学生的能力才能有真正的提高。有了第一次彩排的教训后，班主任开始分工，如一班班主任盯舞蹈的练习，二班班主任盯相声的练习，三班班主任盯贯口的练习等，每个班主任盯几个节目的练习。过了一个星期后，我们开始了第二次彩排，因为练习的过程有了教师们的参与，第二次彩排要顺利很多，如朗诵开始有情感的体现了，舞蹈的动作以及和音乐的配合也有进步了，相声说得也越来越有感觉了，等等。总之，第二次彩排，让我们看到付出的回报，也让我们意识到教师与学生的配合是特别重要的。活动过程中的彩排如图3-15所示。

图3-15　活动彩排

（二）场地的协调

经过了三次彩排后，准备正式演出，所以我们开始协调场地。因为我们的节目类型较多，唱歌、舞蹈、相声等，要想呈现出最好的效果，让观众能有美的享受，必须得找到一个合适的展演场地。于是我们想到了学校的新楼报告厅，一个还没正式让学生用过的地方，经过各方的商量和协调，最终我们决定在周五的下午课后服务时间，在学校新楼的报告厅展演此次活动。

（三）人员的安排

节目和场地协调好后，便是展演当天参加人员的安排。本次活动的所有内容全部源于学生，也全部是为了学生，所以主要观众就是初二年级的全体同学。为了展示年级师生合作、师生同庆，当然少不了的是全年级的所有教师的参与，另外为了让学生的展示有更大的价值，我们还决定邀请学校所在社区的一些主要负责人和学校的所有领导参与观看本次演出。演出当天的工作人员主要源于初二年级的班主任和信息技术组的教师，班主任分工明确，确保整个演出各个环节的顺利进行；信息技术组教师为演出提供技术支持，大家全力合作，确保演出顺利进行。

（四）活动的展演

在同学们的认真准备下，在教师的尽心辅导、通力合作下，最终此次中秋节传统文化综合实践活动——"弘扬传统文化，厚植家国情怀"顺利开展。当报告厅中的音乐声响起，师生搭配的主持人宣布此次活动正式开始时，所有观众热情高涨，全场响起热烈的掌声。有节目的学生演员们，用他们超常的参与热情和表演水平，吹拉弹唱说，样样精彩，向观众们呈现了我国优秀中秋文化的魅力；现场观看的观众们，表情专注，心情随着小演员们的精彩表演上下起伏，时而感慨，时而大笑；负责后勤工作的教师，虽然不能坐下安静地看表演，但是每个人的愉悦都写在脸上，因为他们是这份成功的护卫队。在大家的通力合作下，两个小时的中秋活动最终在全体师生的意犹未尽中圆满结束。这是一次实践活动，更是一次中秋文化的传承。活动展演如图3-16所示。

图3-16 活动展演

四、活动延续

因为本次活动的初衷源于在"双减"政策下提升学生的综合素养，同时传承优秀的中秋文化，因此，在活动结束后各班又开展了"新闻采访"活动，以加强本次实践活动的效果。部编版初中语文八年级上学期第一单元为新闻单元，本单元的活动任务为新闻采访，结合这一语文学习任务，班主任和语文教师相互配合，为各班级的学生布置了新闻采访任务，采访对象为参加本次实践活动的教师和同学。通过采访，同学们充分了解活动准备的过程和辛苦，并结合采访的内容和自己感受每人写一篇新闻采访稿，最终出一份"弘扬传统文化，厚植家国情怀"的校报，真正做到，在做中学，在做中思，在实践中提升学生的综合素养。

【活动反思】

一、实践活动与素养提升并行

"双减"政策的落实，为学生的课余生活提供了可把控的时间，教师和学生都应该把握好这个机会，利用这个机会，开展适合学生的主题实践活动，让实践活动与素养提升并行。学校的课后服务时间以及学生的课余时间是实现学生素养提升的一个重要时间点，教师应该带领学生走出题海，抬眼看世界、看生活，带领学生走进社会大课堂，举办各种有利于学生综合素养提升的活动，让学生在实践活动中去学习课堂里学不到的知识，感受在冰冷的文字中体会不到的情感，提升通过题海战术无法提升的能力。将学生的思想解放出来，潜在能力激发出来，最终实现学生综合素养的提升。

二、实践活动为文化传承提供机遇

我国的传统文化博大精深，如果学生只沉浸在题海战中，教师也一味地追求考试分数，必然会导致我国传统文化得不到很好的传承。但随着"双减"政策的落实，我们有时间也有机会开展各类主题实践活动，将我国的传统文化引进校园，引进学生的生活，让学生了解我国的各种传统文化，并在各种活动中自觉地去传承我国的传统文化，这样既可以提升学生的综合素养，也可以弘扬我国的传统文化。

三、实践活动为育人提供契机

活动育人即精心设计、组织开展主题明确、内容丰富、形式多样、吸引力强的教育活动，以鲜明正确的价值导向引导学生，以积极向上的力量激励学生，促进学生形成良好的思想品德和行为习惯。"双减"政策的落实，有利于教师开展多种多样的主题活动，对学生进行思想品德和行为习惯的引导，实现在活动中育人。

"弘扬传统文化，厚植家国情怀"既是一次传承中华传统文化的活动，也是一次爱国思想教育活动，更是一种重塑学生毅力、培养良好习惯的活动。活动中学生主动参与，坚持练习，大胆进行自我展示，这都不是在课后的题海战中能学到的，这是"双减"政策带来的机会，从而在活动中实现文化传承和活动育人的目标。

文化中秋 传承经典
——石景山区实验教育集团优秀传统文化主题系列活动

【设计者单位及姓名】

北京市石景山区第二实验学校　赵春玲

【年级】

八年级

【背景依据】

1. 时代背景

《中共中央、国务院关于进一步加强和改进未成年人思想道德建设的若干意见》指出："既要重视课堂教育，更要注重实践教育、体验教育、养成教育，注重自觉实践、自主参与，引导未成年人在学习道德知识的同时，自觉遵循道德规范。"文件还进一步指出："思想道德建设是教育与实践相结合的过程。要按照实践育人的要求，以体验教育为基本途径……"文件将"实践教育"放在了比课堂教育更重要的位置，把体验教育作为德育工作的一条基本途径、常规性途径确定下来，为新时期的德育手段和方式，指明了方向。

2. 学生学段特点分析

本届八年级学生学风优良，班级同学团结、热情、积极。八年级学生处于青春期发育时期，个性意识很强，大部分学生有表达自己想法的意愿，但是思想不是很成熟，需要教师进行正确引导。在学习能力上，本届八年级学生具有较强的学习能力，能够利用互联网和课外书籍来搜索获取资料，进行深度和拓展学习；乐于表达自我，能够在某个话题下进行陈述和阐述自我观点，喜欢合作学习，能够通过小组合作学习的方式进行项目式学习。

在知识储备上，八年级学生在道德与法治课程中曾经进行过有关中国传统文化的讲解和学习，对"传统文化"这一话题有一定的认知和自我思考；对于班会活动的策划和实施也有一定的经验和能力，如曾自主设计并开展过"二十四节气——小雪 大雪"校级主题活动。

3. 选题意义

作为中华民族文化展现最丰富的传统节日之一，中秋节有着独特的文化内涵，它象征

278

着亲人团圆、社会和谐、感恩自然和家国情怀，是中华民族渴望统一、团结的历史见证，更是所有中华儿女认同、沟通、凝聚和发展的精神动力，在中国人的生活中占有极其重要的地位。

对于一个民族来说，传统节日具有增强凝聚力、树立核心价值观、加深文化认同的重要作用，是集体的文化记忆。留住这些流传千年、意蕴丰富的传统节日，让它们在新时代重现活力，对中华民族的文化繁荣来说是十分重要的。

【设计思想】

本次主题活动设计采用由古及今、由表及里、由浅及深的设计理念，主题活动由知识和思维两条主线同时进行。在中秋节知识这条主线之下，学生由古至今探寻和中秋节有关的知识（如来源、典故、习俗、变化等）；在思维这条主线之下，教师设计、学生自主探寻中秋节对于不同年龄阶段和不同生活情境下的中国人的深层含义，引导学生思考中华传统节日对于当代社会生活的深层含义。

首先，在任务设计上，教师遵循以学生为主体的原则，引发学生主动认知，调动学生积极思考；其次，在活动形式设计上，为增强趣味性和参与性，设计知识竞答、辩论会和品尝月饼环节。实践活动设计主线清晰，所有活动的设计和实施都是为主题服务，层层递进，在寓教于乐的氛围中，落实活动目标。

【活动目标】

1. 学生能够了解中秋节的来历、习俗和有关诗词。
2. 学生可以理解中秋节的主要情感内容；较深层次地理解中秋节和其他传统节日背后蕴含的文化含义（根基、信仰、民族魂）。
3. 通过主题活动，唤起学生尊重传统、继承传统、弘扬传统、弘扬民族精神的意识。
4. 学生能够乐于参与主题实践活动，感受小组合作学习的乐趣。

【活动准备】

1. 教师准备：主题活动前进行问卷调查——"中秋知识知多少"，掌握学生对于中秋节的了解情况；上网搜索适合班会主题的视频和典型事例，制作 PPT。
2. 学生准备：分组搜索有关中秋节的知识；自己回忆或采访他人，了解中秋节对于自己而言的意义；主题活动当天设计黑板报，布置教室。
3. 注意事项：桌椅的摆放要充分考虑讨论交流的需要，分组情况要充分考虑小组成员的构成；活动过程中，教师要关注到每一位学生的参与度，注重引导，调动其积极性，让每一位学生在活动中真正有所获得；选择的材料要服务于主题活动。

【活动过程】

一、赏"月"之美，品"月"之味

环节1：学生简单谈一谈提到中秋节，自己会想到什么，以及什么事物最能代表中秋节。

预设回答：月饼、月亮等。

设计意图：通过轻松的讨论环节，快速引入主题活动。

环节2：学生欣赏与中秋节有关的配乐诗朗诵，欣赏嫦娥五号从太空拍摄的月亮照片。

设计意图：通过欣赏古诗词，品味古人对月亮的赞美；通过欣赏嫦娥五号从太空拍摄的月亮照片，在惊叹绝美画面的同时，体会到祖国探月计划的伟大；通过古今中国人对月亮不同的欣赏角度，思考科技发展对传统文化的推动作用。

环节3：学生观看月饼的制作过程，并品尝南北方不同口味的月饼，说说自己家乡在过中秋节时的习俗。

设计意图：通过品尝中秋节的传统美食——月饼，引发学生对中秋节起源和发展的思考。

二、探"月"之源，寻"月"之俗

环节1：学生分组以不同形式介绍中秋节的由来，以及中秋节的习俗、传说和民间故事，其他同学在聆听的同时进行评分。

设计意图：通过分组介绍的形式，展开对中秋节知识的学习，这也是对学生活动前小组合作学习成果的检查。

环节2：中秋知识知多少（小组知识竞赛）

设计意图：通过趣味知识竞赛的形式，增强班会趣味性，这也是对主题活动前小组合作项目学习成果的检验。

环节3：学生分组讨论中秋节从古至今发生了什么变化，可以举例说明。

预设回答：

（1）变。例如，问候形式（以前登门，现在电子问候）、过节方式（以前在家乡，现在去旅游）等。

（2）不变。例如，仍然会与家人团聚、品尝传统食品（如月饼）、举办传统活动（如赏月）等。

设计意图：通过"变"与"不变"的讨论，让学生自己挖掘中秋节的情感内涵。

环节4：学生分两组进行辩论，正方四人，反方四人，辩论题目为"现代过中秋节的方式好"VS"传统过中秋节的方式好"。

由现场参与学生和教师共同评判胜负。

设计意图：通过对中秋节过节方式的辩论，让学生由表及里深入思考，表达自己对中秋节文化层面的理解，通过这种方式更加深入地探寻中秋节的文化内涵。

三、传"月"之情，达"月"之意

环节1：学生讲述身边不同人群（医务工作者、边防士兵、服务人员等）在中秋节当天所做的事情和内心情感，并说说自己的想法。

预设回答：

医务工作者为了人民群众的健康，中秋节当天也要工作在治病救人的一线。我妈妈是一名医务工作者，我当时还不理解她，今年中秋节我要亲手给她做顿饭，迎接她回家；

我听完这些人的故事之后，知道了只要心在一起就是团聚，天上的明月将每个家庭团聚在一起；

我们应该理解父母，对他们少一些埋怨，可以在中秋节当天为他们做一些事情。

设计意图：通过了解周围不同人群的故事，让学生知道一些人因为工作原因不能和自己的家人团聚，从而理解他们对家人的思念之情，那轮明月就是对家人思念的寄托。学生在理解中秋节主题意义的同时，能够对父母多一份理解。

环节2：教师现场采访学生：中秋节对你而言意味着什么？

回答预设：休息、美食、1天的假期、礼物、团聚……

设计意图：通过现场采访的方式，了解中秋节在学生心目中所蕴含的意义。

环节3：欣赏由第一组学生录制的采访视频：不同年龄阶段（小孩、学生、父母、老人）和不同群体（在家乡的人、身在异乡的人、海外学子、海外华侨等）人们眼中的中秋节，以及月圆之夜对他们意味着什么？

设计意图：通过观看采访视频，学生可以体会到中秋节和其他传统节日背后蕴含的意义。

环节4：学生在小组内讨论中秋节及其他传统节日背后的意义。

讨论预设：团聚、思念、祖国、故土、文化、血脉、根基等。

四、延"月"之意，续"国"之脉

环节1：学生观看中秋节主题公益宣传片，进一步领略传统节日之美。另外，了解中国人都以何种方式庆祝中秋节，以及这些庆祝方式背后所表达出人们怎样的心情。

设计意图：本环节能够让学生进一步感悟传统节日的文化价值。

环节2：学生独立完成两个任务：制订今年中秋节的家庭节日计划；举头望明月，你想对月亮说什么？

生成预设：

任务1解释说明：学生的节日计划里出现我给家人讲中秋、我给中秋添道菜等，从自身出发在家庭中传播传统文化，自己做些力所能及的事情，让家庭团聚更有意义。

任务 2 解释说明：感谢祖先给我们留下如此多的美好，给我们留下这么多具有中华民族特色的传统节日；我想对古人说，今天我们的国家发展得更好了，因为探月计划，我们距离月亮更近了。

设计意图：通过本环节，学生能够将本次主题活动所学习和感悟到的知识，运用到自己生活实际中去。

环节 3：学生进行小组讨论：我们是否有必要传承和弘扬中华民族传统节日？作为一名中学生，你能为传播中华民族优秀传统文化做些什么？请以中秋节为例，简单说明。

生成预设：通过参加今天这次主题活动，我深刻感受到传统节日和传统文化对于一个国家的深刻意义，每一个中国人都应该保护和传播中华民族优秀传统文化。我会把自己所学的知识讲给周围人听，让他们也更多地了解中秋节和其他传统节日。

设计意图：通过小组讨论，学生彼此交流，进一步落实本次主题活动目标，达到内化于心、外化于行的效果。

环节 4：教师总结

同学们，作为中华民族文化展现最丰富的传统节日之一，中秋节有着独特的文化内涵，它象征着亲人团圆、社会和谐、感恩自然和家国情怀，是中华民族渴望统一、团结的历史见证，更是所有中华儿女认同、沟通、凝聚和发展的精神动力，在中国人的生活中占有极其重要的地位。

在今天的主题活动过程中，大家由古及今、由表及里、由浅及深地学习了中秋节的相关知识；多角度地深层思考了中秋节作为传统节日对每一个中国人的含义；在小组探究过程中，每位同学都对传统文化有了自己的深度思考。

希望通过今天的中秋节主题活动和后续活动，同学们能做中华民族优秀传统文化的传播者和实践者，让中华民族优秀传统文化在你们身上继续发扬光大。

【活动延伸】

中秋节实践活动：
1. 实施和完成自己的中秋节计划，写下今年中秋节的感受。
2. 和家人一起制作手工月饼，用视频记录过程。
3. 中秋诗词大会：配乐朗诵与中秋有关的诗词，录制视频，班级组织评选最美诗词。

【活动反思】

本次活动以重要的传统节日为契机，把未成年人思想道德建设渗透到多元活动中，不断创新形式、丰富内涵，搭建以文化育人、以活动育人的平台，落实立德树人根本任务。此次活动既丰富了学生的校园生活，收到了育人的效果，也是"双减"政策的生动践行，提升了课后服务的水平。

1. 本次活动设计尊重八年级学生的身心发展规律和认知发展规律，注重体验式的教学教育活动，让学生在体验快乐的同时，认识传统文化，养成良好的道德品质。

主题活动设计以建构主义理论为基础，活动过程是学生文化参与的过程。在活动中，学生们敢于表现、愿意表现，全员参与资料的收集和整理，如古诗词的抄写和手抄报的绘制，在参与中既掌握了中秋节文化知识，也锻炼了自己利用网络收集资料、整理资料等方面的能力；很多主动承担任务的学生，更是在参与活动的过程中展示了自己的才艺和能力，找到了自信并彰显了个性。

2. 本次主题活动，关注了"做"与"评"的关系，在评价过程中，做到多主体、多角度、多维度评价。

评价贯穿于整个主题活动，评价设计以增值性评价为出发点，以鼓励为主。有基于表格的显性评价和基于教师反馈的隐性评价；有基于学生对本次活动的自我评价，也有基于学生之间的相互评价；有教师和学生代表给出的量化评价，也有活动设计的过程性评价。对于所有参与的学生，我们均向其分发了小奖品；对于表现优异的学生，我们为其颁发了"活动小达人"的奖状。

本次中秋节主题教育活动实现了活动育人、实践育人、综合育人、文化育人的目标。在学生心里根植下难忘而深刻的中秋记忆，激发学生对传统节日的热爱和传承中华民族优秀传统文化的责任感，鼓励他们用实际行动弘扬中华民族优秀传统文化，让其历久弥新、永放光芒，让中华民族优秀传统文化在石景山区实验教育集团的日常教育教学中生根发芽，开花结果！

【附录】

一、活动评价表格（自评部分）

班级	姓名
我在活动中的聆听情况	☆ ☆ ☆ ☆
我在小组讨论中参与情况	☆ ☆ ☆ ☆
我对组内同学提供帮助情况	☆ ☆ ☆ ☆
我在活动中的思维参与度	☆ ☆ ☆ ☆
我最喜欢的环节 （写几个都可以）	
我对活动的建议	

二、环节内容资料

1. 中秋节介绍

中秋节，又称祭月节、月光诞、月夕、秋节、仲秋节、拜月节、月娘节、月亮节、团圆节等，是我国的传统节日。中秋节与春节、清明节、端午节并称为中国四大传统节日。受中华文化的影响，中秋节也是东亚和东南亚一些国家，尤其是当地的华人华侨的传统节日。

2006年5月20日，国务院将中秋节列入首批国家级非物质文化遗产名录。自2008年起，中秋节被列为国家法定节假日。

2021年10月25日，《国务院办公厅关于2022年部分节假日安排的通知》发布，2022年中秋节9月10日至12日放假，共3天。

2. 中秋节起源

中秋节起源于上古时代，普及于汉朝，定型于唐朝。其源自对天象的崇拜，由上古时代秋夕祭月演变而来。中秋节自古便有祭月、赏月、吃月饼、看花灯、赏桂花、饮桂花酒等习俗，流传至今，经久不息。中秋节是秋季时令习俗的综合，其所包含的节俗因素，大多有古老的渊源。作为民间过节的重要习俗之一，祭月逐渐演变为赏月、颂月等活动。中秋节以月之圆兆人之团圆，为寄托思念故乡，思念亲人之情，祈盼丰收、幸福，成为丰富多彩、弥足珍贵的文化遗产。

最初"祭月节"的节期是在干支历二十四节气"秋分"这一天，后来才调至农历八月十五日。《礼记》中记载："天子春朝日，秋夕月。朝日之朝，夕月之夕。"夕月就是祭月亮，说明早在春秋时期，帝王就已开始祭月、拜月了。后来，贵族官吏和文人学士也相继仿效，逐步传到民间。

中秋节的起源和农业生产有关。中秋节前后，农作物基本成熟，农民为了庆祝丰收以"中秋"这一天作为节日。也有历史学家指出，中秋节起源于隋大业十三年（617年）农历八月十五日。这一天，裴寂看见月亮，成功发明了月饼作为军粮，解决了军中粮食短缺的问题。此后，人们便把农历八月十五定为中秋节，以此作为纪念。

3. 中秋节习俗

中秋祭月

在我国，中秋祭月是一种十分古老的习俗。据史书记载，早在周朝，古代帝王就有春分祭日、夏至祭地、秋分祭月、冬至祭天的习俗。其祭祀的场所称为日坛、地坛、月坛、天坛，分设在东、南、西、北四个方向。北京的月坛就是明清皇帝祭月的地方。《礼记》中记载："天子春朝日，秋夕月。朝日之朝，夕月之夕。"这里的夕月之夕，指的正是夜晚祭祀月亮。这种习俗不仅为宫廷及上层贵族所奉行，随着社会的发展，也逐渐流传到民间。

文人赏月

赏月的风俗来源于祭月，严肃的祭祀变成了轻松的欢娱。民间中秋赏月活动约始于魏晋时期，但未成习。到了唐朝，中秋赏月、玩月颇为盛行，许多诗人的名篇中有咏月的诗句。待到宋朝，形成了以赏月活动为中心的中秋民俗节日。与唐人不同，宋人赏月更多的是感物伤怀，常以阴晴圆缺喻人情世态，即使在中秋之夜，明月的清光也掩饰不住宋人的伤感。但对于宋人来说，中秋还有另外一种形态，即中秋是世俗欢愉的节日。《东京梦华录》中记载："中秋节前，诸店皆卖新酒，贵家结饰台榭，民家争占酒楼玩月，笙歌远闻千里，嬉戏连坐至晓。"宋朝的中秋夜是个不眠之夜，夜市通宵营业，玩月游人，达旦不绝。

民间拜月

相传古代齐国丑女无盐，幼年时曾虔诚拜月，长大后，以超群品德入宫，但未被宠幸。某年八月十五日，天子在月光下见到她，觉得她美丽出众，后立她为皇后，中秋拜月由此而来。月中嫦娥，以美貌著称，故少女拜月，愿"貌似嫦娥，面如皓月"。

月光马儿

明清时期，月神的形象发生了重要变化，由早期纯道教色彩的以嫦娥为主的月宫图景演变为佛道交融的月光菩萨与捣药玉兔并存的世俗形象。这个时期，人们供奉绘有月光菩萨的月光纸，也叫作"月光马儿"。富察敦崇的《燕京岁时记》中记载："月光马者，以纸为之，上绘太阴星君，如菩萨像，下绘月宫及捣药之兔，人立而执杵。藻彩精致，金碧辉煌，市肆间多卖之者。长者七八尺，短者二三尺，顶有二旗，作红绿色，或黄色，向月而供之。焚香行礼，祭毕与千张、元宝等一并焚之。"

兔儿爷

兔儿爷约起源于明朝末期。纪坤（1570—1642 年）的《花王阁剩稿》中写道："中秋节多以泥抟兔形，衣冠踞坐如人状，儿女祀而拜之。"到了清朝，兔儿爷的功能已由祭月转变为儿童的中秋节玩具。制作也日趋精致，有扮成武将头戴盔甲、身披戢袍的，也有背插纸旗或纸伞、或坐或立的。商贩或剃头师父等也扮成兔首人身，不一而足。

玩花灯

中秋节有许多的游戏活动，首先是玩花灯。中秋节是我国三大灯节之一，过节要玩灯。当然，中秋没有像元宵节那样的大型灯会，主要只是在家庭中进行。

舞火龙

舞火龙是我国香港在中秋节最富传统特色的习俗。从每年农历八月十四日的晚上起，铜锣湾大坑地区就会一连三晚举行盛大的舞火龙活动。火龙长达 70 多米，用珍珠草扎成 32 节的龙身，插满了长寿香。盛会之夜，铜锣湾的大坑地区的大街小巷，一条条蜿蜒起伏的火龙在灯光与龙鼓音乐下欢腾起舞，很是热闹。

燃宝塔灯

明清时期，民间还有在中秋之夜燃灯的习俗。中秋节的灯与元宵节的灯不大相同。中秋之夜点燃的是宝塔灯，而且主要在南方流行。宝塔灯，即由村童捡拾瓦砾搭成宝塔形状的灯。清代苏州村民在旷野用瓦叠成七级宝塔，中间供地藏王，四周燃灯，称为"塔灯"。广州儿童燃用碎瓦制作的"番塔灯"；还有柚皮灯，即用红柚皮雕刻各种人物、花草，中间安放一个琉璃盏，红光四射。

抛帕招亲

山东省有些地区，中秋之夜有抛帕招亲的习俗。中秋之夜，于广场中搭一彩台，布置成月宫景状，并设玉兔、桂树等。一些未出嫁的姑娘扮成嫦娥，在欢庆歌舞之后，姑娘们将一些绣着不同花色的手帕向台下抛去。如有观众接得的手帕与"嫦娥"手中的花色相同，即可登台领奖。有些未婚的小伙子在交还手帕时，若受到"嫦娥"的喜欢，则可以戒指相赠。此后，双方可以交友往来，情投者便喜结良缘。

偷菜求郎

在我国台湾，中秋之夜有未婚女子"偷菜求郎"的习俗。妆饰美丽的女子踏着月光，在别人的菜圃中偷摘大葱及蔬菜，偷摘到之后便预示她能遇到如意郎君。因此，我国台湾有"偷着葱，嫁好夫；偷着菜，嫁好婿"的谚语。

窃瓜祈子

在湖南衡阳，凡席丰履厚之家，娶妇数年不育者，则亲友举行送瓜，先数日，于菜园中窃冬瓜一个，须令园主不知，以彩色绘成面目，衣服裹于其上若人形。举年长命好者抱之，鸣金放炮，送至其家。年长者置冬瓜于床，以被覆之，门中念曰："种瓜得瓜，种豆得豆。"受瓜者设盛筵款待之，若再事然。妇得瓜后，即剖食之。

4. 中秋节诗词

《静夜思》
【唐】李白
床前明月光，疑是地上霜。
举头望明月，低头思故乡。

286

《月下独酌》

【唐】李白

花间一壶酒，独酌无相亲。

举杯邀明月，对影成三人。

月既不解饮，影徒随我身。

暂伴月将影，行乐须及春。

我歌月徘徊，我舞影零乱。

醒时同交欢，醉后各分散。

永结无情游，相期邈云汉。

《八月十五夜月》

【唐】杜甫

满月飞明镜，归心折大刀。

转蓬行地远，攀桂仰天高。

水路疑霜雪，林栖见羽毛。

此时瞻白兔，直欲数秋毫。

《月夜忆舍弟》

【唐】杜甫

戍鼓断人行，边秋一雁声。

露从今夜白，月是故乡明。

有弟皆分散，无家问死生。

寄书长不达，况乃未休兵。

《八月十五日夜湓亭望月》

【唐】白居易

昔年八月十五夜，曲江池畔杏园边。

今年八月十五夜，湓浦沙头水馆前。

西北望乡何处是，东南见月几回圆。

昨风一吹无人会，今夜清光似往年。

《望月怀远》

【唐】张九龄

海上生明月，天涯共此时。

情人怨遥夜，竟夕起相思。

灭烛怜光满，披衣觉露滋。

不堪盈手赠，还寝梦佳期。

《秋宵月下有怀》

【唐】孟浩然

秋空明月悬，光彩露沾湿。

惊鹊栖未定，飞萤卷帘入。

庭槐寒影疏，邻杵夜声急。

佳期旷何许！望望空伫立。

《十五夜望月寄杜郎中》

【唐】王建

中庭地白树栖鸦，冷露无声湿桂花。

今夜月明人尽望，不知秋思落谁家。

《八月十五日夜玩月》

【唐】刘禹锡

天将今夜月，一遍洗寰瀛。

暑退九霄净，秋澄万景清。

星辰让光彩，风露发晶英。

能变人间世，倏然是玉京。

《嫦娥》

【唐】李商隐

云母屏风烛影深，长河渐落晓星沉。

嫦娥应悔偷灵药，碧海青天夜夜心。

传承重阳习俗，弘扬传统文化

【设计者单位及姓名】

北京市石景山区第二实验学校 郑娜

【活动背景】

我国的传统节日凝结着中华民族的民族精神和民族情感，承载着中华民族的文化血脉和思想精华。习近平总书记指出："中华优秀传统文化是中华文明的智慧结晶和精华所在，是中华民族的根和魂，是我们在世界文化激荡中站稳脚跟的根基。"重阳节是宣传中华民族优秀传统文化的良好契机。根据了解，学生知道重阳节有赏菊、喝雄黄酒的习俗，也知道重阳节的价值内核是尊老敬老，但是却不知道重阳节蕴含的文化内涵，生活中也很少用行动表达对长辈的感恩之情，因此宣传重阳节十分有必要。通过重阳节的活动，学生能够了解重阳节的文化内涵，通过节日仪式体验民俗、感受中华民族优秀传统文化魅力，增强对中华文化的认同感，坚定文化自信，真正做到将中华民族优秀传统文化内植于心、外化于行。作为一名中国人，应该加强对中华民族优秀传统文化的学习和传承，不忘初心、不忘根本。唯有这样，才能做到少年有信仰、国家有力量、民族有希望！

【活动对象】

八年级全体学生

【活动目标】

1. 通过了解重阳节的由来，感受中华民族优秀传统文化的形成和发展历史，感知人们对生活美好的愿望。

2. 通过了解民间趣事和传说，激发学生对我国传统节日、中华民族优秀传统文化的兴趣，了解其中蕴含的惩恶扬善的道理，学习不畏艰难的精神。

3. 重阳节习俗了解和知识问答，寓教于乐，让学生知道每个习俗背后蕴含的意义。

4. 欣赏与重阳节相关的诗歌，感受博大精深的文化，体会文化魅力，坚定文化自信。

5. 围绕重阳节的价值内核，践行社会主义核心价值观，做孝心少年，用实际行动践行尊老孝亲。

6. 重阳节是中华民族优秀传统文化中的一部分，我们要大力宣传，挖掘其精华，助力学生健康成长。

【活动过程】

金秋时节，丹桂飘香，我们又迎来了重阳佳节，为了更好地弘扬传统文化，我校开展了"九九重阳节，浓浓敬老情"的主题活动。

一、追根溯源话重阳

大家都知道重阳节，但是有多少人真正了解它呢？学生从重阳节的由来进行探寻，通过上网查资料、翻阅历史书籍，将碎片信息进行记录。通过探寻，发现原来自己对重阳节的了解那么少。为了能够将重阳节更形象生动地展现出来，学生将获得的信息进行了整理，制作成了精美的讲义，为大家进行宣讲。

图为学生宣讲重阳节的由来

设计意图：通过自己查阅资料，让学生感受到中华民族的悠久历史和灿烂文化。通过讲解，学生开始重新审视重阳节，重新思考中华民族优秀传统文化的内涵和力量，"求木之长者，必固其根本；欲流之远者，必浚其泉源"，使学生体会到中华民族优秀传统文化凝聚着中华民族的精神命脉，是涵养社会主义核心价值观的重要源泉，增强文化自觉和文化自信，加深对中华民族优秀传统文化的认同感和自豪感。

二、民间传说趣谈重阳

作为我国的传统节日，重阳节有着很多的传说故事，这些传统故事让重阳节变得更加神秘且更具有吸引力。学生选择了《桓景除瘟魔》的传说故事进行改编。大家群策群力，利用自己所学的文学知识，将故事逻辑改编得更加合理，情节更加吸引人。学生将改编好的故事排演成话剧，参与表演的学生用自己的理解揣摩角色特点，表演得沉着从容、毫不怯场，人物刻画准确，把一个聪明勇敢、为民除害的英雄展现得淋漓尽致，得到了大家的一致好评。传说故事的改编排演，培养了学生的文学素养，锻炼了学生交流合作的能力。在表演中，学生展现了自己的个人魅力，提高了自信心，对重阳节更加感兴趣，产生了继续学习传统文化知识的欲望。

图为学生表演《桓景除瘟魔》的话剧

设计意图：传说故事为重阳节增添了神秘色彩，学生的改编表演可以为重阳节灌注生气，激活重阳节的魅力。借用改编表演的形式展现特色文化和价值观，学生能够从中领略其蕴含的思想观、道德观、价值观。中华民族是一个具有凝聚力的民族，相信我们一定会战胜困难，取得更多成就。使学生进一步增强民族自信心，为自己是中国人感到骄傲豪，更加热爱自己的祖国。

三、民间习俗知重阳

在历史延续过程中，重阳节融合了众多的民俗事项，也融合了更多文化内涵，因此在民间过重阳节有很多习俗。针对各地的风俗习惯，学生也进行了整理。"百里不同风，千里不同俗"，我国幅员辽阔，造就了迥异的风俗习惯，除登高、佩戴茱萸、赏菊等习俗外，北方人还会走亲访友，称为"追节"，而南方人会晒秋和放纸鸢。为了调动学生的积极性，负责讲解的学生还特意准备了关于重阳节的知识竞答，并邀请教师作为考官，在寓教于乐中，大家增长了知识，了解了更多关于重阳节的知识。不仅如此，在重阳节即将来临之际，每一位学生、家长和教师都得到了茱萸香囊，小小香囊寄托着我们祈福美好、国泰民安、生活富裕、身体健康的美好心愿。因为有期待、有愿望，生活才更有希望和动力。

图为老师主持有奖问答

图为学生积极抢答问题

图为赠茱萸绛囊袋

设计意图：民间习俗是中华民族几千年来逐渐形成的风俗习惯，蕴含了我国人民的物质、文化、精神追求，寄托了人民对生活的憧憬和对美好生活的向往。学习和理解民间习俗，感受它的智慧与光辉，增强民族自信心，更加努力地学习工作，为实现中华民族伟大复兴的中国梦而奋斗。

四、融节日诗情共度重阳

诗歌是我国语言文学特有的表现形式，是中华民族文化重要的组成部分，诗歌悠久的历史、深厚的人文根基、广博深邃的思想底蕴、丰富多彩的艺术表现手法都是西方诗歌无法比拟的。台上同学声情并茂地朗诵历史长河中那些和重阳节有关的诗歌，台下同学徜徉在作者的家国情怀中。在《九月九日忆山东兄弟》中感受王维"独在异乡为异客"的孤独，从"每逢佳节倍思亲"中体会他对家人和家乡浓浓的思念之情。孟浩然的《过故人庄》五言律诗少了些伤春悲秋的孤独感，多了些安静恬淡的田园乐趣，描绘了一幅美丽的农村风光和平静的田园生活画卷，诗人与好友一起把酒言欢、闲谈家常，抒发了诗人与朋友之间的真挚友情。聆听李清照的《醉花阴·薄雾浓云愁永昼》体会到了一种悲伤，烘托出了一种凄凉寂寥的氛围，表达了诗人思念丈夫的孤独与寂寞的心情。当听到伟人毛泽东的《采桑子·重阳》时，大家体会到他宽广的胸襟和高度的革命乐观主义精神。

图为学生深情吟诵诗歌

设计意图：通过这些诗歌，让同学们感受到不同时代不同诗人对重阳佳节的诗意表达，以及诗句中丰厚的文化底蕴。在深情的吟诵中诉说着作者对重阳佳节的深厚寓意及美好情感，有效唤醒了学生对传统文化的向往。因此，我们可以将诗歌揉进自己的生活，让博大精深的中国文化激活民族血脉，感受民族文化的魅力，坚定文化自信，投身于中国文化的学习中，弘扬中华优秀传统文化，展示中国少年自信风采。

五、做孝心少年感恩重阳

重阳节"九九相重"有"久寿"的含义，因此重阳节传承着尊老孝亲的中华美德。尊重长辈、孝敬父母的观念早就刻在了中国人的基因里。《诗经》上"哀哀父母，生我劬劳"

赞美了父母的养育之恩；唐诗中"谁言寸草心，报得三春晖"表达了孝敬父母的渴望，不一样的时代背景，却演绎着相同的敬老主旋律。借此重阳节，我们请来了学生的父母，让学生向父母奉一杯茶，这一杯香茶承载着孩子对父母的感恩之情，表达着孩子对父母的礼敬与深情。知恩：知道父母扛起生活的艰难，教养我们的不易；感恩：感谢父母的付出和养育之恩；报恩：用一杯香茶，送上我们的理解和关爱，自己已长大，将成为父母的依靠和温暖。最后学生用手语歌曲《听我说谢谢你》，从指间、从歌声中表达对父母的深爱，你养我长大，我陪你变老。在这个活动中，同学们投入了很大的热情，用真心感悟了尊老孝亲的意义，孩子们的行动滋养了劳累的父母那颗"爱子之心"，感动的泪水湿润了眼眶。我们总是觉得父母还年轻，未来还长，感恩父母的话藏在心中没有说，孝行没有做，不要让"子欲养而亲不待"成为我们的遗憾，孝敬父母从现在做起，从小事做起。

图为学生为父母奉茶

图为学生为父母表演手语歌曲《听我说谢谢你》

设计意图： 重阳节给了学生们一个很好的机会，可以把藏在心里的感恩之情表达出来。做孝心少年，感恩重阳，用实际行动关爱父母，延续中华民族的优秀品质，践行尊老孝亲的传统美德，让尊老孝亲的中华传统美德在新时代少年的身上继续流淌。

【活动延伸】

一、尊老孝亲，从我做起

通过重阳节的活动，同学们都成长了，虽然每年只有一个重阳节，但是有一颗尊老孝亲的心，天天都是重阳节。我们开展了我做孝心少年——我是父母小帮手的活动，每天放学回家，同学们都会帮助父母做一些力所能及的事情，例如，为父母倒一杯水、做一顿饭、收拾碗筷、打扫卫生、为劳累一天的父母捶捶肩膀，体谅父母的辛苦，从小事做起关爱父母，孝敬长辈。同时鼓励学生用书信的方式与家长交流，搭建沟通的桥梁，增进彼此的了解，缓和亲子关系，共建和谐家庭。在回访中家长们都表示孩子在家变化很大，会主动关心家长，帮忙做家务，这份"爱的体验"让家长很欣慰，交流也多了起来，亲子关系也更融洽了。学生坚持每天为父母做一件事，让学生体会到家务原来比自己想像的要累，逐渐体会到了父母的辛苦，理解了父母的良苦用心。天天都是重阳节，做尊老孝亲的好少年，学生用自己的实际行动传承中华民族的传统美德。

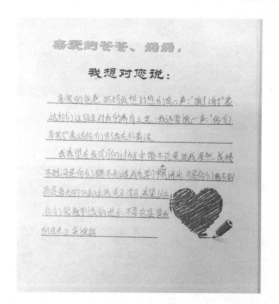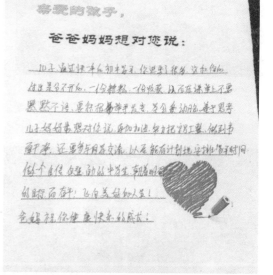

图为亲子之间的书信交流

图为学生为母亲洗脚　　　　　图为学生做饭　　　　　图为学生打扫卫生

二、尊老敬老献真情——走进养老院

春秋战国时期孟子在《孟子·梁惠王上》一文中曾说过"老吾老，以及人之老"，意思是敬爱自己家的老人，也敬爱别的老人。我们在赡养孝敬自己的长辈时，不应忘记那些为社会做过贡献的老人们，时间慢慢改变了他们的容貌，换来了根根白发。晚年的他们也应被尊敬、被爱戴、被关爱。学生们带上自己制作的小礼品，精心准备的小节目，与学校老师一起来到敬老院慰问孤寡老人，学生们关心着老人的身体健康，和他们开心地聊天，表演节目，欢声笑语，情意浓浓，老人们笑脸盈盈，开心不已。依依不舍中师生们结束了探望，学生们的探望仿佛让老人们都年轻了，给他们一成不变的生活增添了一抹亮色。敬老院之行深化了学生们关爱老人、尊敬老人的意识，学生们在行动中将爱传递，逐渐明白了要做一个懂得感恩并温暖他人的人、做一个有承担并懂得回馈社会的人。

图为学生为老人表演节目　　　　　　图为学生与老人合影留念

设计意图：千百年来，"百善孝为先""诗书立业，孝悌做人"的思想观念早已种在中国人的心中，以重阳节为契机开展的后续活动，把尊老孝亲变成日常行动，知行合一，学生认识到自己的家庭和社会责任，用实际行动增强家庭和社会的凝聚力，践行社会主义核心价值观，弘扬和传承中华民族的传统道德文化，并与时俱进将其发扬光大。

【活动反思】

重阳节是中国传统节日，是中华传统文化的载体，不论是重阳节的由来还是习俗，无不体现着中华人民对美好生活的无限向往和憧憬的朴素情感。寻根溯源，追寻那些历代相传的中华优秀传统文化，它们滋养着我们的根和魂，让我们的民族团结向上，蓬勃发展。那一首首诗歌用中国特有的文化方式表达着作者的家国情怀，而学生在诗歌中可以跨越时间的长河与诗人产生共鸣，感受民族文化魅力，坚定文化自信。当今中国少年作为中华文化的传播使者，有责任让世界了解中国，让中华传统文化影响世界。尊老孝亲是中华民族的传统美德，是重阳节的价值内核之一，它滋润着我们的道德精神之根。行敬老之事，和谐家庭，福惠社会，营造良好的社会风气，是中国稳步向前发展的社会基础。

中华文化历史悠久，重阳节是众多中华优秀传统文化中的沧海一粟，中华民族在几千年的历史中创造和延续的中华优秀传统文化值得我们深入挖掘其精华。从中汲取中华优秀传统文化的养分，认同民族文化，感受文化魅力，坚定文化自信，不仅要传承中华优秀传统文化，还要将我泱泱中华的文明洒向世界，树立中国形象，提高中国声誉。相信有我中国少年，祖国会越来越强大！

【附录】

一、话剧：民间传说《桓景除瘟魔》

旁白：相传在东汉时期，汝河有个瘟魔，只要它一出现就有人生病，甚至还有人丢掉性命。有个叫桓景的人，决心拜个神仙学习仙法，除掉瘟魔。

桓景：瘟魔危害乡民，不管多苦，我也要想办法打败他。

旁白：历尽千辛万苦，终于拜一个仙长为师，仙长教他降妖剑术，还送给他一把降妖宝剑。桓景认真地练习降妖剑术，终于练就了一身的本领！这一天，仙长把桓景叫到跟前。

仙长：明天是九月初九，瘟魔又要出来作恶了，你的本领已经学成，应该回去为民除害了，带上茱萸香叶和菊花酒，瘟魔闻到这个味道会头晕眼花，这时你可以趁机除掉他，现在你就骑着我的仙鹤回去吧，祝你好运。

旁白：桓景在九月初九的早晨赶回了家乡。他把乡亲们领到了附近的一座山上，发给每人一片茱萸叶、一杯菊花酒。中午时分，从黑黑的河里传来一声怪叫，接着河面上水花四溅，瘟魔冲出汝河。但是瘟魔刚扑到山下，突然闻到茱萸的香味和菊花酒的气味，脸色突变，头晕眼花，不敢再往前走。这时桓景突然冲了出来，跟瘟魔打了起来，趁机用宝剑杀死了瘟魔。从此汝河再也没有瘟疫了，乡民都过上了安宁的生活，为纪念桓景除掉瘟魔，从此，九月初九登高、喝菊花酒、采茱萸的风俗便年复一年地流传下来。

二、重阳诗歌四首

《九月九日忆山东兄弟》
【唐】王维
独在异乡为异客，每逢佳节倍思亲。
遥知兄弟登高处，遍插茱萸少一人。

《过故人庄》
【唐】孟浩然
故人具鸡黍，邀我至田家。
绿树村边合，青山郭外斜。
开轩面场圃，把酒话桑麻。
待到重阳日，还来就菊花。

《醉花阴·薄雾浓云愁永昼》
【宋】李清照
薄雾浓云愁永昼，瑞脑销金兽。佳节又重阳，玉枕纱厨，半夜凉初透。
东篱把酒黄昏后，有暗香盈袖。莫道不销魂，帘卷西风，人比黄花瘦。

《采桑子·重阳》
毛泽东
人生易老天难老，岁岁重阳。
今又重阳，战地黄花分外香。
一年一度秋风劲，不似春光。
胜似春光，寥廓江天万里霜。

传统文化嘉年华之节气文化：雨水
——石景山区第二实验学校节气文化主题教育活动案例

【设计者单位及姓名】

北京市石景山区第二实验学校　张尧

【背景依据】

我们国家在气象传统文化方面的教育相对落后，尤其是在学校中开展的这类活动更是少之又少，普及与推广工作十分艰难。然而，气象与人们的生活息息相关。二十四节气是在春秋战国时期形成的，是我国劳动人民创造的辉煌文化，它能反映季节的变化，指导农事活动，影响着千家万户的衣食住行，是我国的非物质文化遗产。二十四节气是以气候、物候为依据建立起来的。从二十四节气的命名可以看出：节气的划分充分考虑了季节、气候、物候等自然现象的变化。在学校里进行"传统文化嘉年华之节气文化"实践活动的普及工作对传播传统文化思想、弘扬传统文化精神、继承非物质文化遗产、普及传统文化方法非常重要。

【设计思想】

以习近平新时代中国特色社会主义思想为指导，贯彻落实中共中央办公厅、国务院办公厅《关于全面加强和改进新时代学校美育工作的意见》《关于深化教育体制机制改革的意见》等文件要求，全面落实立德树人根本任务，大力弘扬中华美育精神，不断引领广大学生树立正确的审美观念、陶冶高尚的道德情操、塑造健康美好的心灵，培养德智体美劳全面发展的社会主义建设者和接班人。本次为全校节气文化活动第三讲——雨水，展示学生自身才艺，以不同的形式宣传普及传统节气习俗，展现节气文化内涵，注重人文情怀，着力引导学生深化对节气文化的认同，增强文化自觉与文化自信，弘扬中华传统美德。

【活动对象】

八年级 2 班学生

【活动目标】

1. 通过雨水节气相关知识的介绍，让学生了解雨水节气的由来，能说出雨水节气的习俗及三候。
2. 通过诵读经典，学习优秀传统文化，增强民族文化自信心。
3. 通过活动之中的才艺表演：相声、朗诵、古筝、舞蹈等，增强学生自信心和自我认同感，同时培养和提升学生美育素养。
4. 通过雨水节气活动，让学生感受到万物复苏、大地渐渐开始呈现出欣欣向荣的自然气息，同时感受我国劳动人民创造的辉煌文化。

【活动准备】

1. 进行综合实践活动的整体思路设计。
2. 学生汇报稿件、相声创作、幻灯片、背景音乐和视频等。
3. 古筝、舞蹈、服饰、小奖品等。

【活动过程及设计意图】

一、相声《雨水》

"你这二十四节气都说得上来吗？"

"春雨惊春清谷天，夏满芒夏暑相连，秋处露秋寒霜降，冬雪雪冬小大寒。"

活动以两位学生的相声表演开始，全程幽默放松，引得全场欢声笑语。雨水作为节气，有降雨开始的意思。天气回暖，草木萌动。古诗中也有记载：天街小雨润如酥，草色遥看近却无。杜甫先生曾经写过一首《春夜喜雨》："好雨知时节，当春乃发生。随风潜入夜，润物细无声。"春雨滋养万物是一个美好的开始，一年之计在于春，万物在春天里茁壮成长，因此，学生学习知识也要认真，观察生活也要仔细。

设计意图：两位学生在日常生活中关系融洽，经常在班级里互相开玩笑，引得其他同学和老师开怀大笑。借此活动，发掘两人的潜能，为大家带来相声表演。相声内容将二十四节气、诗词、谚语简单地串联在一起，轻松易懂。活动准备过程中，提高了两人的创作能力和团队合作能力；在台上体现了两人的临场应对能力。幽默的开场为活动的后半程做了铺垫，也代替了以往活动中主持人的位置，优化了活动中环节与环节之间的过渡。

二、雨水的由来和习俗

一位学生分享雨水节气的由来。雨水是二十四节气之中的第 2 个节气，位于每年正月十五前后，太阳到达黄经 330 度。"正月中，天一生水。春始属木，然生木者必水也，故立春后继之雨水。且东风既解冻，则散而为雨矣。"意思是说，雨水前后万物开始萌动，春天就要到了。随后，带来小游戏——我演你猜，龙抬头、剪头发、龙须面、踏青都是出自"二月二龙抬头"习俗中的词语。"二月二龙抬头"一般在雨水节气后，广为人知。接下来，由下一位学生介绍"二月二龙抬头"和雨水节气的另外两个习俗：回娘屋和拉保保。回娘屋是流行于川西一带的另一项风俗。民间到了雨水节，出嫁的女儿纷纷带上礼物回娘家拜望父母。拉保保，保保是干爹，找干爹的目的是让儿子或女儿顺利、健康地成长。

设计意图：通过雨水节气相关知识的介绍，让学生了解雨水节气的由来，能说出雨水节气的习俗。运用小游戏的形式激发学生的热情，也能提高主持者的现场应对能力。

三、诗词赏析

古往今来，许多文人墨客在各种节气里留下动人的诗词。这些诗词歌赋是中国传统文化的精髓，尤其是传统文学的集大成者。学生们配合万物复苏的视频诵读鉴赏经典诗词，感受文人在雨水节气前后对自然、对事物的情感。

设计意图：通过配乐诗朗诵的方式，朗读与雨水有关的古诗，全体学生共同欣赏、品味春雨之美，领略中国传统文化之博大精深。为班级里相对内敛的学生和有特殊教育需求的学生提供展示自己的舞台，增强学生自信心和自我认同感。

四、古筝演奏

传统文化离不开传统乐器。班级里两位学生从小学习古筝，可以带来古筝表演，再配合其他两位学生的朗诵，为我们带来一场视听盛宴。

设计意图： 教师在日常和学生的相处中，发现学生们的兴趣广泛，许多学生从小学习各种乐器，但缺少在同学和朋友面前展示的机会。借助此次活动，发挥学生身上的闪光点，也增强学生自信心和自我认同感，同时也让学生发现"美"就在身边。

五、雨水的三候

雨水节气反映季节的变化，指导农事活动，影响着千家万户的衣食住行。雨水节气前后会出现一些有趣的生物现象。下面就由一位学生为大家讲一讲一候獭祭鱼、二候鸿雁来、三候草木萌动。

现场互动：

1. 大家知道这种行为是为什么吗？

水獭的捕鱼能力很强，捕到后往往吃一两口就抛掉，因而有许多剩鱼堆积的现象。这是一种鼬科动物过度捕猎的习惯。

2. 人们可以获取到什么信息呢？

可以告知人们春天的到来，也宣告了打渔这种生产方式可以开始了。

3. 结合我们学习过的地理生物知识，大家知道大雁为什么南飞吗？

首先，大雁朝南方是飞去过冬，南方属热带气候，比北方要温暖，食物会比北方充足。其次，候鸟的这种行为一般是随季节变化有规律地来往于越冬地和繁殖地之间的，群体大，来去的时间、地点都很有规律，有固定的越冬场所、繁殖地和迁徙地点。这是节律行为，也是先天性行为。最后，一般靠前面的大雁是很有力量、很有经验的，由于头雁扇动翅膀的作用，带动气流，若排成"人"字形或"一"字形飞行，后面的大雁飞起来会很轻松，就不必休息很多次，有利于整个群体的持续飞行能力，体现了种内互助。

设计意图： 通过相关知识的介绍，让学生了解雨水节气前后会出现一些有趣的生物现象。运用现场问答的形式，激发学生的热情，也能提高主持者的现场应对能力。一般传统文化活动都会与语文学科中的诗词融合，此次活动不仅融合了语文学科，还和地理生物学科融合，充分解释了一些自然现象，学生也将所学运用到实际中，解决实际问题。

六、朗诵《雨水》

两位学生朗诵《雨水》，"无数个根茎，无数个种子，无数个叶芽，无数个花芽，有了雨水的滋润，它们苏醒了，鲜活了，它们开出了花，长出了叶，生出了小苗，它们催生了充盈于天地间的无限绿意。春雨中，春回大地了。"全班学生化身花草和小鸟，表现出大地渐渐呈现出一派欣欣向荣的景象。

设计意图： 朗诵内容描述了冬去春来，大地复苏的景象。通过全员参与，每位学生扮演花草和小鸟，感受万物复苏的自然气息，同时感受我国劳动人民创造的辉煌文化。

七、舞蹈《雀之灵》

全班学生化身花草和小鸟后，由一位学生扮演的孔雀来到舞台中央，带来一支舞蹈《雀之灵》。

设计意图：再次展现出春天的生机勃勃，为有才艺的学生提供机会和舞台，活动在一片祥和和欢声中结束。

【活动延伸】

积极正向的多元化评价是对学生无声的鼓励与促进。活动结束后，给学生下发评价量表（见表3-8），让他们进行反思和总结，复盘参与活动的整个过程，希望学生能准确地认识自己、了解自己，了解别人眼中的自己。

表3-8　评价量表

评价指标	评价要点	个人自评	教师评价	综合评价
活动参与	1. 我能认真倾听，积极、主动参与活动。			
知识获得	2. 我能说出雨水节气的由来、习俗、三候等。			
	3. 我能诵读关于雨水节气的经典诗词。			
合作交流	4. 我能够在班级合作中发挥适当的作用，与组员相互帮助，完成活动。			
情感态度	5. 通过诵读经典，我学习了优秀的传统文化，增强了民族自信心和自豪感。			
	6. 通过参与活动，我提升了美育素养，增强了自信心和自我认同感。			
总评				

1. 在个人自评、教师评价结果栏填上分数（0～10分），综合评价栏的分数是上述两项进行累加后再算出的平均分数。

2. 总评栏：把6项的综合评价分数进行累加后再算出平均分数，找到相应等级，填写在总评栏（60分以下为不合格；60～69为合格；70～84为良；85～100为优）。

【活动反思】

此次"传统文化嘉年华之节气文化"综合实践活动的开展，达成了德育目标。活动整体思路的设计体现了老师和学生们的集体智慧，注重培养学生的核心素养。学生们在活动中获得了和雨水节气相关的文化知识，了解雨水节气的由来，能说出雨水节气的习俗及三候。实践活动过程中学生积极参与，提升了语言表达能力、创作能力、临场应对能力、鉴赏能力、学科知识应用能力。随着物质生活的丰富，家长也越来越重视学习以外的能力，学生可以通过多种途径进行学习与成长，多数学生会从小培养不同的兴趣。因此，在学校学生需要舞台来展示自己的兴趣和才艺。这种综合实践活动恰恰给予了学生展示自己的机会。同时，班级里有需要特殊教育的学生，此类活动也可以为其提供机会，增强自信心，加速融入集体，提高班级凝聚力。

通过本次活动的开展，教师深刻感受到在一体化德育实践活动中可以贯穿幼小初高，开展以节气文化为主题的系列活动，设计好各学段的目标，让学生随着学段的增高对节气文化有更深层次的理解与践行。教师要引导学生既要做中华民族优秀传统文化的传承者，也要做优秀传统美德的弘扬者，把传统节日中蕴含的传统美德在实际生活中传承下去，同时也可以尝试将美育教育、学科教育融入实践活动中，做到立德树人，全面育人，让古老智慧在新时代、在广袤的中国大地上绽放璀璨光芒，焕发勃勃生机。

"身边的年味儿"分享会
——石景山区实验教育集团春节主题系列活动

【设计者单位及姓名】

北京市石景山区第二实验学校　　王宗兰

【参与者】

马春光、刘贺萌、王振中

【年级】

八年级

【背景依据】

习近平总书记曾围绕传承和弘扬中华优秀传统文化发表了一系列深刻的论述。中华优秀传统文化不仅是历史长河中中华民族战胜各种困难和挑战的精神宝藏，也是实现中华民族伟大复兴的重要精神支柱。在新的时代背景下，我们需要将传承和弘扬中华优秀传统文化与社会主义核心价值观、中国特色社会主义精神文明建设有机融合，紧密结合，以此不断创造中华文化的新辉煌。

春节作为中华民族的传统节日，承载着中华民族优秀的民族精神，具有深远的时代意义。每年无论是哪个阶段的学生，都翘首以盼春节的到来。八年级学生对春节的相关习俗已经颇为熟悉，然而对于其中所蕴含的传统文化和美德的理解却相对有限。因此，我们需要引导学生从日常生活中着手，以发现美的理念去观察和感受春节期间身边的变化，将自己发现的年味儿与同学们分享。在如今快节奏的社会中，我们需要这样一个节日，让我们暂时停下脚步，看看身边的家人和朋友，与家人共享一顿团圆饭。"年味儿"不仅代表着团圆，更是家的味道，通过学生们的真情分享，我们可以将"年味儿"的精神传承下去。

【设计思想】

为了全面落实立德树人根本任务，大力弘扬中华美育精神，培养德智体美劳全面发展的社会主义建设者和接班人，以春节为切入点，通过分享会的形式在年级综合实践活动中宣传普及传统节日习俗，丰富节日文化内涵，感悟喜庆祥和、阖家团圆的浓厚氛围，着力引导学生深化对中华优秀传统文化的认同，从而让学生愿意继承和弘扬中华民族传统美德。

【活动目标】

通过"诵诗赏词品年味""巧手布置喜庆家""美味十足年夜饭""张灯结彩猜灯谜"四个活动环节让学生感受我国春节这一传统节日的浓厚氛围，进而爱上春节，传播春节文化。

【活动准备】

1. 集思广益，进行综合实践活动的整体思路设计。
2. 窗花、年夜饭视频、灯谜。
3. 学生专题汇报稿件、幻灯片、背景音乐等。
4. 彩排。

【活动过程】

一、"诵诗赏词品年味"

古时文人墨客留下了许多关于春节的诗词，学生们可以通过自主查阅资料分享诗词里的年味，诵读并鉴赏白居易、欧阳修、王安石、文天祥、文征明等诗人的诗词作品。

设计意图：通过"诵诗赏词品年味"让学生了解春节，诵读经典，学习优秀传统文化，增强民族自信心和自豪感。

二、"巧手布置喜庆家"

为了迎接春节，家家户户都会把家里装饰得红红火火。窗花作为非物质文化遗产之一，是装饰中最为常见的。学生们广泛搜集分享家装里的年味，介绍窗花的由来、窗花的制作方法以及不同地区的窗花，最后展示了他们设计并制作的窗花作品。

设计意图：通过"巧手布置喜庆家"让学生学习剪窗花，自己设计窗花，培养学生美育素养，传承非物质文化遗产。

三、"美味十足年夜饭"

春节期间最期待的就是年夜饭了，特色美食数不胜数。学生们录制、拍摄、分享美食里的年味，讲解各种美食的寓意，分享自家年夜饭的场景，重温阖家团圆、孝老敬亲的场景。

设计意图：通过"美味十足年夜饭"让学生了解美食的寓意，感受阖家团圆、孝老敬亲的氛围。体会春节的深层次文化内涵，弘扬中华传统美德。

四、"张灯结彩猜灯谜"

我国的春节是从农历的正月初一到正月十五。正月十五又称元宵节，习俗活动主要有赏花灯、猜灯谜、闹元宵等。学生们搜集分享元宵节里的年味，介绍元宵节的来源、习俗，并精心选取了灯谜让大家竞猜。

设计意图：通过"张灯结彩猜灯谜"让学生了解春节的习俗，体验灯谜中的智慧，增强文化自信。

【活动延伸】

活动结束后给学生下发评价量表（见表 3-9）进行反思和总结，希望学生能准确地认识自己、了解自己，了解别人眼中的自己。鼓励学生今后每年春节学做一道年夜饭、拍一张全家福、剪一张窗花、写一副对联等活动，通过班会、年级会进行分享。

表 3-9　评价量表

评价指标	评价要点及等级				评价结果			
	优 85～100	良 70～84	合格 60～69	不合格 60分以下	个人 自评	小组 互评	教师 评价	综合 评价
活动参与	1.我能认真倾听,积极、主动参与学习活动。							
	2.我能认真思考并积极回答老师、同学提出的问题。							
能力提升	3.我能说出春节的习俗、美食的寓意。							
	4.我能诵读关于春节的经典诗词。							
	5.我能完成窗花的设计活动。							
合作交流	6.我能够在小组合作中发挥适当的作用,与组员相互帮助,完成活动。							
	7.我在与组员交流时能吐字清楚、声音洪亮,清晰地表达意思。							

评价 指标	评价要点及等级				评价结果			
	优 85～100	良 70～84	合格 60～69	不合格 60分以下	个人 自评	小组 互评	教师 评价	综合 评价
情感 态度	8.通过诵读经典，我学习了优秀的传统文化，增强了民族自信心和自豪感。							
	9.通过年夜饭活动，我体会到春节深层次文化内涵，今后要弘扬中华传统美德。							
	10.通过这次活动，激发了我的学习兴趣，培养了我乐于探索的精神。							
总评								

1. 在个人自评、小组互评、教师评价结果栏填上分数，综合评价栏的分数是上述三项进行累加后再算出的平均分数。

2. 总评栏：把10项的综合评价分数进行累加后再算出平均分数，找到相应等级，填写在总评栏。

【活动评价与反思】

这次"身边的年味儿"分享会的开展，达成了德育目标。活动整体思路的设计贴近学生生活，以学生的视角分享春节中的特色，让学生通过亲身体验进行学习，积累和丰富实践经验，培养实践能力与创新精神，认同、传承和弘扬中华民族的传统美德。

在一体化道德教育的实践活动中，我们策划并执行了一系列的活动："过中秋佳节，扬中华美德""身边的年味儿"分享会以及清明诵读等年级综合实践活动。通过对学生的调查，我们发现他们在小学阶段已经参与过以清明、中秋、春节等为主题的实践活动。因此，我们开始思考如何在初中阶段开展传统文化实践活动，以便在小学阶段的基础上提升学生的理解和体验。

初中学生的认知和能力相较于小学阶段有了显著的提升，因此，我们认为可以从活动的形式和深度，以及培养学生的能力方面体现初中阶段的特点和要求。例如，我们可以让学生分组研究他们感兴趣的问题，查阅相关资料并进行汇报，以此来培养他们的语言表达能力、信息检索能力、幻灯片制作能力和鉴赏能力。

此外，我们还可以将美育教育融入实践活动中，比如，让学生设计并完成窗花的制作，分享他们的创意，以此开拓他们的思维。同时，我们也可以将学科教育融入实践活动中，如在美味年夜饭的活动中，可以引入生物学中的食物营养和合理膳食的知识，实现全面育人的教育目标。

一体化德育的实践是至关重要的，也是必不可少的。在未来，我们将对如何在初中阶段开展传统文化实践活动进行更深入的研究和实践。

第四部分 幼小初中华传统 文化系列教学设计及相关研究

"故宫建筑之冷暖风雨"教学设计

【设计者单位及姓名】

北方工业大学附属学校　孙文亮

【教学背景】

北京有着 3000 多年建城史和 800 多年建都史，悠久的历史赋予了这座城市丰富的历史文化，因而，2018 年时任北京市委书记蔡奇在回答关于北京未来文化建设如何发展的时候，强调要以历史文化名城保护为根基，而在众多的历史文化中最有代表性的就是故宫。

故宫建于 1406 年，历经 600 多年的风风雨雨，而依旧保存完好。其中除了国家大力保护以外，和故宫建筑的精心设计和建造密不可分，和故宫工匠的聪明智慧密不可分，而这种智慧产生的立足点就是当地的自然环境与人类的需求空间之间的不和谐，其内涵就是为了促进人地之间的和谐共生，这种人地和谐又正好是地理学科的核心素养。

【学情分析】

故宫是中国古代宫廷建筑之精华，是世界上现存规模最大、保存最为完整的木质结构古建筑之一，被列为世界文化遗产。

从地理学科角度来看，学生在地理学习过程中对建筑和自然环境的关系有了一定程度的了解，具备了一定的知识与能力基础。另外，学生大多生活在北京，通过乡土地理的学习，学生对北京作为全国文化中心还是比较了解的，能够说出一些很有代表性的历史文化和现代文明。

从故宫文化方面来看，随着北京教委"双减"政策的实施，在学生中开展传统文化教育，加强学生文化自信素养的培养逐渐显得更加重要。学生在教委的组织下也去过故宫，加上平时和家人朋友一起去，很多学生多少了解故宫的一些知识，初三学生在教师设计的故宫问题的驱动下更有兴趣去研究。

但是，第一次实地考察由于缺少专业的故宫专家指导，第二次的时候疫情及考试的原因，学生没有来得及和专家面对面多方面交流，虽然后期也有过沟通，但是了解还不够深刻，希望这次故宫课展示以后，还有机会带着更多的问题和专家交流。

【教学目标】

1.通过实地考察、专家交流和上网查询，学生能够结合故宫建筑中的不同部位特点，举例分析其和北京市自然环境中气候特征之间的关系。

2.通过学习，学生能从不同角度感受到故宫建筑中的文化精髓所在，感受到古代劳动人民的聪明智慧在古建筑中的体现。

3.通过学习，培养学生保护故宫这个世界文化遗产的意识，通过小组合作与探究，培养学生的探究意识，并在现实中去宣传故宫传统文化。

【教学重点】

故宫建筑特征和北京自然环境的关系。

【教学难点】

理解故宫文化的产生和人地协调的关系。

【教学过程】

教学过程见表4-1。

表4-1 教学过程

阶段目标	教师活动	学生活动
课题导入	【讲述】同学们，今天我们这节课的主题就是聊聊北京，说到北京，我们曾经学过北京有四大中心职能，这四个职能中和我们关系比较密切的就是文化中心。说到文化，北京既有古老的历史文化，如法海寺等，也有高科技铸造的现代文明，如鸟巢等。古老的文化和现代文明在北京交相呼应，相互融合，使得北京成为世界著名的历史文化名城，成为中华文化的一张金名片。党的十九大以后，人民日报记者曾对时任北京市委书记蔡奇做过一次专访，在问到关于未来文化建设如何发展这个问题时，蔡奇书记是这么回答的：文化中心建设方面，要以历史文化名城保护为根基，建设好大运河、长城和西山永定河文化带。在这个答案中我们可以看到，北京城市文化的根基就是它的历史文化，悠久的历史赋予了北京丰富的历史文化，其中最具代表性的我想大家都应该知道，它就是故宫。故宫是北京的中心，是北京丰富文化内涵的核心，是中华文化的象征。今天就让我们借助地理知识，探究解读故宫建筑文化的奥秘。 【板书】故宫建筑之冷暖风雨	学生边看PPT，边用心听讲。

阶段目标	教师活动	学生活动
北京市的气候特征	【讲述】过去生活在故宫里的人对生活环境的要求一定是比较舒适的，如温度适宜、湿度适宜、光照适宜等，但是北京的气候却不能满足这样的要求，如夏季会特别热，会出现暴雨，而冬天又特别冷，很干燥，这些问题在今天利用现代化技术可以得到解决，但是在古代，那些从全国各地招来的工匠，他们在建筑设计上用了哪些聪明才智来解决这些问题呢？在回答这个问题之前我来做一个现场调查，去过1次、2次和3次以上的同学举手。 【讲述】看来很多同学都去过故宫，有的甚至去过多次，那你们去的时候有没有关注这个问题呢？看来大家只是把重点放在了游览方面，并没有真正了解故宫这座文化宫殿。其实不仅仅你们不清楚，老师有些地方也不明白，于是带着这些问题，老师和一些同学实地考察了故宫，并在故宫博物院专家的指导下对故宫建筑特点和自然环境的关系有了一定的了解，今天就让他们把探究成果和大家分享一下，首先请大家用热烈的掌声欢迎冷暖组上台。	读图，结合学过的知识说出北京气候类型以及特征。
故宫建筑之冷暖	【总结】同学们，古人避暑保暖的措施远远不止我们今天所学的这些，他们的智慧如此丰富，相信肯定有许多史书上没有记载的方法，还需要同学们多次走入故宫继续实地探究。正如古人所说："近水知鱼性，近山识鸟音。欲知山中事，须问打柴人。"只有深入故宫，近距离观察故宫，我们才能感受到古人更多的智慧。 【过渡】为了让故宫里的人生活更舒适，还有一个问题要解决，这就是采光。采光是人类对居住环境的基本要求，那么自然光线是如何引进建筑里面的呢？下面有请采光组同学和大家分享他们的劳动成果。	两个学生上台站立在讲台一侧，交替从地炕、墙体的厚度以及屋檐的结构等方面分析，故宫建筑是如何做到冬暖夏凉的。
故宫建筑之采光	【过渡】我们古人不仅在品行上追求尽善尽美，在生活上也一样。解决了光热问题，接下来工匠们还要面对一个很大的问题，就是夏湿冬干的问题。雨雪组的同学在这方面也做了一些探究，下面就让他们给大家分享一下研究成果，大家掌声欢迎。	两个学生上台站立在讲台一侧，交替从房屋布局、屋檐的长度和形状等方面分析，故宫建筑是如何做到采光的。

阶段目标	教师活动	学生活动
故宫建筑之雨雪	【总结】通过刚才探究小组的主题分享，我们发现当人类生存的自然空间和需求的适度空间出现冲突的时候，我们的工匠就会运用他们的聪明智慧去解决，从而达到人地和谐，这种和谐在故宫建筑命名上有突出的体现。例如故宫最核心的地区修建的宫殿都以和字命名，如太和殿、中和殿和保和殿。说完了古代工匠的智慧，我想问大家一个问题，你们现在的学习和生活环境是不是非常舒适？你们舒适的环境是通过什么实现的？ 【讲述】大家说得非常好，由此可以看出，从古至今，人类的智慧在生活中不断延续和发展，人类的文化在传承中不断发展和创新，优秀的传统文化承载着过往，也承载着未来，只有我们不断探究发现并发展它们，现代人的生活环境才能越来越好。	学生上台从屋顶的坡度以及故宫的排水系统等方面分析故宫建筑是如何解决夏季多雨的问题的，听讲并回答教师的问题。
故宫建筑之防火	【过渡】为了达到人地更加和谐，古人的智慧我想不仅仅只有这些，其实在和同学们一起考察故宫建筑的时候，我也一直在思考一个问题，就是故宫建筑在防火方面做了哪些设计？大家都知道，故宫建筑的主要建材是木质材料，很容易着火，着火的原因除了和人为因素有关以外，和当地的气候有没有关系呢？ 【讲述】通过查找资料我发现，历史上由于雷击造成故宫建筑多次失火，这个问题放在现在非常好解决。大家请看，在建筑顶部安装的是避雷针和避雷网，通过它将云层上的电荷导入大地，使其不对高层建筑构成危险，保证了建筑物的安全。古代的工匠们不明白其中的缘由，但是他们也有自己的办法来减少火灾带来的损失，他们想到的办法是什么呢？下面由我来给大家做一个介绍，介绍之前请大家先看两张图。 【提问】这张图是西山地区的局部景观，大家知道图中这条道叫什么名字吗？它有什么重要的作用吗？看来大家不是很清楚，它叫防火道，就是避免山区发生火灾的时候，大火蔓延到相邻山区，也有利于消防车救火。这是现代人想出来的一个防火的办法，其实在几百年前，我们的故宫建造工匠就已经想出来了类似的方法，那就是在故宫建筑之间修建防火墙。 【讲述】（读PPT）防火墙是一种科学的防火方法，其基本原理是利用黏土砖的不可燃性，将其砌筑成厚厚的墙体，以阻断火势蔓延。紫禁城内现存多种形式的防火墙，如隔断墙、院墙、封后檐墙、硬山墙等。今天我们重点讲隔断墙。大家请看，这座宫殿是太和殿，我们现在看到两侧的红墙就是隔断墙。以前这个地方是木质长廊，这个长廊连着御膳房，有一次，御膳房着火引发长廊着火，进而引发太和殿着火，为了避免再出现这种情况，大臣建议改成黏土砌成砖墙，隔断大火蔓延。大家再看这座建筑，保和殿庑房，长150米，房屋30间，每隔5间设一座隔断墙，共7座，墙厚约1.5米，各隔断墙之间的屋架没有任何连接，可避免火灾发生时出现火烧连营的局面。大家请看，这就是隔断墙。	结合所了解的知识回答教师的问题；观看相关图片，结合教师所讲内容理解防火墙的概念及作用；听讲并回答问题。

续表

阶段目标	教师活动	学生活动
总结提升	【讲述】故宫文化博大精深, 源远流长, 说了这么多的故宫建筑文化, 其实也只是认识了故宫建筑文化的冰山一角, 还有很多古建筑文化的奥秘需要我们去研究探索。北京故宫是几百年前劳动人民智慧的结晶, 充分反映了中国古代劳动人民的创造才能。所以老师希望大家今后去故宫的时候能够通过上网查询、观看故宫学校的讲座、听故宫专家的讲解进一步探索古建筑的奥秘, 并通过自己和同学、朋友、家人的交流宣传故宫文化, 同时争做故宫文化宣传小使者, 给来自世界各地的游客介绍故宫文化, 让故宫成为世界古建筑史上最璀璨的明珠。	听讲并回答问题。

"走进故宫的前世今生"教学设计

【设计者单位及姓名】

北方工业大学附属学校　张方方

【授课年级】

八年级

【学情分析】

学生在初一年级第二学期在历史课上学习了"明朝的科技、建筑与文学", 对北京城的整体布局以及紫禁城有了一个初步的认识。而且多数学生都去过故宫, 还有学生阅读过一些有关故宫文化的书籍和文章, 因此, 学生对故宫有着浓厚的兴趣。但由于年龄以及知识的限制, 学生对于一些抽象概念难以理解, 不能把故宫和中国历史发展联系起来, 认识上是有很大的局限性和不足的, 需要教师在课堂上帮助学生建构联系。

【教学准备】

教师准备:

1.网上查阅有关北京中轴线以及故宫的大量资料, 观看有关故宫的纪录片;

2. 购买了《建筑紫禁城》《太和殿》《故宫院长说故宫》《红墙黄瓦》《我在故宫修文物》《古都北京》等书籍，认真研读了其中和课程内容有关的资料，为我所用。

学生准备：

1. 网上查阅有关北京中轴线以及故宫的大量资料，观看有关故宫的纪录片；

2. 制作用于汇报的PPT，并做好发言准备。

【教学目标】

通过教师讲授、问题探究、小组汇报等方式，了解故宫的前世今生，认识故宫的历史与价值。在感受古人智慧的同时，树立一种大文化观，珍视自己身边的文化载体，树立文化自信。

【教学重点】

故宫的历史与价值。

【教学过程】

一、导入环节

1. 出示文字资料"世界遗产组织对故宫的评价"。

2. 教师导入：1987年，故宫被列为世界文化遗产名录。当时世界遗产组织对它的评价是"紫禁城是中国五个多世纪以来的最高权力中心，它以园林景观和容纳了家具及工艺品的9 000个房间的庞大建筑群，成为明清时代中国文明无价的历史见证"。那么，故宫是怎么见证明清时期的中国文明的？通过它的历史发展，我们还能见证什么？今天，我们一起走进故宫的前世今生，去探寻其中的答案。

二、新课环节

（一）故宫见证中国古代政治文明发展的顶峰以及人民的智慧

1. 播放《故宫》视频，从整体上对故宫有一个初步了解。

2. 出示元大都平面图、明朝北京城布局图，讲述北京建都的历史。

3. 出示图片"北京中轴线"，讲述建筑所蕴含的文化观念。

4. 学生研究成果汇报：走进太和殿。

5. 教师总结：从建筑本身和建筑所体现的时代特征两个角度见证了人民的智慧以及中国古代政治文明发展的顶峰。

（二）故宫见证近代中国历史的变迁

1. 出示图片"人民英雄纪念碑——武昌起义浮雕""清帝退位诏书"，讲述故宫博物院建立的背景。

2. 出示材料，即"以前之故宫，系为皇室私有，现已变为全国公物，或亦为世界公物，其精神全在一公字"，讲述故宫的变化。

（三）故宫见证现代中国的发展

1. 学生汇报：故宫见证现代中国的发展。

2. 在学生汇报的基础上，教师总结。

（四）畅想未来的故宫

1. 小组讨论：故宫的未来。

2. 出示文字资料：2021年7月16日，习近平主席向第44届世界遗产大会致贺信，指出："世界文化和自然遗产是人类文明发展和自然演进的重要成果，也是促进不同文明交流互鉴的重要载体。保护好、传承好、利用好这些宝贵财富，是我们的共同责任，是人类文明赓续和世界可持续发展的必然要求。"

3. 讲述中国在保护以故宫为代表的世界文化遗产方面所做的努力。

三、课堂总结

只有全民都热爱自己的文化，这些珍贵的遗产才会得以久存，并永放光芒。我们期待更多的人走进故宫，去了解故宫，让更多的人知道故宫是中国的一种文化符号，也是中国为数不多的、不需要"翻译"就能走向世界的文化语言。

新课标背景下劳动教育与传统文化教育的结合

【设计者单位及姓名】

北方工业大学附属学校 付宗焱 徐加伟

【摘要】

在当今的社会发展中，学校对学生进行劳动素质的培养已经成为时代发展的必然需求。在新课标背景下学校劳动教育中，注重运用有效的教学方法，与中华传统文化结合，让学生亲身体验劳动教育的过程，使学生对传统文化有更多的体验和深入的思考，有利于增强学生的民族自豪感和文化自信，逐步形成适应个人终身发展和社会发展需要的正确价值观、必备品格和关键能力。

【研究背景】

新课标背景下的劳动教学是以提高劳动者的劳动素质为目标，以实现学生的全面发展为目的的一种教学。

习近平总书记在 2018 年全国教育大会上特别强调："要在学生中弘扬劳动精神，教育引导学生崇尚劳动、尊重劳动，懂得劳动最光荣、劳动最崇高、劳动最伟大、劳动最美丽的道理，长大后能够辛勤劳动、诚实劳动、创造性劳动。"

2020 年 3 月，中共中央、国务院发布了《关于全面加强新时代大中小学劳动教育的意见》（以下简称《意见》），《意见》面向全社会，全面部署了劳动教育工作。2020 年 7 月教育部颁发了《大中小学劳动教育指导纲要（试行）》（以下简称《指导纲要》）。《指导纲要》是《意见》在教育部门的具体化，重点解决劳动教育是什么、教什么、怎么教的问题。

《义务教育劳动课程标准（2022 年版）》强化课程育人导向，优化课程内容，基于核心素养发展要求，设定课程内容，增强内容与育人目标的联系，体现了正确价值观、必备品格和关键能力的培养。

【研究内容】

一、中小学劳动教育现状

劳动教育存在的突出问题之一是，家长和社会普遍关注学习成绩的获得。新时代的劳动教育是针对部分中小学生存在的轻视体力劳动，尤其是看不起普通劳动者的现象而提出来的。

劳动教育存在的突出问题之二是，部分学校教师只注重劳动项目、劳动任务的完成，忽略了学生的体验与收获，忽视了学生的劳动意识、劳动精神和习惯、创新意识与全面素质的培育。劳动教育的核心就是学生通过劳动过程，完成劳动项目或任务，使学生的劳动素养得到提升。

劳动教育存在的突出问题之三是，没有构建起学校、家庭、社会相结合，具有自身特点的劳动教育内容体系。因此，劳动教育的内容和形式随意性比较大，目的性不强，影响并制约着学生劳动的兴趣与教育效能。

二、劳动教育与传统文化教育相结合的意义

劳动教育是发挥劳动的育人功能，对学生进行热爱劳动、热爱劳动人民的教育活动。它具有三个基本特征：一是鲜明的思想性，强调劳动者是国家的主人，一切劳动和劳动者都应当得到鼓励与尊重；二是突出社会性要求，引导学生走向社会、认识社会，强化责任，建立平等和谐的新型劳动关系；三是显著的实践性，以动手实践为主要方式，引导学生在认识世界的基础上学会建设世界、塑造自己，实现树德增智、强体育美的目的。

义务教育劳动课程以培养学生的核心素养为导向，围绕日常生活劳动、生产劳动和服务性劳动，以任务群为单元，一共设置 10 个任务群。学校根据学生的经验基础和发展需要，聚焦具体任务群的内容要求、素养表现和活动建议，坚持育人导向，结合中华传统文化设计丰富多样的劳动教学设计，呈现多样化的劳动教育样态，引导学生明确人生发展方向，成长为德智体美劳全面发展的社会主义建设者和接班人。

三、劳动中结合传统文化教育的策略

《义务教育劳动课程标准（2022 年版）》指出，劳动课程资源是实施劳动课程的必要条件，学校场地、设施及环境是劳动课程实施最基础的资源。坚持"立德树人"导向，整合校内外劳动教育资源，紧扣学生主体意识和中华传统文化，进行中小学生"学正育能"劳动教育课程的建设与实践。

陶行知先生曾说过"生活即教育"，现代教育理念让课堂回归生活，生活中又处处有课堂，将传统文化教育和劳动教育紧密结合。中小学在实施劳动教育的过程中，挖掘传统文化特色的资源，让学生历经从劳动体验内化到文化自觉的过程，让中小学生情绪上受到感染，情感上产生共鸣，在劳动中体验中华文化的博大精深，培育文化自信和劳动意识，这是培育下一代合格社会主义接班人的核心素养的一条有效途径。

（一）劳动中的传统节日美食

时代在发展，劳动的内容与形式也在变化，作为学校需要考虑有创造性地去推进劳动教育，要思考如何把劳动教育和传统文化节日活动有机联系起来，形成感受、感知、感悟形态，让劳动教育成为激发学生学习传统文化，树立民族自豪感的重要渠道。

中华民族历史悠久，源远流长，春节、清明、端午、中秋、重阳、除夕等中华民族传统节日是民族文化的宝贵财富，传统节日反映着民族传统习惯，凝聚着民族精神，承载着民族的文化血脉，是培育下一代核心素养的优秀载体。丰富的饮食文化给劳动教育提供素材：元旦迎接新年组织学生开展百变饺子宴；元宵节在家与家长一起包元宵；二月二组织学生学习龙抬头传统习俗，感受传统文化，亲自做龙尾做装饰；端午节包粽子，让学生了解爱国诗人屈原。通过各种劳动，激发学生的爱国激情，增进学生对传统节日的了解。

（二）劳动中的传统节气种植

劳动课程强调学生直接体验和亲身参与，注重动手实践、手脑并用，知行合一、学创融通，引导学生亲历情境、亲手操作、亲身体验，让学生动手实践、出力流汗，接受锻炼、磨炼意志，培养学生正确的劳动价值观和良好的劳动品质。

学校与语文学科二十四节气主题课程结合，开设校园种植基地。学校劳动基地的建设为学生提供了实践的机会，让其更能和其他伙伴一起享受劳动的幸福。学生深入学校两块劳动基地——"半亩田""乐活星球"。3～6 年级学生负责除草、浇水、施肥、搭架，学生通过动手实践、出力流汗，接受锻炼、磨炼意志，培养正确的劳动价值观和良好的劳动品质。7～9 年级学生除了日常养护以外，还以直观的形式学习如何制作并正确使用常用的劳动工具，紧紧围绕"绿色创新"理念，巧妙利用废旧材料制作采摘工具。经过学生的努力，七月"半亩田"种植园一派生机勃勃的景象，中年级学段全体学生走进种植园，认识各类瓜果蔬菜，每人都能品尝到劳动的果实，还把果实送给学校的保安叔叔，分享感受丰收的喜悦。金秋九月"乐活星球"蔬菜成熟，高年级学段学生分工有序，经历采收—称重—打包—贴签，开设了迷你菜市场，使校园热闹了起来，师生都加入了购买绿色蔬菜的队伍。

开办种植并不仅仅是让学生吃点苦、出点汗那么简单。它的方式在劳动，重点在教育。劳动教育要做的是在各种劳动中学习，引导学生崇尚劳动、尊重劳动，成为懂劳动、会劳动、爱劳动的时代新人，让学生在泥土里学会耕耘，在烟火气中体味生活，在指尖上打开大千世界，亲手创造色彩斑斓的人生。

（三）劳动中的传统手工制作

传统文化的继承和创新是一种精神上的熏陶，更是文化生活的典礼和仪式，劳动教育让学生作为劳动的主体之一参与其中，亲身体验传统教育的过程，对劳动教育有更多的体验与深入的思考。

在传统节日的日常生活中，把家务劳动作为必做作业，赋予传统文化教育浓郁的生活味道。比如春节到来之际，可以安排"欢天喜地过大年"主题综合实践活动，根据学生不同的学段特征设定不同的体验活动，如剪窗花、贴福字、猜灯谜等，体验深厚的民族传统文化底蕴。比如在家长的指导下利用积攒的中秋节月饼包装盒做灯笼，从材料积攒到制作成成品，都能够体验劳动创造的价值。比如春雷始鸣，"惊蛰出洞"。低学段的同学们利用超轻黏土、立体纸工、泥塑材料等用自己的巧手将喜爱的小动物们"唤醒"。"惊蛰出洞"创意角，学生把热爱的校园变成了勃勃生机的大自然。学生学到了知识，更了解中华传统文化，感受到劳动的乐趣，体会劳动的美感。

人的本质是劳动的、是实践的、是社会关系的总和。人类因为有目的的劳动成就自身，同时因为有价值的劳动改造社会、促进社会、发展社会。传统文化教育对学生的精神养成价值不只局限于文化熏陶和耳濡目染，更在于在劳动中养成的文化传承、劳动观念、公民意识价值。

将劳动教育与传统文化教育结合，正面发挥育人作用，帮助学生树立爱劳动、尊重劳动人民的正确劳动观念，才是劳动教育。将劳动教育和中华传统文化有机地结合起来，能激发学生学习中华传统文化的热情，对于指导中小学生的成长与发展，具有积极的现实意义与深远的历史意义。

以"校园四季"项目探索五育融合生态校园建设

【设计者单位及姓名】

北方工业大学附属学校　谢晓宇

【摘要】

项目以"如何建设一个适合学生自主成长需要的生态校园"为驱动问题，调动学生综合运用各学科知识解决问题、设计活动，完成校园生态园建设方案并设计春生节、夏长节、秋收节、冬藏节四个时令节气相对应的校园实践活动方案。让学生在实践中理解植物生长与环境的关系，体悟农业耕种与节气变化的关系，引导学生运用尊重和保护自然、绿色发展等观念参与学校建设发展，构建生态校园，在项目实施中实现以劳养德、以劳增智、以劳强体、以劳育美，让五育融合在学生自己营造的教育场域中真实发生。

【项目背景】

一、生态校园的双重解读

学校里的一草一木、一砖一瓦，甚至每一个学生本身都是教育的宝贵资源。我们的校园环境一方面要营造人与自然和谐共生的生态环境，另一方面还要根据学生的成长需要，尝试将空间场景转化为教育场景，让学生通过亲自参与学校文化建设和劳动生产建立综合思维观、人地协调观和生态发展观，同时也引导更多跨学科学习的生成。在让每个学生都拥有自己成长故事的办学理念的指引下，学校充分利用校园现有的自然环境，以促进学生德智体美劳全面、自主发展为目标，积极开展"校园四季"项目式学习，打造适宜学生成长的、自然生态和人文生态兼具的校园文化。

二、学校生态校园建设现状

目前，学校有银杏树、石榴树、海棠树、柿子树等多种景观植物，东墙下还有一块绿化带和一个人工小池塘。上学期，学校开辟了约 200 平方米的蔬菜园地、30 平方米的中草药园地作为学生的种植实践基地。学生参与了整地、浇水、秧苗移栽、日常养护等工作，并在期末举办了采摘和迷你市集等活动，受到师生欢迎。回顾实施过程，由于学生对作物习性不了解等原因导致种植后期没能完全达到预期的成果。加之北京冬季气温低，这一期间校园生态园闲置，池塘内的鱼类不能存活，不能实现物尽其用。

【新课标要求】

生态文明教育是《中小学德育工作指南》中提出的主要德育内容之一，要求学校引导学生树立尊重自然、顺应自然、保护自然的发展理念，按照自然规律做事，知道人与自然应该构建和谐共生、良性循环、持续发展的自然伦理形态，树立可持续发展观念。

2022 版初中地理新课标提出了人地协调观和综合思维观。人地协调观是指人们对人类与地理环境之间的关系秉持的正确价值观，有助于学生形成尊重和保护自然、绿色发展等观念，滋养人文情怀，增强社会责任感。综合思维观是指人们综合地认识地理环境及人地关系的思维方式和能力，有助于学生形成系统、动态、辩证地看待问题的思维方式，树立求真务实、开拓创新的科学精神。

《义务教育劳动课程标准（2022 年版）》提出，7～9 年级的学生要能根据个体、家庭、学校、社区的发展需要，提出具有一定创造性的解决方案，制订合理的劳动计划，并安全规范地加以实施，能对劳动过程与劳动成果进行反思和总结，进一步提高创造性劳动能力、合作能力。

"生物与环境"是 2022 版初中生物学课程标准的七个学习主题之一，要求学生能够运用系统与整体的思维方式认识生物与环境的相互关系，形成热爱自然、敬畏自然的情感，树立人与自然和谐共生的生态观，确立生态文明观念。

【项目学习目标】

1. 学科：运用生物、地理、物理等知识合理科学地解决问题，运用语文、英语、信息技术等学科知识宣传和呈现作品。让学生在项目实施中学习了解动植物生长、生存与环境的关系，激发学生探究生物生长和生命奥秘的兴趣，建立人地协调观、生态文明观念和综合思维观。

2. 艺体：通过参与农业生产锻炼健康体魄；通过绘画、视频制作、歌曲创作等形式提高审美情趣，促进人的和谐与完美发展。

3. 传统文化：理解时令节气与农业耕作之间的关系，体会中华优秀传统文化内涵，增强文化自信和社会责任感。

4. 人文情怀：培养学生的人文情怀，涵养高雅的情趣及健康的审美意识和观念。

5. 品德素养：训练前瞻性的思考与行动能力，培养学生的高阶思维，深化核心素养，促进学生德智体美劳全面发展。

【项目意义】

以跨学科项目式学习的形式组织学生开展"校园四季"生态园建设规划及活动方案设计，将学生纳入学校管理的顶层设计团队，通过全局性的视角传递给学生思考问题、解决问题的知识与能力，极大地调动学生的内驱力。同时，在项目式任务的牵引下倒逼学生主动探索学科知识，在不同学科领域之间形成有意义的关联，也可以调动学科教师以该项目为依托开展学科知识导向的若干子项目，激发学生的学习力。学生在产品产出的过程中会对自己所学的知识有全面、深入的认识，他们的视野在拓宽，阅历在增加，知识在丰富，意志得到磨炼，审美得到提高，体质得到锻炼，真正实现核心素养的提升。最后，学生将在自己建设的环境和设计的活动中体验以劳养德、以劳增智、以劳强体、以劳育美，让五育融合在学生自己营造的教育场域中。

【项目实施】

一、驱动问题

1. 核心问题：如何建设一个适合学生自主成长需要的生态校园。

2. 子问题：（1）设计春、夏、秋、冬四季生态园建设方案；（2）设计春生节、夏长节、秋收节、冬藏节学生活动方案。

二、项目本体解读与规划

该项目以"如何建设一个适合学生自主成长需要的生态校园"为驱动问题，将初一年级学生分为两大项目组，一组主要负责四季活动方案的设计，另一组主要负责校园生态园建设方案的设计。两个项目组都按四季分为春、夏、秋和冬四个小组。首先由两组学生共同讨论，确定生态校园规划愿景（见图4-1），其次设计校园生态园建设方案和以生态园为依托围绕德智体美劳开展校园活动进行研讨（见图4-2）。

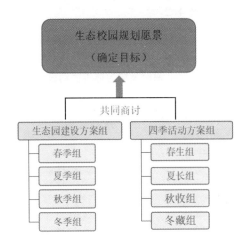

图4-1　生态校园规划愿景

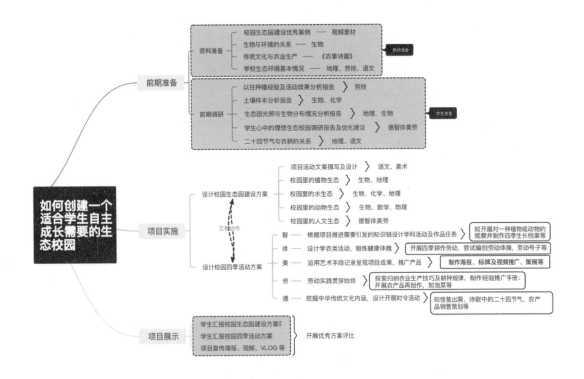

图4-2　项目规划图

三、项目主要活动及时间周期

项目主要活动及时间周期见表4-2。

表4-2　项目主要活动及时间周期

子项目名称	课时及学习体验活动设计				
	驱动性问题	活动内容（组织形式）	活动意图	教师准备的学习资源	需要课时数
校园生态园建设方案	如何根据四季变化以及生物与环境的关系设计适合学生活动的生态园建设方案	撰写调研报告和项目建设方案	运用生物、地理、物理、化学、传统文化等知识，在解决问题的过程中了解自然环境与植物生长和动物生存之间的关系	植物生长与环境关系；气候对作物生长的影响；学校生态建设基本情况	4
校园四季活动方案	如何根据校园生态园四季特点和学生需要设计学生活动	撰写校园四季活动方案，通过分享交流，制作PPT	运用音乐、体育、美术、语文、信息技术等学科知识，在活动设计中体验古人农法节气的智慧，传承中华传统文化精髓	时令节气文化知识；植物的食用价值及观赏价值等	4

四、项目实施过程

项目实施过程见表4-3。

表4-3　项目实施过程

课型	项目实施过程规划			
	实施步骤	核心知识和能力，以及对应的本课程要培养的核心素养	课下任务（包括作业布置与反馈）	课时
导引课	呈现优秀校园生态建设案例，讨论愿景、思路和口号；组织学生确定子项目主题和讨论评价标准	学生运用尊重和保护自然、绿色发展等观念参与学校建设发展，培养人文情怀，增强社会责任感	完成学生心中理想生态校园的调研报告	2

课型	项目实施过程规划			
	实施步骤	核心知识和能力，以及对应的本课程要培养的核心素养	课下任务（包括作业布置与反馈）	课时
校园生态园建设方案设计	1. 生态园土壤样本分析； 2. 生态园光照时间分析； 3. 以往种植经验分析与总结； 4. 确定适合春、夏、秋、冬各季种植的植物及劳作时间； 5. 整体规划方案	1. 学生在对环境和生物的关系探究的过程中建立生命观、生态观； 2. 通过解决实际问题，建立科学思维，培育学生的理性思维、批判质疑、勇于探究等科学精神	分小组完成对应调研报告及规划方案	4
校园四季活动方案设计	1. 整理二十四节气与农耕的关系相关知识； 2. 运用校园生态资源，结合五育内容设计春生节、夏长节、秋收节、冬藏节四个校园活动	1. 通过完成方案设计任务，使学生认识到人们生活与区域地理环境的关系，传承和弘扬中华传统文化，强化学生对中华文化生命力的坚定信心； 2. 在活动的设计和实施中涵养高雅的情趣，培养审美意识	分小组完成对应调研报告及规划方案	4
展示课	学生在全校做汇报、宣传海报、短视频等展示	训练学生综合运用知识的能力和语言表达能力	评出最优方案、最佳作品	2

五、项目产品或成果

1. 全体成员

学生心中理想生态校园的调研及优化报告。

2. 生态园建设方案组

（1）前期调研报告：土壤样本分析、生态园（四季）光照情况分析、校园种植与活动经验分析与总结、二十四节气与农耕的关系概述。

（2）后期展示：学生汇报"校园生态园建设方案"。

3. 校园四季活动方案组

学生汇报"校园四季活动方案"。

4. 其他成果

海报、活动视频、图文画册等。

【项目评价】

项目评价见表4-4。

表4-4　项目评价

项目内容	学生自评（A、B、C）	小组互评（A、B、C）	教师评价（A、B、C）	课时
种植方案	1. 建立生命观、生态观； 2. 培养科学思维、理性思维、批判质疑、勇于探究等科学精神	1. 方案符合学校文化和四季环境变化； 2. 方案考虑到后期组织校园活动的需要； 3. 小组之间合作愉快	1. 阐明作物生长与季节环境的关系； 2. 方案可实施	1
活动方案	1. 在德智体美劳方面都得到充分发展； 2. 对中华文化更加坚定热爱	1. 方案受大多数学生的欢迎； 2. 同学们愿意参加这样的活动	有助于学生形成尊重和保护自然、绿色发展等观念，滋养人文情怀，增强社会责任感	1

【反思与总结】

一、为学生自主发展提供良好生态环境

实施"校园四季"项目是让学生参与到学校规划设计方案中，需要学生具备预见性和前瞻性，综合应用学科知识去解决可能面临的问题，同时还可提升艺术与人文、信息技术等方面的素养。因此，该项目对于学生自主发展具有非常重要的意义。

二、提升学生的策划实践与执行能力

在参与"校园四季"建设方案的过程中，学生需要运用到搜集资料的技巧、练习撰写报告及方案的能力、根据错误总结迭代方案的能力，以及演讲及展示的能力等，且在方案设计的过程中需要同学之间的相互协作，需要考虑到其他小组的需求等，这对学生的策划能力、统筹能力、执行能力及团队协作能力都提出了新的挑战。

三、打造彰显五育融合的跨学科项目式课程

依托现有资源和环境创设情境，将学生作为项目结果的受益者，引导学生充分发挥自己的想象，主动发现问题、解决问题，并根据自己成长需要主动将问题分解为若干子问题引发问题链。精选校内骨干教师组成项目实施服务保障团队，教师以学科素养和学科知识

为导向辅助学生，及时提供学习工具和方法，引导学生综合运用所学知识探究和解决问题。以项目的推进驱动学生的求知欲望，追求学习的自然发生和本色纯真，着力打造德智体美劳相互聚焦、渗透、融合的跨学科项目式学习校本课程。

四、营造师生携手共建的生态校园

通过项目实施，学生自主认识到种植作物的环境条件、种子与播种、定植与管理、收获与分类、营养与保健、智慧种植等知识，在完成项目的同时理解人地协调观，具备综合思维观，自觉传承中华传统文化。在教师的指导下，学生亲自参与校园教学环境的规划、设计、实施和维护，形成一个师生共建的，拥有学校独特文化和生命力的生态校园，更能激发学生爱护校园环境的责任感和使命感。

参考文献

［1］天马座幻想. 二十四节气里的诗：秋［M］. 北京：电子工业出版社，2018.

［2］曲艳霞. 我们这样做教育：基于学生发展需求的教育实践与探索［M］. 北京：北京师范大学出版社，2010.

［3］徐艺乙，孙建君. 民间佩饰［M］. 武汉：湖北美术出版社，2002.

［4］郭强. 传统节日的文化传承：以春节为例［J］. 文化软实力研究，2018（3）：45-53.

［5］崔欣萌. 春节传统节日习俗与文化影响［J］. 青年文学家，2020（15）：191.

［6］鞠佳霖. 中国传统节日文化的时代价值探究［J］. 汉字文化，2022（10）：161-163.

［7］许沐阳，周爱华. 以劳动教育为抓手，建设"五育融合"的生态校园［J］. 安徽教育科研，2022（8）：93-94.

［8］陈凌峰，李敏珍. 基于五育融合的劳动育人模式探索：以浙江省台州市学院路小学"都市田园"教育为例［J］. 上海教育科研，2021（11）：65-68.

［9］褚新红. "五育互育"劳动教育体系构建［J］. 现代教育，2020（9）：11-13.

［10］刘春晓. 中国传统文化在家庭与社会教育中的渗透［J］. 教学管理与教育研究，2017（11）：107-109.

［11］梁丽华. 中秋节主题活动案例［J］. 教育导刊，2005（7）：34-35.

［12］杨梅. 综合实践活动主题单元课程开发行动研究［D］. 贵阳：贵州师范大学，2019.